一看就懂的

康文翰　著

厚黑學
大智慧

歷史就是一部「暗黑心理學」。
儘管時代變了，可是人性自古至今本質未變！

前言 ▍

　　歷史是最好的經驗法則，儘管時代變了，可是「人性，自古至今本質未變」，如果你能明白這個道理，你就會在歷史的變數中學到了為人處世的金科玉律。

　　今日儘管交通便利、通訊發達，天涯海角無遠弗屆。不過，世界還是很大，一生也不算短，當你精通待人處世的真髓之際，你將會發現，工作、人際關係和所有一切，真的都變得很順暢了！

　　事實上，在人世間給人面子並不難，也無關乎道德，大家都是在社會上混的人，給人面子基本上就是一種互助，尤其是一些無關緊要的事，你更要學會給人面子。至於重大的事，就可以考慮不給了，你不給，對方也不敢對你有意見，他若強要面子，就有可能在最後失去面子！

　　待人處世與每個人的關係，猶如空氣與人一樣，上至總統，下至平頭百姓，每個人只要生活在地球上，就一時一刻也離不開與人打交道。而要想在社會上混出個人模人樣來，更需要好好研究待人處世的學問。

　　如何待人處世？照一般人的理解，肯定是將心比心，以誠相待，甚至是不惜犧牲自己的利益而成全他人的「無私」。可如果你真得這樣去做就會發現，不僅難以獲得所期望的鮮花和掌聲，而且很可能反被別人譏笑為「老實人」。現實上為什麼好人難做，實在難受？就因為他們太相信「將心比心，以誠相待」處世公告了。

　　待人處世與世界上的大多數事一樣，僅憑美好的願望是幹不好的，它還需要技巧。

世上有許許多多的種族，但不管是什麼種族，人就是人，一般人大都把世人分成「好人與壞人」；但企業家眼中的兩種人卻是「聰明人與笨人」，同樣幹一件事要耍小手段，笨人被揭穿了被斥為「膚淺的騙局」，聰明人的作為卻被誇為「扮豬吃老虎」，這就是智者與愚者的分野！

儒家經典正宗學說似乎與社會現實背道而馳，倫理道德規範也似乎專為「小民」而立，偉人則似乎永遠不會「照章辦事」。有人考察中國歷史上的各類事件，得出結論：「中國社會在正式規定的各種制度之外，在種種明文規定的背後，實際存在著一個不成文的又獲得廣泛認可的規矩，一種可以稱為內部章程的東西。恰恰是這種東西，而不是冠冕堂皇的正式規定，支配著現實生活的運行。」

其實，大可不必引經據典，只有熟讀了歷史，不管哪個朝代的起起落落，說穿了就是一部人性的「暗黑心理學」，也就是李宗吾大師所直言的「厚黑學」。所以誣陷厚黑學是邪魔外道者，說穿了，就是不學無術的假道學。厚黑學只是忠實揭開了人的外表，去剖析人性，讓大家了解人性。因此，我們說厚黑學是有益於處世的實務範典，成功人士必須研讀之。

目錄 ▎Contents

第三章　人性，自古至今本質未變

第四章　除了目標，還是目標

目錄 ▮Contents

第五章　有做功課的人排前面

目錄 ▍Contents

第八章　人生如棋對手永遠是自己

第九章　會包裝的人，常常穿新衣

做人就要凡事留餘地

　　在人際交往中，我們常常可以發現，有的人能夠在交際圈內進退自如，而有的人卻常常被動，進退維谷。其中，原因可能是多方面的，但無疑與他們不善於在待人處世中留有餘地有一定的關係。

　　《紅樓夢》中的平兒，雖是鳳姐的心腹和左右手，但在待人處事方面，始終注意為自己留餘地、留後路，絕沒有犯鳳姐所說的「心裡眼裡只有了我，一概沒有別人」的錯誤。更不像鳳姐那樣把事做絕，平兒對於眾人絕不依權仗勢，趁火打劫，而是時常私下進行安撫，加以保護，一方面緩和化解眾人與鳳姐的矛盾，另一方面順勢做了好人，為自己留下了餘地和退路。鳳姐死後，大觀園一片敗落，平兒卻多次獲得眾人幫助度過難關，終得回報。

　　歷史的經驗和文學名著中人物的結局都告訴世人一個道理：在待人處世中，萬不可把事做絕，要時時處處為自己留下可以迴旋的餘地，就像行車走馬一樣，你一下奔馳到山窮水盡的地方，調頭就不容易，你留有一些餘地，調頭就容易多了。俗話所說的「過頭飯不可吃，過頭話不可講」很有道理。另外，在大多數的情況下，要特別注意才不可露盡，力不可使盡，在辦任何事的時候，都要多用點「太極推手」的功夫，永遠保存一些應變的能力。具體如何留餘地，待人處世不敗哲學的「空道篇」提出兩大技巧：

　　在待人方面，答應別人時，注意使用「模糊語言」，以便自己贏得主動；在拒絕別人時，不妨先拖延一下，最好不當面拒絕，答應考慮一下，給自己留點迴旋的空間，以便使自己「進退有據」；在批評別人時，特別是在有多人在場時，最好「點到為止」，以維護對方的自尊；在與人爭論或爭吵時，切忌使用「過頭話」、「絕情語」，以便對方體面地下臺。

在處事方面，對一些不太好把握的事，千萬不要明確表態，東拉西扯，多說點無關痛癢的話；對於難以回答的問題，那就先放一放，免得考慮不周說錯了而受到牽連；對那些表面看來無關大局的事，也要含蓄地處理，巧妙地避開疑難之處，以免引火燒身。另外，對於某些難以回答又不好迴避的問題，不妨含糊其辭，來一番隱晦籠統的回答，如「可能是這樣」、「我也不太了解」等等，給自己留有餘地。與人相處，把話講死了，往往也會成為自己未來的一條死路，不得不慎！

1. 施展「太極推手功」的藝術大師

在待人處世中，特別是在管理活動中，「推」是一項經常運用的管理藝術。其基本含義是：在推行既定目標或新的舉措過程中，對所遇到的諸多障礙因素不採取直接的消除措施，而是運用時空的自然跨度，促使障礙因素自我化解或消除。從而促成與上司意志相一致的行動。

雖然也有人把「推」的藝術同優柔寡斷等同起來，與當機立斷、果斷處置相對立。實際上這是把世俗等待與管理活動中的「推」混為一談。

「推」的藝術既有明確的目標，又有實現目標的行為。「推」的藝術的產生和運用在主觀上不是管理者的主觀衝動，更不是管理者的無能失控，恰恰相反，它是管理者全盤把握、合理控制的高超策略和審時度勢的能力在管理行為上的集中反映。

「推」的運用範圍十分廣泛，大到宏觀決策，小至一次談話；長到幾年，短至幾分鐘，甚至某一瞬間的幾十秒鐘都

有可以成為「推」充分運用的時空。在待人處世中巧妙運用「推」的藝術，需要把握以下兩個要點：

第一、運用「太極推手功」，需要臉厚心黑的功力。

為什麼這樣說呢？因為任何事物的發展都有一個產生、壯大和暴露的過程，任何問題的解決都需要一定的主客觀條件。理論上講，判斷一個事物可不可以「推」，主要是應該看這個事物的發展規律是否得到顯現，解決這個問題的主客觀條件是否已經成熟了。但待人處世不敗哲學卻有自己不同的看法，如果完全按照應該怎麼做，那只能對事情本身有利，然而在很多情況下很可能對自己不利，起碼沒什麼好處。試想，對自己沒有丁點兒好處，卻有可能帶來風險的事情，難道不該推三阻四嗎？特別是明明別人提出的事情應該辦，可從你的角度卻需要推，沒有點厚臉心黑的本事又怎能做的圓滿呢？

另外，當有人提出某件事情要求處理時，你對這件事情一無所知，情況不明，難以作出正確的判斷和處理，在這種情況下，不能簡單地給予肯定或否定的回答。這時就可以說：「讓我了解一下情況再答覆。」「推」的目的是為了把事情的來龍去脈搞清楚，看看是不是要擔責任然後再做決定。這就是待人處世不敗哲學運用的祕訣。

身為上司，對於屬於自己下屬職權範圍內的事情，如果下屬能夠自行處理的，千萬不要越俎代庖，取而代之，搞不好還會遭致對方的埋怨，何必呢，至於對下屬沒有把握或感到無力處理的事情，上司也不要急於處理，可先讓下屬拿一個初步的處理意見，在此基礎上，對其進行指導和糾正。這樣，既可以發揮下屬的作用，又可以鍛煉下屬解決實際問題的能力，達到培養和提高下屬的目的。萬一出了什麼事，還是直接擔當的下屬要負起完全責任。

第二、要掌握好「推」的火候。

「推」的藝術運用與否有其自身內在需求和運用範圍，不可不看條件和對象亂用。否則，會如同守株待兔一般得不償失。用一句形象的話來概括，「推」的藝術就是「火候」二字。所謂「火候」，就是因勢而動。

運用「推」的藝術首先就要根據客觀實際，靈活地採取適當的方法。上司對推行意圖過程中的問題不太了解，不熟悉，或是所遇到的矛盾非常尖銳，或是在討論會上一時達不成一致意見，抑或通過的人數超過不了半數，或是群眾和下級對你的意圖暫時不能服從等等。諸如此類的問題就要採取「懸球法」，把問題暫時擱置起來先放一段時間，待眉目清晰，相異之處有了統一的基礎，再行處理。

在班子內部或下屬中，常常會遇到一些個性突出難與他人相處的人，或固執古板，或舉止粗俗，或惡語傷人，或針鋒相對，會使上司陷入無謂的糾纏中去，因而，應採取「推」的藝術，讓時間和事實說話。

此外，身為據有權柄的上司在實際工作中，一定要分清事情的輕重緩急，對急需處理的事情就應立即處理，不可隨便往外推，因為推了不僅要誤事，而且還有可能影響到你自己。你想，人家心急火燎地找你，你卻把他推出去，他對你肯定會有意見。等他去找其他上司，別人就會知道你是在推卸責任，進而影響班子成員之間的關係。因此，該自己辦的事不要推給別人，該現在辦的事不應拖延時間。

其次要看對象，因人而宜。有些問題的處理，一定要考慮到當事人的個性特點，看其接受程度如何，「推」能不能取得預期效果，達到「推」的目的。如果當事人接受不了，容易產生逆反心理或誤解，加深矛盾，甚至會發生新的問題，比如，性急的人不到黃河心不死，魯莽的人自我控制

能力比較差。遇到這種對象，最好不要推，推了會使矛盾加劇，甚至激化，產生難以想像的不良後果。

再次要看火候，適可而止。在實際工作中，有的事情可以「推」下去，一推到底，不言自明，自生自滅；有的事「推」到一定程度就要適可而止。因為，事物隨著時間的「推」會不斷發生變化。因此，「推」不是放手不管，一推了之，而是要密切注意觀察其發展變化，把握好「推」的火候，適時進行處理，以期達到適時適度和恰到好處，妥善解決矛盾和問題的目的。

當然，在待人處世中，「推」只是一種巧妙的推卸責任方法之一，不可不分青紅皂白，隨便亂「推」，這樣你就會變成團隊中的「垃圾人物」。「推」是要對具體問題作具體分析，不論「推」也好或不「推」，「推」到何時還是立刻處理，都要讓自己留有可以迴旋的餘地。

2.「畫餅充饑」是帶人必要的手腕

一個人置身於社會，追求的目標無非名和利兩個字，而名和利往往都是離不開一個「權」字。在他看來，升官發財不僅是事業有成的標誌，而且還能帶來數不清的好處。有官便有權，有權便有了一切，有了享不盡的榮華富貴，親朋好友的奉承恭維，下屬的溜鬚拍馬，甚至妙齡女郎的獻身邀寵……一個人一旦有了官癮兒，那就好像抽鴉片一樣是萬難戒掉的。對於官場上的人來說，這個「官」字，真好比賈寶玉脖子上的那塊通靈寶玉一樣，是一時一刻也不能離開的。因此，利用高官厚祿來駕馭下屬，歷來是掌權者手中的法寶。但如何把握封官的時機，選擇封官的對象，安排官職的

大小、手段等等，祕訣無非「厚黑」二字：

「厚」，就是一旦你飛黃騰達，甚至坐直升飛機爬上高位，面對昔日的同事或者原來的上司，千萬別有什麼不好意思，臉上平靜如常，且該怎麼管理一點也別手軟，更不能處處留情面。因為以新的身份與過去的同事打交道，該不好意思的應該是他們，而不是你。

「黑」，就是對下屬的使用和提拔心要黑，好處要一點點給，絕不能讓他們一次吃飽，甚至永遠也不讓他們吃飽。最好的辦法是給下屬畫個餅，讓他們「充饑」。

有這樣一則寓言，說得是一個車夫為了使拉車的驢子跑得快些，就將一把鮮嫩的青草拴在前面，恰巧離驢的嘴巴有半尺遠。驢子為了得到那把綠茵茵的青草，便拚命地向前跑，可無論怎樣用力，那把青草怎麼也到不了嘴裡。

當然，車夫完全可以在拉完貨後，毫不猶豫地將那把已經有些發黃的青草丟到驢子腳下，任其去品嘗勝利所帶來的喜悅。因為那青草遍地都是，絲毫也沒必要珍惜。可在官場上畢竟是僧多粥少，官位有限，不可能隨意授人，再說如果封得太濫了，「官」自然貶值，也就不值錢，失去了誘惑力。比如太平天國後期在湘軍與淮軍的夾擊下，太平軍處境日益艱難，為了挽回敗局和鼓舞士氣，天王洪秀全採取了「封王」的招術。據統計，洪秀全先後分封了兩千七百多個王，大小文臣武將，親朋故友，甚至一個並不怎麼起眼兒的人，都如願以償戴上了「王」的帽子。然而時間一長，這一招也就不那麼靈了。

因為人都有這樣一個通病，那就是太容易得到的東西不珍惜，只有自己千辛萬苦爭來的才格外看重。「封王」不但沒有達到齊心協力挽回敗局的目的，反而導致了太平天國內部秩序的嚴重混亂，大家都是「王」，誰也不服誰，彼此離

心離德，譚紹光被「八王」出賣就是最明顯的例證，客觀上加速了太平天國的覆亡。

　　雜技團裡的猴子為了獲得吃的，通常都是非常聽話地表演各種絕活兒，以贏得陣陣掌聲。有經驗的訓猴師都知道，猴子吃飽了就不聽話了，所以他們什麼時候都不給猴子吃飽。據此，待人處世不敗哲學認為：貪功求利，乃是人性的致命弱點，如果能夠對症下藥，「畫餅充饑」，讓人永遠帶點饑餓感，便可使人乖乖聽命於你。當然，在下屬取得成功後，你盡可以根據他們的表現好壞，撕下一塊「餅」給他們吃，而且「餅」的大小也可以不一樣，但千萬要牢記：切不可把整張「餅」都給他們！

3. 精通「彈性外交」的學問

　　在待人處世中，我們常常會發現，有的人能夠在交際圈內進退自如，而有的人卻常常被動，進退維谷。其中，原因可能是多方面的，但無疑與他們不善於在待人處世中留有餘地有一定的關係。所謂「留有餘地」，就是在人際交往中推行「彈性外交」，使自己、對方、甚或雙方都能獲得更大的迴旋空間，從而減少或避免一些不必要的摩擦或傷害。但如何留餘地，卻有很多學問。因為戲法人人會變，各有巧妙不同。厚黑學人人能行，各有深淺不同。一般人辦事只知「踢皮球」，但是踢得拙劣之極，結果事亦未能辦成，還招來一身是非，這就是厚黑學不純熟的緣故。

　　那麼，在待人處世中到底該如何「踢皮球」？厚黑教主李宗吾說：「有人中了箭，請外科醫生治療，醫生將箭杆鋸了，即索謝禮，問他為什麼不把箭頭拔出？他說：『那是內

科的事，你去尋內科好了。」這是一段相傳的故事。現在各級機關與夫大辦事家，都是用這種方法。

在拒絕別人時，不妨先拖延一下，以使自己「進退有據」。有的人在面對別人的求助而自己又確實無能為力或因事不正當自己不願出力時，往往不作解釋，一口回絕，顯得生硬而不友好，常常讓對方產生「不夠意思」、「不願幫忙」的想法。因此，我們在拒絕別人時，最好不當面拒絕，答應考慮一下，給自己留點迴旋的空間，以便自己「進退有據」。然而，有些人在拒絕對方時，因為臉皮不夠厚，老是感到不好意思，而不敢據實言明，致使對方摸不清自己的真正意思，產生了許多不必要的誤會。其實，在人際關係的交往上，不得不拒絕乃是常有的事，因此而搞壞交情的並不多；倒是有些人說話語意曖昧、模棱兩可，反而容易引起對方誤會，甚至導致彼此關係破裂，這種例子倒是不在少數。

在批評別人時，最好「點到為止」，以維護對方的自尊。最讓人沮喪的事情莫過於沒完沒了地批評人，特別是有的人在批評別人時，不看場合，不考慮對方的心理承受能力，一味地高聲大嗓，這樣做往往事與願違，傷害了別人的自尊。所以，我們在批評別人時，特別是在有多人在場時，不妨點到為止，力求含蓄地達到批評的目的。

與人爭論或爭吵時，人們的心情一般容易激動，這是可以理解的，但絕不能因此而口不擇言地說些「過頭話」、「絕情語」，否則，不僅會嚴重傷害對方的感情，而且也往往使雙方難以「下臺」。

在請人幫忙時，儘量使用「假設句式」，以便為對方留條「後路」。有的人在請人幫忙時，愛使用命令的口氣，直接讓對方按自己的要求去做，結果，有時因為對方無能為力而出現僵局：對方為難，自己生氣。為了防止產生「強

人所難」的嫌疑，我們在求人幫忙時，不妨求助一下「假設句式」，儘量用委婉、商量的口氣，這樣做就能為對方留條「後路」，即使對方無能為力，也不至於讓對方尷尬難堪。

4. 寧得罪君子，不得罪小人

所謂小人，就是那種人品差，氣量小，不擇手段、損人利己之惡徒。他們動輒溜鬚拍馬、挑撥離間、造謠生事、結仇記恨、落井下石。

待人處世中，誰都不願意與小人打交道，可不管你願意還是不願意，誰都不可避免地會碰到小人。因為那些生活在我們身邊的鼠輩小人，他們的眼睛牢牢地盯著我們周圍所有大大小小的利益，隨時準備多撈一份，為此甚至不惜一切代價準備用各種手段來算計別人，真是令人防不勝防，說不定什麼時候就會在背後給你一刀。

李林甫是唐玄宗手下常伴隨其身邊的一個奸臣，心胸極端狹窄，容不得別人得到唐玄宗的寵愛。唐玄宗有個喜好，他比較喜歡外表漂亮、一表人才、器宇軒昂的武將。

有一天，唐玄宗在李林甫的陪同下正在花園裡散步，遠遠看見一個相貌堂堂、身材魁武的武將走過去，便感歎了一句：「這位將軍真漂亮！」並隨口問身邊的李林甫那位將軍是誰，李林甫支吾著說不知道。此時他心裡很慌張，生怕唐玄宗喜歡上那位將軍。

事後，李林甫暗地裡指使人把那位受到唐玄宗讚揚了一句的將軍，調到一個非常邊遠的地方，使他再也沒有機會接觸到唐玄宗，當然也就永遠喪失了升遷的機會。從這裡也可

以看出，小人的行為真是讓人莫名其妙，其心眼極小，為一點小榮辱都會不惜一切，幹出損人利己的事來。

小人是琢磨別人的專家，敢於為芝麻大小的小恩怨付出一切代價，因此在待人處世中如何與小人打交道，還真得有一套行之有效的方法才行。對付和利用小人沒有一套辦法是不行的。

怎麼辦呢？待人處世不敗哲學認為：如果你既不想把自己降低到與小人同等的地步，也不想與小人兩敗俱傷的話，那就把臉皮磨厚點，或者睜隻眼閉隻眼，不理了事；或者惹不起躲得起，儘量不與小人發生正面衝突。一句話，如果不是非有必要，那就別得罪小人。

為大唐中興立下赫赫戰功的唐朝名將郭子儀，不僅在戰場上戰勝攻取，得心應手，而且在待人處世中，還是一個特別善於對付小人的處世高手。郭子儀與小人打交道的祕訣，就是「寧得罪君子，不得罪小人。」

「安史之亂」平定後，立下大功並且身居高位的郭子儀並不居功自傲，為防小人嫉妒，他反而比原來更加小心。有一次，郭子儀正在生病，有個叫盧杞的官員前來拜訪。此人乃是中國歷史上聲名狼藉的奸詐小人，相貌奇醜，生就一副鐵青臉，臉型寬短，鼻子扁平，兩個鼻孔朝天，眼睛小得出奇，時人都把他看成是個活鬼。正因為如此，一般婦女看到他這副尊容都不免掩口失笑。郭子儀聽到門人的報告，馬上下令左右姬妾退到後堂去，不要露面，他獨自憑几等待。

盧杞走後，姬妾們又回到病榻前問郭子儀：「許多官員都來探望您的病，您從來不讓我們躲避，為何此人前來就讓我們都躲起來呢？」郭子儀微笑著說：「妳們有所不知，這個人相貌極為醜陋而內心又十分陰險。妳們看到他萬一忍不

住失聲發笑，那麼他一定會記恨在心，如果此人將來掌權，我們的家族就要遭殃了。」郭子儀對這個官員太了解了，在與他打交道時做到小心謹慎。

後來，這個盧杞當了宰相，極盡報復之能事，把所有以前得罪過他的人統統陷害掉，唯獨對郭子儀比較尊重，沒有動他一根毫毛。這件事充分反映了郭子儀對待小人的辦法既周密又老練。

夫妻之情、父子之情、手足之情等都是人之常情，如果一個人連最起碼的人之常情都不顧或甚至沒有，那這個人肯定是十分陰險可怕的，這樣的人往往為達到某種目的而不擇手段，一旦得勢，翻臉不認人，更會做出落井下石的勾當。歷史早已證明，這樣的人不可交。

歸納歷史上有關小人的論述，大體上可以劃分為七類：

（一）外表為忠貞，心裡想的是利祿，對事專門測度揣摩，喜好逢迎拍馬，觀言察色以受寵，歌功頌德以賣弄忠誠的人，是小人。

（二）結納身邊的人，專心鞏固自己的名位，完全沒有真話，只知沽名釣譽的人，是小人。

（三）只圖安逸，醉心於好處，淡泊人情，唯利是圖，不體恤他人的人，是小人。

（四）討厭勝過自己的人，喜歡諂媚自己的人，聽到他人的善行就嫉妒他，聽到他人的惡行就讚揚他，本身無能，壞的方面卻無所不為的人，是小人。

（五）專門愛好聲色，沒有正經心思，遇到財物就想壞主意得到，這樣的人是小人。

（六）急於攀結顯赫宦官，暗中巴結權貴，不求實學，只圖虛名，只要有益於己的，小則冒險存僥倖，大則寡廉無

恥，這樣的人是小人。

（七）混跡於斯文，崇尚旅遊，以吃喝為瀟灑，以勤事為俗流，以避禍為清高，以消極為無過，這樣的人是小人。

「小人」每個地方都有，這種人常常是一個團體紛擾之所在，他們的造謠生事、挑撥離間、興風作浪很令人討厭，所以有些人對這種人不但敬而遠之，甚至還抱著仇視的態度。仇視小人固足以顯出你的正義，但這並不是保身之道，反而凸顯了你的正義的不切實際，因為你的「正義」公然暴露了這些小人的無恥、不義。

再壞的人也不願意被人認為自己「很壞」，總要披一件偽善的外衣，這是人性，而你特意凸顯的「正義」，卻照出了不少人的原形，這不是故意和他們過不去嗎？

君子不畏流言不畏攻奸，因為他問心無愧。小人看你暴露了他的真面目，為了自保為了掩飾，他是會對你展開反擊的。也許你不怕他們的反擊，也許他們也奈何不了你，但你要知道，小人之所以為小人，是因為他們始終在暗處，用的始終是不法的手段，而且不會輕易罷手。你別說你不怕他們對你的攻擊，看看歷史的血跡吧，試問有幾個忠臣抵擋得過奸臣的陷害？

所以，還是不同小人一般見識為好，和他們保持距離，不必嫉惡如仇地和他們劃清界線，因為是小人，所以他們也是需要自尊和面子來掩掩遮遮。

此外，當你發現面對的小人不惜犧牲他自己的生命、親人的生命，或「第二生命」而與你周旋到底時，就算你有理，也最好避一避此等不要命的小人。小人固然厲害，但你並不怕他，避開小人完全是因為你根本不值得把太多的精力浪費在一些沒有價值的爭鬥上。一旦把握不好自己的行為界

限，得罪小人，他就會想方設法來琢磨你，破壞你的正事，分散你的精力，使你不能安心於工作、學習和生活。

人都是要臉面的，當面對小人的挑釁不理睬的時候，也需要厚臉，所以，《厚黑學》才認為：中國老祖宗留下來的這句「寧得罪君子，不得罪小人」，可謂是待人處世中與小人打交道的至理名言。

5. 商鞅變法之後的下場

商鞅是戰國時期的衛國人，姓公孫氏，所以叫衛鞅或公孫鞅。他原本在魏國宰相公叔座手下任中庶子，幫助公叔座掌管公族事務。

公叔座很欣賞商鞅的才華，曾建議魏惠王用商鞅為相，但魏惠王瞧不起商鞅，便沒有答應；公叔座又向魏王建議，魏王也沒有起用商鞅。

公叔座死後，失去了靠山的商鞅便投奔到秦國。通過寵臣景監的薦舉，秦孝公多次同商鞅長談，發現商鞅是個難得的治國奇才，便「以衛鞅為左庶長，卒定變法之令」。

秦孝公之所以看重商鞅，是因為當時新興地主階級認為封建生產關係已經登上政治舞臺，社會正處於新興的封建制取代奴隸制的社會大變革時期，商鞅變法正好適應了社會變革的需要。同時秦孝公也是一位奮發有為的君主，商鞅提出的一整套富國強兵的辦法，也正好符合他的願望。

商鞅變法的主要內容是：廢除井田制，從法律上確認封建土地所有制，「為田開阡陌封疆，而賦稅平。」商鞅特別重視農業生產，鼓勵墾荒以擴大耕地面積；建立按農、按戰功授予官爵的新體制，確立封建等級制度；廢除奴隸制的分

封制，普遍實行法治，主張刑無等級。

　　商鞅變法的基本內容都是促使社會發展的進步措施，當然會受到許多守舊「巨室」大家的反對。變法之初，專程趕到國都來「言初令之不便者以千數」。甚至太子還帶頭犯法。為了使變法順利實施，商鞅毫不留情，「刑其傅公子虔，黥其師公孫賈」，真正做到了「王子犯法與庶民同罪」。結果，新法實行十年，秦國便國富兵強，鄉邑大治，最後使秦孝公成為戰國時代的霸主。

　　然而，正當商鞅在秦國功勳卓著的時候，他的心情卻反而感到孤寂和迷惘，為什麼會這樣呢？他自己也弄不懂。

　　於是，商鞅便去請教一個名叫趙良的隱士。他對趙良說：秦國原本和戎狄相似，我通過移風易俗加以改除，讓人們父子有序，男女有別。這咸陽都城，也由我一手建造，如今冀闕高聳，宮室成區。我的功勞能不能趕上從前的百里奚呢？百里奚是秦穆公時的名臣，現在商鞅和百里奚比，當然頗有一點委屈的情緒。

　　誰知趙良卻直率地說：「百里奚一得到信任，就勸秦穆公請蹇叔出來做國相，自己甘當副手；你卻大權獨攬，從來沒有推薦過賢人。百里奚在位六、七年，三次平定了晉國的內亂，又幫他們立了新君，天下人無不折服，老百姓安居樂業；而你呢，犯了輕罪反而要用重罰，簡直把人民當成了奴隸。百里奚出門從不乘車，熱天連個傘蓋也不打，很隨便地和大家交談，根本不要大隊警衛保護；而你每次出外都是車馬幾十輛，衛兵一大群，前呼後擁，老百姓嚇得唯恐躲閃不及。你的身邊還得跟著無數的貼身保鏢，沒有這些你敢挪動半步嗎？百里奚死後，全國百姓無不落淚，就好像死了親生父親一樣，小孩子不再歌唱、舂米的也不再喊著號子幹活，這是人們自覺自願地敬重他；你卻一味殺罰，就連太子的老

師都被你割了鼻子。一旦主公去世，我擔心有不少人要起來收拾你，你還指望做秦國的第二個百里奚，豈非可笑？為你著想，不如及早交出商、於之地，退隱山野，說不定還能終老林泉。不然的話，你的敗亡將指日可待。」

後來的事實不幸被趙良所言中，商鞅變法之所以能夠成功，主要是他能夠抑制上層保守派的反抗，例如刑及太子的老師。試想，太子犯法尚且不容寬恕，老百姓當然只有遵照執行了。但這同時，也就給商鞅埋下了致命的敗因。「商君相秦十年，宗室貴戚多怨恨者。公子虔杜門不出已八年矣」，一旦有機可乘，上層保守派肯定會合而攻之。

秦孝公死後，太子繼位，是為秦惠王，公子虔等人立即誣告「商君欲反」，並派人去逮捕商鞅。商鞅走投無路，最後只好回到自己的封地商邑，秦發兵攻打，商鞅被殺於澠池。秦惠王連死後的商鞅也不放過，除了把商鞅五馬分屍外，還誅滅其整個家族。

一個為秦國強大建立赫赫功勳的人，最後竟落得個如此悲慘的下場，真該仔細想想「旁觀者」趙良對商鞅的意見和批評。商鞅和百里奚都據有大權，但一個高高揮舞權力棒、不可一世；另一個卻謙卑清廉，小心使用權力，與王家和百姓關係都非常融洽，因而結局也就完全不同了。

6. 楊炎與盧杞的鬥爭

楊炎與盧杞在唐德宗時一度同任宰相，盧杞的爺爺是唐玄宗時的宰相盧懷慎，以忠正廉潔而著稱，從不以權謀私，清廉方正，是位頗受時人敬重的賢相。他的父親盧奕也是一位忠烈之士。盧杞在平日裡不注意衣著吃用，穿的很樸素，

吃的也不講究，人們都以為他有祖風，沒有人知道盧杞本人則是一個不學無術、善於揣摩上意，很有心計，貌似忠厚，以厚臉來取得別人的信任。盧杞除了巧言善辯，別無所長，但嫉賢妒能，臉厚心黑，使壞主意害人卻是拿手好戲。可大奸似忠，盧杞靠著左右逢源的厚黑之道，很快就由一名普通的官員爬上宰相的寶座。

與盧杞同為宰相的楊炎，是中國歷史上著名的理財高手，他提出的「兩稅法」對緩解當時中央政府的財政危機立下了汗馬功勞。後來的史學家評論他：「後來言財利者，皆莫能及之。」可見楊炎確實是個幹練之才，受時人的尊重和推崇。此外，楊炎與盧杞在外表上也有很大不同，楊炎是個美髯公，儀表堂堂，盧杞臉上卻有大片的藍色痣斑，相貌奇醜，形象猥瑣。

然而，博學多聞，精通時政，具有卓越政治才能的楊炎，雖然有宰相之能，卻沒有宰相之度。尤其是在處理與同僚的關係上，他恃才傲物，目中無人，特別是對盧杞這樣的小人，他壓根兒就沒放在眼裡。兩人同處一朝，共事一主，但楊炎幾乎不與盧杞有絲毫往來。按當時制度，宰相們一同在政事堂辦公，一同吃飯，楊炎因為不願與盧杞同桌而食，便經常找個藉口在別處單獨吃飯，有人乘機對盧杞挑撥說：「楊大人看不起你，不願跟你在一起吃飯。」

因相貌醜陋而內心自卑的盧杞自然懷恨在心，便先挑楊炎手下親信官員的過錯，並上奏皇帝。楊炎因而憤憤不平，找盧杞質問道：「我的手下人有什麼過錯，自有我來處理，如果我不處理，可以一起商量，你為什麼瞞著我暗中向皇上打小報告！」弄得盧杞很下不了臺。於是，兩個人的隔閡越來越深，常常是你提出一條什麼建議，明明是對的我也要反對；你要推薦那個人，我就推薦另一些人，總是較著勁。

　　盧杞與楊炎結怨後，千方百計圖謀報復。他深知自己不是進士出身，又面貌奇醜，才幹更是無法與楊炎相比，但他憑藉厚黑之才，極盡阿諛奉承之能事，並逐漸取得了唐德宗的信任。

　　不久，機會終於來了。節度使梁崇義背叛朝廷，發動叛亂，德宗皇帝命淮西節度使李希烈前去討伐，楊炎不同意重用李希烈，認為此人反覆無常，便對德宗說：「李希烈這個人，殺害了對他十分信任的養父而奪其職位，為人凶狠無情，他沒有功勞都傲視朝廷，不守法度，若是在平定梁崇義時立了功，以後就更不可控制了。」

　　然而，德宗已經下定了決心，對楊炎說：「這件事你就不要管了！」誰知，不會察顏觀色的楊炎並不把德宗的不快放在眼裡，還是一再表示反對用李希烈，這使本來就對他有點不滿的德宗更加生氣。

　　不巧的是，詔命下達之後，趕上連日陰雨，李希烈進軍遲緩，德宗又是個急性子，就找盧杞商量。盧杞見這是個扳倒楊炎的絕好時機，便對德宗皇帝說：「李希烈之所以拖延徘徊，正是因為聽說楊炎反對他的緣故，陛下何必為了保全楊炎的面子而影響平定叛軍的大事呢？不如暫時免去楊炎宰相的職位，讓李希烈放心。等到叛軍平定以後，再重新起用，也沒有什麼大關係！」

　　這番話看上去完全是為朝廷考慮，也沒有一句傷害楊炎的話，盧杞用厚黑術排擠人的手段就是這麼高明。德宗皇帝果然信以為真，就聽信了盧杞的話，免去了楊炎的宰相職務。就這樣，楊炎因為不願與小人同桌就餐而莫明其妙地丟掉了相位。

　　從此盧杞獨掌大權，楊炎可就在他的掌握之中了，他自然不會讓楊炎東山再起的，便找碴兒整治楊炎。楊炎在長安

曲江池邊為祖先建了座祠廟，盧杞便誣奏說：「那塊地方有帝王之氣，早在玄宗時代，宰相蕭嵩就曾在那裡建立過家廟，因為玄宗皇帝曾到此地巡遊，看到此處王氣很盛，就讓蕭嵩把家廟改建在別處。如今楊炎又在此處建家廟，必定是懷有篡權奪位的謀反野心！近日長安城內到處傳言：『因為此處有帝王之氣，所以楊炎要據為己有，這必定是有當帝王的野心。』」

什麼！楊炎有「謀反篡位」之心？豈能容之！於是，在盧杞的鼓動之下，勃然大怒的德宗皇帝，便以盧杞這番話為藉口，將楊炎貶至崖州（今海南三亞地區）司馬，隨即下旨於途中將楊炎縊殺。

俗話說「惹不起躲得起」，楊炎明知道盧杞是個得罪不起的小人，自己的厚黑手段又沒有對方高，「惹不起」偏不「躲」，為了芝麻粒兒大的小事，喜怒形於色，犯了盧杞內心自卑的忌諱，甚至公開與對方撕破了臉面，讓對方毫無顧忌地與你相鬥，最後遭到對手的暗算，實在是不明智之舉！

7. 張飛的失敗

人的心理通常對自己都是隱惡揚善的，所以他們會想盡辦法掩飾自己的缺點，宣揚自己的優點。因此，一旦有人明白地指出自己的缺點，反而會讓人覺得他很誠實而對他產生信賴感。

在待人處世中，若你能將自己的缺點明白地表示出來，往往更能得到別人的信賴。但這並不是說要將自己的缺點一五一十的全都說出來，因為這樣做不但得不到上述的效

果，反而會破壞自己的形象。那麼，應該怎樣做效果才好呢？待人處世不敗哲學認為，「露醜」除了需要臉厚之外，以下三點效果也不錯：

其一，你可以透露自己的缺點，但不能太多，頂多透露一、兩項無關緊要的小缺點就行了。因為完人給人一種高不可攀的感覺，前幾年宣傳先進模範人物，為什麼效果不佳？就是把他們無限地誇大，說成了不食人間煙火的「完人」，使人根本沒辦法效仿。有少許小缺點的人，反而給人「雖然有缺點，但大體上很好」的感覺，這樣的人往往更能獲得別人的信賴。

據說，有一次一位外國人去旁聽一位美國加州大學著名教授的演講。課上他提出他做的老鼠實驗結果。此時有一位學生突然舉手發問，提出了他的看法，並問這位教授假如用另一種方法來做，實驗結果將會如何？所有的聽眾全都看著這位教授，等著看他如何回答這個他根本就不可能做過的實驗。結果這位教授不慌不忙，直截了當地說：「我沒做過這個實驗，我不知道。」

同樣的情況，假若發生在國內的某位教授身上，情形恐怕就會完全不同。他一定會絞盡腦汁，說些什麼含糊的「我想結果會是……」的話來。

一般人都有不想讓別人看出自己弱點的心理，因此很難開口說「不知道」。豈不知有時承認不知道，反而可以增加人們對你的信任。

因為直截了當地說不知道，會給人留下非常誠實的印象，並且敢於當眾說不知道，其勇氣足以讓人佩服。這樣，人們對你所說的其他觀點，會認為一定是千真萬確的才會說，因此對你也就會更加信任。此外，通過說「不知道」，也拉近了與眾人的距離，使你在可信的同時顯得更加親切。

其二，不僅要善於改變自己的生活習慣和性格，並且要善於運用自身的弱點來施展計謀，欺騙對手。

在《三國演義》中，張飛與酒結下了不解之緣。他逢酒必飲，每飲必醉，每醉必出事端，不是打人，就是誤事，應該說這是張飛自身的一大弱點。這個弱點，多次給對手留下利用的空間。

例如第十四回，當張飛守徐州時，劉備曾一再叮囑張飛不飲酒或少飲酒。但劉備剛走，張飛就大飲特飲起來，酒後又痛打曹豹，結果呂布乘機殺進城來，他的酒還沒醒，就把徐州給丟了。然而，隨著張飛在戰爭中鍛鍊得比較成熟之後，他的弱點卻變成了麻痺、迷惑對方的一種招數。張飛宕渠山戰張郃，就充分表現了這一點，頗能給人以啟迪。

演義第七十回中寫道，張飛在巴西一帶戰敗張郃之後，揮軍乘勝追擊，一直趕到宕渠山下。張郃利用有利的地勢據川守寨，堅持不出，一連「相距五十餘日」。張飛無計可施，於是就在山前紮住大寨，每日飲酒，而且飲至大醉，坐於山前辱罵。劉備得知後大驚失色，急忙找孔明商議。諸葛亮不但沒有驚慌，反而立即派魏延送去三車好酒，還在車上插著「軍前公用美酒」的大旗。張飛得到美酒之後，不但自己更加嗜酒無度，還把美酒擺在帳前，「令軍士大開旗鼓而飲」。那張郃在山上見此情景，再也按捺不住殺敵的心情，帶兵趁夜下山，直襲蜀營。當張郃衝進張飛的大寨時，見帳中端坐著一位大漢，舉槍便刺。哪想，刺倒的竟是一個「假張飛」——草人。結果，魏軍誤中了張飛的埋伏，張郃被打得大敗，曹軍的宕渠寨、蒙頭寨、蕩石寨全被張飛奪得。

事實證明，一個人的特點及習慣性格，最容易形成對手判斷情況的一種思維定式。聰明者若能有自知之明，就性用計，正好可以出其不意，把敵手誘入「圈套」之中。張飛素

以飲酒誤事聞名，而這次作戰他卻利用「喝酒誤事」把驍勇善戰的張部誘出了宕渠山，真可以說是酒中出奇謀！可見，一個人若能夠正確地認識自身的弱點，並順勢加以利用的話，弱點常可以轉化為用謀的一種絕技。

其三，在待人處世中，一個人的特長或不足，甚至生活習慣和性格上的弱點，都會成為對方利用或突破的重點。但如果巧加利用，一個人的弱點和特長，也往往可能巧妙地加以利用而獲得成功。

三木武吉曾經是日本很有名的政治家。二次大戰後第一次競選時，他曾到備川縣的高松市去演講。當他講到「戰後的日本怎樣才能馬上恢復建設」時，突然，聽眾席中傳來一個婦女的喊聲：「喂，三木武吉，你不是娶了六個老婆嗎？像你這樣的人怎麼能搞好日本呢？」

三木武吉聽後沒有驚慌，他鎮靜自如地回答道：「這位女士，確實如此，我年輕時是個享樂主義者，娶了好幾房妻子，而且戰爭中也常帶著她們東躲西藏地避難，這可以說是男人的劣根性。但現在，她們都已經人老珠黃，不中用了。如果我把她們拋棄，今後誰來養活她們呢？還有一點妳說的不正確，是七個，不是六個。」聽了他的回答，全場立即響起了熱烈的掌聲。選舉的結果是三木武吉以壓倒性高票當選。這裡，三木武吉就是巧妙地利用了自己的錯誤，贏得他人的同情獲得成功。

8. 西晉李夫人的智慧

古希臘有一句格言：「認識你自己。」雖然每個人都有

自己的優勢和劣勢，長處與短處，但並不是每個人都對自己的長短優劣有個清楚的認識和了解。生活中我們總能發現捨長就短，終生遺憾的悲劇。而那些自知程度較高、對自身長短利弊瞭如指掌的人，往往能夠巧妙地給自己的招牌加個顯微鏡，隨時發現自己的優勢並自覺地保住自己的優勢，充分利用自己的招牌，不讓人看到自己的短處和不利面，從而取得生活的主動權。

西晉時期，宮中有一位李夫人得了重病，臥床不起。皇上親自到她床前探病，李夫人蒙被致歉道：「臣妾久病在床，樣子難看，不能見皇上，看我現在的病情，恐怕不久於人世了。我想把我的兒子和兄弟託付給陛下，請陛下多加關照一下。」

皇上說：「妳的囑託我一定照辦！但妳病到這個地步，還是讓我看一看吧。」

李夫人說：「女人不把容貌修飾好，不能見君王、父親，臣妾不敢破這先例。」

皇上說：「愛妃只要見我一面，我會賜給妳千金，而且封妳的兄弟做高官。」

李夫人卻說：「封不封官，那是陛下您的事，不在於見不見我一面。」

皇上又請求李夫人讓他見上一面，李夫人索性轉向內側，抽泣著不再說話。沒有辦法，皇上只好不高興地站起身離開了。

皇上走後，眾嬪妃都責怪李夫人，她們說：「既然妳託付兄弟兒子給皇上，為什麼不見皇上一面呢？難道妳對皇上有什麼不滿嗎？」

李夫人解釋說：「我們女人是用容貌去侍奉人的，我們的長處是長得漂亮。一旦容貌衰退，就不招人喜歡了。皇上

不喜歡妳，自然恩斷義絕。皇上之所以還戀念著我，那是因為我過去容貌好看。如今，我久病貌衰，一旦被皇上看見，必然遭到皇上的厭惡和唾棄，他怎麼還能思念我而厚待我的兄弟兒子呢？考慮到這些，我以為還是不見皇上的好，並且鄭重其事地把兄弟託付給他。」

不久，李夫人病故。想起往日的纏綿，皇上對她思念不已，果然對李夫人的兄弟也很關照。

這位李夫人對自己的優勢和長處，可謂認識得特別到家，那就是自己的美貌。儘管久病之後，美貌早已不復存在，但在皇上心中的美好印象卻還是與往常一樣，為了保住這個虛幻的優勢，她便採取了蒙被子說話，不讓皇上看見醜臉的方略，最終達到了預期的目的。

這種巧妙藏短露長，保住自己好形象的厚黑策略，實為待人處世之上上成功之道。

9. 由工讀生變成經理人

俗話雖說「慧眼識英雄」，可現實中畢竟有「慧眼」的人太少了。因此，一個人不懂得自我推銷自己，一輩子也別想出人頭地，最後只能是落得一天到晚怨天尤人，真是咎由自取。我們說，在日常生活中，無論是競選還是推銷，甚至是應徵面試，哪一方面不是靠自我推銷換取成功的？

當你挨了上司的罵之後，首先自己應該認識到，無論多麼優秀、傑出的人，總免不了會挨上司的罵。第一次挨罵的感覺肯定不好受，可是無論如何你都必須通過這一關。

剛開始由於生疏，上司或許還會對你客氣點，等彼此熟悉之後，就會突然給你迎頭一擊。咆哮、呵斥、說教等

等。有些人一遭上司的罵，心裡也許會產生「這下完了，惹上司討厭」或「那種罵法實在讓人受不了，乾脆辭職不幹」的想法，其實大可不必，臉皮厚一點，挨點罵又算什麼呢！不過，對於挨罵的原因，倒是應該好好反省反省，不能再重犯。至於對挨罵這件事情本身，則不必特別在意。管理部下是上司的職責，不妨把挨罵當成工作的一部分。

說得更徹底一點，罵與被罵等於是你與上司之間的一種溝通。當他開始罵你時，也就代表他已經開始將你視作真正的工作夥伴。此外，上司罵的內容之中也多半透露著上司的本意和大量的實務知識，應心平氣和地仔細聆聽，別漏掉這些有用的情報。

如果你因為在眾人面前被上司責罵而感到非常丟臉，因此怨恨上司，那就大錯特錯了。從待人處世不敗哲學出發，在這種情況下，你要換個正確的角度來想，認為上司是在培養自己、教育自己、在給自己面子。而且也要認為在眾人當中，只有自己才值得特別地被上司責罵，在公司所有職員裡是最有前途的，更可以認為「他對我充滿期待」而感到驕傲。因為，在任何單位，最沒有前途的人就是被上司忽視的人。你被上司責罵，正是上司重視你，最起碼也是沒有忽視你的最好證明。

因此，不要討厭或害怕挨罵，妥善運用上司和你之間「罵與被罵的關係」，反而是促進雙方了解的第一步。實際上，長年累月地領別人的薪水做事，不可能連一次罵也沒有挨過。你應該好好利用這些機會，把挨罵技巧當成一種重要的處世技巧，並能利用挨罵給上司留下良好的印象。

日本大企業家福田先生在做工讀生的時候，常常被老闆小松先生責罵。但福田也因為他每次的責罵而得到一些啟示，學會一些事情，所以福田當時總是「主動地」尋找挨

罵。只要遇見了小松先生，福田絕不會像其他怕挨罵的工讀生那樣逃之夭夭，總是恰到好處地把握機會，立刻趨身向前向小松先生打招呼，並態度誠懇地請教說：「早安！請問社長，您看我有什麼地方需要改進嗎？」

這時，小松先生便會對他指出許多需要注意的地方。福田在聆聽訓話之後，必定馬上遵照社長的指示一一改正自己的缺點。

福田殷勤主動地到小松社長面前請教，是因為他深知年輕資淺的工讀生，很難有機會直接和老闆交談，只有如此把握，別無他法。而且向老闆請教，通常正是老闆在視察自己工作的時候，這就是向老闆推銷自己的最佳時機。所以，小松先生對福田的印象就比任何人都來得深刻，對福田有所指示時，也總是親切地直呼他的名字，並耐心地告訴福田什麼地方需要注意，哪些地方有待改進以及如何改進等等。

就這樣，福田每天主動又虛心地向小松先生討教，持續了二年。有一天，小松社長對福田說：「我長期觀察，發現你工作相當勤勉，值得鼓勵，所以明天開始我請你擔任經理。」就這樣，十九歲的工讀生一下子便跳升為經理，在待遇方面也提高很多。

從福田挨罵獲得成長的經歷來看，在待人處世中，特別是在與上司接觸的過程中，被上司指責和訓斥，就是在接受另一種形式的教育。對於小松先生一年三百六十五天的個別教導，福田至今仍然感謝不已。

人都有自己的個性，誰也不願意讓人數落，所以在被別人訓斥的時候，即使不會當場發作，臉上也總是火辣辣地發燒。厚黑教主李宗吾認為：臉不厚聽不得別人訓斥的人不會有什麼大的作為。因此，在被指責或訓教時，非但要認真專注地聆聽，而且聽完之後，更要面帶笑容以愉悅的口吻回

答：「是的，我已經知道了，我現在馬上就去做。」

相反地，如果遇到這種情況，卻顯出非常緊張不安的態度，反會讓對方認為你心存反抗而感到不舒坦。換言之，靜靜地接受指責或聆聽訓教，並保持不失禮的態度來和對方親近，就是在尊崇對方，更是留給上司良好印象的成功訣竅。

最後，厚黑教主李宗吾再次鄭重提醒你：對於上司的罵，絕對要保持順從的態度。雖然不必做到像應聲蟲一樣唯唯諾諾的地步，但最起碼，臉上也應該露出反省的表情，並以坦率誠懇的語氣向上司道歉。挨罵之後，更不可垂頭喪氣，亦不可嘻嘻哈哈，讓人產生隨罵隨忘的印象。當然，最重要的是應盡快改正錯誤，無禮的反抗態度只會使自己受損害。當然，如果你能同時從上司的罵中學到點什麼，那你厚黑術的修煉，就又上了一個大臺階。

10. 狐假虎威的運用術

狐狸是很聰明的動物，由於牠沒有力氣，個子矮小，因此處境不利。在森林中，狐狸得不到尊敬，沒人真正把牠放在眼裡。為了克服這一點，對於狐狸來說，其中的一個辦法就是說服老虎與牠做朋友。通過與力大無比、令人畏敬的老虎密切交往，狐狸可以伴隨老虎左右在叢林中四處行走，而且享受給予老虎同樣的提心吊膽的尊敬。即使老虎不在狐狸身邊，得知狐狸與老虎交往甚密，也足以保證狐狸在曠野中得以生存。

假如一隻狐狸沒有與老虎交朋友，那麼這隻狐狸就應該製造一種跟老虎密切交往的假象，小心翼翼地跟在老虎的後邊，與此同時，大吹大擂牠們之間有著篤深的友誼，這樣做，牠便製造一種印象，即牠的安危得到老虎極大的關注。

狐狸這種做法，便是典型的借光。

東漢恒帝時，「十常侍」之一的宦官張讓因幫助恒帝奪權有功，被封為侯爵。此人把持朝政，隻手遮天，提拔升遷都是他一個人說了算。因此，巴結他的人擠破了門檻，那些想拿錢買官的人都千方百計接近他、討好他，以求高升。

這時，有位名叫孟佗的富商販運貨物來到京城，了解到這一情況後，心裡有了一個生財之道。他先各方打聽情況，知道張讓因在宮中伺候皇上，所以家中有一管家主持日常事務，有人求見張讓，都是由他事先安排。孟佗便在這位管家身上作起了文章，打聽好他天天去哪家酒館，便早早在那裡等著，伺機接近。真是無巧不成書，有一天這位管家吃完了酒，卻忘了帶銀子。酒家因是熟人，說沒關係，可管家總覺得沒面子。這時，孟佗趕忙上前，代管家付了帳。管家心中感激，二人開始攀談起來，商人的油嘴和頭腦誰比得上？不長時間就把管家給「搞定」，兩人成了無話不談的知己。

初戰順利，孟佗加緊使勁兒，不僅使出渾身解數厚臉奉承，而且還在這位管家身上花了不少銀子，最後竟然使得這位慣於「吃黑」的老手也有點過意不去，便主動問孟佗有什麼要求。孟佗見問，心中大喜，但仍然不露聲色，忙說沒有什麼要求，只是交個朋友。最後管家一再說要幫忙，孟佗便說：「別無所求，若您不為難的話，只希望能夠在府上當眾對我一拜。」管家本來就是奴才，拜人拜慣了，這有何難，當即滿口答應。

第二天，孟佗來到張讓府前，那些盼望升遷的人早已擠滿了胡同，等候管家開門安排。日頭老高了，管家才在小奴才的陪伴下開門見客，眾人一下擁上前去。管家在門階上見孟佗站在人後，不食前言，率領眾奴才撥開眾人，倒頭便向

孟佗拜去，把孟佗客客氣氣地迎進府中。

　　直把那班等候的人驚在那裡，心想這位鼻孔朝天的管家對這位孟佗如此客氣，看來那孟佗與張讓肯定不是一般關係。所以，那些找管家排不上號的人便轉來找孟佗走門子了，送來大量的金銀財寶。孟佗則是來者不拒，一概應允，不出十天，便收下數十萬錢財。然後，孟佗瞅兒個黑夜，帶著錢財離開了京城。把那個管家狠「涮」了一把。

　　此外，清政府的官場中歷來靠後臺，走後門，求人寫推薦信。軍機大臣左宗棠從來不給人寫推薦信，他說：「一個人只要有本事，自會有人用他。」

　　左宗棠有個知己好友的兒子，名叫黃蘭階，在福建候補知縣多年也沒候到一個實缺。他見別人都有大官寫推薦信，想到父親生前與左宗棠很要好，就跑到北京來找左宗棠。左宗棠見了故人之子，十分客氣，但當黃蘭階一提出想讓他寫推薦信給福建總督時，登時就變了臉，幾句話就將黃蘭階打發走了。

　　黃蘭階又氣又恨，離開左相府，就閑踱到琉璃廠看書畫散心。忽然，他見到一個小店老闆學寫左宗棠的字體，十分逼真，心中一動，想出一條妙計。

　　「給我寫柄扇子，落個款。」黃蘭階對店主說。店主取過扇子，落上左宗棠的款。黃蘭階手搖扇子，得意洋洋地搖回福州。

　　這天，是例行參見總督的日子，黃蘭階手搖紙扇，徑直走到總督堂上，總督見了很奇怪，問道：「外面很熱嗎？都立秋了，老兄還拿扇子搖個不停。」

　　黃蘭階把扇子一晃：「不瞞大帥說，外邊天氣並不太熱，只是這柄扇是我此次進京左宗棠大人親自送給我的，所

以捨不得放手。」

總督聽了大吃一驚，心想：我原以為這姓黃的沒有什麼後臺，所以候補幾年也沒給他放個實缺，不想他卻有這麼一個大後臺。左宗棠天天跟皇上見面，他若恨我，只消在皇上面前說個一句半句，我可就吃不住了。總督要過黃蘭階的扇子仔細察看，確是左宗棠筆跡，一點不差。他將扇子還與黃蘭階，悶悶不樂地回到後堂，找到師爺商議此事。

師爺一聽笑道：「大帥放心，左宗棠眼下不會害你，他向來不替人寫薦書的，這柄扇子其實就等於是推薦信了。大帥只要馬上給姓黃的一個官做，左宗棠就會高興了；否則……」總督聽了，馬上承諾道：「好！明天就給他掛牌放任知縣好了。」

就這樣，黃蘭階巧妙地借左大人的「光」弄了個七品知縣，且在左大人的「光罩」下，不幾年又升到四品道台。總督一次進京，見到左宗棠，討好地說：「中堂大人故友之子黃蘭階，如今在敝省當了道台了。」

左宗棠笑道：「是嘛！那次他來找我，我就對他說：『只要有本事，自有識貨人。』老兄就很識人才嘛！」總督出了左宗棠的相府，半途中自言自語道：「看來我重用黃蘭階還真是對的。」

黃蘭階能夠官拜道台，主要是他採用瞞天過海的計策，巧妙地借用了左宗棠的光。雖然按照世俗之人的看法，黃蘭階的做法也許不夠光明正大，但他這種厚臉巧借卻恰好與《厚黑學》不謀而合。

11. 正話反說，把「球」踢給對方

正話反說是待人處世中有效說服別人的技巧之一，其特點就是字面意思與本意完全相反，讓聽者自覺去領悟，從而接受你的勸說。

戰國時期，楚國有一位能言善辯的天才大師，他善於在談笑間勸說國君。有一次，楚莊王有匹心愛的馬，且看重此馬遠遠超過人。比如他給馬披上錦繡的衣服，養在華麗的屋裡，馬站的地方設有床墊，並用棗脯來餵牠。馬因吃得太好太多，患肥胖病死了。莊王竟然下令全體大臣給馬戴孝，不僅準備給馬做棺材，還要用大夫的禮儀安葬。

群臣一致反對，認為這樣不對，文武百官紛紛上書勸莊王別這樣做。對此，楚莊王十分反感，他立即下令說：「有誰再敢對葬馬這件事進諫，格殺勿論！」

由於楚莊王的淫威，群臣都不敢說話了，只有優孟一聽到莊王的命令，立即來到殿門，剛步入門階就仰天大哭。莊王見他哭得這麼傷心，覺得很驚奇，問他為什麼大哭。

優孟說：「這匹死去的馬，是大王最疼愛的，楚國是堂堂大國，用大夫的禮儀來安葬，禮太薄了，一定要用國君的禮儀來安葬牠。」

楚莊王聽到優孟不像群臣那樣拚死勸諫，而是支援他的主張，不覺喜上心頭，很高興地問：

「照你看來，應該怎樣辦才好呢？」

「依我看來，」優孟清了清嗓子，慢慢說：「以雕玉做棺材，用耐朽樟木做外槨，以上等木材圍護棺槨，派士兵挖掘墓穴，使老少都參加挑土修墓，齊王、趙王陪祭在前面，

韓王、魏王護衛在後面，用牛、羊、豬來隆重祭祀，給馬建廟，封地萬戶城邑，將稅收作為每年祭馬的費用。」說到這裡，優孟才將話鋒一轉，指出莊王隆重葬馬之害：「這樣，諸侯聽到大王對死馬的葬禮如此隆重，都知道大王認為人卑賤而馬尊貴了。」

這麼一點，確是點到莊王葬馬的要害，一個統治者竟「賤人而貴馬」，必然為世人所厭棄，問題如此嚴重，不能不使莊王大為震驚，說：「寡人要葬馬的錯誤竟到了這麼嚴重的地步嗎？怎麼辦才好呢？」

優孟說：「請讓我為大王用葬六畜的辦法來葬馬：用土灶做外槨，用大鍋做棺材，用薑棗做調味，用木蘭除腥味，用禾稈做祭品，用火光做衣服，把牠葬在人的肚腸裡。」於是，莊王聽從優孟的勸諫，派人把馬交給掌管廚房之人去處理，不讓此事傳揚出去。

優孟採用的說服策略就是正話反說。優孟因侍從莊王多年，熟知莊王的性情，知道此時的莊王，忠言直諫、強行硬諫都不可見效。優孟從稱讚、禮頌楚莊王「貴馬」精神的後面烘托出另一種相反的又正是勸諫的真意——諷刺莊王的昏庸舉動，從而把莊王逼入死胡同，不得不回頭，改變自己的決定。在特定的情況下，採用正話反說的方法，會收到意想不到的奇效。

另外，在待人處世中，如果你的實力比對方強大得多，當然可以泰山壓頂，一舉全殲。但是如果對手十分強大呢？以硬對硬，即使勉強能勝，自己也要造成很大傷害，或者對方實力遠強過你，又該如何呢？特別是平時的待人處世，整天面對的不是敵人，而是朋友、或需要長期維持友好關係的同事，這時則不能採取強硬的手段，怎麼辦？俗話說滴水可以穿石，柔竹能敵強風，在不能採用強硬手法時，不妨來個

綿力相迎，以柔克剛，抓住對方要害，一軟到底，把球踢給對方，讓對方感到擔心。

唐廣德二年（西元七六四年），安史之亂剛被平定，仆固懷恩卻在北方糾眾反叛，屢屢攻城奪野。唐代宗只好命聲望卓著的郭子儀為副元帥，率軍平叛。郭子儀令其兒子郭希以檢校尚書的身份兼行營節度使，屯兵在分州。分州地方的一些不法青年，紛紛在郭希的名下掛名，然後以軍人的名義大白天就在集市上橫行不法，要是有人不滿足其要求，即遭毒打，甚至將懷孕的婦人活活打死。分州節度使白孝德因懼怕郭子儀的威名，對此提都不敢提一下。白孝德的下屬涇州刺史段秀實則感到事關唐朝安危和郭子儀的名節，便毛遂自薦請求處理此事。

白孝德立即下文，令他代理軍隊中的執示官都虞侯。

段秀實到任不久，郭希軍隊中有十七名士兵到集市上搶酒，重傷了釀酒的工人，打壞了酒場許多釀酒器皿。段秀實佈置士卒把他們統統抓來，砍下其腦袋掛在長矛上，立於集市示眾。

郭希軍營所有軍人為之騷動，全部披上了盔甲，準備將段秀實亂刃分屍。在此危急關頭，段秀實不僅沒有驚惶失措，反而解下了身上的佩刀，選了一個年老且行動不便的老兵牽著馬，徑直來到郭希軍營門口。

聽說段秀實竟敢前來，披甲帶盔的士兵都出來了。段秀實笑著一邊走一邊說：「殺一個老兵，何必還要披甲帶盔，如臨大敵？我頂著頭顱前來，要親自由郭尚書來取！」全副武裝的士兵見一老一文一匹瘦馬，驚愕不已。本以為要進行一場硬拚，眼見得對手如此文弱，反而紛紛讓路了。

段秀實見到了郭希，本來是想勸他整肅軍紀的，卻正話

反說，從維護郭家的功名說起，對郭晞說：「郭子儀副元帥的功勞充盈於天地之間，您作為他的兒子卻放縱士兵大肆暴逆。如果因此而使唐朝邊境發生動亂，這要歸罪於誰呢？動亂的罪過無疑要牽連到郭副元帥。而今分州的不法青年紛紛在你的軍隊中掛了名，藉機胡作非為，殘殺無辜。別人都說您郭尚書憑著副元帥的勢力不管束自己的士兵，長此以往，那麼郭家的功名還能保存多久呢？」

郭晞本來對段秀實自作主張捕殺他的士兵心存不快，對於士兵的激憤情緒聽之任之，想要看看段秀實到底有多大的能耐。現在見段秀實完全不做防備地闖進軍營，聽段秀實一說，覺得段秀實完全是為保護郭家功名才這樣做的，便一改原來的強硬態度，反覺得對弱小的段秀實必須加以保護，以免被手下人因憤而殺。趕緊對段秀實拜了又拜，說：「多虧您的教導。」喝令手下人解除武裝，不許傷害段秀實。

段秀實為讓郭晞下定決心管束軍隊，乾脆繼續大行厚黑之道，又對郭晞說：「我到現在還沒有吃晚飯，肚子餓了，請為我備飯吧。」吃完飯後又說：「我的舊病發作了，需要在您這裡住一宿。」這樣，段秀實竟在只有一名老兵守護的情況下，睡在充滿敵意的軍營之中。

在這種情況下，面對沒有絲毫惡意的段秀實，郭晞害怕憤怒的軍人殺了這個不做抵抗且又有恩於己的朝廷命官，心裡十分緊張。於是一面申明嚴格軍紀，一面告訴巡邏值夜的士卒嚴加防範，藉打更之便切實保衛段秀實的安全。

第二天，郭晞甚至還同段秀實一起到白孝德處謝罪，大軍由此整治一新。

段秀實的本來職責就是負責整肅軍紀的都虞侯，可面對大權在握並且深受皇帝寵愛的郭子儀之子，如果他硬來，恐怕早就被亂兵剁成了肉醬。既要整頓軍紀又無法下手，在此

兩難境地，許多人可能早就束手無策了，而精通厚黑之道的段秀實，巧妙地正話反說，把「球」踢給了對方，讓郭希覺得段秀實完全是為自己著想，而使矛盾圓滿解決。

12. 說話會拐彎兒

　　理論上講，待人處世中應該做到坦誠，不說假話，直來直去。而且在現實中，人們口頭上也一向把直來直去的性格視作一種美德，倍加讚賞。如果你隨便問一個朋友：你喜歡什麼樣性格的人？他往往會回答：性格豪爽、直來直去。人們在稱頌某人時，也往往說：「他性格爽直，說話從不拐彎抹腳，直來直去。」

　　做老實人說老實話，應該是待人處世的一條準則，但直炮筒子未必受歡迎。而且中國人的行為模式很特殊。最明顯的一點就是，表面上一套，實際上可能是「意在言外」。換句話說，就是嘴上說喜歡「直來直去」，內心深處卻並不喜歡「直來直去」。當對方回答「不」的時候，未必真的是「不」，很可能只是礙於面子，第一次需要拒絕來拿拿架子，擺擺譜，或是客套地禮貌性回答。而第二次再懇求時，對方可能就同意了。反過來說，當對方說好的時候，也未必就表示同意，或許只是不願當面給你難堪而已！

　　明白了這個道理，也就知道在待人處世中，為什麼許多事上司說「研究研究」之後便沒了下文；為什麼對上司提意見「直來直去」的人，卻不僅難以獲得上司的滿意，反而會因此而遭到打擊報復。

　　有一個單位，上司在會議上提了一項改革計畫。在上司的長篇大論之後，照例問問各級主管有沒有意見。正當眾人

都靜默無聲的時候，卻有一個不識相的傢伙，立刻站起來提出他的看法，並針對計畫的弊病，說得口沫橫飛，最後還提出了另一項改革計畫。幾天之後，他被調職了。不久，又因為犯了一點小錯，被上司連降三級，下放到一個最偏僻的倉庫當一名「超配」的副主任。

上司既然會在會議中先提出計畫，就是擺明了要大家等一下表決時，全部沒意見通過。表決當然也只是走走形式而已，否則在計畫公布之前，他自會先私下徵詢部屬的意見。如果是公開要各級主管作評估時，可別當真，他只是給大家面子而已。換句話說，上司問大家有沒有意見，實際上就是要告訴大家——不准有意見。

《厚黑學》認為，要想獲得待人處世的成功，必須懂得察顏觀色，善加分辨，認清對方是真要你開口，抑或只是禮貌性的客套。最好在說話時巧妙地拐個彎兒，千萬不要「亂放炮」。因為每個人都需要自尊，需要面子。直來直去實際上就是「不給面子」，使對方心中不快，以至造成雙方關係破裂，甚至反目成仇。事後想想，僅僅因為區區小事，非原則性問題而失去「頭兒」的賞識，真是毫無意義！

朱元璋稱帝後，要冊封百官，可當他看完花名冊時，心裡又犯起了愁。因為功臣有數，但親朋不少。封吧？無功受祿，群臣不服；不封？面子上過不去。軍師劉伯溫看出朱元璋的難處又不敢直諫，一來怕得罪皇親國戚，惹來麻煩，二來又怕朱元璋受不了，落下罪名。但想到國家大事不能視而不見，最後，他想出一個方法，畫了一幅人頭像，人頭上長著束束亂髮，每束髮上都頂著一頂烏紗帽，獻給了朱元璋。朱元璋接過畫，細品其味，忽然哈哈大笑道：「軍師畫中有話，乃苦口良藥。真可謂人不可無師，無師則愚；國不可無

賢，無賢則衰！」

　　原來，劉伯溫畫的意思是「官（冠）多法（髮）亂」！劉伯溫此舉不但未傷害到朱元璋的面子，不犯龍顏，還道出了諫言：官多法必亂，法亂國必傾，國傾君必亡。畫中有話，柔中有剛，也算是待人處世高明的「說話會拐彎兒」，使聽者懂得話外之音，達到預期的目的。

　　另外，說話會拐彎兒，還體現在巧妙勸說上司改正自己所做出的錯誤決定，讓上司從你拐彎兒說的話中，自己悟出應該如何去做。

　　春秋時的晉國，自晉文公即位後，發憤圖強，使得國家迅速興盛起來，成為春秋時的一大強國，晉文公也成了一代霸主。可接下來，晉襄公、晉靈公卻不思振作，只圖享樂。晉國的霸主地位也不知不覺地被楚莊王代替。晉靈公即位不久，不思進取，大興土木，修築宮室樓臺，以供自己和嬪妃們享樂遊玩。

　　有一年，他竟挖空心思，想要建造一個九層高的樓臺。可以想見，在當時那種科學水平、建築材料、建築技術等條件下，如此宏大複雜的工程，要耗費多少人力、物力！無疑會給老百姓造成沉重的負擔，使國力衰竭。因此，大臣和老百姓都反對建九層樓臺，但是晉靈公固執己見，並且在朝堂之上嚴厲地對大臣說：「敢有勸阻建樓臺的，立即斬首！」氣氛十分緊張。一些想保全身家性命的大臣，都嚇得噤若寒蟬，誰願意去送死呢？再沒有人敢說反對的話！

　　一天，有個叫荀息的大夫求見。晉靈公以為他是來勸諫的，便命人拉開弓搭上箭，只要荀息開口勸說，他就要射死荀息。誰知荀息進來後，像是沒看見他這架勢一樣，非常地輕鬆自然，笑嘻嘻地對晉靈公說：「我今天特地來表演一套

絕技給大王看，讓大王開開眼界，散散心。大王您感興趣嗎？」晉靈公一聽有玩的就來神兒了，忙問：「什麼絕技？別賣關子了，快表演給我看看。」荀息見晉靈公上鉤了，便說：「我可以把九個棋子一個個疊起來以後，再在上面放九個雞蛋。」

晉靈公聽到這事十分新鮮，不相信荀息會有這麼高的技藝，但是又急於一飽眼福，便急急說道：「我從未聽過和見過這種事，今天就請你給我擺擺看！」荀息當然清楚，如果國君認為是在欺騙他，就會有殺頭的危險。當晉靈公叫人拿來棋子和雞蛋後，荀息便動手擺了起來。

他先是小心翼翼地把九個棋子堆了起來，然後又慢慢地將雞蛋放置在棋子上。只見他放上一個雞蛋，又放第二個，第三個……戰戰兢兢，如履薄冰。

這時，屋子裡的氣氛十分緊張、沉寂，只能聽到雞蛋碰到棋子的聲音，圍觀的大臣們全都屏住呼吸，生怕雞蛋落下來。荀息也緊張得額頭冒汗。晉靈公看到這情景，禁不住大聲說：「這太危險了！這太危險了！」晉靈公剛說完「危險」，荀息就從容不迫地說：「我倒感覺這算不了什麼危險，還有比這更危險的呢！」晉靈公覺得奇怪，因為對他來說，這樣子已經是夠刺激、夠危險的了，還會有什麼更驚險的絕招呢？便迫不及待地說：「是嗎？快讓我看看！」

這時，只聽見荀息一字一句、非常沉痛地說：「九層之臺，造了三年還沒有完工。三年來，男人不能在田裡耕種，女人不能在家裡紡織，都在這裡搬木頭、運石塊。國庫的金子也快花完了。兵士得不到給養，武器沒有金屬鑄造。鄰國正在計劃乘機侵略我們。這樣下去，國家很快就會滅亡。到那時，大王您將怎麼辦呢？這難道不比疊雞蛋更危險嗎？」

晉靈公聽到這種十分合理又十分可怕的警告，不由得嚇

出一身冷汗，意識到了自己幹了一件多麼荒唐的事，犯了多麼嚴重的錯誤，便對荀息說：「搞九層之臺，是我的過錯。」立即下令停止築臺。

《晏子春秋》中也記載了這樣一則故事：

齊景公在位期間特別喜歡修建亭臺樓閣，以遊玩觀賞；喜歡穿戴華貴奇異的服飾，以圖新奇和開心；喜歡通宵達旦地飲酒作樂，過著奢侈豪華的生活。晏嬰做景公的相國時，則用儉樸簡約的生活約束自己，以勸諫景公。景公多次給他封賞，都被他拒絕了。景公很尊重晏子，不忍心他過平民一樣艱苦清貧的生活。

有一回，景公趁晏子出使晉國不在家的機會，給他建了所新房子，誰知晏子一回來，就把新房子拆了，而把材料給鄰居們建房，把因給他建房而遷走了的鄰居們請回來。

景公知道了，很生氣地說：「你不願打擾百姓、鄰居，那麼替你在宮內建一所住房行嗎？我想和你朝夕相處。」

晏子一聽急了，對景公說：「古人說，受寵信要能知道自我收斂。您這樣做雖然是想親近我，但我卻會整天誠惶誠恐。我一個臣子怎麼能這樣做呢？那只會使我與您的關係疏遠開來。」

景公無法強求，只好退一步說：「你的房子靠近鬧市，低濕狹窄，整天吵吵鬧鬧，塵土飛揚，不能居住。給你換一個乾燥高爽、安靜一點的地方總可以吧？」

晏子也不接受，他連忙辭謝，說：「我的祖先就是世世代代住在這裡的，我能繼承這份遺產，就已經很滿足了，而且這地方靠近街市，早晚出去都能買到我所要的東西，倒也方便。實在不敢再煩擾鄉鄰而另外再建房子。」

景公聽了，笑著問：「靠近街市，那你一定知道東西的

貴賤，生意的行情！」

「當然知道。百姓的喜怒哀怨，街市貨物的走俏滯銷，我都很熟悉。」

景公覺得有趣，隨口問道：「你知道現在市場上什麼東西貴？什麼東西賤？」

那時，景公喜怒無常，濫施刑罰，常常把犯人的腳砍下來，因而市場上有專門賣假腳的。晏子便想乘機勸諫景公：「據我所知，目前市場上價格最貴的是假腳，價格最賤的是鞋子！」

「真有意思，這是為什麼呢？」齊景公對晏子的回答感到意外，便不解地問道。

「唉──」晏子長吁了一口氣，淒楚地說：「只因為現在刑罰太重，被砍去腳的人太多了，所以鞋子沒人買，假腳卻不夠賣！」

「噢──」齊景公半天說不出話來，臉上露出哀憐的神色，自言自語地說：「我太殘忍了，我對老百姓太狠心了。」於是，第二天就向全國發出了減輕刑罰的命令。

另外還有一次，齊景公讓養馬人給他養一匹他最喜愛的馬，不料這匹馬突然死了，景公大怒，讓人拿刀把養馬人肢解掉。這時，晏子正好在景公面前，見左右拿刀進來，便阻止了他們，問景公道：「堯、舜肢解人體，從身上哪一部分入手呢？」一聽這話，景公明白了晏子的意思，堯和舜都是古代明主，他們從來不用酷刑。便下令不肢解，而是把養馬人交給獄官處理。

晏子又說道：「他還不知道自己的罪過就要死了，請讓我數數他的罪狀。好讓他明白犯了什麼罪，然後再交給獄官去處理吧。」

景公說：「可以。」

　　於是，晏子就數落養馬人說：「你知道你有三大罪狀，應判死刑。君王讓你養馬，你卻把馬養死，這是死罪之一；你把君王最愛的馬養死，這是死罪之二；你讓君王為一匹馬的緣故而殺人，百姓知道了肯定會怨恨國君殘暴，諸侯們聽到這樣重馬輕人，肯定會輕視我們的國家，甚至加兵於我們。你讓君王的馬死掉，使百姓積下怨恨，讓我國的國勢被鄰國削弱，這是死罪之三。你有這三條應判死罪的原因，就把你交給獄官吧。」

　　景公聽了晏子的這些話，猛然醒悟，趕緊說：「放了他吧，不要為此而壞了我仁義的名聲。」

　　古語道：「伴君如伴虎。」一句不慎的話，都可能使臣民人頭落地。因此，聰明的臣下總是直話不直說，說話會拐彎兒，委婉地表達自己的意思。晏子如果直接向齊景公建議減輕刑罰，不但達不到目的，而且很可能會引起齊景公的不悅，到頭來事與願違，後果也很難設想。

第二章

一句話
可以改變一生

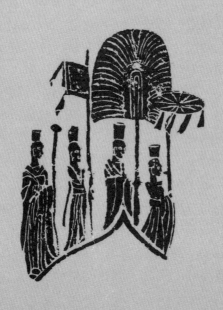

1. 投其所好，多說好聽話

　　自從人類創造語言以來，語言便改變了國家的命運。語言進入了經濟領域，有時也能改變一個人的命運。因為在我們的社會上，即使最簡單的事情，也需要彼此合作，互相利用，因此他們首先必須先彼此了解，語言是彼此聯繫的起點、終點和連接點。

　　「說話」，是一個人在待人處世中必須使用的交流工具，從早晨睜開眼睛起，一天的每一件事，都很難說不需要用語言來推動。因此，每一個字，每一句話，都會影響你的成功。善於說話，小則可以歡樂，大則可以興國。

　　雖然每個人都知道說話，但話說得好的人卻不多，說話並不見得比寫文章容易，文章寫好了可以修改，而一句話說出來了要想修改是比較困難的。正所謂「說出去的話，潑出去的水」，就是這個意思。

　　有一則流傳已久的笑話，說的是一位工會主席召集五個委員開會。開會的時間早已過了，可是只來了三個人。他歎氣說道：「唉，該來的沒有來！」有個委員聽了這話覺得很不自在，他想：莫非我是不該來的人？於是這個委員悄悄地走了。工會主席見狀，又歎道：「唉，不該走的走了！」剩下的兩個委員聽主席這麼說，誤認為他倆是該走而沒有走的人，於是一氣之下全走了。可見，只因為說話不妥當，非但會議沒開成，而且還得罪了人。工會主席用舌頭給對方心裡留下的陰影，恐怕短時間內難以平息。

　　鬼谷子認為：與智慧型的人說話，憑藉的是見聞的廣博；與見聞廣博的人說話，憑藉的是辨析的能力；與善辯的

人說話，就要簡明扼要；與上司說話，就要用奇妙的事來打動他；與下屬說話，就要用好處來說服他；別人不願意做的事情，就不要勉強；對方所喜歡的，就模仿而順從他；對方所討厭的，就避開而不談它。能做到這些，就算利用好了你的舌頭。

漢高祖劉邦殺了項羽，平定天下之後，開始論功行賞，群臣在這個時候彼此爭功，吵了一年多都無法確定。劉邦認為蕭何功勞最大，就封蕭何為侯，封地也最多，但是群臣卻心中不服，議論紛紛。在封賞勉強確定之後，對席位的高低先後又起爭議，大家都說：「平陽侯曹參身受七十次傷，而且攻城掠地，功勞最多，應當排他第一。」劉邦因為在封賞時已經委屈了一些功臣，多封了許多給蕭何，所以在席位上也不好再堅持，但心中還是想將蕭何排在首位。

這時候，關內侯鄂君已經揣摩出劉邦的意圖，就不顧眾大臣的反對，挺身上前厚臉說道：「群臣的評議都錯了！曹參雖然有攻城掠地的功勞，但這只是一時之功。皇上與楚霸王對抗五年，時常丟掉部隊，四處逃避。而蕭何卻常常從關中派兵員填補戰線上的漏洞。楚、漢在榮陽對抗了好幾年，軍中缺糧，都是蕭何轉運糧食補給關中。糧餉才不至於匱乏。再說皇上有好幾次逃到山東，都是靠蕭何保全關中，才能接濟皇上的，這才是萬世之功。如今即使少了一百個曹參，對漢朝有什麼影響？我們漢朝也不必靠他來保全啊！為什麼你們認為一時之功高過萬世之功呢？我主張蕭何第一，曹參其次。」

劉邦聽了，自然是無比高興，連忙說：「好，好！」於是下令蕭何排在第一，可以帶劍入殿，上朝時也不必急行。

劉邦本是個大老粗，在分封諸侯的時候，將一些從前跟

著他出生入死、身經百戰的功臣比喻為「功狗」，而將發號施令、出謀劃策的蕭何比喻為「功人」，所以蕭何的封賞最多。明眼人一看就知道劉邦寵幸蕭何，因此在安排入朝的席位上，高祖雖然表面上不再堅持蕭何應排在第一，但鄂君早已揣摩出他的心意。於是順水推舟，專揀好聽的話講，劉邦自然高興。鄂君因此而被改封為「安平侯」，封地也比原來多了近一倍。鄂君在關鍵時刻厚著臉皮說的幾句話，使他一生享盡榮華富貴。

通常情況下，被點中不願讓人知道的隱私，對任何人來說都不是件令人愉快的事。尤其是他人身上的缺陷，千萬不能用侮辱性的語言加以攻擊。在中國，有所謂「逆鱗」之說，據說在龍的喉部以下一尺的部位上有「逆鱗」，如果不小心觸摸到這一部位，必定會被激怒的龍所殺。事實上，無論人格多麼高尚偉大的人，身上都有「逆鱗」存在。所謂「逆鱗」就是我們所說的「痛處」，也就是缺點、自卑感。只要我們不觸及對方的「逆鱗」就不會惹禍上身，還能平步青雲。也就是需要隨時隨地注意應用「投其所好，多說好聽話」這一厚黑妙招。

2. 處世高手是「有求」未必「必應」

在待人處世中，有的人為了使別人對自己有個好印象，或為了保全自己的面子，或為給對方一個臺階，往往對對方提出的一些要求不加分析地加以接受，結果弄得自己很難受，這就是沒有掌握待人處世不敗哲學中的基本技巧。

不過，話說回來，朋友之間這樣的要求是極少的。那

麼，對方提出的合理合法要求你是否一定都得答應呢？並不見得。因為許多事並不是你想辦就能辦到的。有時受各種條件、能力的限制，一些事是很可能完不成的。因此，當朋友提出託你辦事的要求時，你首先得考慮，這事你是否有能力辦成，如果辦不成，你就得老老實實地說出我不行。

這時，如果臉皮厚不下來，隨便誇下海口或礙於情面不好意思拒絕都是於事無補的。我們知道，言而有信是做朋友的信條，也是友誼的基礎。明明辦不成的事卻承諾下來，到時候不僅令人失望，還可能耽誤朋友的事情，因為如果你辦不成，他可能就找別人辦或另想其他的法子，但你答應了卻沒有辦成，這樣做，反而會傷了對方、耽誤人家。這就是臉皮兒薄的苦果。

一般來說，拒絕別人的要求也的確是件不容易的事。日本一所「說話技巧大學」的一位教授說：「央求人固然是一件難事，而當別人央求你，你又不得不拒絕的時候，亦是叫人頭痛萬分的。因為每一個人都有自尊心，希望得到別人的重視，同時我們也不希望別人不愉快，因而也就難以說出拒絕之話了。」

當你仔細斟酌之後，知道答應對方的要求將會給自己帶來傷害，肯定不會為了使面子上過得去而去做違心的事。另外，待人處世不敗哲學還會提供一些既拒絕了對方不適宜的要求，又不致傷害對方自尊的有效方法：

1・**柔中帶剛**　有些請求有明顯的荒謬性，但即使這樣的請求，拒絕的形式也要力求婉轉。拒絕的意向要表示得堅定明確，不要讓對方抱有絲毫不切實際的希望。

當老師的人每個學期期末考試前，都如同過關一樣難熬，原因是很多學生以各種藉口或方式來打聽考題，希望

老師高抬貴手「洩題」。但這是原則問題，是絕對不能答應的。千萬不能說「我們商量一下再說」或「到時候看看再說」之類模棱兩可的話。

每逢遇到這種情況，富有經驗的老師總是這麼說：「我也當過學生，當學生的怕考試，古今中外莫不如此。因此，同學們的心情我完全可以理解。但是，十分抱歉，同學們的要求我是絕對不能答應的。如果在復習中有什麼疑難問題，我倒是十分樂意和同學們一起研究解決。」

這樣做，最後並未損害師生之間的情誼。相反，如果拉不下臉面而在考試前「洩題」，很可能費力不討好。因為原來學習好的學生由於現在大家成績都很高，便認為老師的做法埋沒了他的才能；原來學習差的學生，高興一陣後覺得這樣的考試沒有挑戰性，也沒學到多少東西，結果也很有意見。這樣的教師，最後落得個「老鼠掉在風箱裡——兩頭受氣」的結局。

2‧彬彬有禮　拒絕人的時候，應該努力以一種平靜而莊重的神情講話。因為在一般情況下，對於一個客氣的拒絕，人們是不能非議的。

一個自己所不喜歡的人請你去酒家吃飯，而你又極不願意去。這時，如果直截了當地回絕對方：「我才不和你這樣的人一起出去吃飯呢！」就會令對方下不了臺，也許對方請你吃飯並無惡意，相反，儘管心裡一百二十個不願意，仍然要笑容滿面、彬彬有禮地說：「我很感謝你的盛情。不過，十分抱歉，前天有幾位老同學已經約好了，所以今天我就沒有福氣享受你的美意了。」

由於你笑容滿面，禮貌待人，再加上提出了對方一個無法反駁的理由，對方也就相信你真的是無法和他們一起吃飯了，也就只好作罷。且由於你拒絕的時候先感謝了他，維護

了對方的自尊心，對方也就不會責怪你了。

　　3．**相反建議**　如果你想避免生硬的拒絕，可以提出一個相反的建議，但要提得合情合理。

　　假如你的一位同事想把本來應該由他自己完成的任務轉嫁到你的頭上，也許你會出自本能地答道：「哎呀，你的事我可幹不來。」這就不太好了，此時你不妨這樣對他說：「我很願意幫你的忙，但實在不湊巧，我手頭上自己那份工作還沒做完。依我看，就你的能力和素質來看，你是完全可以勝任的，你不妨先做做看。或許我能幫你做點別的什麼？譬如說我今天要上街買東西，要順便給你帶點什麼嗎？」這樣，既有拒絕，又有一個相反建議，對方還有什麼好說的呢？

　　4．**不必說理由**　通常情況下，在拒絕別人的問題上還有一個誤解：就是必須說明理由。實際上在很多場合下是不必說明理由的，而且理由要說起來也說不清楚，或許會被對方反駁，那就可能節外生枝、事與願違了。

　　例如，有一個經常向人借錢而又不還的人來向你借錢，你就可以很客氣地拒絕他：「實在對不起，我恐怕幫不上你這個忙。」明確表示無意借給他錢就行了，別的一個字也不用講。如果他繼續纏住你，你就把已經講過的話再客氣地重複一遍就行了。假如你在拒絕之前進行一下解釋，那很可能引起新的麻煩，像是：

　　「實在對不起，這個月薪水都用完了。」

　　「怎麼用得這麼快？薪水發不到一個星期啊！」

　　「主要是買了不少東西，例如茶几……」

　　「我知道你這個人向來很節儉，不會月月都光吧？」

　　這樣，你便陷入了說不清的境地。因為你開始拒絕的前提是不對的：我如果有錢就借給你，我如果沒有錢那就沒辦

法了。對方也正是抓住你內心的這個假設大作文章，迫使你承認還有錢。有錢，就得借給他，不借給他，就是「自私自利」。這種邏輯繼續延伸下去，必然以不愉快的結局告終。

如果你拒絕的前提是：錢是我自己勞動所得，借不借給你完全由我自己決定。有信用的人我樂於相助，沒有信用的人，我是絕不會為了顧全面子而借錢給他的。那麼你心中就坦然得多了，不必跟他講任何理由，不借就是了。因為，對於真正的高手來說，「有求」未必「必應」！

3. 打人不打臉，揭人不揭短

明太祖朱元璋出身貧寒，做了皇帝後自然少不了有昔日的窮哥們兒到京城找他。這些人本以為朱元璋會念在昔日共同受罪的情份上，給他們封個一官半職，誰知朱元璋最忌諱別人揭他的老底，以為那樣會有損自己的威信，因此對來訪者大都拒而不見。

有位朱元璋兒時一塊光屁股長大的好友，千里迢迢從老家鳳陽趕到南京，幾經周折總算進了皇宮。一見面，這位老兄便當著文武百官大叫大嚷起來：「哎呀，朱老四，你當了皇帝可真威風呀！還認得我嗎？當年咱倆可是一塊兒光著屁股玩耍，你幹了壞事總是讓我替你挨打。記得有一次咱倆一塊偷豆子吃，背著大人用破瓦罐煮。豆還沒煮熟你就先搶起來，結果把瓦罐都打爛了，豆子撒了一地。你吃得太急，豆子卡在嗓子眼兒還是我幫你弄出來的。怎麼？不記得啦！」

這位老兄還在那喋喋不休嘮叨個沒完，寶座上的朱元璋再也坐不住了，心想此人太不知趣，居然當著文武百官的面

揭我短處，讓我這個當皇帝的臉往那兒擱。盛怒之下，朱元璋下令把這個窮哥兒們兒殺了。這就是揭人之短的下場。

在待人處世中，場面話誰都能說，但並不是誰都會說，一不小心，也許你就踏進了言語的「地雷區」，觸到了對方的隱私和短處，犯了對方的忌，對聽話者造成一定的傷害。其實，每個人都有所長，亦有所短，待人處世的成功，一個很重要的因素就是善於發現對方身上的優點，誇獎對方的長處，而不要抓住別人的隱私、痛處和缺點來大作文章。切記：揭人之短，易傷人自尊！

「揭短」有時是故意的，那是互相敵視的雙方用來作為攻擊對方的武器。「揭短」有時又是無意的，那是因為某種原因一不小心犯了對方的忌諱。有心也好，無意也罷，在待人處世中揭人之短都會傷害對方的自尊，輕則影響雙方感情，重則導致友誼破裂。

那麼，怎樣才能做到在待人處世中不「揭人之短」呢？待人處世不敗哲學給你開出如下幾劑妙方：

首先，必須通曉對方，做到既了解對方的長處，也了解對方的不足。這樣才能在交際中做到「知彼知己，百戰不殆」。因為每個人都會有自己的個性和習慣，有自己的需求和忌諱，如果你對交際對象的優缺點一無所知，那麼交際起來，就會「盲人騎瞎馬」，難免踏進「地雷區」，觸犯對方的隱私。

有這樣一個真實的例子，有一群人在看電視劇，劇中有婆媳爭吵的鏡頭。張大嫂便隨口議論道：「我看，現在的兒媳真是不知道好歹，不願意和老人住在一起。也不想想以後自己老了怎麼辦？」話未說完，旁邊的小齊馬上站了起來，怒聲說：「妳說話乾淨點，不要找不自在，我最討厭別人指桑罵槐！」原來小齊平素與婆婆關係失和，最近剛從家裡搬

出另住。張大嫂由於不了解情況，無意中揭了對方的短而得罪小齊。所以，只有了解交際對象的長處和短處，才能做到有的放矢的交際。

其次，要善於擇善棄惡。在待人處世中要多誇別人的長處，儘量迴避對方的缺點和錯誤。「好漢願提當年勇」，又有誰人願意提及自己不光彩的一頁呢？特別是如果有人拿這些不光彩問題來作文章，就等於在傷口上撒鹽，無論誰都是不能忍受的。

有一位年輕的姑娘長得很胖，吃了不少的減肥藥也不見效果，心裡很苦惱，也最怕有人說她胖。有一天，她的同事小張對她說：「妳吃了什麼呀，像個吹氣氣球似的，才幾天工夫，又胖了一圈兒。」胖姑娘立刻惱羞成怒，「我胖礙著你什麼了？不吃你，不喝你，真是狗拿耗子，多管閒事！」小張不由鬧了個大紅臉。在這裡，小張明知對方的短處，卻還要像個討厭鬼把話題往上趕，這自然就犯了對方的忌諱，對方不翻臉才怪哩。

再次，指出對方的缺點和不足時，要顧及場合，別傷對方的面子。最好是私下告知對方，才會贏得感激。

有一個連隊配合拍電影，因故少帶了一樣裝備，致使拍攝無法進行。營長火了，當著全連兵士的面批評連長說：「你是怎麼搞的，辦事這麼毛毛躁躁，要是上戰場也能裝備不齊？」連長本來就挺難過的，可營長偏偏當著自己部下的面狠狠批評自己，心裡自然覺得大失面子，於是不由分辯道：「我沒帶是有原因的，你不能不經過調查就亂批評！」營長一下懵了，弄不懂平時服服帖帖的連長怎麼會這樣頂撞他。事後，在與連長談心交換意見時，連長說：「你當著那麼多戰士的面批評我，我今後還怎麼工作？」從這個事例中不難發現，假如營長是背後批評，連長不僅不會發火，還會

虛心接受批評。營長錯就錯在說話沒有注意時機和場合。

最後，巧給對方留面子。有時候，對方的缺點和錯誤無法迴避，必須直接面對，這時就要採取委婉含蓄的說法，淡化矛盾，以免發生衝突。

古時候，吳國有個滑稽才子，名叫孫山。他與鄉里某人的兒子一同參加科舉考試。考完後，孫山先回到了家。那個同鄉的父親就向孫山打聽自己的兒子是否考上。孫山笑著回答說：「解名盡處是孫山，賢郎更在孫山外。」孫山的回答委婉而含蓄，既告訴了結果又沒刺到對方的痛處。如果孫山竹筒倒豆子，直告訴對方落榜，那麼對方的反應可想而知。可惜的是，在現實待人處世中，我們周圍許多人說話往往太直接，結果好心辦了壞事。我有一位同學告訴他的朋友：「我想參加電台舉辦的唱歌比賽，你看怎樣？」他朋友不屑地說：「你，得了吧！就你那破鑼嗓子，還不把聽眾笑趴下。」結果，我的那位同學一句話也沒說，默默地走了，再也不理睬這個朋友，兩個人的友誼也算拜拜了。假如當時他的朋友說：「很好啊，只是你的聲音似乎還需要好好練習練習。這次可能來不及了，我看，是不是下次再參加吧？反正還有的是機會。」我想，那位本來就不具備唱歌天賦的同學不但不會跟朋友翻臉，而且肯定會聽從朋友的建議，結果就大不一樣了。

此外，許多情況下，在待人處世中經常有人是「常有理不見得會說話」，自己在理卻總是說不到點子上，所以說要想把話說到別人的心坎兒上，除了不揭人之短之外，還要特別注意「避人所忌」，具體有以下三個方面應該特別注意：

（一）忌主動涉及別人的隱私。客觀地說，每個人都有一些不願公開的祕密。尊重別人的隱私是尊重他人人格的表

現。所以，當你與別人交談時，切勿魯莽地隨意提及別人的隱私，這樣，別人就會覺得你遵循了待人處世中人際交往的「禮貌原則」。因此，便會樂意跟你交談和交往。反之，假如你不顧別人保留隱私的心理需要，盲目觸及「地雷區」，不僅會影響彼此之間談話的效果，而且別人還會對你產生不良印象，進而損害人際關係。比如，別人的戀愛、婚姻正遭遇某種挫折，而且又不願向旁人透露時，你若在交談中一味地刨根問柢，肯定會引起對方的反感。

（二）忌主動提及別人的傷感事。與別人談話，要留意別人的情緒，話題不要隨意觸及對方的「情感禁區」。比如，當你的交談對象正遇到某種打擊，情緒沮喪低落時，你與之交談，對方又不願主動提及傷感的事，就最好躲避這類話題，以免使對方再度陷入「情感沼澤」，進而影響彼此間的繼續交談和友誼。

（三）忌主動提及別人的尷尬事。當別人在生活中遇到某些不盡如人意的事時，你若與之交談，最好不要主動引出這一有可能令對方尷尬的話題，比如，別人正遇上升學考試不及格抑或提拔升遷沒能如願或某項奮鬥目標未獲預期的成功等等，而別人又不願主動向你訴說時，你若不顧別人的主觀意念而主動問及此事，那麼，你的交談對象就會因此而陷入尷尬，進而對你的談話產生排斥心理。

還是俗話說得好，「打人不打臉，揭人不揭短。」要想與他人友好相處，就要儘量體諒他人，維護他人的自尊，避開言語「地雷區」，千萬不要揭人之短！

4. 忍耐就是最好的防衛手段

美國前總統林肯曾說：「對暫時鬥不過的小人要忍耐。與其和狗爭道反被狗傷，還不如讓狗先走。」因為即使你將狗殺死，也不能治好被咬的傷，正所謂「小不忍則亂大謀」。《厚黑學》認為：在待人處世中，當自己處於不利地位，或者危難之時，不妨先退讓一步，利用忍耐暫時躲避。這樣做，不但能避其鋒芒，脫離困境，而且還可以另闢蹊徑，重新佔據主動。當然，「忍字頭上一把刀」，忍很多時候是以自己明吃虧，或者故意「作踐」自己為代價的，臉皮薄拉不下面子來那怎麼能行？

明朝蘇州城裡有位尤老翁，開了間典當鋪。一年年關前夕，尤老翁在裡間盤帳，忽然聽見外面櫃檯處有爭吵聲，就趕忙走了出來。原來是一個附近的窮鄰居趙老頭正在與夥計爭吵。尤老翁一向謹守「和氣生財」的信條，先將夥計訓斥一通，然後再好言向趙老頭賠不是。

可是趙老頭板著的面孔不見一絲和緩之色，靠在一邊櫃檯上一句話也不說。挨了罵的夥計悄聲對老闆訴苦：「老爺，這個趙老頭蠻不講理。他前些日子當了衣服，現在他說過年要穿，一定要取回去，可是他又不還當衣服的錢。我剛一解釋，他就破口大罵。這事不能怪我呀。」

尤老翁點點頭，打發這個夥計去照料別的生意，自己過去請趙老頭到桌邊坐下，語氣懇切地對他說：「老人家，我知道你的來意，過年了，總想有身兒體面點的衣服穿。這是小事一樁，大家是抬頭不見低頭見的熟人，什麼事都好商量，何必與夥計一般見識呢？你老就消消氣吧。」

　　尤老翁不等趙老頭開口辯解，馬上吩咐另一個夥計查一下帳，從趙老頭典當的衣物中找四、五件冬衣來。然後，尤老翁指著這幾件衣服說：「這件棉袍是你冬天裡不可缺少的衣服，這件罩袍你拜年時用得著，這三件棉衣孩子們也是要穿的。這些你先拿回去吧，其餘的衣物不是急用的，可以先放在這裡。」趙老頭似乎一點兒也不領情，拿起衣服，連個招呼都不打，就急匆匆地走了。尤老翁並不在意，仍然含笑拱手將趙老頭送出大門。

　　沒想到，當天夜裡趙老頭竟然死在另一位開店的街坊家中。趙老頭的親屬乘機控告那位街坊逼死了趙老頭，與他打了好幾年官司。最後，那位街坊被拖得精疲力盡，花了一大筆銀子才將此事擺平。

　　事情真相很快透露了出來，原來趙老頭因為負債累累，家產典當一空後走投無路，就預先服了毒，來到尤老翁的當鋪吵鬧尋事，想以死來敲詐錢財。沒想到尤老翁一忍再忍，明顯吃虧也不與他計較，趙老頭覺得坑這樣的人即使到了陰曹地府也要下地獄，只好趕快撤走，在毒性發作之前又選擇了另外一家。

　　事後，有人問尤老翁說他憑什麼會料到趙老頭會有以死進行訛詐的一手，從而忍耐讓步，避過了一場幾乎難以躲過的災禍呢！

　　尤老翁說：「我並沒有想到趙老頭會走到這條絕路上去。我只是根據常理推測，若是有人無理取鬧，那他必然有所憑仗。在我當夥計的時候，我爹就常對我說：『天大的事，忍一忍也就過去了。』如果我們在小事情上不忍讓，那很可能就會變成大災禍。」

5. 麻雀攀高枝，不要靠在一顆樹上

中國自古就有「忠臣不事二主，好女不嫁二夫」，似乎只有這樣做才算忠臣烈女，即使陪著昏庸無能的皇帝送死也大有人在。然而，《厚黑學》卻認為：與其陪著沒救之人白白送死，倒不如另投明主，畢竟「好死不如賴活著」。

行厚黑是人的本性使然，自私則是人的本性之一。所以，行厚黑的人絕對要先從自己考慮，絕對不會扭曲自己的本性。據此，待人處世不敗哲學認為：要行「厚黑之道」就必須徹底，否則就不如不做；想做「厚黑之士」就必須遺棄是非和榮辱感，只求活得舒服活得滋潤，管他別人怎麼看怎麼說。具體來說，就是要學會做風向標，當牆頭草，成不倒翁，哪邊風硬哪邊倒。這套必須牢記的活命哲學是待人處世不敗哲學求生存的前提。至於到底該投靠哪顆大樹，不妨參考以下四條法則：

首先，要投靠正處於事業上升階段的人。

馮道生於唐中和二年（西元八八二年）的一個小康之家。唐朝末年，軍閥割據，戰亂頻仍，李克用割據晉陽，獨霸一方。李克用是一個有著雄才大略的人，其子李存勖在滅梁前期，也還是頗有作為的。大概是馮道看到了這一點，才投奔李存勖，以圖求得前程。在這以前，馮道先在離家鄉較近的幽州做小吏，當時，幽州守軍劉守光十分凶殘，殺人成性，對於屬下，也是一言不合，即加誅戮，甚至殺了之後，還叫人「割其肉而生啖之」。馮道與這樣的人相處，自然是很危險的。

一次，劉守光要攻打易、定二州，馮道卻敢勸阻，結果

惹怒了劉守光，幾乎被殺死，經人說情，被押在獄中。由此可見，當時的馮道還是較正直的。馮道經人幫助，逃出牢獄，投奔太原，投在晉大將張承業的門下，經張承業的推薦，馮道成為李存勗的親信。

從此，馮道踏上了仕途，也是他厚黑處世一生的開始。

馮道起初擔任晉王府中的書記，負責起草收發各種政令文告、軍事信函。不久，李存勗看到朱溫建立的後梁政權十分腐敗，就準備滅掉後梁。

李存勗滅掉後梁建立後唐後，只重視那些名門貴族出身的人，對馮道這樣沒有「來歷」的人並不重用。直到莊宗李存勗被殺，李嗣源即位，是為後唐明宗，馮道才被召回。明宗鑒於前朝教訓，重用有文才的人，以文治國，馮道這才被任命為相，真正發跡。

其次，及早發現自己的「靠山」根基是否已經動搖？

後唐明宗去世以後，他的兒子李從厚即位。李從厚即位不到四個月，同宗李從珂即興兵來伐，要奪取帝位，李從厚得到消息後，連臣下也來不及告訴，就慌忙跑到姐夫石敬塘的軍中。

第二天早上，馮道及諸大臣來到朝堂，找不到皇帝，才知道李從珂兵變，並率兵往京城趕來。馮道這時一反常態，極出人意料。他本是明宗一手提拔，從寒微之族被任命為宰相的，按理說，此時正是他報答明宗大恩的時候，況且李從珂起兵實屬大逆不道。但馮道所想的是李從珂擁有大軍，且性格剛愎，而李從厚不過是個孩子，即位以來尚未掌握實權，為人又過於寬和優柔，權衡了利弊之後，他決定率領百官迎接李從珂。

就這樣，馮道由前朝的元老重臣搖身一變，又成了新朝的開國元勳。只是李從珂對他實在不放心，不敢委以重任，

把他放到外地任官，後來又覺得過意不去，才把他調回京中，給了他一個沒有多大實權的司空之職。

不久，石敬塘同李從珂發生衝突，在契丹人的支援下，石敬塘打敗了李從珂，做了中國歷史上臭名昭著的「兒皇帝」。他以恢復明宗為號召，把原來明宗的官吏大多復了職，馮道也被復了職，石敬塘對他既往不咎，馮道仍是高官得做。

再次，要及時對「新主人」交心，以打消對方懷疑。

石敬塘當上皇帝的第一件大事，就是實現對耶律德光許下的諾言，否則，王朝就有傾覆的危險。尤其是自稱「兒皇帝」，上尊號於契丹皇帝與皇后，實在是一個說不出口的事情。據載，寫這道詔書的官吏當時是「色變手戰」，乃至於「泣下」，可見這是一奇恥大辱，至於派人去契丹當冊禮使，更是一個既要忍辱負重，又要冒生命危險的事。石敬塘想派宰相馮道去，一來顯得鄭重，二是馮道較為老練，但石敬塘很為難，恐怕馮道拒絕。誰知他一開口，馮道居然非常爽快地答應了，這真使石敬塘喜出望外。

其實，石敬塘太小看馮道的厚黑絕學了。馮道十分清楚，只有結交好耶律德光，他在石敬塘那裡的位置才能保得穩，把「爸爸皇帝」籠絡好了，這位「兒皇帝」自然也就容易對付了。

馮道極其圓滿地完成了這次外交任務。他在契丹被阻留兩個多月，經過多次考驗，耶律德光覺得這個老頭兒確實忠實可靠，就決定放他回去。誰知馮道還不願回去，他多次上表表示對耶律德光的忠誠，想留在契丹。經過多次反覆，耶律德光一定要他回去，馮道這才顯出一副依依不捨的樣子，準備啟程。

一個月以後，馮道才上路，在路上又走走停停，走了兩

個多月，才出契丹的國境。他的隨從不解地問：「能活著回來，恨不得插翅而飛，您為什麼要走得這麼慢呢？」馮道說：「一旦走快，就顯出逃跑的樣子，即使走得再快，契丹的快馬也能追上，那有什麼用呢？反不如慢慢而行！」這也顯示出他的厚黑本色。

這趟差事圓滿辦成，馮道可真的風光了，甚至連石敬塘都得巴結他，看他的臉色行事。石敬塘讓馮道手掌兵權，「事無巨細，悉以納之」。不久又封馮道為「魯國公」。

石敬塘的後晉政權只維持了十年多一點兒就完蛋了。後晉開運三年（西元九四六年），耶律德光率三十萬軍隊南下，馮道大概覺得契丹人可以穩坐中原江山了吧，就主動來投靠耶律德光。馮道滿以為耶律德光會熱烈歡迎，沒想到北方夷族不懂中原的人情世故，耶律德光一見馮道，就指責他輔佐後晉的策略不對。

這可把馮道嚇壞了，但是精通厚黑之道的他馬上換上一副卑躬的臉，小心伺候。耶律德光問：「你為什麼要來朝見我？」馮道說：「我既無兵無城，怎敢不來？」又問：「你這老頭兒是什麼樣的人？」答曰：「是個又憨又傻、無德無才的糟老頭兒！」馮道以老朋友的姿態裝憨賣傻，卑辭以對，弄得耶律德光哭笑不得，也就沒有為難他。

不久，耶律德光見中原百姓生靈塗炭，便問馮道說：「怎樣才能救天下百姓呢？」馮道見機會來了，就裝出一副真誠的樣子說：「這時候就是如來轉世，也救不了此地的災難，只有陛下才能救得！」耶律德光慢慢地開始相信並喜歡上馮道，讓馮道當了遼王朝的「太傅」。

後來曾有人檢舉馮道曾參預過抵抗契丹的活動，耶律德光反為馮道辯護道：「這人我信得過，他不愛多事，不會有逆謀，請不要妄加攀引。」

在中原百姓的反抗之下，契丹人被迫撤回。馮道隨契丹撤到恒州，趁契丹敗退之際逃了回來。這時石敬塘的大將劉知遠趁機奪取了政權，建立了後漢政權。劉知遠一方面想安定人心，籠絡勢力，一方面馮道也因保護別人而得讚譽，劉知遠就拜馮道為太師。

最後，腳踏多條船，為下一步積累一些資本。

五代時期的政權更迭，真如走馬燈一般，令人眼花繚亂。劉知遠的後漢政權剛剛建立四年，郭威就扯旗造反，帶兵攻入京城。這時候的馮道又故技重施，準備率百官迎接郭威。他做了後唐明宗的七年宰相，尚且不念舊恩，何況後漢太師只做了不到四年，更是不足掛齒。

馮道率百官迎郭威進沛京，當上了郭威所建的後周政權的宰相，並主動請纓，去收伏劉知遠的宗族劉崇、劉斌等手握重兵的將領。劉斌相信了馮道，認為這位三十年的故舊世交，總不會欺騙他，沒想到一到宗州，劉斌就被郭威的軍隊解除了武裝。馮道又為後漢的穩固立了一大功。

沒過幾年，郭威病死，郭威的義子柴榮繼位為周世宗。割據一方的後漢宗族劉崇勾結契丹，企圖一舉推翻後周政權。馮道根據半個世紀的經驗知道此次後周是保不住了，肯定又得改朝換代，自己雖已近苟延殘喘之年，還是要保住官位爵祿。

柴榮當時只有三十四歲，年紀不大，卻很有膽識氣魄。劉崇、契丹聯軍襲來時，一般大臣都認為皇帝新喪，人心易搖，不可輕動，但柴榮卻一定要親征，別人見柴榮意志堅定，便願意隨同出征，不再多說，只有馮道在一邊冷嘲熱諷。惹得柴榮大怒，他私下裡對人說：「馮道太看不起我了！」

其實，馮道倒不是看不起柴榮，而是為自己在下一個什

麼朝代做官留下一條後路，弄一點兒投靠新主子的資本。

誰知那柴榮還真不怕邪，親率軍隊，於高平之戰中大敗劉崇、契丹聯軍。就在柴榮凱旋之際，馮道也油盡燈枯了。

6. 多鋪路，不要砌牆堵自己

人與人之間，或許會有不共戴天之仇，但在辦公室裡，這種仇恨一般不至於達到如此地步。畢竟是同事，都在為同一家公司而工作，只要矛盾並沒有發展到你死我活的境況，總可以化解的。記住，敵意是一點一點增加的，也可以一點一點削減。中國有句老話：冤家宜解不宜結。相見就是緣分，既然同在一家公司謀生，整天抬頭不見低頭見，還是少結冤家比較有利於你自己。

你可能曾經有過這樣的經歷，本來與你關係最密切的搭擋，不知為何突然變得對你十分不滿，他不但對你冷漠得嚇人，有時甚至你主動跟他說話，他也不理不睬。有些關心你的同事，曾私下探問過，為什麼你的搭擋對你如此不滿？

可是，你究竟在什麼時候得罪了對方？連你自己也是丈二和尚摸不著頭腦。直到有一天，你實在按捺不住了，索性拉著對方問：「究竟有什麼不對呢？」但對方只冷冷地回答：「沒有什麼不妥。」雙方的關係僵到了這個地步，應該如何是好？

別急，在《厚黑學》面前，沒有什麼難題不能克服。既然他說沒有不妥，那你就乘機說：「真高興你親口告訴我沒事，因為如果我有不對的地方，我會很樂意去改進它。而且我一直都很珍惜咱倆的友誼。怎麼樣，一起吃午飯吧？」

這樣，就可逼他也面對現實和表態。要是一切如他所言

真的沒事，共進午餐是很禮貌的行為。或者，邀他與你一起吃下午茶。在你離開辦公室時碰上他，開心地跟他天南地北神聊一番。總之，充分發揮厚臉的威力，儘量增加與他聯絡的機會，友善的對待，對方怎樣也拒絕不得！

另外，假如你另有高就，準備遞交辭呈，心裡肯定會想：那幾個平時喜歡嘲弄我的同事，一定會很開心，如果此時乘機向老闆告他一狀，豈不是很好？慢著！千萬不要有這種念頭，奉勸你要三思而後行啊！

因為世界很小。說不定今天被你告狀的同事，明天也會成為你新公司的同事，你將如何面對他？這豈非陷自己於危險境地？要是對方的職位比你高就更加不妙了，所以，何必自設絆腳石呢？此外，同行雖然是冤家，但同行間的往來還是不少的，你原來公司的上司沒準正跟你新公司的上司是好朋友，一旦將你背後打小報告的情況相告，你以為你在新公司的前途會怎樣？因為所有上司都不會喜歡亂打小報告的下屬。他們會想，整天忙於偵察人家的缺點，還有多少時間花在工作上呢？

最好的辦法就是留下一個良好的形象，不要做「小人」，所謂「少一個敵人就等於多一個朋友」，開開心心的去履行新職，又與舊公司保持良好關係，才是上上之策。

常言說：「多個朋友多條路，少個仇人少堵牆。」得罪一個人，就為自己堵住了一條去路。而得罪一個小人，可能就為自己埋下一顆不定時的炸彈。得罪君子了不起大家不講話，得罪小人可沒完沒了。他即便是不採取報復，也要在背後對你造謠中傷，你有理也變無理，實在不值得。

之所以強調「不輕易」得罪人，當然也是有道理的。當事有不可忍時、當正義公理不能伸張時，還是要有雷霆之怒的，否則就是非不分、黑白不明了。這種雷霆之怒的得罪固

然有可能為自己堵住一條去路，但相信會開出更多的康莊大道。除了這一點，還是不得罪人好。

所以，當你感到自己的利益被侵害時，不被尊重時，請想想，勿輕易動氣。此外，在自己順順當當時，也切記不要氣焰高漲，盛氣凌人，這種只有自己沒有別人的態度也很容易得罪人，而且常不自知。

當然，在工作中，誰也難免會與人發生一些不愉快的事情，產生一些磨擦和碰撞，引起衝突。這時候如果處置不當，就會加深鴻溝，陷入困境，甚至導致雙方關係的徹底破裂。特別是當與上司發生衝突，問題就更複雜了。善於給自己留後路的人都懂得「冤家宜解不宜結」的道理。具體來講，主要有以下方法：

1 · **引咎自責，自我批評**　心理素質要過硬，態度要誠懇，若責任在自己一方，就應勇於找上司承認錯誤，進行道歉，求得諒解。如果主要責任在上司一方，只要不是原則性問題，就應靈活處理，因為目的在於和解，下屬可以主動靈活一些，把衝突的責任往自個身上攬，給上司一個臺階下。

2 · **丟掉幻想，主動搭腔**　不少人都有這樣的體驗，即當與對方吵架之後，有時候誰見了誰也不先開口，實際上雙方內心卻都在期待著對方先開口講第一句話。所以，作為下屬遇到上司，特別是有隔閡後，就更應及時主動地搭腔問好，熱情打招呼，以消除衝突所造成的陰影，這樣給上司或公眾留下一種不計前嫌、大度的印象。

3 · **不與爭論，冷卻處理**　當下屬與自己的上司發生衝突之後，作為下屬不計較，不爭論，不擴散，而是把此事擱置起來，埋藏在心底不當回事，在工作中一如既往，該彙報仍彙報，該請示仍請示，就像沒發生過任何事情一樣，只去做好份內事。

4．請人斡旋，從中化解　找一些在上司面前談話有影響力的「和平使者」，帶去自己的歉意，以及做一些調解說服工作，不失為一種行之有效的策略。

5．避免尷尬，電話溝通　打電話解釋可以避免雙方面對面的交談可能帶來的尷尬和彆扭，這正是電話的優勢所在。打電話時要注意語言應親切自然，不管是由於自己的魯莽造成的碰撞，還是由於上司心情不好所引發的衝突，都可利用這個現代化的工具去解釋。

6．把握火候，尋找機會　譬如：當上司遇到喜事受到表彰或提拔時，作為下屬就應及時去祝賀道喜，這時上司情緒高漲，精神愉快，適時登門，上司自然不會拒絕，反而會認為這是對其工作成績的同享和人格的尊重，當然也就樂意接受道賀了。

但話又說回來，如果下屬偏偏遇到的是位不近情理、心胸狹窄、蠻橫霸道的上司，大搞順者昌逆者亡，把下屬的頂撞視為大逆不道，必欲將其置之於死地時，處於如此環境、如此高壓之中的下屬，就沒什麼值得留戀，不必抱什麼希望了，這時，就應當機立斷，毫不猶豫地找好下一步路，「三十六計走為上策」。

7. 發自內心地說好假話

在待人處世中，要想受人歡迎，就要時刻注意給對方留面子。因為只有給人面子，才能為自己爭得更多的東西——不只是面子。不給別人留面子的人，到頭來很可能連自己的面子也丟得一乾二淨。

　　要給人留面子就需要說假話，大多數情況下，「忠言」都是不給人留面子的，正是因為「忠言逆耳」，歷史上才有那麼多忠臣良將不得好下場，即使像唐太宗那樣偉大的皇帝，也數次被魏徵的「忠言」氣得發抖，幾次要殺了這個可惡的「魏老道」。要不是賢慧的長孫皇后，恐怕十個魏徵也早就沒命了。

　　不錯，偶而直言不諱、一針見血地道出對方的弱點及短處，確實會有另一番效果。對方可能因而聯想「這個人頗有骨氣，滿有性格的嘛」！使你意外地獲得好評。不過，如果對方是個肚裡能撐船的人便罷，倘若只是個平凡之輩，奉勸你還是將那些直言、不中聽的真話暫且擱住，以免對方生厭，弄得大夥兒都不好受。

　　因此，不管直言還是諫言，總之，在說真話的時候，都必須事先考慮對方的容忍和發言時機。即使是面對經常見面並且性情溫厚的上司，當他身體狀況欠佳，或是情緒低落不穩時，千萬要謹言慎行。這時，一點點令人不悅的真話，都足以使對方勃然大怒，肯定會波及將來人事方面的考核，一定要非常謹慎才行！

　　再者，對於初次見面或是不常見面的人，千萬不可貿然地向對方說些直言不諱的真話，因為你的真話若正好犯了對方的忌諱，對你來個不理不睬，你很可能連個解釋道歉的機會都沒有。禍從口出，少講令人不悅的話，總是對你有好處。

　　現實生活中，也很少有人會因為說過直言、令人不悅的話，而使自己獲得好處過，這是成功處世的經驗之談。即使想要說的都是為對方著想的忠告之言，但是對方通常在聽了之後，不是感謝你而是不喜歡你。欲行厚黑之術，首先必須清楚這個事實。

　　日本關西有一家藥房，這家藥房的老闆，特別善於「給人面子」，不管是真話還是假話，只要從他嘴裡說出來，總是那麼動聽，因而生意興隆。每當顧客一上門，他就馬上起身相迎，滿臉帶著笑容客氣地打恭作揖說「歡迎光臨」，使進店來的顧客感到心情愉悅，產生被人重視的滿足感。接下來，藥房老闆開始發自內心地說他的假話，例如對於年紀大的人，就說「你看起來真年輕」，對於愛美喜歡打扮的小姐太太，說些「你身上穿的這套衣服很漂亮」之類令人聽了舒坦又溫馨的話。

　　此外，這位藥房老闆還採取一種近乎奇怪的「不賣藥給來買藥的顧客」經營原則。當顧客被客氣地招呼過，渾身舒坦地說「請給我一瓶感冒藥」時，藥房老闆絕不會立刻遞上感冒藥，而是改口說：「您是哪裡不舒服？」倘若顧客回答：「喉嚨痛。」藥房老闆馬上會接著說：「這樣子的話，最好不要服用感冒藥。」然後他就不賣藥給顧客。這時顧客一定對藥房老闆不賣藥的舉動大感疑惑而納悶地問：「那麼，應該如何才好呢？」

　　藥房老闆就會說：「與其吃藥，不如以營養劑來強健身體，增強自身的免疫力，對你的感冒會更有好處！」藥房老闆就這樣輕而易舉地說服來買藥的顧客轉而購買維他命或蜂王漿等營養品。顧客因為藥房老闆方才巧妙地給過自己面子，也就欣然接受建議，況且營養劑給人的印象的確是比藥品來得好。

　　各位讀者看到這裡可能會拍案叫絕。不錯，營養劑的價錢勝過藥品數倍，而且對於治感冒來說，營養品肯定比不上感冒藥，但由於藥房老闆的假話說得態度誠懇，令顧客信服，使得老闆賣出了更多的營養劑，藥房生意也就自然紅火。原先不知道如何說假話的你，現在應該清楚如何發自內

心地說好假話了吧，更明白為什麼要學會對上司說好的假話了吧！

　　作為擁有一定權力的上司，因為在他們漫長的人生旅途上難免有一些人會背叛他，或是得了他的好處卻不知報答……所以，久而久之，他們對別人都不太敢推心置腹了。像這種人如果遇到比自己能力強的屬下時，就會感到很不高興。他們覺得屬下永遠比自己差一截才會有成就感，因此，他們只會提拔那些能力比自己低的屬下。然而，一旦發現屬下的能力可能高於自己時，立刻就會顯得站立不安，最後甚至會對屬下施加壓力。因此，當你的才能高於上司時，千萬不可過於鋒芒畢露，以免引發上司的猜忌之心。

　　同樣的道理，與這樣的上司打交道時，必須時刻小心才是。當上司問你任何一個問題時，在你的腦海裡都要很快地閃過這類念頭：他提問的真正「目的」何在？然後針對他的「目的」，具體地回答，而並非問什麼都如實地回答。該說假話就大膽地說，不要有什麼不好意思。當然，這裡也不是說全對上司說假話，而是說你應該說的話。

　　說好假話最關鍵的是假戲要真做，態度要誠懇，不要犯對方的忌諱。倘若你以漫不經心的態度，向對方說一些聽起來舒坦愉悅的話語，即使是禮貌性的讚美，有時對方非但不接受你的心意，反而會對你產生虛偽的不良印象。因此，誠懇認真的表情是改變對方心理的重要策略。縱然你說的話完全與事實不同，是真正的假話，但只要是極具誠意地表示，對方仍會相信這是你由衷之言，自然就會對你產生良好印象，這是不證自明的道理。

　　記得多年以前，我到店裡去買自行車，由於知道自己身長腿短，長得不成比例，選好車子付了錢之後，便請老闆把

車座調低，誰知車店的老闆一番仔細瞧看後，以極具真誠的表情說：「先生，你的腿絕對是長的！」頓時，我投降了，飄飄然地望著老闆把自行車的座調高。然後，以風馳電電般的速度，騎著被調高座兒的自行車駛向溫暖的家。路上，想著老闆充滿自信又果斷的「你的腿絕對是長的」這句話，內心不由自主地欣喜若狂。

那位老闆的讚美顯然不符合事實，而且他的動機也不清楚。縱然如此，我還是很感謝他，當然不是向他的假話感謝，而是對他那「以認真的表情作禮貌性讚美」的態度表示由衷的謝意。

無庸置疑，當作禮貌性的讚美時，你的最佳策略，便是「認真的表情」。最好是在以認真的表情來用假話恭維對方時，能夠把既乾脆又果斷的說法及語氣派上用場。比如說，在與他人打招呼寒喧「你看起來容光煥發，神采奕奕」之後，馬上再補上一句「看起來比你的實際年齡年輕多了」，相信對方必然會洋溢一股飄飄然的滿足感，對你更是產生良好的印象。因為喜歡被人讚美年輕，是人之常情。

一般來說，大部分的人，都相當重視自己給人的第一印象。因此，想要令他人對自己產生良好的第一印象，在首次會面時，不妨將對方的年齡按實際年齡打七折，這是最佳的策略。因為打九折所產生的作用不大，而打五折又有虛偽之嫌，所以折衷下來，七折是最佳的運用程度。

例如，對方是六十歲的人，你就要說「你看起來像四十多歲的樣子！」當然，對方一定會嚇一跳。而為了避免讓對方產生被愚弄的不悅感，在讚美對方年輕的當時，你必須要先奠定對方的確是四十多歲的「心理準備」，再以認真的表情向對方讚美。如此循序漸進、按部就班地確切實施，即使對方很清楚這僅是禮貌性並非真實的讚美，他依然會被你的

誠意打動而深感愉悅。

　　二年前的一天晚上，我和幾位好友一起到酒吧飲酒暢談。當我們酒興正濃時，一位女服務生以果斷的聲音對我說：「先生，您的年齡大概二十七、八歲吧！」頓時，我驚愕呆住，周遭的朋友更是個個捧腹大笑直道太離譜了。不由自主地，大家都對這個女服務生興起一份好奇。

　　將我原本四十好幾的年齡打六折說成二十七、八歲，實在是過於離譜，更何況我的禿頂絕不可能是年輕的特徵。因此，我不免納悶地詢問這位女服務生，這位女服務生卻以神色自若的態度堂皇地回應：「雖然我不知道您的實際年齡，但如果有人向我問起您的年紀，我一定會告訴他您是二十七、八歲，況且您的外表看起來也的確像是二十七、八歲的樣子！」就這樣，雙方爭執不下，直到她原本認真的表情出現了噙淚欲哭狀，大夥兒才停止反駁的行為。

　　實際上，我的確讓這位女服務生真摯的心意及態度所感動，而內心雀躍不已。由此可知，在讚美他人，給對方面子時，除了要有認真的表情外，認真的心情也不可或缺。當然，以假話恭維對方，千萬不要犯對方的忌諱，因為一旦犯忌，即使你態度再認真，表情再誠懇，也達不到好的效果。比如你對一個相當在意自己塌鼻梁缺陷的人說：「你的鼻子很好看！」肯定會令對方極度不悅。

8. 掌握好厚臉說話的分寸

　　在待人處世中，有的人說話很有分寸，不管在什麼場合都是落落大方，該說的時候侃侃而談，不該說的時候一句話也不說。而有些人卻一點分寸也沒有，在說話的時候，從來

都是不管、不顧，信口開河，絲毫不顧忌對方聽了會做何感想，會有什麼反應。當他們一句話說出口已經傷人的時候，還在不知不覺中繼續胡扯下去。

在人際交往中，要想處處順暢，必須掌握好說話分寸。因為任何人在說話的時候，其語言、表情、聲調等都會傳達出某種特定的意義，有時候用錯一個字，用錯一個詞，或者用錯一個聲調，都會產生不良的效果，因此，說話時要特別注意掌握分寸。即使表示問候、開玩笑的時候也不例外。如果開玩笑開得重了一點，就可能帶著一點嘲諷的意味；如果再重點，就顯然是一種諷刺了；如果再重一點，就可能引起雙方的不快；如果再重一點，就可能使對方發火了。

因此，待人處世中的說話應該經常考慮：為什麼有的人常常被誤解呢？為什麼有些人本來是想安慰別人，反而惹起人家的反感呢？為什麼有些人原意是讚美別人，反而使人感到是諷刺呢？為什麼有些人原意是要跟別人和好，反而會引起一場爭鬥呢？產生上述情況的原因很多，最重要的一點是臉皮沒有一點防護，說話沒有分寸感，這裡有用字措詞方面缺乏分寸感，用了不適當的詞句，使對方發生誤會，但更多的是說話的表情和聲調失去了分寸感。

有這麼一個人，說話的時候聲調一向是很冷很硬，即使他在內心裡對別人充滿溫暖和同情，但他的話一出口，便像經過快速冷凍一樣，變得硬梆梆、冷冰冰。因此，他的許多表示溫暖問情的話，在對方聽起來都好像是冷言冷語，甚至是諷刺、挖苦，至少也覺得他的話並不是出自真心，而是一種客套和敷衍。

在待人處世中，掌握說話的分寸感，既不能過，也不能不到位，或只說三分話，這同樣是失去分寸感的表現。譬如在進行專題討論，輪到你發言，你就把所想的問題說出來好

了，何必故裝謙虛呢？假如你跟女友相處還沒有三天就山盟海誓，說我是多麼多麼愛你，這是沒有分寸感。假如你們苦戀了幾年，對方在等你說「我愛你」，可你就是說不出口，結果可能要失去一個最愛你的人，這也是沒有拿捏好分寸感的表現。

厚臉說話要有分寸感，該說的一定要千方百計說好，不該說的千萬不要去說，要恰如其分。可能你要問，那什麼是該說的，什麼是不該說的。這要根據具體說話的內容、場合、氣氛及說話對象的情況而定。我們在這裡只給一道小小的測驗，讓你發揮一下想像力，看你對分寸感的把握有幾何？

一個妻子做好了一桌拿手好菜，等著丈夫回來一起吃。今天，是她自己的生日，她的丈夫答應她回來一起吃晚飯。

但是等來等去，丈夫還不回來。她含著眼淚坐在飯桌旁邊。菜早涼了，湯也涼了。然而，在她已經心灰絕望，不想再等的時候，丈夫回來了。

這時她向丈夫問道：「你吃過飯了嗎？」

請你想像一下，她說這句話的時刻是什麼表情、什麼聲調吧？

她在說這句話的時候，是怯生生的呢，還是急切切的呢？是含著幽怨呢，還是透著歡喜呢？是輕聲細語呢，還是突然的爆發呢？……

做妻子的有許多不同的性格，在等待的時候，她心裡有許多種不同的想法，丈夫回來時，也會有各種不同的神態。有這麼複雜的因素，因此，妻子說話的時候在聲調和表情方面，也就有數不清或大或小的不同差異。如果你能想像出十種以上不同的聲調和表情，那你厚臉說話的分寸感就算修煉到家了。

9. 在第三者面前讚美他人效果好

不管什麼祕密，在告訴別人後就不稱其為祕密。然而，我們卻常在許多場合裡聽過或者說過：「我告訴你一件祕密，你可不能告訴別人！」我們總是天真地認為對方會保守祕密，絕不會再讓他人知道，殊不知隱藏不住祕密是一般人的常情，而祕密終究會傳到當事者的耳朵裡。

倘若傳遞的事件有關個人的名譽時，其影響力之大將不可比擬。令人心悸的是，如果這祕密是惡意的抨擊批評，在告訴他人時，連聽話的也極有可能對你產生不安，懷疑你這種人在他處也會採取同樣的行動來誣謗自己。至於傳到當事者耳朵裡的後果當然更不用說。

看到這裡，我想你一定會反問，如果以「我告訴你一件祕密，你可不能再告訴別人」的方式來間接表達讚美之詞，是不是能獲得比預期更好的效果呢？答案是肯定的。利用這種人性弱點，將稱讚之詞傳出去，的確是恭維別人、尊崇他人的良好方法。依據心理學的研究，背後的稱讚比當面的讚美更能獲得他人的歡欣。

張某和李某畢業於同一所重點大學，同年分配到某單位秘書處擔任秘書，工作三年後，處裡有一個升任科長的名額。張某和李某各有所長，張某的專業能力非常強，但為人有點清高自傲，不擅與人交往；李某的專業能力雖然不如張某，卻非常擅長與人打交道，並且特別注意在各種適當的場合宣傳處長的能幹和成績。處長再三考慮後決定提拔李某。但張某心裡很不平衡，因為他對李某十分了解，在上大學時，自己品學兼優，而李某卻因多門考試不及格差點讓學校

勒令退學回家。可如今，無能的李某卻要騎在自己頭上指手畫腳。張某想不通，就到局長那裡越級告狀。他哪裡知道官場上官官相護，局長不但沒有改變處長的決定，還將這件事透露給了處長，心胸狹窄的處長自然是懷恨在心，此後便處處給張某「難看」。這就是兩個人待人處世厚黑之道水平的高低，所帶來的不同後果。

好聽話誰都願意聽，表揚更是一種很讓人陶醉的精神享受。聰明的你就不妨大方一點，厚臉多讚美別人吧。人們總是期望別人對他們能夠有一個高度的評價，你對他們評價越高，他們對你的評價也就越高。而且，當你要收回對他們的高度評價時，為了爭取讓你重新給予他們高度評價，他們會做更大的努力。橫掃歐亞大陸的一代戰神拿破崙就非常精於此道。

據說在一次防禦作戰時，義大利軍團兩個屢立戰功的團隊因士氣不振而丟失陣地，拿破崙將這些表現動搖的士兵集合在一起，用悲傷和憤怒的聲調說：「你們不應輕易丟掉自己的陣地，光榮的義大利軍團士兵不應是這樣的品質。」說著，他命令身邊的參謀長在這兩個團的軍旗上寫一句話：他們不再屬於義大利軍團。士兵們羞愧難當，哭著請求拿破崙暫時不要寫這句話，再給他們一次立功贖罪的機會。此後的作戰中，士兵中奮勇衝殺，終於保住了自己的榮譽。

讚揚是一種非常高超的控制人的手段，如果你經常發自內心地讚揚別人，你就為你能夠對他們施加影響打下了基礎，在這種基礎形成後，你對他們的批評意見會對他們產生十分強烈而有效的影響。如果別人接受了你對他們的誇獎，即使你的意見聽起來不是那麼讓人愉快，他們也會比較樂於接受你的意見。

上司的讚揚不僅可以滿足下屬的榮譽感和成就感，使其

在精神上受到鼓勵，還可以認識到自己在群體中的位置和價值，以及在上司心目中的形象；不僅表明了上司對下屬的肯定和賞識，還表明了上司關注下屬的事況，對他的一言一行、一舉一動都很關心。有的人受到讚美後常常高興地對朋友說：「瞧，我們的頭兒既關心我又賞識我，我做的那件事，連自己都覺得沒什麼了不起，卻被他大大地誇獎了一番。跟著他氣兒順。」

人總是喜歡聽好聽話，即使明知對方講的是奉承話，心裡還是免不了會沾沾自喜，這是人性的弱點。換句話說，一個人受到別人的讚美，絕不會覺得厭惡，除非對方說得太離譜了。

讚美是一種學問，其中奧妙無窮，但最有效的讚美則是在第三者面前讚美下屬。這種方法不僅能使對方愉悅，更具表現出真實感的優點。假如有一位陌生人對你說：「我的朋友經常對我說，你是位很了不起的人！」相信你感動的心情會油然而生。因為這種讚美比起一個魁梧的男人當面對你說：「先生，我是你的崇拜者。」更讓人舒坦，也更容易相信它的真實性。

美國前總統羅斯福的一個名叫布德的副官，他對讚美曾有過非常深刻的見解：「背後讚美別人的優點，比當面恭維更為有效。」可以說，這是一種很高的讚美技術，在人背後讚美人，在各種讚美方法中，要算是最使人高興的，同時也是最有效果的。

因為當你直接讚美下屬時，對方極可能以為那是應酬話、恭維話，目的只在於安慰自己罷了。若是透過第三者的傳達，效果便截然不同了。此時，當事者必然認為那是認真的讚美，毫無虛偽，於是真誠接受，感激不已。在深受感

動之下，這位屬下會更加努力工作，以報答你的「知遇」之恩。

試想一下，如果有人告訴你，某某人在你背後說了許多關於你的好話，你會不高興嗎？這種讚美，如果當著你的面說給你聽，或許會適得其反，讓你感到虛假，或者疑心他是不是出於真心。為什麼間接聽來的便覺得特別地悅耳動聽呢？那是因為你堅信對方是在真心讚美你。

德國的鐵血宰相俾斯麥，為了拉攏一個敵視他的議員，便有計劃地對別人讚揚這位議員，他知道那些人聽了之後，肯定會把他的話傳給那個議員。後來，兩人成了無話不談的政治盟友。

事實上，在我們的周圍，可把這種方法派上用場之處不勝枚舉。例如父母希望孩子用功讀書時，如果整天教訓孩子，也很難說有多大效果，假如孩子從別人嘴裡知道父母對自己的期望和關心、父母在自己身上花的心血，自然會產生極大的動力。

在待人處世中，當你評價下屬的工作時，當然更可以使用此法。例如，讓下屬的頂頭上司說句好話，或故意在下屬的妻子或是朋友面前肯定他、讚美他，這些方法都能收到相當好的效果。

10. 信陵君卑身虛心待隱士

戰國時，齊國的孟嘗君、趙國的平原君、魏國的信陵君和楚國的春申君統稱「四君子」，四個人共同的特點都是好客，各養門客數千，其中真正掌握待人處世不敗哲學，懂得尊士待士的要算信陵君，因而他所取得的成就也最大。

　　信陵君，魏國公子，名無忌，是魏昭王的小兒子。昭王死，無忌之兄安釐王繼位，封無忌為信陵君。信陵君為人仁而下士，他不敢以其富貴驕士，因此，即使在數千里外的士人也紛紛爭相來投靠他，賓客有三千人之多。據說，當時各諸侯國正是因為信陵君賢而多客，才不敢加兵於魏。

　　信陵君由於卑身虛心待士，真正的賢者都傾心歸順。在尊士待士中，信陵君卑身虛心待士最膾炙人口的故事，是他和隱士侯嬴的結交，也最能體現出信陵君「厚至無形」的厚黑之道。

　　侯嬴，是大梁夷門的一個普通看門人，他年已七十歲了，是個隱居的賢士，所以很少有人知道。信陵君聽說他是個賢才，便前往拜訪他，並送給他厚禮。侯嬴不肯受禮，說：「我修身潔行數十年了，絕不會因為窮困而受公子之財。」

　　信陵君特意為侯嬴擺了豐盛酒宴，並請了許多賓客作陪。同時，他空著車上左邊尊貴的座位，自己親自趕車前往迎接。令人想不到的是，穿得破兒囉嗦的侯嬴上了車，毫不謙讓地坐在左邊的上座，想以此試探公子的態度。對於侯嬴的「犯上」舉動，信陵君不僅臉上沒有絲毫表現，反而神情更為恭敬地趕車。

　　車騎經過一個路口時，侯嬴對公子說：「我有一位朋友在前面不遠處的市場裡，想順道去看看他。」於是，信陵君二話不說，趕著車便進入了鬧市，侯嬴下車去會見他的朋友朱亥，故意長時間地跟對方談話，眼睛卻斜看著信陵君的表情，而信陵君卻依然和顏悅色地在等著。

　　這時，魏國的將相宗室賓客已坐滿堂，都在等著信陵君來舉杯。市人也都觀看公子為侯嬴執轡趕車。隨從人員都在暗中罵侯嬴不是東西。侯嬴見公子臉色始終不變，才慢騰騰

地向朱亥告辭上車。

等到了家裡，信陵君態度恭敬地把侯嬴請到上坐，並介紹給賓客，賓客都很驚訝。酒過三巡，公子起身向侯嬴祝壽。侯嬴對公子說：「今天我太煩勞公子了。我不過是個夷門的看門老兒，而公子親自為我趕車迎接，不該停留公子也停留了。可是，我卻是想給公子帶來一個好名聲，所以讓公子長時間站在市中。人們都把我當作小人，而認為公子是個禮賢下士的明主。」又說：「我所訪的朱亥也是個賢者，他隱居於市中，世人不知道。」

侯嬴這樣做，不僅是試探公子是否真的尊士，也是為宣傳公子尊士的聲譽。而途中訪朱亥也使公子能與賢者結交。若信陵君不具備精深的厚黑功夫，見侯嬴如此「不識抬舉」不殺了他就算不錯了，哪裡還會低聲下氣地以禮相待呢？當然，真那樣的話，也就不可能有後來聲名顯赫、威震強秦的魏公子。後來，侯嬴與朱亥在公子「竊符救趙」中都為之出了大力。

秦國攻趙國，趙惠文王之弟平原君是公子姊夫，平原君求救於公子，公子求助於魏王，魏王派將軍晉鄙率十萬兵救趙國，後因害怕秦軍，於是駐軍觀望不前。公子聽從侯嬴的計策，通過魏王的寵妃如姬偷出兵符。

信陵君拿到兵符，向侯嬴告別。侯嬴說：「將在外，君命有所不受。萬一晉鄙接到兵符，不把兵權交給公子，您打算怎麼辦？」

信陵君一愣，皺著眉頭答不出來。

侯嬴說：「我已經給公子考慮好了。我的朋友朱亥是魏國數一數二的大力士。公子可以帶他去。到那時候，要是晉鄙能痛痛快快地把兵權交出來最好；要是他推三阻四，就讓朱亥來對付他。」

　　信陵君帶著朱亥和門客到了鄴城見了晉鄙。他假傳魏王的命令，要晉鄙交出兵權。晉鄙驗過兵符，仍舊有點懷疑，說：「這是軍機大事，我還要再奏明大王才能夠照辦。」

　　晉鄙的話音剛落，站在信陵君身後的朱亥大喝一聲：「你竟不聽大王的命令，想反叛嗎？」

　　不由晉鄙分說，朱亥就從袖子裡拿出一個四十斤重的大鐵錐，向晉鄙劈頭蓋腦砸過去，結果了晉鄙的性命。於是，公子率魏軍攻擊秦軍，在魏趙夾攻下，秦軍終於退兵。

　　然而，信陵君因為盜兵符殺晉鄙，救了趙國後不敢回國，便讓將領率魏軍返回，自己與賓客留在趙國。後來，公子聽說趙國有賢士毛公和薛公，毛公是個賭徒，薛公是個賣漿者，公子不因他們身分卑下而嫌棄，派人轉告想見他倆，兩人藏起來不肯見公子。公子了解到他們的住處，便屈尊前往拜訪，與兩人交遊甚歡。

　　平原君聽說後，對他的夫人說：「我原以為夫人的弟弟天下無雙，如今卻跟賭徒、賣漿者交遊，公子只不過是個徒有虛名的人罷了。」

　　夫人將這話告訴了公子，公子馬上向夫人告辭要離去，他說：「我原以為平原君是個賢人，所以辜負了魏王來救趙國，以提高平原君的聲譽。現在看來，平原君歡迎賓客不過是裝樣子，不是為了求賢士。無忌在大梁時，常聽人說這兩人是賢士，到了趙國，怕不肯相見。無忌跟他倆交遊，還擔心他倆不願意。現平原君反把這當作恥辱，平原君這人是不值得與之交往的。」於是整理行裝要走。

　　夫人把這些告訴了平原君，平原君趕忙向公子道歉，極力挽留。平原君門下賓客聽到了此事，有一半離開平原君而歸順了信陵君，天下有才能的人更是紛紛投奔公子，公子的賓客遠遠超過了平原君。

　　由於天下士心歸公子，公子譽滿天下，而人心歸向是力量的源泉。公子在魏時諸侯不敢打魏國的主意，可是秦國見到公子在趙國十年都不回來，於是日夜出兵東伐魏國。魏王非常擔心，便派使者到趙國請公子回來，公子拒絕了。

　　毛公、薛公兩人前去見公子說：「公子所以被趙國所看重，名聞於諸侯，是因有魏王。如今秦國攻打魏國，魏國危急而公子不理，一旦秦國攻破大梁而毀滅公子先王的宗廟，公子還有面目立於天下嗎？」

　　話還沒說完，信陵君面色大變，馬上與賓客趕回魏國。魏王見到公子，兩人抱著大哭，魏王馬上讓公子任上將軍。公子派使者把這件事遍告諸侯，諸侯知道公子統領魏國的軍隊，於是都遣將派兵前來助魏抗秦。公子率領五國之兵打破秦軍於河外，乘勝把秦軍趕到了函谷關。這時，公子名氣威震天下。

　　得賢才國家昌盛，失賢才國家衰亡，這在魏國也不例外。公子本人就是個大賢才，因其卑身虛心待客，又善於識士，故得天下士心，都願竭智盡力為之排憂解難，他就能集眾智眾力，故無事不可為，無敵不可摧。這就是諸侯不敢打魏國主意的原因。

　　由於有公子在，秦國非常擔心，於是派人向魏王進讒言：「公子逃亡在外有十年，如今成了魏國大將，諸侯都聽從他，只知道有公子，不知道有魏王。公子也想乘機南面稱王。諸侯迫於公子威信，正打算擁他為魏王。」且還多次派使者假裝前來祝賀公子。秦國屢行反間計，魏王終於被其迷惑，派人代替了公子的兵權，公子便稱病不朝，與賓客通宵達旦地飲酒作樂，四年之後，終因飲酒過度英年早逝。秦國知道公子死了，馬上派兵攻打魏國，公元前二二五年，秦軍攻陷魏都大梁，魏國隨之滅亡。

11. 臉不紅心不虛，笑罵任由他去

《厚黑學》是一門人人心裡喜歡但人人嘴上痛罵的處世絕學，厚黑得不夠的人，往往在他人一、兩句話之下便臉紅心虛，俯首稱臣，自甘屈居人下。真正的厚黑高手，因為已厚到無形，所以不會臉紅；又因為心肝已黑得通體透亮，所以也不會心虛。因此，他們不但笑罵任由他去，而且還能不動聲色地替對方幫腔笑罵。

將厚黑學修煉到極致的人，什麼低三下四的事都能做得出來，根本不會考慮別人的看法和笑罵，即使面對別人的侮辱和嘲笑，也能以一顆平常心待之。漢初劉邦死後，匈奴單于趁機欲侵吞漢朝疆土，還寫了一封十分欺侮人的信給呂后，信中說：「妳最近死了老公，我正好死了老婆，看妳人老珠黃也不俏了，妳就帶著江山來跟我過吧。」呂后看了信，氣不打一處來，恨不得宰了這個匈奴單于。但呂后到底是一個厲害的女人。她採取了微笑外交，順水推舟地回信說：「我老了，只怕不能伺候大可汗了，不過，我們宮中年輕貌美的女子倒是可以服侍大王。」於是，她送了一個宮女前往匈奴和番，一場對漢朝毀滅性的災難躲過去了。

當時呂后要是負氣動武，結果是可想而知的。因為早在八年前，劉邦要發動對匈奴的戰爭，大臣們都同意，唯有劉敬反對，說國家剛建立政權，軍隊正要休整，沒有戰鬥力，老百姓也厭惡戰爭，國庫空虛更不能經受戰爭，劉邦大怒。劉敬便再也不發一言，望著劉邦率大軍浩浩蕩蕩出發，等於看著盲人騎瞎馬，夜半臨深淵。劉邦不聽劉敬的勸阻，一遇上匈奴軍便知不是對手，大敗而逃，逃也逃不脫，被圍困白

登山，差點兒做了俘虜。硬的不行、軟的行，劉邦的戰爭手段失敗，呂后的微笑外交卻獲平安。

明代的沈德符描寫過：「詞臣日僵戶高臥，或命酒高會而已。」好像很輕鬆、很瀟灑，除喝酒作詩外，就是睡大覺了。其實不然，能巴結到統治者身邊的文人，絕對是拍馬屁、哄皇帝老子開心的高手，而且要鞏固住御用的地位，無所不用其極地上拍下端，為獨領皇帝對他的恩幸，還不遺餘力地誅殺同類來邀寵討好。更有甚者，如：唐天後梁王武三思為張易之作傳，云是王子晉後身，並於緱氏山立祠。還有個叫崔湜的，他「美容儀，早有才名，與兄弟等並有才翰，列居清要，每私宴之際，自比王謝之家」。就這樣一個貴家子弟出身的文人，竟以自己的姿容，甘為男妓，去當太平公主的面首。這還不夠，為撈到一份官職，把老婆和兩個女兒送到東宮供太子尋歡作樂。

李宗吾認為，「無行到了極點，便可以無法無天。」待人處世的無上心法便是「自甘墮落」，由此才能反襯出上司或者所求之人的高大。這是一種變相的吹捧，而且往往能取得意想不到的收穫。當然，變相吹捧所能取得成就的大小，完全取決於你臉皮的厚度。因為，拍馬獻媚確實有侮自己的人格，所以很多人無法堅持到底。看來，這一策略能否管用，關鍵看你能否徹頭徹尾地「厚臉黑心」。

唐朝最初是嚴禁宦官干政的，但到了唐中宗時，宦官人數急劇增多，達數千人。由於中宗無能，韋后干政，宦官中開始出現有權力的人，大宦官開始干政。到了唐玄宗開元末年，宮中的宦官竟多至三千人，其中五品以上的宦官就有一千多人，還有人到了三品將軍的職位，唐玄宗李隆基早年英明勇武，頗有明君風度，但到了晚年，昏庸霸道，只圖享樂，不思進取，多任用宦官把持實權，政治日趨腐敗。

　　尤其是高力士，由於從小就與唐玄宗有交情，後又得以親自服侍唐玄宗，再加上十分乖巧，深受唐玄宗的寵信，以至須臾不離，言聽計從。開元末年以後，百官奏章都要經高力士過目，朝中小事悉委高力士全權處理，大事才奏知唐玄宗。李林甫、安祿山、高仙芝等人的將相之位，都是靠高力士一人薦舉而得。高力士簡直成了唐玄宗權力的化身，太子稱他為「二兄」，諸王公稱他為「阿翁」，駙馬稱他為「阿爺」。高力士財產之多也極驚人，京城內外最好的田地和房屋幾乎一半屬高力士私人所有，不要說公卿，就是王侯也無法同他相比。

　　高力士雖是太監，卻硬要過娶「妻」之癮。一次，他看到京城小吏呂玄晤的女兒特別美貌，就要「娶」她為妻。呂玄晤一聽，真是喜從天降，趕緊把女兒送到高府，哪裡還管別人的議論和笑話。臉厚心黑的呂玄晤在做了高力士的「岳父」後果然吉星高照，官運亨通，自己升了大官，兒子們也紛紛沾光，佔有了肥缺要職。只是苦了他的女兒，在屈辱和壓抑下，很快就香消玉殞了。「高夫人」的死訊傳出，真如喪了國母一般，舉國為慟，爭相前往，祭吊的人們相望於路。舉行喪禮這一天，從高力士的家到墓地，路上擁得水泄不通，真可謂是千古一景！

　　高力士權傾朝野，巴結他的人也就不絕於途。但因想投靠他的人太多，一般人就很難引起高力士的注意。據說，當時一名叫程伯獻的金吾大將軍想出一條妙計，在高力士為「愛妻」出殯發喪時，臉皮絕厚的堂堂金吾大將軍特意披麻戴孝，號啕大哭，其悲痛欲絕之狀真乃感天地泣鬼神。高力士被這飛來的「孝子」所感動，不久就升了他的官。

12. 向上司的夫人敬禮

幽默大師林語堂先生說過一段很有意思的話，他分析說：「越來越多的女人要求自己的權利，可中國一向就是一個女權社會。」

在中國的社會裡，女人的權力其實大得不得了！因為人們都知道女人管理家庭事務，正所謂「男主外，女主內」嘛。可誰又知道女人在管理家務的同時，往往連自己的男人也一併管制了。

女人各自管理著自己的男人，女人通過男人主宰著這個世界！所以，女人絕對不可輕視，尤其是上司身邊的女人更不可輕視。

在宴會或其他聚會上，碰到上司的夫人，你將如何應付？頭腦簡單的職員，在這時候往往只知道對頂頭上司執禮甚恭，對上司的夫人卻視如過路的老太婆，懶得跟她多講一句話，從而留給她「舉止不遜」或「不通世故」的印象。

有那麼一天，你成了某一高職位的候選人，上司夫人就會僅憑當時的不快印象，在枕邊大唱反調：「那種不成熟的人，行嗎？」

得！就這麼輕輕一撥弄，再加上上司又是軟耳根，你的晉升之議，就慘遭夭折、泡湯了。而你還如入五里霧中，實在搞不懂為什麼升不上去呢？

為此，與上司打交道時，在對上司本人尊崇有加的時候，千萬別忘了向上司的夫人敬禮。接觸上司夫人一定要心存敬意，就算沒人介紹，憑直覺知道了她是上司夫人，你也要自動上前誠懇致意。無此圓熟的應對能力，你何以在社會

上混！

　　在社交場所，碰到應該上前招呼的人，居然拉不下臉面躊躇不前，或是面對面竟然緊張的手足不聽使喚、喉嚨沙啞。這種人，在待人處世中必定是一句「您早」都無法自然說出口的人，怎能在競爭殘酷的社會闖蕩？

　　對上司的夫人，你稱讚她「年輕漂亮」或「氣質高雅」，是最高明的敬禮。即使對方在聽了你的讚美之後說：「哪裡，你過獎了！」但她內心還是會覺得很高興。就算上司夫人長相不怎麼樣，但至少在服飾、舉止、風度和修養上，有她足以傲人的地方。你只需要在短短的幾秒鐘內，對她發自肺腑地讚揚一番，即可大功告成了。

　　美人向來自負，對溢美之詞，已經麻木。但是，不要忘了姿色中等偏下的女人，如果有人一眼就發現她的長處，並且又是在眾人面前爽口直言，她眉不飛、色不舞，那才叫怪哩！到那時，讓她不把你牢記在心，那是騙人的話！

　　其實，讓女人高興，就是這麼簡單的一件事兒。做到了這一點，你就等於把她攥在自己的手心兒裡了。

　　向上司夫人表露真誠的敬意，絕非奉承，你盡的是人人皆盡的禮節。一般人太忽略這個簡單的道理，以為向上司夫人致敬，是一種旁門左道的手法，儘量免了。豈不知，這樣白白放棄大好機會，完全等於自毀印象，沒什麼行為比這更愚蠢的了。

第三章

人性
自古至今本質未變

1. 多說「謝謝」準沒錯

由於「迷魂湯」是用人性弱點熬成的，所以幾乎無往而不利，歷史故事中有很多根本沒什麼本事卻居高位的高官，就因為他會對皇帝灌迷魂湯；很多其貌不揚的人娶的竟是如花似玉的美人，其中有的就因為會灌迷魂湯。因此，《厚黑學》認為：在待人處世中會灌迷魂湯，即使沒有升官發財，肯定也會有相當不錯的人際關係！

在待人處世中，有許多人不善於對別人表露情感，這種情形，在那些社會經驗不足的年輕人中間非常普遍。滿懷謝意，卻不能大大方方地說出「謝謝你」，這樣就絕對不能把自己的謝意傳達給對方。為什麼心裡感謝對方嘴裡卻說不出來呢？究其原因，無非是不好意思，這種人可真是厚黑功夫修煉不到家啊！

其實，別人幫了你的忙，好好地表示謝意，是最基本的禮貌，倘若不懂得這一點，勢必無法尊崇對方。試想一下，人家辛辛苦苦地費勁幫了你的忙，連你的一句謝謝都換不來，假若是你，心裡會作何想？

到今天還是有很多人，不僅說不出「謝謝」，甚至連一般事情都不能清楚地表達出來。說得嚴格一點，那些不能將事情清楚表達出來的人，根本不可能有什麼作為。因為將事情清楚明白地說出來，是待人處世的基本禮節。

如果你留心的話，在飯店或火車站的門口，肯定可以經常看到上司及部屬，或是兩位有生意關係的朋友在搭乘計程車。他們這時候的對話，往往會令旁人聽了感覺無聊而竊笑不已。車子駛至門口，部屬立刻對上司說：「您請上。」這

原因想必大家都非常清楚，一般來說，司機的後座是最安全而且又是上座，因此，做上司的在聽了部屬這麼說後，通常會接受部屬的美意先進入車內。但也有一些上司，可能因為不好意思或覺得麻煩而不願坐那個位置。遇到這種上司，部屬又往往自忖地位高低，也不敢就此先進入車內。因此「您先上」、「不，你先上」的客氣話，便開始在兩人之間展開。直到司機等得不耐煩，衝著兩人說了一句「請你們趕快上車」之後，他們才停止這場可能沒有結果的對話。在這種情形下，常變成部屬坐在上座。

　　現在看來，為了簡單的上車順序竟然花了那麼長的時間，甚至後來反而變成部屬很彆扭地坐在上座，探究原因，就是因為部屬沒有能夠一開始就明白地告訴上司：「您坐那個位子會比較好。」讓上司知道依照禮節他必須坐在上座，那就不會有這種結果。不過，對方若是年長者或是位女性，你請對方坐在裡面的位子，有時反而會令對方迷惑。因為他（她）們進出車內會不太方便。你如果遇到這種情形，對方請你先入座，你可以告訴對方：「好，我知道。」然後迅速地進入車內。對方所以謝絕你的好意不先入座，往往是因為個人的習慣或腰痛等疾病，倘若你一味地請對方先上車，恐怕會被對方冠上「考慮不周」之名。因此，在搭車時，看清楚當場的狀況並快速果斷地處理，就是在尊重對方。

2. 拍馬屁絕不會錯

　　耶穌在猶太山上講道時曾經說：「你要別人怎樣待你，你就先怎樣待別人。」

　　有一位頗具文才的作家叫霍爾・凱因，他的作品很有生

命力，他出身卑微，只念了八年書就輟學找工作養家。不過，他很喜歡十四行詩和民謠，特別崇拜詩人但丁和欣賞羅塞迪的文學與藝術修養。

有一天，他一時興起，寫了一封信給羅塞迪，讚美他在藝術上的貢獻。羅塞迪非常高興，心想：如此讚美我的人，一定也是很有才華的人。於是就請霍爾·凱因來倫敦當自己的祕書。

這是凱因一生的轉捩點。自就任新職後，他和當時的文學家密切往來，得到他們的支援和鼓勵，再加上自己不斷的努力，不久，其文學名聲便遠揚各地。

誠心的讚美就有這樣不可名狀的威力。凱因的馬屁可以說拍到了點兒上。

在人與人的交往中，任何人都是喜歡被人拍馬屁的，也喜歡自己拍自己的馬屁。

第一次世界大戰結束時，德意志帝國慘敗，德帝威廉二世頓時成為全世界都討厭的人，連自己的國民也與他為敵，正當他準備亡命荷蘭時，突然收到一位陌生少年的來信，信中充滿了一片稚子之情和讚美辭：「不論別人怎麼想，我永遠愛您！」

威廉二世看了這封信，異常感動，立刻回信給少年，希望能和他見面。少年守寡的母親帶著他去見威廉二世，意外地促成皇帝和少年之母的一段美好姻緣。

任何人都不會拒絕別人真誠的拍馬屁，包括領導。拿破崙對善於奉承的人很反感，這一點很多人都知道。有一個聰明的士兵卻來到拿破崙面前說：「將軍，您最不喜歡聽奉承話，您是真正英明的人啊！」拿破崙聽後不僅沒斥責他，反而十分自豪。

這位士兵對拿破崙的脾氣秉性摸得很透，深知他討厭奉

承的話；但這位士兵又絕頂聰明，他準確地捕捉到了拿破崙的這一性格特點。

由此可見，拍馬屁可以改善人與人之間的關係。實際上，世上沒有人能對拍馬屁無動於衷，只不過拍馬屁技巧高低而已。大文豪蕭伯納曾經說過：「每次有人捧我，我就頭痛，因為他們捧得不夠。」由此可見，高帽子人人喜歡戴，可馬屁卻並非人人會拍。

如何拍好馬屁，李宗吾提出了八字真訣，即「逢人短命，遇貨添錢」。他在《厚黑叢話》中解釋說：「俗語有兩句：『逢人短命，遇貨添錢。』諸君想都知道，假如你遇著一個人，你問他幾歲？他答：『今年五十歲了。』你說：『看先生的面貌，只像三十幾的人，最多不過四十歲罷了。』他聽了，一定很喜歡，是之謂『逢人短命』。又如走到朋友家中，看見一張桌子，問他買成若干錢，他答道：『買成四元。』你說：『這張桌子，普通價值八元，再買得好，也要六元，你真是會買。』他聽了一定也很喜歡。是之謂『遇貨添錢』。」

在待人處世中，見到一個四十多歲的人，就問：「你三十幾了？」他回答：「不止哦，四十多了。」你趕緊說：「怎麼會，看上去這麼年輕，頂多也只有三十幾歲。」青年是人生的黃金時期，人人都希望自己看上去年輕。「逢人短命」就是指將人的實際年齡儘量說小一些，以贏得別人的歡心。

同樣的道理，「遇貨添錢」則是滿足別人的一種虛榮心理，將他用的東西價錢誇大。比如別人穿了一件五、六百元的衣服，你就說：「你這件衣服可能花一、二千塊吧？」對方說：「沒有，才五百多。」你就裝吃驚地說：「怎麼會！這麼好的衣服怎麼也得一千五以上。」對方說：「真的只要

五百多。」這時你再感歎道：「你真會買衣服，這麼漂亮的衣服才花五百多！」如果你這樣做了，相信效果肯定不錯！

「最佳的讚美就是心裡想說的，卻是由耳朵聽來的。」縱觀古今人物，在拍馬屁方面，元朝末期的哈麻可謂絕頂高手。哈麻，生年不詳，早年充當元順帝的宿衛。哈麻很善於抓住機會，所言所行無不符合元順帝的心意。元順帝剛一接觸到這個伶牙俐齒、說話痛快的小夥子，就覺得他特別善通人意，便不知不覺地喜歡起來。哈麻得到元順帝的歡心，自然官運亨通，不斷被提拔，很快就當上了殿中侍御史，成了管理宮中事務的主要官員之一。

哈麻靠其巧舌如簧的口才和善於揣摩人意的拍馬屁本領，步步高升之後，便更加注意利用起自己的這個「特長」來了。他特別注意察言觀色和了解為人的好惡，然後投其所好，諂媚得寵。比如，他見到元順帝喜歡玩雙陸遊戲，便苦心鑽研，學會了一套玩雙陸遊戲的本領，然後去接近順帝，與其展開對弈。哈麻與順帝玩雙陸遊戲也很有招法，他見到順帝不甚高興之時，就輸一盤，見到順帝高興時，就贏一次，當然也有旗鼓相當的時候。哈麻這樣做，既討了順帝的喜歡，又弄得順帝心裡癢癢兒的，越發願意找他一起玩雙陸遊戲。這樣一來，兩人便逐漸成了雙陸「棋友」。隨著雙陸遊戲的頻繁，哈麻所受順帝的寵信也逐步升級，很快就超過了順帝身邊的所有人。

據《元史‧哈麻傳》記載，一天，哈麻與元順帝在內殿玩雙陸遊戲，哈麻穿件新衣服站在旁邊。順帝一邊下棋一邊喝茶，由於全神貫注於棋盤之上，把茶水吐到了哈麻的新衣服上。哈麻一邊抖掉新衣上的茶沫，一邊笑著說：「做天子的就應該這樣嗎？」在封建社會，皇帝說一不二，人們只能

諂媚逢迎、順從，不能稍有違抗，哈麻雖然是在說笑中夾雜著指責之意，但也被看成是敢冒天下之大不韙了。可順帝卻毫不介意，一點兒沒有生氣，只是一笑而已。這也說明哈麻同順帝的關係已是非同一般，無與倫比。

在拍馬屁方面對厚黑之道無師自通的哈麻非常清楚，要想步步高升，僅僅討好元順帝一個人還不夠，還應諂媚取悅於其當權者，才能事事如意。於是哈麻在將元順帝「拍」舒服之後，又開始打起王公大臣們的主意來了。

當時，在王公大臣中，權力最大、聲望最高的是脫脫丞相。脫脫在至元六年（西元一三四○年）大義滅親，驅逐了專權害政的養父伯顏，於至正元年（西元一三四一年）出任中書右丞相，為扭轉伯顏專權時造成的社會混亂，進行了一系列的改革。他重新恢復被伯顏廢棄的科舉取士制度，加強對人才的選拔；建議編修遼、金、宋三史，總結歷史上治國的經驗教訓；崇儒重道，倡導文化和思想教育；修訂法律，加強對各級宮吏的考核；開馬禁，減鹽額，免除舊欠賦稅，鼓勵發展生產等等。脫脫的改革，取得了一定成就，史稱「更化」。脫脫「更化」，深得社會各階層人士的擁護，一時被稱為「賢相」。

哈麻見脫脫聲望日高，就想巴結他以為進身之階，遂頻繁出入於脫脫之門。日事過從，曲意逢迎，點頭哈腰的諂媚相，用語言是難以表達出來的。說來也怪，那位在政事方面極精靈的脫脫，對哈麻的一系列諂媚拍馬不但沒有絲毫反感，反而日益喜歡起來。哈麻博得脫脫的好感以後，又遍賄藩王戚裡等王公大臣之家，獲得一片喝彩聲。哈麻的拍馬屁終於得到了豐厚的回報，他的官職一升再升，先升為禮部尚書，又升為同知樞密院事。

哈麻官運亨通，聲勢日盛，越發肆無忌憚。他藉助於皇

帝的寵愛、大臣的信任，利用手中的權力，大幹結黨營私之事。在他所管轄範圍之內，誰若向他賄賂巴結，立刻就會得到好處，誰若秉公辦事，不去諂媚他、討好他、順從他，誰就會被千方百計地找碴兒，甚至丟掉烏紗帽。因此，想求個一官半職的人，開始紛紛出入於哈麻之門，送禮、賄賂等烏七八糟的事情便接踵而來。哈麻自然是來者不拒遍受賄賂，甚至連宣讓王的駝馬等物也敢收下，妄作威福，到了無以復加的地步。

元朝末年，社會危機四伏，矛盾重重。元順帝卻以為天下太平，理當享受。哈麻知其所好，為進一步取得寵信，就偷偷地將精通運氣術的西方僧人引進宮廷，介紹給元順帝。西方僧人教給元順帝的是所謂的房中術，順帝大喜，封其為司徒。由於順帝寵愛哈麻的緣故，哈麻的妹夫叫禿魯帖木兒，官居集賢學士，也受到元順帝的寵愛，他和其他人與元順帝共同學習房中術。他們每天和西方僧人學習那套烏七八糟的東西，從宮內外廣取婦女，整天以淫戲為樂。哈麻和禿魯帖木兒等人在元順帝面前做出各種下流動作，甚至男女混雜，赤身裸體，同處一室，所處之室號稱「皆即兀該」，漢語意思為「事事無礙」。君臣爭相宣淫、毫無避忌，群僧隨意出入宮廷，「醜聲穢行，若聞於外」，連老百姓聽了都覺厭惡。但哈麻卻憑藉這種投其所好的拍馬術，與元順帝越來越親近密切了。

拍馬屁本質上是通過一種頗具處世藝術的語言來實現對方心理上的滿足，從而取得與對方心理上的溝通。從哈麻拍馬屁大獲成功來看，拍馬屁的方式是各種各樣的，而且是千變萬化的，在嘻笑怒罵間常可收到出奇的效果，從而增進與朋友間的友誼。而了解他人的心理則是拍馬屁獲得成功的前

提條件。因為是否了解他人的心理，決定了你的讚美是否恰當，成效是否明顯，也是衡量你拍馬屁水平的高低的標誌。

拍馬屁成功的一個訣竅是，只有諳熟了對方的心理才能辨別其優缺，「順藤摸瓜」，你的馬屁才能準確定位，並盡可能觸及其最美的那一部分。對方在欣喜之餘，會視你為知己，繼續向你袒露心懷，使你不斷捕捉讚美的閃光點，你的讚美也才更加得體，遊刃有餘。如果不了解他人心理，你就不知道他有何可讚之處，更不知他需要什麼。

當然，了解他人心理，不僅要抓住對方大致的心理活動，且要於細微之處下功夫，利用細小的刺激來影響其特定情形下的心理，從而使你的讚美既巧收「潤物細無聲」之效，又有極強的針對性。

在拍馬屁的時候，切忌用官話、套話，因為讚美一個人，並不是作報告或談工作要十分嚴肅。讚美貴在自然，它是在待人處世中，一定場景下的真情流露有感而發。任何僵硬、虛誇、做作的讚美，即使是出於真心實意，也會讓人反感或是作出了提防。

3. 勿犯人忌，拍馬屁別拍到馬蹄上

齊威王的夫人去世了，宮中有十個宮女，一同受到齊威王的喜愛。孟嘗君很想確切地獲知，齊威王到底想立其中哪一個當夫人。因為他想通過推薦一個威王心中最喜愛的人，並勸威王立這個人當夫人的方法來拍威王的馬屁，可又怕推薦不準，反而把馬屁拍到了馬蹄上。

於是，孟嘗君精心製成了十副精美漂亮的耳環，在這十副耳環之中，只有一副特別漂亮，然後他裝做若無其事的獻

給齊威王。齊威王馬上把這些耳環分給十個宮女。第二天，孟嘗君就找到那個戴著最漂亮耳環的宮女，並向齊威王推薦她為繼任的夫人，果然正中齊威王的心意。

孟嘗君養有許多本領高強的門客，在戰國時代也算得上是個有頭有臉的人物，但為了防止拍馬屁拍到馬蹄上，仍然千方百計絞盡腦汁找出對方的喜好，更何況平常的人了。

俗話說得好：「矮子面前莫說短話」。別人有生理上的缺陷，或者家庭不幸，或者自己在為人辦事方面有短處，心裡已經夠痛苦的了，不能再雪上加霜了。碰上這些情況都應加以避諱，絕不能「哪壺不開提哪壺」，不然傷害了別人不說，別人也不會輕易放過你的，到頭來只能是兩敗俱傷而已。因此，待人處世不敗哲學鄭重地提醒你：勿犯人忌，小心拍馬屁別拍到馬蹄上！

清代的康熙皇帝，青年時勵精圖治，做過不少大事，到了晚年時，年紀大了，頭髮也花白了，牙齒已鬆動脫落。這本是人生的自然規律，可他心裡就是不服老，犯了老年人的通病，只要聽到有人說他「老」就不高興，所以左右的臣子深知他的心理，特別忌諱說「老」一類的字眼，從不在皇上面前觸這個霉頭。康熙皇帝為了顯示自己還年輕有活力，常常率領皇后、妃子們去獵苑獵取野獸，在池邊釣魚取樂。

有一次，康熙率領一群妃嬪們去湖中垂釣，不一會兒，魚桿一動，康熙皇帝連忙舉起釣竿，只見釣上了一隻大大的金龜，心中好不喜歡。誰知剛剛拉出水面，只聽「撲通」一聲，金龜卻脫鉤掉到水裡跑掉了，康熙長吁短歎連叫可惜。在康熙左側身旁陪同的皇后見狀連忙安慰說：「看這光景這隻龜是老得沒有門牙了，所以銜不住勾子了。」

這時，在一旁觀看的一個年輕妃子見狀忍不住大笑起

來，而且笑個不止，簡直直不起腰來。康熙見了不由得龍顏大怒，他認為皇后說的是言者無心，而那妃子則是笑者有意，是含沙射影，笑他沒有牙齒，老而無用了。

回宮之後，康熙馬上下了一道諭旨，將那妃子打入冷宮，終身不得復出。到了這個時候，那個年輕的妃子才深深感到後悔了，她歎息著說：「因為我不慎笑了一笑，卻害了自己守寡一生，這都是我自己不檢點，犯了皇上的大忌所帶來的惡果啊！」

為什麼皇后在說話時明顯說到「老」字而康熙皇帝沒有怪罪她，而妃子只是笑了一笑康熙皇帝卻如此怪罪她呢？首先是康熙的忌諱心理，他不服老，忌諱別人說他老，這種心理實際上反映了老年人的一種普遍心態，由於上了年紀，在體力和精力上都有所下降，但又不肯承認這個現實，而且也希望人們在客觀上否認這個現實，故而一旦有人涉及這個話題，心理上就承受不了。

此外，由於皇后與妃子同康熙皇帝的感情距離不同。皇后說的話，仔細推敲一下，有顯義和隱義兩個意義，顯義是字面上的意義，因為康熙皇帝與皇后的感情距離較近，她產生的是積極聯想，所以康熙只是從字面上去理解，知道皇后是一片好心的安慰。妃子雖然沒有說話，只是笑了一笑，但她是在皇后說話的基礎上笑的，再加上她與康熙皇帝的感情距離遠不如皇后，所以讓康熙皇帝產生了消極聯想，其隱義是：那老龜老掉牙銜不住鉤子，就像康熙皇帝一樣老而無用，連釣起的老龜也讓牠逃跑了。這就深深地刺痛了康熙內心最忌諱的地方。

自然，康熙因妃子笑話他而給予這樣的重罰充分暴露了封建帝王的冷酷無情，但如果是一個普通人，別人這樣笑話你的缺憾，你也不會高興的。因為人總是有自尊心的，總希

望受到別人的尊重，誰也不希望人們一見面就提自己不愉快的事。因此人人都不願意人家觸及到自己的憾事、缺點、隱私和使自己感到難堪的事，這也是一般人所共有的心理。因此在待人處世中，一定要注意尊重別人，交談時千萬別涉及別人忌諱的話題，不然就會導致雙方關係的惡化。

不過，生活是複雜的，由於種種原因，有時說話很可能無法避免別人忌諱的話題，在這種情況下，就要講究說話的技巧了。

比如說，男人一步入中年，頭髮便逐年減少，有些男人甚至將禿頭視為一大隱憂。而這種人，有時會出人意料地強調自己頭髮稀少：「很抱歉，我這個禿頭實在很刺眼！」甚至在照相時也會調侃自己：「請注意反光現象……」

這種人表面上似乎不把禿頭這件事放在心裡，其實內心多半懷有深深的自卑感。一般來說，越是喜歡以自己的禿頭為話題大作文章的人，可以說越對自己的頭上無毛感到苦惱。面對這種人，千萬不要以為他們很豁達大度，而故意調侃，這樣才能順利地與對方建立良好的人際關係。

此外，除了生理上的缺陷之外，有些人還有一些特殊的忌諱。有一位業績優異的一流公司的高級主管，最引以為恥的就是他的學歷。然而，他的學歷並非不足掛齒，反而是值得一般人炫耀的高等學歷。他不但是畢業於全國首屈一指的高中，大學念的也是熱門科系。那麼，究竟是什麼原因使他對自己的學歷如此引以為恥呢？那就是他沒有考上全國的最高學府，這件事使他的一生深受打擊，甚至在幾十年之後仍然耿耿於懷。

在一般人看來，這似乎並不是什麼大不了的事。但只要有人不小心問及他的學歷，他就會非常不悅。其實，以他今

天的成就，學歷根本不足以影響他的身份地位，並沒有什麼好引以為恥的，但他卻似乎並不這麼想。

當然，還是有很多人並不會為自己的學歷不高而自卑，可以不必刻意地迴避這個問題。但是終究還是會有人對此耿耿於懷，所以在待人處世中，一定要儘量避免這一類的話題。至少自己不要主動地詢問別人的學歷，或是製造這一方面的話題。

即使是對方先提相關的話題，你也不可以隨便地搭腔。因為你並不知道對方真正的心意。假若你已經知道某經理是一流大學的畢業生，所以刻意地討好他：「某某大學可真不愧是所名校，培養了不少社會的政要及精英，像某某局長和某某博士都是。」

熟料對方卻毫不領情地回答道：「是啊！我就是那唯一沒有成就的人。」這下子豈不是拍馬屁拍到了馬蹄上。假如你討好地說：「只有某某大學才能培養一流的人才。」按說應該沒什麼問題了吧，誰知對方卻回答：「是啊！可惜我兒子讀的是三流大學，看來是不能有所指望了！」這不是又碰了一鼻子灰？

除了學歷之外，關於興趣方面的話題，要注意有些人對某種偏好已到癡迷的地步。例如大家在一起討論足球，你是某隊的球迷，而對方是另一隊的球迷，講到最後卻為了彼此支援的球隊不同而大動干戈。

這種事不是不可能發生，所以，當你在和對方談及有關興趣方面的話題時，最好先弄清楚對方的興趣是什麼，可能的話花點功夫好好研究一下其中的知識，這樣大家談論起來才不會因為你的一知半解而鬧笑話。

不過，你千萬不要因為自己是這方面的專家而表現得過於高明，這樣反而會帶來相反的效果。因此，即使你在某一

方面的知識比對方淵博得多，也頂多只表現出七、八成即可。如此，自然可以營造良好和諧的人際關係。

4. 做事要講究大氣魄、大格局

《莊子》一書中記載了一個「庖丁解牛」的故事，說庖丁殺牛的時候，姿態流暢優美，而且乾淨俐落。庖丁自己對人說，他殺牛的時候，眼中看到的已經不是整條牛，而是只見牛的肌肉之紋理，順著紋理下刀，自然乾淨俐落。這個故事給人啟示是：凡事要看大不看小，要從大處著眼，講究大格局。

在待人處世中，儘管每個人都在為自己做打算，但是在某一階段或某一時期，由於雙方目標是相同的，也可以形成暫時的利益同盟，以強大的力量去對付共同的敵人，這就是從大格局出發的具體應用。當然，這種同盟關係根本談不上穩固，更談不上什麼精誠團結，但在短期內針對共同的敵人或某一、兩件事卻是非常有效的。

講究大格局、大氣魄的關鍵是要求大同，存小異，不為一切虛名所累，不在乎世人怎麼看，不怕被世人誤會和唾棄，一切以自己的利益為前提，即使對方與你有什麼「不共戴天」的仇恨，只要有利用的價值，就可以暫時與他結盟。唐朝開國皇帝李淵就是這樣一位厚黑之人。

隋煬帝大業十一年，李淵出任山西、河東撫慰大使，奉命討捕群盜。對於一般的盜寇，如毋端兒、敬盤陀等，都能手到擒來，毫不費力；但對於北方突厥，因恃有鐵騎，民眾又善於騎射，卻是大傷腦筋，多次交戰，敗多勝少。突厥兵

肆無忌憚，李淵視之為不共戴天之敵。

西元六一六年，李淵被詔封為太原留守，突厥竟用數萬兵馬反覆衝擊太原城池，李淵遣部將王康達率千餘人出戰，幾乎全軍覆沒。後來巧使疑兵之計，才勉強嚇跑了突厥兵。更為可惡的是，盜寇劉武周突然進據歸李淵專管的汾陽宮（隋煬帝的離宮之一）掠取宮中婦女，獻給突厥。突厥即封劉武周為定楊可汗。另外，在突厥的支援和庇護下，郭子和、恭舉等紛紛起兵鬧事，李淵防不勝防，隨時都有被隋煬帝以失責為藉口殺頭的危險。

大家都以為李淵懷著刻骨仇恨，勢必會與突厥決一死戰。不料李淵竟派遣謀士劉文靜為特使，向突厥屈節稱臣，並願把「子女玉帛」統統送給始畢可汗。

李淵這種屈節讓步的行為，就連他的兒子都深感恥辱。甚至李世民在繼承皇位之後還念念不忘：「突厥強梁，太上皇李淵稱臣於頡利（指突厥），朕未嘗不痛心疾首。」

然而，在人們紛紛指責的情況下，李淵卻「眾人皆醉我獨醒」，因為他有他自己的盤算，為了顧全大局，屈節讓步雖然樣子上難看了一點，臉面上有點丟人，但對於厚黑之人又算得了什麼呢！

原來李淵根據天下大勢，已斷然決定起兵反隋。要起兵成大氣候，太原雖是一個軍事重鎮，但還不是理想的根據地，必須西入關中，方能號令天下。西入關中，太原又是李唐大軍萬萬不可丟失的根據地。那麼用什麼辦法才能保住太原，順利西進呢？

當時李淵手下兵將不過三、四萬之眾，即使全部屯住太原，應付突厥的隨時出沒，同時又要追剿有突厥撐腰的四周盜寇，也是捉襟見肘。而要進軍關中，顯然不能留下重兵把守。所以，唯一的辦法就是採取和親政策，讓突厥「坐受寶

貨」。所以李淵不惜屈節讓步，自稱外臣，親寫手書道：
「欲大舉義兵，遠迎主上，復與貴國和親，如文帝時故例。
大汗肯發兵相應，助我南行，幸勿侵暴百姓。若但欲和親，
坐受金帛，亦唯大汗是命。」與突厥約定，共定京師，則土
地歸我唐公，子女玉帛則統統獻給可汗。

唯利是圖的始畢可汗果然與李淵修好。在李淵最為艱難
地從太原進入長安這段時間裡，李淵只留下第三子李元吉率
少數人馬駐守太原，卻從未遭過突厥的侵犯，依附突厥的劉
武周等人也收斂了不少。李元吉於是有能力從太原源源不斷
地為前線輸送人員和糧草。等到西元六一九年，劉武周攻克
晉陽時，李淵早已在關中建立了唐王朝，而此時的李淵不僅
在關中站穩了腳跟，擁有了新的幅員、遼闊的根據地，且劉
武周再也不是對手了，李淵派李世民出馬，沒費多大力氣便
收復了太原。

5. 永遠避免跟別人正面衝突

待人處世是非常複雜的，有的問題因為種種原因，公說
公有理，婆說婆有理，是根本爭論不清楚的。明朝陳耀文在
《天中記》講了一個小寓言：有一次，夜裡睡覺白天飛翔的
燕子與白天睡覺夜晚活動的蝙蝠爭論起來。燕子認為日出是
早晨，日落是傍晚；蝙蝠卻認為日落是早晨，日出是傍晚。
牠倆嘰嘰喳喳，爭論不休。其實，燕子和蝙蝠由於生活習慣
和所處環境的不同，對晨夕各持不同看法，這個看法是永遠
不會統一的。

從這則寓言我們可以得出這樣的啟示：待人處世中不要
輕易與人爭論，即使非爭論不可，也必須看清對象，與根本

沒有爭論基礎的人爭論，是永遠爭不出名堂來的。此時，厚臉一笑，豈不更好？

第二次世界大戰結束不久的某天晚上，卡內基在倫敦參加史密斯爵士舉辦的宴會。宴席中，坐在卡內基右邊的一位先生講了一個幽默的故事，並引用了一句成語，大意是「謀事在人，成事在天」之類的話，並說那句話出自聖經。

「什麼？聖經！」卡內基知道這句話不是出自聖經而是出自莎士比亞的《哈姆雷待》。為了表示自己的優越感，卡內基當即糾正了這位先生的錯誤。不料卻引起了對方的反唇機譏：「你說是出自莎士比亞？不可能！絕對不可能！那句話確確實實出自聖經。」

卡內基的老朋友葛孟先生也在場，他研究莎士比亞的著作已有多年。這時，卻在桌下用腳踢了踢卡內基，說道：「戴爾，你弄錯了，這位先生說的是對的，這句話的確是出自聖經。」

回家的路上，卡內基不解地問葛孟：「你不是明明知道那句話出自莎士比亞嗎？」

「是的，」葛孟回答道：「《哈姆雷特》第五幕第二場。可是戴爾，我們是宴會上的客人，為什麼一定要證明他錯了呢？那樣會使他喜歡你嗎？為什麼不給他留些面子？你幹嘛一定要跟他抬槓呢？應該永遠避免跟人家正面衝突。」

永遠避免跟人家正面衝突！世界上只有一種能夠在爭論中獲勝的方法，那就是避免爭論。像躲避響尾蛇和地震那樣避免爭論。

有時候，激烈的爭論，可能會使人一時喪失理智，甚至動了干戈。到了這一步，不少人即成了終生的敵人。而華盛頓則不然，他有著化仇為友的魅力。

　　西元一七五四年，華盛頓還是一位上校，當時華盛頓率領他的部下駐守在亞歷山大里亞。那裡正在選舉佛吉尼亞議會的議員。有一個名叫威廉‧佩思的人反對華盛頓所支援的候選人。

　　據說，華盛頓與佩思在關於選舉問題的某一具體問題上發生了激烈的爭論，情緒激動的華盛頓說了一些冒犯佩思的話，而被激怒的佩思則將華盛頓一拳打倒在地。華盛頓的部下馬上走了過來，準備替他們的司令官報仇，華盛頓阻止了部下的衝動，並勸說他們返回營地。

　　第二天一清早，華盛頓遞給佩思一張便條，要求他盡快到當地的一家小酒店來。不一會兒，佩思便如約到來，他是準備來進行一場決鬥的。令他感到驚奇的是，他所看到的不是手槍而是酒杯。

　　華盛頓站起來迎接他，並笑著伸手過去。「佩思先生，」華盛頓說：「犯錯誤乃人之常情，糾正錯誤是件光榮的事。我相信昨天我是不對的，你已經在某種程度上得到了滿足。如果你認為到此可以解決的話，那麼請握我的手──讓我們交個朋友吧。」

　　從此以後，佩思成為華盛頓最堅定的支持者！

6. 讓身邊的「老虎」鬥起來

　　在待人處世中，當自己所處的環境強手如林，競爭十分激烈時，為了自己的生存，不妨巧用計謀，讓身邊的「老虎」鬥起來，使他們非但無暇算計你，而且為了各自的利益還可能求助於你。這樣，你不但在強手環伺下活得滋潤，而且還提高了在眾強中的地位，為自己的成功與發展營造了主

動有利的局面。

春秋時期，田常作亂於齊國，但又怕齊國內的高、國、鮑、晏等強族的反對，便想立功於外而興兵伐魯。孔子為使自己的國家不遭到塗炭，便派子貢前往遊說，以化解危難。

子貢受命前往齊國，對田常說：「你伐魯是不對的。因為魯國是難伐之國，城薄地狹，國君愚而不仁，大臣偽而無用，士兵又不善戰，此為不易攻。你不如伐吳。吳國城高地廣，兵器精良，士氣高昂，又使良將把守，此為易攻。」

田常聽子貢這樣說，不由大怒說道：「子之所難，人之所易；子之所易，人之所難；到底是為什麼呢？請你說清楚！」子貢不慌不忙說道：「憂在內者攻強，憂在外者攻弱。你現在是內憂。聽說你三次求封而不成，大臣也有不聽你的。現在你去破魯以拓展齊國的地盤，戰勝以驕主，破國以尊臣，而國君得不到什麼功勞，則與君主交情越來越疏遠。這是你上驕君主之心，下恣凌群臣，要想成大事，難矣！再說君主驕則放縱自己，臣驕則爭權，這是你上與君主有嫌隙，下與大臣交爭的事。如此，你在齊國的處境就很危險了。所以說不如伐吳。如果伐吳不勝，民人外死，大臣內空，這是你上無強臣之敵，下無民人之過，孤立君主而控制齊國的只有你了。」

真是一語點醒夢中人，田常聽子貢說完，高興地說道：「很好。可是我已經派兵去魯國，如果現在改而攻吳，大臣懷疑我怎麼辦？」子貢說：「你先按兵不動，請派我去吳國叫他們救魯而伐齊，你因此率兵迎擊吳軍。」田常接受這個建議，便派子貢去吳國遊說。

子貢到了吳國，對吳王說：「作為王者不絕世，霸者無強敵，千鈞平衡之重，一邊加上銖兩則傾斜。現在強大的齊國想要吞併弱小的魯國，與吳國爭強，猶如齊國加重，這是

大王爭霸的危險所在。何況大王救魯，是顯名之事，伐齊，是獲大利之事。如果撫泗上諸侯，誅暴齊以服強晉，利莫大焉。這是名存亡魯，實因強齊，智者不疑的事。」

吳王聽罷說：「很好。可是我曾經與越國打過仗，越王苦身養士，有襲擊我之心。你且等我征伐越國以後再按你所說的去辦。」子貢說：「越之勁不過魯，吳之強不過齊，大王放棄齊而伐越，則齊已平魯矣。何況大王方以存亡繼絕為名，伐小越而畏強齊。非勇也。夫勇者不避難，仁者不窮約，智者不失時。王者不絕世，以立其義。現大王存越示諸侯以仁，救魯伐齊，威加晉國，諸侯必相率而朝吳，霸業成矣。如果大王畏惡越國，臣請東見越王，令其出兵以從，此名為有諸侯相從伐齊，而實空越，其憂可去。」吳王很高興地派子貢出使越國。

越王勾踐正處於兵敗身辱之時，因此聽說子貢來方，趕緊屈身恭迎，到了館舍後向子貢問來的目的。子貢說：「這次我來遊說吳王救魯伐齊。吳王心裡以越為患，乃說：『待我伐越乃可。』果真這樣，破越必矣。何況無報人之志而令人疑，拙之；有報人之志，使人知之，殆也；事未發而先聞，危也。三者舉事之大患。」

子貢的話，一下子便戳到了越王勾踐的痛處，使勾賤不由頓首再拜說：「孤嘗不料力，乃與吳戰，困於會稽，痛入骨髓，日夜焦唇乾舌，徒欲與吳王接踵而死，孤之願也。」子貢說：「吳王為人猛暴，群臣不堪，國家敝以數戰，士卒弗忍。百姓怨上，大臣內變，是殘國之治也。您現在應當卑辭厚禮以悅其心，發士兵助他出戰以驕其志，其必伐齊。如果吳王戰不勝，是您之福。吳王戰勝，必去進攻晉。臣請北見晉君，令其出兵攻之，弱吳必矣。吳之銳兵盡於齊，重兵困於晉，而您制其敝，此滅吳必矣。」勾踐極為高興，大謝

子貢，子貢不受而去。

　　子貢又來到吳國，向吳王彙報說：「我將大王的話告訴越王，越王大恐，說：『孤不幸，少失先人，內不自量，抵罪於吳，軍敗身辱，棲於會稽，國為虛莽，賴大王之賜，使得奉俎豆而修祭祀，死不敢忘，何謀之敢慮！』」

　　此話先使吳王放心，幾天以後，越國助征之兵趕到，吳王大悅，問子貢說：「越王欲隨寡人一同伐齊，你看如何！」子貢怕謊言被戳穿，便回答說：「不可。夫空人之國，悉人之眾，又從其君，不義。君受敝，許其師，而辭其君。」吳王便沒有讓勾踐隨征，而親率九郡兵馬伐齊。

　　吳軍出動，子貢又來到晉國，對晉君說：「臣聞之，考慮不定不可以應卒變，兵不先辦不可以勝敵。現在齊與吳將開戰，吳戰齊不勝，越國必攻吳；吳戰齊獲勝，必以其兵臨晉。」晉君大恐，問：「你看我應該怎麼辦呢？」子貢說：「您且養兵休卒以靜觀待變。」晉君應許，子貢便回到魯國靜等其變。

　　果然，吳國與齊國戰於艾陵，大破齊軍之後，再以戰勝之師攻打晉國，雙方戰於黃池，吳軍大敗。越王勾踐聽說吳軍戰敗，便率軍襲吳，與吳軍戰於五湖，吳王夫差兵敗被殺，越王勾踐東向中原稱霸。

　　司馬遷在總結這段歷史時說：「子貢一出，存魯，亂齊，破吳，強晉而霸越。子貢一使，使勢相破，十年之中，五國各有變。」子貢以一個讀書人，為了魯國的生存而遊說各國，並獲得如此成功，使用的主要招法就是厚黑之道。為了魯國的安全，不惜犧牲吳國，搞亂齊國，此乃大厚黑之舉也！

7. 別跟上司搶鏡頭

一般來說，握有一定權力的上司都有著非常強的尊嚴和成就感。行使權力，發布命令，使事情向著自己所預想的目標發展，會給他帶來這種感覺。因此，對於上司來說，侵犯尊嚴等於是對人的污辱和蔑視，是絕對不能被容忍，更不能被諒解的「大逆不道」犯上之舉。這是身為下屬的人在與上司打交道的時候，切切要銘記在心的處世箴言。

然而有許多時候，下屬的衝撞會使上司下不了臺，面子難堪。如果上司的命令確有不足，採用對抗的方式去對待上司，這無疑會使他感到尊嚴受損。特別是在一些公開場合，上司是十分重視自己權威和面子的，或許他會表示，可以考慮你的建議，但他絕不會允許你對他的權威提出挑戰。

國人在講自己的成績時，往往會先說一段客套話：「成績的取得，是上級領導和大家幫忙的結果。」這種客套話雖然乏味得很，卻有很大的妙用，顯得你謙虛謹慎，從而減少他人的忌恨。

好的東西，每一個人都喜歡；越是好吃的東西越是捨不得給別人，這是人之常情。要是你有遠大的抱負，不要斤斤計較成績的取得究竟你佔有多少份，而應大大方方地把功勞讓給你身邊的人，特別是讓給你的上司。這樣，除了你感到喜悅，上司臉上也光彩，以後，上司少不了再給你更多建功立業的機會。否則，如果只會打眼前的算盤，急功近利，則會得罪身邊的人，將來一定吃虧。記住，對上司讓功一事絕不可到處宣傳，如果你不能做到這一點，倒不如不讓功的好。對於讓功的事，讓功者本人是不適合宣傳的，自我宣傳

總有些邀功請賞、不尊重上司的味道，千萬使不得，宣傳你讓功的事，只能由被讓者來宣傳。雖然這樣做有點埋沒了你的才華，但你的同事和上司總有機會設法還給你這筆人情債，給你一份獎勵。

在處理上下級關係時，待人處世不敗哲學所強調的「別跟上司搶鏡頭」，用一句通俗的話來解釋，就是得罪人的事情我攬下，出頭露臉的好事歸上司。這樣做，肯定是好處多多，受益無窮。

如果你與上司的交往中總是咄咄逼人，不知道給上司留面子，就會引起上司的反感。更有甚者，把本該屬於上司的光輝硬往自己臉上貼，完全忘了自己的身份，老做一些「越位」的事，搶上司的「鏡頭」，恐怕離被上司「炒魷魚」的日子也就不遠了。

常言道：「退一步海闊天空，進一步逼虎傷人。」這話講的還是十分有道理的。因此，在與上司打交道的過程中，如果能夠採取以退為進的策略，給上司留足面子，則很可能會收到更佳的效果。那麼，如何才能巧妙地給上司留面子，把鏡頭讓給上司呢？主要應當注意以下幾點：

（一）在日常工作中，應該時時處處表現出對上司應有的尊重。當他向你交待任務或發出指示時，你要仔細聆聽，不要顯得無精打采，漫不經心。一副無所謂的態度，必然會大大傷害上司的尊嚴和面子，他會覺得你缺乏應有的尊重。

（二）無論上司是對是錯，你都要先聽他說，然後再婉轉地表達自己的見解。在上司正確的情況下，下屬對上司表現出應有的尊重，這點比較容易做到。但是，假如覺得上司錯了，一般下屬的心裡就憋不住勁兒，想和上司理論一番，甚至直接指出他的過失。這樣，上司雖然在心裡認為你可能

是對的，但面子上肯定會掛不住，一定會把你視為一個可惡的下屬，從而不會想著給你晉升的機會。

（三）千方百計把上司交辦的事辦圓滿，特別是私事更要辦好。細心的人都可能會發現這樣一個事實：在單位裡，同樣都是服從上司、尊重上司，但每個人在上司心目中的位置卻大不相同，這是為什麼？這就是能否掌握做下屬的藝術。有的人肯動腦子，會表現，主動出擊，經常能讓上司滿意地感受他的命令已被圓滿地執行，並且收穫很大。相反，有的人卻僅僅把上司的安排當成應付公事，被動應付，不重視資訊反饋，甚至「斬而不奏」，結果往往事倍功半。

（四）將自己的功勞歸成上司的，把本該屬於自己的鏡頭悄悄地讓給上司。擅長處理上下級關係的人，都會對自己的功勞淡化，不顯山不露水，必要的時候將一切功勞、成績、好名聲都歸之於上司，而將過錯罵名留給自己，用當今一句流行的話就是：「幹得好是由於上級領導的英明、偉大，幹得不好是由於我們沒有很好地理解上級的意圖，執行上級領導決策時出了偏差，水平不高。」試問，對於這樣的下屬，哪一個上司能不喜歡、寵信呢？

魯迅先生曾經說過，中國人其實是死要面子活受罪。實際上，不僅中國人如此，古今中外沒有哪個人不是如此，在人性上都有這種相通之處。處於高位的人，在下屬面前更是這樣。因此，即使上司做錯了你也要尊重他，而不是攻擊和責難。

如果你在與上司打交道的過程中，總是這樣厚臉相迎，處處「退卻」的話，那麼上司心裡就會對你有好感。因而，一旦有晉升機會時，自然就會優先想到你。

人們常說「吃小虧佔大便宜」這句話，並且大多奉行不

二。殊不知「以退為進」、不跟上司搶鏡頭，正是這種策略的巧妙運用。而且，在你「退」時，也根本沒有吃到什麼虧，興許許多小便宜還照沾不誤哩。

8. 虛心討教，滿足上司的虛榮心

愛好相同的兩個人相處時，談最多的自然是他們的愛好，兩個人即使是萍水相逢，也可能一見如故。對於愛好相同者，其相互切磋、玩味的全神貫注狀令人好生佩服。他們可能互相交流經驗，也可能為某一技術問題而爭得面紅耳赤。對此，待人處世不敗哲學認為，當你想恭維討好對方時，不妨把自己表現得「外行」一些或水平更低一些，尤其是與上司相處時，更應如此。

《官場學》一書中有這樣一句話：「觀察他同上司共同處理事情時是否同憂同樂，來決定他是否是個心地純正的人。」雖然你可能聽說過這句話，也知道儘量培養與上司共同的興趣愛好，但如何在「玩」中與上司把關係搞定，卻是大有學問。

一般來說，偉大的人都喜歡愚鈍的人，記住這一點是不會錯的。任何上司都有獲得威信、滿足自己虛榮心的需要，不希望部屬超過並取代自己。因此，在人事調動時，如果某個特別優秀，而且頗有實力的人被指派到自己手下，上司總會憂心忡忡，因為他擔心某一天對方會搶了自己的權位。相反，若是派一位平庸無奇的人到自己手下，反倒使他高枕無憂了。

因而，聰明的部屬在與上司相處時，總會想方設法掩飾自己的實力，以假裝的愚笨來反襯上司的高明，力圖以此獲

得上司的青睞與賞識。當上司闡述某種觀點後，他會裝出恍然大悟的樣子，並且帶頭叫好；當他對某項工作有了好的可行辦法後，不是直接闡發意見，而是在私下裡或用暗示等辦法及時告訴上司，同時，再拋出與之相左的，甚至很「愚蠢」的意見，好主意一定要從上司嘴裡說出來。久而久之，儘管在同事中可能形象不佳，甚至有點「弱智」，但上司卻倍加欣賞，對其情有獨鍾。

雖然說人們口頭上總是在說「人盡其才」，但在很多情況下，上司往往提拔那些忠誠可靠但表現可能並不是那麼出眾的下屬，因為他認為這更有利於他的事業。有個古老的故事，叫「南轅北轍」，意思是說，目的地在南方，但駕車方向卻對準了北方，結果蹬得越快，離目標越遠。同樣的道理，如果上司使用了不忠誠的下屬，這位下屬總是同自己作對或者「身在曹營心在漢」，那麼這位下屬的能力發揮得越充分，可能對上司的利益損害越大。試問，誰願意幹這樣的傻事呢？

可是，在待人處世中，許多年輕人就是不明白這道理，因為年輕人一般愛好廣泛，水平也較高。但是，當你陪上司打高爾夫球，玩撲克牌或是下棋時，如果不巧妙地「心慈手軟」一點，拚盡全力把上司「殺」得一敗塗地，「打」得腳不沾地、丟盔卸甲，豈不是太不給上司留面子了？

此時，《厚黑學》告訴你：不妨多讚揚上司水平提高很快，暗中手下留情豈不兩全其美，皆大歡喜！有時，上司也是很「幼稚」的，明知是你暗中「倒戈」，臉上卻仍笑容可掬，露出勝利的喜悅。

一般說來，愛什麼懂什麼，一個人愛好書法，必定有豐富的書法知識，一個人愛好釣魚，釣魚經驗肯定比別人豐富。你沒必要恭維其愛好如何如何，這樣的話他必然聽得太

多，如一陣風吹過耳邊，腦子裡留不下半點痕跡。這時，只要你把臉皮磨厚一點，虛心地向他討教，並且作出一副畢恭畢敬狀，他必定會耐心地向你傳授其中的奧祕。上司炫耀技能的心理得到了滿足，就會在不知不覺中看著你順眼。

9. 把面子留給對方

在待人處世中，人與人之間有時難免產生一些隔閡或誤會，這時最好的處理方式，就是臉皮厚一點，把面子留給對方。俗話說：「打人莫打臉，揭人莫揭短。」

在待人處世中，可以通過以下幾個方面來給人留面子：

一、**岔開話題，轉移注意**　如果雙方的爭執屬於非原則性的爭論，而這場爭論又沒有必要再繼續下去。那麼不妨岔開話題，轉移爭論雙方的注意。

南齊皇帝齊高帝蕭道成有一次與當時的著名書法家王僧虔比試書法，君臣二人都認真地寫了一幅楷書。然後齊高帝傲然地問王僧虔：「你說說，誰第一，誰第二？」王僧虔不願貶低自己，可又不敢得罪皇帝，於是答道：「微臣之書法，人臣中第一；陛下之書法，皇帝中第一。」蕭道成聽後，只好一笑了之。王僧虔這種分而論之的回答是相當巧妙的，表面上是顧及了皇帝的尊嚴，君臣不能互相比較，實際上是迴避了不願貶低自己又不敢得罪皇帝的難題，而且還巧妙地給皇帝留了面子。

二、**巧用仲介，消除隔閡**　假如你與一個朋友之間產生了一定的隔閡，但又不想與之斷交，這時就不妨請個第三者從中說和。此時，第三者的任務就是將雙方的歉意及欲保持交往的願望準確真實地進行傳遞。小孩子中常常出現這種事

情：「小紅，珍珍願意和妳好了，妳呢？」「我也願意。」「珍珍，小紅願意和妳好，大家拉拉手吧！」這是最簡單的利用第三者消除隔閡的辦法。在成年人的世界裡，這種方法雖然運用得很嫻熟，但也要複雜得多，具體技巧有三：

（一）說明真情，引導自省。當雙方為某件小事爭論不休，各執一詞，互不相讓，糾纏不休時，「和事佬兒」無論對哪一方進行褒貶過分的表態，都猶如火上澆油，甚至會引火燒身，不利於爭端的平息。因此，「和事佬兒」此時只能比較客觀地將事情的真相說明清楚，而不加任何評論，讓雙方消除誤會，反省自己的缺點或引導他們各自多作自我批評，使矛盾得到解決，達到平息爭執、增進友誼的目的。

（二）歸納精華，公正評價。假如爭論的問題有較大的異議而雙方又都有偏頗，眼看觀點越來越接近，但由於自尊心，雙方又都不肯服輸，那麼「和事佬兒」就應考慮雙方的面子，將雙方見解的精華歸納出來，也將雙方的錯誤整理出來，作出公正評論，闡述較為全面的雙方都能接受的意見。這樣，就把爭論引導到理論的探討、觀點的統一上來了。但千萬不能「各打五十大板」。因為，所謂「各打五十大板」是不分青紅皂白、是非曲直的，那樣胡亂批一氣有可能激化雙方的矛盾，不利於解決問題，不可取。

（三）調虎離山，暫息戰火。有的爭論，發展下去就成了爭吵，甚至大動干戈，如果雙方火氣正旺，大有劍拔弩張、一觸即發之勢，「和事佬兒」即可當機立斷，藉口有什麼急事（如有人找，或有急電），把其中一人調走支開，讓雙方暫時脫離接觸，等彼此消了火氣，頭腦冷靜下來之後，爭端自然也就趨於平靜了。因為本來就沒有什麼大不了的事。

假如你想讓兩個過去抱有成見的人消除前嫌；假如你的

親人突然遇到過去關係很壞的人而你又在場；假如你作為
隨從人員參加的某個談判暫處僵局等，你該如何處置呢？
此時，作為第三者，你應首先聯絡雙方的感情，努力尋找雙
方心理上的共同點或共同感興趣的問題。一幅名畫、一張照
片、一盤棋、一個故事、一則笑話、一句諺語、一段相同或
類似的經歷，乃至一杯酒、一根菸都可能成為雙方感興趣的
話題，都可以成為融洽氣氛，打破僵局的契機。

　　在待人處世中，「仲介」利用得好，不僅可以緩和氣
氛，融洽感情，消除誤會，平息事端，還有利於應付尷尬，
打破僵局，解決問題。

10. 不可揭人瘡疤

　　一般說來，人們並不喜歡揭人瘡疤。性格上生來就喜歡
揭人瘡疤的人畢竟是少數。但在情緒不好的時候，甚至在暴
怒的時候可就很難說了。尤其是握有相當權力的上司，因為
人事材料不知看了多少遍，對別人的過去知道得一清二楚，
怒從心頭起時，就難免出言不遜，說些諸如「你不要以為過
去的事情就沒人知道了」之類的話。

　　當下屬犯錯後，對於今天該指責的事項，引用過去的事
例是不適當的。只有當過去的例子可以作為追究某一件事情
發生原因的資料時，才可以把它拿出來。而如果過去的事牽
扯到個人的感情問題，那麼，別人就會產生這樣的心理：都
已經是過去的事了，到現在還抓住不放，真是太過分了。在
這種上司手下工作，恐怕這輩子也不會有什麼出頭之日了。

　　揭人瘡疤，除了讓人勾起一段不愉快的回憶外，根本於
事無補。這不僅會叫被揭瘡疤的人寒心，旁的人肯定也會不

大舒服。因為瘡疤人人都會有，只是大小不同而已。見到同事濃血淋漓的瘡疤，只要不是幸災樂禍的人，都難免會有「兔死狐悲，物傷其類」的感覺。

當然，你可以辯白說：「並不是我喜歡揭人瘡疤，而是他的態度實在太惡劣，一點悔過的意思都沒有。我這才忍不住翻起舊帳來的。」

其實，這並不是不能理解的。但是，如果有必要指責其態度時，只要針對他的惡劣態度加以警戒即可。每次針對一件事比較能收到好效果。集合許多事時，目標分散了，被批評的人反而印象不深。

有一件事非常有意思，調查表明，凡是喜歡翻舊帳的上司，也喜歡把屬於今天的事情向後拖延。反過來說，像這種拖延主義的人，指責下屬也不乾脆。他不能迅速解決問題，就會將各種問題，包括某人過去犯的錯誤累積起來，不知什麼時候就又提出來串在一塊兒，完全失去了時間性，這是很笨拙的做法。

單位裡的各項工作，每一次都要有個完結，這很重要。過去的事已經過去，我們應該努力把現在的事情做好。如果沒有「今日事今日畢」的好習慣，把今天事拖到明天，把現在事拖到將來，那麼，將來的日子裡，你就得不停地翻舊賬。這是一種惡性循環。辦事越拖，舊帳越多；舊帳越多，辦事越拖。

所以，上司要堅決杜絕揭人瘡疤的行為，除了要知曉利害，學會自我控制之外，還應該養成及時處理問題的習慣。不要把事情擱置起來，每個問題都適時地解決了，有了結論，以後也就不要再舊事重提，整天翻老帳。

常言道：「清官難斷家務事」。有許多人常常只聽對方提起一件小事、或對方多說一句話，便怒火中燒，而使爭執

愈演愈烈。至於夫妻吵架時，使得爭執越來越激烈的原因，往往也是互揭對方的瘡疤。

　　為什麼舊事重提會引起對方如此的反感和憤怒呢？其實不只是夫婦之間，一般人亦然。當事過境遷後，總認為自己已經得到對方的寬恕，相信對方必然將過去的事忘了，並從此信任對方。所以，當對方重提舊事時，內心自然憤怒至極，認為原來他只是裝作忘記，事實上仍牢牢地記掛在心！如此一來，不但從此不再相信對方，很可能因此而形同陌路。因此，當上司對下屬說：「你的老毛病又犯了！」相信下屬必定會感到相當反感。須知上司如果經常重提舊事，下屬必定會認為自己的上司就像那令人可惡的「蓋世太保」一樣。從此以後，也許再也不願向上司傾訴自己的真實想法了。

　　在待人處世中，雖然有很多現實的情況，上司必須以責備的方式來教導下屬，但請切記：不管任何人，都絕對不要再去翻別人舊的瘡疤！

11. 距離產生美，不要與人太親熱

　　只要稍加留意，便不難發現諸如此類的現象：某兩個人以前親密無間，不分彼此。可是，沒過多久卻翻臉為敵，不僅互不來往，且反目成仇。何以至此？太過親熱也！

　　西方有一種「刺蝟理論」對此可作詮釋。「刺蝟理論」：刺蝟渾身長滿針狀的刺，天一冷，牠們就會彼此靠攏，湊在一塊。但仔細觀察後發現牠們之間卻始終保持著一定的距離，原來，距離太近，牠們身上的刺會刺傷對方；距離太遠，牠們又會感到寒冷。只有若即若離，距離適當，才

能既保持理想的溫度，又不傷害對方。

　　「刺蝟理論」如是說：距離太近，就會刺傷對方。一般來講，人與人密切相處當然不是一件壞事，否則怎麼會有「親密的戰友」、「親密的夥伴」、「如膠似漆的伴侶」等譽詞呢？但任何事情都不能過份，過份就會走向極端。俗話所說的「過儉則吝，過讓則卑」，就是這個道理。

　　在現實生活中，這種「親則疏」的現象是較為普遍的，這大概也可算作一條交際規律。因此，朋友之間不可以過密，上下級之間不可以過親，否則就會造成彼此的傷害。

　　「刺蝟理論」告訴我們：距離太遠，就會感到寒冷。人際交往過密不好，那麼是否意味著越遠越好呢？當然不是。不過現在卻有這樣一些人，他們自命清高、目中無人，這個也瞧不起，那個也看不上，自以為看破了紅塵，與任何人都不來往；有的人消極地認為世間險惡，交際虛偽，企圖尋求一種世外桃源來隔絕人世塵緣，不願與外界接觸。這樣，自己就會感到孤獨，甚至會留下終身遺憾。

　　中國有句老話：「久別勝新婚」。講的是夫妻之間不必成天耳鬢廝磨，適度的分別更能增添夫妻生活的情趣。推而廣之，在人們日常交往中，交際雙方表現出過份的親密或糾纏不清，有時反而會讓人感到彆扭。在這種情況下，善於給自己留後路的人，往往會保持距離或採取迴避的辦法，如此即可獲得獨到的功效。

　　（一）當你和上司過分熟稔時，「迴避」可知曉你在上司心中的地位。在一個單位裡，上下級之間除了工作關係，個人感情也還是有的。隨著工作的改變、地位的升降，人們的思想也在不斷地變化，「試探」自己在上司心中的地位，當然不必動不動就鬧調離，暫時「迴避」也有一定的效果。如果上司對你依然如故地器重，就會馬上表現出來。

（二）當你和別人爭執不下時，「迴避」能免去不必要的情感傷害。我們周圍的有些人生性好強，對待這樣的人，我們大可不必和他針鋒相對、斤斤計較，適度的「迴避」定能使他有所清醒。

（三）當你被別人誤會時，「迴避」更能顯示你的寬容。生活和工作中被人誤會的事常會發生。心胸狹窄者往往會把別人的無意看成故意，甚至把好心也視為惡意。作為被誤會的一方，大可不必當面斥責人家「狗咬呂洞賓，不識好人心」，也不必「破罐子破摔」，立刻同人家「斷交」。不妨先把理挑明，然後暫時「迴避」一下，過後看看對方的反應。如果他有認識錯誤的跡象，你再同他「恢復關係」，這樣經過小波折得來的友誼，一定比從前更牢固。

「刺蝟理論」中的相處適度原則道出了待人處世的真諦，要達到上述境界，必須做到以下四個原則：一是「不卑不亢」做人；二是「不歪不斜」立身；三是「不偏不倚」辦事；四是「不親不疏」交友。當然，不要與人太親熱和「迴避」，絕不是要人們在待人處世中退而遠之，避而躲之。當你走路遇到一個壕溝而不能過去時，後退幾步，稍稍用力，定能一躍則過。待人處世不敗哲學的「待人勿知心」，就是這個意思。

12. 別賣弄自己的雕蟲小技

英國十九世紀政治家查士德斐爾爵士曾經對他的兒子作過這樣的教導：「要比別人聰明，但不要告訴人家你比他更聰明。」蘇格拉底在雅典一再告誡他的門徒：「你只知道一件事，那就是你一無所知。」孔老夫子也說：「人不如，而

不恨，不亦君子！」

這些話，有一個共同的意思，就是你即使真有兩下子，也不要太出風頭，要藏而不露，大智若愚。也就是說，在待人處世中，不要賣弄自己的雕蟲小技。

《莊子・雜篇》中有一則寓言：吳王乘船渡過長江，登上一座猴山。猴子們看見國王率領大隊人馬上山來了，都驚叫著逃進叢林，躲藏在樹叢茂密的地方。有一隻猴子卻從容自得，抓耳摸腦，在吳王面前竄上跳下，故意賣弄技巧。

吳王很討厭這隻猴子的輕浮，便張弓搭箭，向牠射去。這隻猴子存心要顯露本事，因此，當吳王的箭射來時牠就敏捷地躍起身，一把抓住飛箭。吳王轉過身去，示意隨從們一齊放箭，箭如雨下，不可躲閃，那猴子終於被亂箭射死。

世上有一種人就像那隻喜歡賣弄自己的猴子，他們掌握一點本事，就生怕別人不知道，無論在什麼人面前都想「露兩手」。這種人愛出風頭，總想表現自己，對一切都滿不在乎，頭腦膨脹，忘乎所以。在待人處世中，十個這種人有十個要失敗。寓言裡的猴子因為自己有兩下子，就故意在吳王面前賣弄，引起了吳王的反感，最終被亂箭射死。這對於那種性格輕浮，喜歡浮奪、賣弄雕蟲小技的人，是一個很好的教訓。

那麼，在待人處世中應該如何做，才算是不賣弄自己的聰明呢？《厚黑學》認為，不妨從以下三方面注意：

首先，要在生活枝節問題上學會「隨眾」，蕭規曹隨，跟著別人的步履前進。美國的艾倫・芬特在《小照相機》一書中有過這樣的心理測驗：

一個人走進一家醫院的候診室，他向四周一看，感到非常驚訝：每個人都只穿著內衣褲坐著等候。他們穿著內衣褲喝咖啡、閱讀報列雜誌，以及聊天等，這個人起初非常驚

奇，後來判斷這群人一定知道一些他所不知道的內情，於是
二十秒鐘之後，這個人也脫下外衣，僅著內衣褲，坐著等候
醫生。

　　這種隨眾附和的做法，至少有兩大實際目的：其一，社
會上的群居生活，需要大家互相合作。其二，在某些情況
下，當你茫然不知所措時，你該怎麼辦？當然是仿效他人的
行為與見解，從而發掘正確的應對辦法。

　　其次，不要讓人感覺你比他人更聰明。如果別人有過
錯，無論你採取什麼方式指出別人的錯誤：一個蔑視的眼神
兒，一種不滿的腔調，一個不耐煩的手勢，都可能帶來難堪
的後果。羅賓森教授在《下決心的過程》一書中說過一段富
有啟發性的話：「人，有時會很自然地改變自己的想法，但
是如果有人說他錯了，他就會惱火，更加固執己見。人，有
時也會毫無根據地形成自己的想法，但是如果有人不同意他
的想法，那反而會使他全心全意地去維護自己的想法。不是
那些想法本身多麼珍貴，而是他的自尊心受到了威脅……」

　　當美國前總統富蘭克林還是個毛頭小子時，有一天，一
位老朋友把他叫到一邊，尖刻地訓斥他說：「富蘭克林，你
簡直不可救藥！你到處指出別人的錯誤，自以為比所有人都
高明，誰受得了你？！你的朋友已經討厭你了。他們對我
說，如果你不在場，他們就會自在得多。你知道的太多了，
已經沒有人打算再告訴你些什麼事情，因為你不可能再吸收
新的知識。其實，你的舊知識又有多少呢？十分有限！」

　　這是富蘭克林經受的一次最慘痛的教訓。他由此而發現
了自己正面臨著待人處世失敗的命運。富蘭克林由此決心改
掉傲慢和武斷的個性。他在《自傳》中說：「我立下一條規
矩，絕不正面反對別人的意見，也不讓自己武斷。我甚至不
准自己用過份肯定的文字或語言表達意見。我絕不用『當

然』、『無疑』這類詞，而是用『我想』、『我假設』或『我想像』。當有人向我陳述一件我所不以為然的事情時，我絕不立即駁斥他，或者立即指出他的錯誤；我會在回答的時候，表示在某些條件和情況下他的意見沒有錯，但是目前來看好像稍有不同。我很快就看見了收穫。凡是我參與的談話，氣氛變得融洽多了。我以謙虛的態度表達自己的意見，不但容易被人接受，而且衝突也大大減少了。我最初這麼做時，確實感到困難，但久而久之，就養成了習慣。也許，這五十年來，沒有人再聽到我講過太武斷的話。這種習性，使我所提交的新法案能夠得到同胞的重視。儘管我不善於辭令，更談不上雄辯，遣詞用字也很遲鈍，有時還會說錯，但一般來說，我的意見還是得到了廣泛的支援。」

其實，富蘭克林在這裡並沒有提出什麼新的觀念──這只不過顯示了他人格成熟的重要標誌：在任何情況下，都不賣弄自己的聰明。

最後，貴辦法不貴主張，換一句話說，就是多一點具體措施，少一些高談闊論。年輕人對於諸多事情，總是喜歡發表主張。主張是對於某種事物的觀察所得，觀察分析才能有所得。所得能夠成為一種主張，當然是一件可喜的事情。但如果急於求得理解，一有所得，不看對象，不分場所，立即發表出來，往往是沒有什麼好處的。

少一點高談闊論，多一點具體的切實可行的辦法。譬如，上司和同事或者朋友，希望你幫他辦某件事，你可以拿出一套又一套的方案，總之，你千方百計把問題解決了，這比發表「高見」不是有意思得多嗎？不說空話，而又能做得成實事，你將給人以一種沉穩的成熟者形象。

《厚黑學》認為：在待人處世中，不要把別人都看成是一無所知的人。其實，我們周圍的人和你一樣，都各有主

張。但按照《厚黑學》對人性的揭示，多數人都不喜歡採納別人，尤其是下屬的主張，因為這往往會被認為有失身份，有損體面。如果我們把同事都看成是庸材，只有我自己有真知灼見，於是在一個團體內多發主張，結果被採納的百分比，恐怕是最低的，而且很可能是最先被淘汰出局的人。

為什麼在待人處世中要提倡「別賣弄自己的聰明」呢？這是因「聰明」是相對的，是對某一具體的方面、具體的人而言的。你在這個人面前很聰明，而在另一個人面前，很可能就不怎麼樣了。所以，「聰明」還是「不聰明」並不是什麼待人處世的資本，根本不值得賣弄。

13. 面具可以遮臉，更可以掩心

西方有本書上曾這樣說：「如果對方無法接受毫無掩飾的我，未嘗不是好事。」其實從《厚黑學》對人性的洞察來看，這哪裡是什麼好事，簡直是極其危險的事。因為，現實社會中，除了禽獸和野蠻人，正常人哪裡會是毫無掩飾的「玻璃（透明）人」呢？

李宗吾在《厚黑叢話》中說：「我把厚黑學講完了，特別告訴讀者一個祕訣，大凡行使厚黑之時，表面上，一定要糊一層仁義道德，不能把它赤裸裸的表現出來，王莽之失敗，就由於後來把它顯露出來的緣故。如果終身不露，恐怕至今孔廟中，還會寫一個『先儒王莽之位』大吃冷豬肉。韓非《說難篇》有曰：『陰稱其言而顯棄其身。』這個法子，諸君不可不知。

假如有人問你：『認得李宗吾否？』你須放出最莊嚴的面孔說道：『這人壞極了，他是講厚黑學的，我認他不

得。』口雖如此說，而心中則恭恭敬敬地供一個『大成至聖先師李宗吾之位』。果能這樣做，包管你生前的事業驚天動地，死後還要在孔廟中吃冷豬肉。所以我每聽見有人罵我『李宗吾壞極了』就非常高興地說道：『吾道大行矣！』還有一層，我說：『厚黑上面，要糊一層仁義道德。』這是指遇著道學先生而言，假如遇著講性學的朋友，你也同他講仁義道德，豈非自討沒趣？這個時候，則應當糊上『戀愛神聖』四字。總之，厚黑二字是萬變不離其宗，至於表面上到底該糊什麼，則須因時因地，神而明之。」

李宗吾在這段話中明確告訴我們：現代人的一大特色就是虛偽與口是心非，儘管對《厚黑學》愛之入骨，表面上也必須在口頭上對之咬牙切齒，為了討好道學先生也。為此，在待人處世中，行厚黑的人，一定要記得戴上面具。此面具的功用，好比機械運轉所需要的潤滑油，可以使機器運轉得更加順暢。至於什麼場合應該戴什麼面具，就像戲臺上唱什麼角色該穿什麼戲服一樣，是不可能一成不變的。

具體到上班族，以下三條金科玉律，相信會幫你處理好複雜的人際關係：

一、**在單位裡不可隨便與人交心**　在現實中，任何一個單位都不是真空般一塵不染，正人君子有之，奸佞小人亦有之；既有坦途，也有暗礁。在複雜的環境下，不注意說話的內容、分寸、方式和對象，往往容易招惹是非，授人以柄，甚至禍從口出。

《厚黑學》認為，人不為己，天誅地滅。換句話說，人只有先求安身立命，適應環境，然後才能設法改造環境，順利地走上成功之道。因此，說話小心些，為人謹慎些，對避開生活的誤區，使自己置身於進可攻、退可守的有利位置，

牢牢地把握人生的主動權，無疑是有益的。

　　況且，一個毫無城府、喋喋不休的人，會顯得淺薄俗氣、缺乏涵養而不受歡迎。西方有句諺語說得好：「上帝之所以給人一個嘴巴、兩個耳朵，就是要人多聽少說。」

　　做一個在社會上混的場面人，社交活動不免與自己所在的單位有關。下班之後與同事一起喝杯酒，聊聊天，不但有助於日常工作，還可能知道與單位有關的消息。因此，單位舉辦的各種聚會，自然要積極參加，就是與同事及上司打上一、兩場「社交麻將」也很有必要，但有一點要時刻切記：不可隨便與任何人交心。

　　同事之間，只有在大家都放棄了相互競爭，或明知競爭也無用的情況下，才會有友誼的存在。有利益上的競爭與衝突，同事之間就不可能有真正的友誼。如果輕易地交出真心，甚至動了真感情，只會自尋煩惱。

　　比如說，甲與乙是同年畢業並且同時進單位工作的，而且兩人是好朋友，可現在只有一個升職的機會，如果甲升了級，乙沒有升，乙會怎樣想呢？乙如果繼續與甲友好，免不了會被人認為趨炎附勢。而成為上司的甲，即使想主動對乙友好，也不可能像往日那樣自然。

　　二、隨時注意保護自己　藍領與白領不同的地方之一，是藍領向上流動性不大，升遷的機會不多。因此，藍領工人打的是正規戰術，集體討價還價，爭取共同的利益。而白領階層則大多都有個別拚搏的機會，獲得升遷是單打獨鬥的結果，甚至是踩著別人的肩膀往上爬的結果。因此白領之間不但沒有藍領的那種同志感情，往往還互相猜忌，爾虞我詐。這種生存競爭環境，猶如深入敵後，孤軍作戰的遊擊隊。

　　是遊擊隊，就得打遊擊戰！遊擊戰的最高原則是「保存自己，消滅敵人」。許多力爭上游的白領，很注意將對手打

倒，卻往往不善於保護自己，這是不足取的。《厚黑學》認
為：一方面要友好競爭，另一方面更要在眾人的競爭中保存
自己，在勢孤力弱的情況下，就要夾緊尾巴，千萬不要露出
自己全力拚搏、一心往上爬的野心，以免成為眾矢之的。俗
語說，「不招人忌是庸才。」但在一個小圈子裡，招人忌者
是蠢才。精通待人處世不敗哲學者，往往在積極爭取往上前
進的同時，還能很自然地擺出一副「只問耕耘，不問收穫」
的超然態度。

三、**別替人背黑鍋**　在任何一個單位裡，做事好壞對
錯，很多時候是由上司主觀決定。如果上司意志強，下屬多
少都要努力工作；上司若自以為是，下屬便會唯唯諾諾。但
有一些上司只是向他的上司交功課而已，工作敷衍了事，得
過且過。在這樣的環境之下，最重要的事情就是不要出事，
一切如常，就不會勾起上司的雷霆之怒。但如果出現差錯，
上司為了向他的上司交代，就會抓住一個人做代罪羔羊。
這種情況俗話叫作「背黑鍋」。雖然說有的時候替上司背黑
鍋，能夠換來更大的回報，但大多數情況下，替別人背黑鍋
是非常划不來的蠢事。

不背黑鍋的方法其實很簡單。最簡單易行的就是不冒
險，不馬虎，事事有根據，白紙黑字，即使錯了也有充分的
理由解釋。另一方面，一件事的對錯，錯的大小，應否追
究，以及應該如何處罰，往往都是上司決定。大事化小或小
題大作，都在主管上司的一念之間。因此，在這種情況下，
人緣好，特別是與上司的關係不錯，就會較少獲罪。

第四章

除了目標
還是目標

　　美國耶魯大學文學教授威廉・費爾普在他的〈論人性〉一文中曾說：「我八歲的時候有一次到姨媽家裡去度週末。晚上，有個中年人來訪，他跟我姨媽寒暄了一陣之後，便把注意力集中到我的身上來。那時我正對帆船十分著迷，這位中年人就勁頭十足地跟我討論起帆船來。我興奮極了，甚至當他走的時候心裡還戀戀不捨，盼望他明天再來。

　　我對姨媽說：『這個人真好，他對帆船那麼有興趣！』可是姨媽卻淡淡地說：『他是一個律師，才不會對帆船感興趣呢。』我非常詫異，說：『那他怎麼會和我談得那麼起勁呢？』姨媽的回答使我永遠也忘不了。她說：『因為你對帆船有興趣，他就談一些使你高興的事。他這樣做是為了使自己受歡迎。』」這樣做狡猾嗎？不！這叫投其所好，看人下菜碟。誰不希望別人對自己最喜歡的事物感興趣呢？

1. 不要讓惡人得逞

　　俗話說：「軟的怕硬的，硬的怕不要命的。」吃柿子專揀軟的捏。生活中一些蠻橫霸道的惡人之所以能夠得意一時，就是因為社會上老實人太多。他們作威作福、發火撒氣往往找那些軟弱善良者，因為他們清楚，這樣做並不會招致什麼值得憂慮的後果。在我們身邊的環境裡到處都有這樣的受氣者，他們看起來軟弱可欺，最終也必然為人所欺。因為一個人表面上的軟弱，也會助長和縱容了別人侵犯你的「理所當然」。

　　人是應該有一點鋒芒的，雖然在待人處世中沒必要像刺蝟那樣地全副武裝，渾身帶刺，至少也要像那些凶猛的動物一樣，讓人覺得你不好惹才是。特別是對於那些沒事找事的

惡人，你只能是「腰裡別沖牌，誰來跟誰玩」。

　　樹立一個不好惹的形象，是確保自己不受欺侮的一條很重要的厚黑處世技巧。這一形象在時刻提醒別人，招惹你是要承擔後果並付出更大代價的。

　　有這樣一則真實的故事，倒是可以給我們一些啟示。話說在某個城市的某個果菜市場上，有一個潑皮無賴，仗著自己練過幾天功夫，會耍幾手三腳貓兒的拳腳，在小鎮的果菜市場上為非作歹、為所欲為。最令人氣憤的是，他總是拎了這個攤位的雞，又拿了那個攤子上的肉，卻總是不給錢。誰要向他討，他就說先賒著以後一塊兒給。可誰真向他要時，他便會大打出手，或是想法子弄得你無法在此地待下去。大家對這樣一個無賴小人真是敢怒而不敢言。

　　然而有一天，這個無賴卻碰到了碴兒上。一大早無賴就來到市場上，只見他走到一個豬肉攤前，用右手點著一塊肉要攤主割下來給他，那位攤主也是位年輕人，聽他一說，二話不講，操起刀就在攤子邊的條石上霍霍地磨了起來。這個無賴見此，也只好站在那等著。此時，攤邊上的人開始聚攏過來，一半是看熱鬧，一半是想親眼目睹一下這個無賴如何橫行霸道。豈知，這位攤主磨了好幾分鐘還沒有罷手。此時，無賴急了，張口就罵，要攤主快點兒。只見這攤主不慌不忙地應了一聲，把磨得攢亮的刀往陽光下一擺，一道寒光直照到無賴的眼睛上去。無賴心中一驚，不由得打了一個冷顫。他又催攤主趕快割肉，但語氣明顯緩和了一些。

　　攤主拿著刀，對著這個無賴想要的那塊肉就砍下去，只聽「刷」地一聲，一大塊齊整整的肉就被割了下來。更令人叫絕的是，也就這一刀，把肉中連著的骨頭也齊齊地砍斷了。見此情形，這個無賴心中又是一愣。然而，事情還沒有完，攤主把肉砍好之後，並不是像往常那樣，把刀擱在攤子

上就算了，而是出乎意料之外地朝身邊幾尺遠的一塊木板上扔去。隨著「啪」地一聲響，那把剁肉刀便插在木板上，與其他幾把並排，排列得非常整齊。哦！原來這是他的刀板。同樣令人奇怪的是，這回無賴並沒有像往常那樣拿起肉揚長而去，而是叫攤主稱了稱，乖乖地如數把錢交了。

究竟是什麼力量使攤主在默默無聲之中征服了無賴呢？看了這個小故事，人們自然會想到那把刀，以及攤主熟練的技藝。但是，這則故事告訴我們的是：通過某種形式、某種物品、某個動作，給小人一種暗示，自己絕對不是好惹的，更不是好欺負的。實際上是在告訴小人，一旦被逼急了，羔羊也會變成猛虎的，「兔子急了還會咬人」，更何況人！這裡，雖然沒有明火執杖的對抗，沒有拳腳相見的衝突，但它也是一種較量，是一種力量和意志、人格的顯示。你可能不一定有刀，但你有自己的工具和手，它們同樣可以幫助你表現自己的力量和尊嚴。

一個人在社會中生存和發展，只要能夠顯示出你是一個不容欺侮的人，你就能夠做到不受氣。當然你不必現還現報，立竿見影，只要能抓住一、兩件事，大作文章，讓冒犯者品嘗到你的厲害，就能收到「殺雞儆猴」的效果，起到某種普遍性的威脅作用。這就好像是冷戰時期美蘇的核威脅，因為誰都知道它的威力，所以誰也不敢試。不在數量多少，只要你擁有了原子彈，別人就不敢小瞧。

哪些形象最不易受欺侮呢？這裡不妨略舉一二：

其一，潑辣的形象。所謂的潑辣，便是敢說別人不好意思說出口的話，敢為別人不好意思表現的舉動。誰敢讓他受氣，誰當面就會下不了台。他敢哭敢鬧、敢拚敢罵，口才好，又敢揭對方的老底兒，所以，很少有人敢惹這種人，以

免自討沒趣。

其二，愛玩命兒的形象。其實，人類一切的弱點都可歸結為一個「怕」字，而怕死則是人類最本能的一種東西。那些愛玩命兒的主，往往喜歡用武力解決問題，以玉石俱焚的態度來實現自己的意志，這種遊戲自然是常人不敢玩，而且也玩不起的。

其三，有仇必報的形象。人人都知道，仇恨是一種非常可怕的東西，而其最可怕的地方莫過於它的爆發沒有時間的限制，令人防不勝防。所謂君子報仇十年不晚，就是這個意思。當然，我們這裡並非提倡人們動不動就去玩兒命，而是說在大是大非的原則問題上，應該做到還以顏色。

其四，實力派形象。塑造實力派形象就是要你在平時就要注意展示你雄厚的力量，比如，令人羨慕的專業本領、廣泛的人際關係、神祕莫測的後臺等等，這些都會在周圍的人群中造成一種印象，即：你是一個能量巨大的人，不發威則已，一旦發威則後果難當。所以，人們一般不敢招惹這類人物，持有這種形象的人也很少受氣。

總而言之，樹立一個不好惹、不受氣甚至敢玩命的形象是很重要的，有了這形象，就好比是種下了一棵大樹，從此，你便可以在樹蔭下納涼，再也不用擔心別人敢平白無故地欺侮和招惹你。

2. 讓上司成為你人生的墊腳石

「誰是一般員工的勁敵？」換句話說，你要想發展，誰是你最需要扳倒的人？對這個問題，大部分人可能都會立刻回答：「是同期進入公司的人。」其實，這是一個非常大的

　　誤解，因為對員工而言，最大最強而又最需要小心戒備的勁敵，是他的頂頭上司。

　　理由很簡單，假設你現在是公司的一般員工，你的頂頭上司是現任的科長，你當上科長他又升為處長，你當上處長他又升為總經理，假如你以後成功地當上總經理，他又成了董事的話，你和你目前的頂頭上司，關係應該可以保持友好融洽。但是，實際上不可能事事如此順合人意。

　　一般職員想要出人頭地，就如同參加障礙賽跑。要想以一般職員的身份拔得頭彩奪得冠軍，就必須先跨越頂頭上司這個障礙。自然，你的頂頭上司對此是一清二楚的。

　　在升遷儀式上的致謝詞裡，有人會說，「我之所以有今天，都是上司的提攜……」其實這都只不過是冠冕堂皇的社交辭令，又多少是出自真心呢？

　　從人的本性來看，《厚黑學》認為：上司是不會提拔有可能成為自己競爭對手的部下的。相反，如何淹滅部下所綻放的光彩、擠壓部下使其不見天日，才是上司處心積慮的。這種情況固然是人們所不願意看到的，卻是現實生活中客觀存在的現實。

　　上司與部下是競爭對手，很多人一定覺得不可思議。這裡，不妨以幾年前美國某家航空公司連續發生的不幸事故作為證明。

　　該航空公司的工會勢力非常強大，一有情況發生，就立刻採取罷工的過激行為與公司對抗。公司的決策層總想避免發生罷工，但就是無法做到。於是，一些有智之士就想出一個「妙法」，把機長全部調換由管理階層（亦即非工會的人）來擔當。如此一來，即使工會罷工，飛機依舊可以照開無誤。大家一致認為這是一個好主意，就決定採取這個方法。此即所謂的「機長管理職制度」。

　　但是，自從這個所謂的「機長管理職制度」實行之後，該航空公司卻接連地發生了好幾起人命關天的大事故。為此，大家都猜測這些事故是否和制度之間有因果關係，更有人指明，「機長管理職制度」就是造成事故的最大原因。

　　理由是：飛機操縱室裡有機長和副機長，在「機長管理職制度」之前，兩者的關係是同屬一個工作崗位的夥伴，最多也是前輩與後輩的關係罷了。但是，機長改由管理階層擔任後，機長的工作中還附加了對部下勤務的評定。兩者之間的關係就純粹是上司與部下，也就是打分數與被打分數者之間的關係。

　　在這種上下級關係中，如果副機長想要升為機長，就必須依賴機長給予優異的工作評定。而從機長的立場來看，如果給下屬分數打得太高，副機長就要升格為機長，那自己的機長寶座豈不是面臨著江山易主的危險？於是，為保住自己的職位，機長就必須專找副機長的碴兒，儘量壓制副機長的成績，給他不好的成績。如此一來，機長在副機長的眼裡，就變成阻礙自己升遷的最大敵人了。

　　在這種情況下，以往是同等科技人才且關係良好的機長與副機長，已經被「機長管理職制度」所破壞，演變成敵我的對立關係。原本應該彼此通力合作才能完成安全飛行的機長與副機長，卻在狹小的操縱室裡，彼此疑心疑鬼、勾心鬥角，這樣怎能期望有平安的飛行呢？

　　既然你已經明瞭頂頭上司是你升遷的最大障礙，那麼如何與他相處呢？待人處世不敗哲學認為，不外乎有兩點：

　　其一，你在單位的根基還不深，資歷也太淺，即使頂頭上司易人，空下來的位置也輪不上你，那麼，最好還是讓現在的上司暫時替你把位置先佔著。在這種情況下，你唯一需要做的就是全力幫助上司做好工作。因為，不管你有沒有越

級的上司做靠山，頂頭上司始終都是要時常相對的，而且他掌握著你的生命，是不能不認真對待的人。

其二，假若頂頭上司離開，能夠接替之人非你莫屬的話，那就想盡一切辦法趕緊除掉他，讓他越快滾蛋越好。至於如何將對方除掉，讓他成為你升遷路上的墊腳石，《厚黑學》告訴你幾手殺招，不妨一試：

（一）如果對方屬於「拚命三郎」型，那就給他來個火上澆油。因為「三郎」既然已決心拚命，身為部下的何必要阻擋呢？不如順勢推他一把，叫他快些拚掉老命。

當他偶而請病假或事假，不要忘了打電話到他家說：「哎呀，科長不在，我們全都慌了手腳。」最好是能逼他重新披掛上陣，帶病堅持工作，大耗元氣，否則也要在他心中留些疙瘩，讓他不能安心度假和養病。

一旦「三郎」病重住院，記得每週去看他一次，所有主管都視自己的部門為地盤，久未坐鎮，就會擔心大權旁落，甚至害怕自己的位置被別人頂替了。針對這種心理，你今天可以這樣說：「科長放心休養，科裡有我們在，一切沒問題。」明天又那樣說：「總經理最近常跟某科科長去打高爾夫球。」後面再加一把火，對他說：「有好幾個客戶來公司找你，聽說你病了他們都很遺憾。」如此這般，「三郎」死期不遠矣！

（二）如果對方屬於「自我膨脹」型，那就捧殺他，讓他盡快爆炸毀滅。在日常工作中，你不妨時常歎口氣說：「像某某科長那麼有實力的人，待在這家公司真是太委屈他了，不但浪費了人才，也是國家和社會的損失。唉，可惜呀可惜！」這些表演不必當著上司的面做，只要一個月做幾次，早晚上司都會從側面聽到，這樣效果更好。

總有一天上司會認真地想：果真如此嗎？由於「自己是

不是天才」是個很愉快的話題，一開頭他可能會欲罷不能，想久了更是覺得理所當然，因為人類總免不了會犯自我膨脹的毛病。

其實，所謂「實力」只是「應付公司要求的能力」，各行各業需要不同的人才，一旦他萌發了「我在其他公司可能更有發展」的信心，便會做出許多冒險的動作來。

（三）如果對方屬於「憂鬱內向」型，那就設法給他施壓，讓他在壓力下不堪重負。對上班族而言，看似最有用其實卻最沒用的就是那些以暢銷為目的的管理書籍了。這些大作常常標榜簡明易懂，事實上卻為了簡明，不惜以風趣、新奇、訴諸權威來代替複雜的分析，這些讀物剛剛出版時，廣告自吹自擂，彷彿它要一語道破時代的盲點，不料同類書籍一本接一本地出現，彷彿武俠小說中的武林第一高手被更高的高手取代，叫人不知道看哪一個才好。

但是，花錢買這些書的上班族卻大有人在，原因何在？在於害怕自己跟不上潮流，不知道別人在想些什麼。基於以上心理，你一定要常常推薦「好書」給上司說：「這本書的觀念不錯。」或者說：「這本書很有啟發性。」

當你的上司腦袋裡塞滿了空洞文字，又擔心部下讀書時間比他多，掌握的新知識比他多時，他的壓力可想而知。時間久了，他怎麼可能受得了？

（四）如果對方屬於「粗獷豪放」型，那就用婆婆媽媽的瑣碎事讓他心煩意亂。上司之所以是上司，主要在於他常要站在高位下判斷，因此我們要大量提供各種問題讓他煩心，再瑣碎的小事都採取恭候聖裁的策略，譬如說：「您要搭計程車去還是坐公車？」、「中午要在中餐廳吃炒菜，還是吃火鍋？」

當然，婆婆媽媽久了，難免惹火對方，上司會說：「隨

便好了。」這時你千萬要厚下臉皮，繼續不急不慢地說：「火鍋的確不錯，現煮現吃，味道好，可是偶而吃一點道地的地方小菜也無妨，蘿蔔乾炒蛋您喜歡嗎？對了，要不我們去吃日本料理？」

在任何人的耳中，你的話都是關懷備至，可是由於上司是那種粗獷豪放，對瑣碎事缺乏耐心的人，這種說話方式保證能大耗他的元氣，不把他搞得頭昏腦脹才怪哩！

（五）如果對方屬於「謹小慎微」型，沒什麼大毛病的人，那就給他扣頂「吝嗇鬼」的帽子。通常情況下，當我們說別人壞話時，聽者常會緊張起來，可是當我們說某某人是一個小氣鬼時，大家卻能笑著接受。也許大家早在心中已認定有權有勢的人常常很吝嗇，也有可能「吝嗇」是最溫和的攻擊字眼。

因此，在和上司共餐、共搭計程車時，要搶先付餞，事後再以一副委屈的表情向同事說：「那傢伙真不怎麼樣，特別愛貪小便宜，每次付錢都慢吞吞地掏腰包，要不然就是拿張百元大鈔付小費，我只好說，我有零錢。」相信大家聽了肯定會在哈哈大笑後，對這位上司產生嫌惡感。如此，你就可以替自己的委屈出一口氣了。

3. 忠臣能事二主，好女可嫁二夫

有句老話叫作：「忠臣不事二主，好女不嫁二夫。」其實，從《厚黑學》的角度來看，持這種觀點的人未免太過迂腐。常言道：「良禽擇木而棲，良臣擇主而事。」倘若遇到一個絲毫也不賞識你的上司，整天度日如年處於水深火熱之中，儘管你使盡渾身的解數也永無出頭之日。在這種情況

下，棄暗投明改換門庭也並不是什麼難堪的事。或者你所遇到的上司，根本就是那扶不起的阿斗一個，那又何必跟著他活受罪呢？「男怕入錯行，女怕嫁錯郎。」《厚黑學》卻認為，「入錯行」與「嫁錯郎」都不可怕，最可怕的是知錯不改。天下之大，為什麼非要在一棵樹上吊死呢？「入錯行」跳槽重新選擇就是了，「嫁錯郎」趕緊離婚另尋如意郎君。

中國古代最著名的謀略家姜子牙，既是一位善於出謀劃策的謀略大師，更是一位道行極深的厚黑大師，在當時那種以當「忠臣」為榮的時代，姜子牙才不管什麼「忠」與「不忠」，在他眼裡根本就沒有什麼能不能「事二主」，而是巧用計策，果斷地投入「二主」的懷抱，並且鼓動和幫著「二主」毫不手軟地奪了「先主」的江山社稷。

姜子牙，本名呂尚，是上古時期最為著名的政治家和軍事家。姜子牙生活在商期末年，當時紂王無道，荒淫無度，社會矛盾急劇激化。與此同時，商王朝周圍各諸侯國迅速掘起，特別是西伯姬昌（後為周文王）勵精圖志，大有代殷商之勢。

姜子牙生逢亂世，雖有經天緯地之才，無奈報國無門，潦倒半生。他曾在商王宮中做過多年小吏，雖然職低位卑卻處處留心。他看到商紂王整天沉緬酒色，荒廢國政，幾次想冒死進諫。一則想救民於水火，二則可以因此受到商紂王的賞識，求得高官厚祿。然而姜子牙後來見到大臣比干等人皆因直諫而送了命，只好把話強嚥回肚中，他料定商朝氣數已盡，商紂王已不可救藥，自己不願糊裡糊塗地替無道的商紂王殉葬。於是，便決定另攀高枝，改換門庭。

當時，姬昌立志復興周國，除掉紂王，求賢若渴，正是用人之時。姜子牙為了引起姬昌的注意，一開始便能獲得姬昌的器重，便採取欲擒故縱的策略，在渭水之濱的茲泉垂釣

釣魚。這個地方風景秀麗，人跡罕至，是個隱居的好地方。當然，姜子牙並非是要在這裡老死林下，而是在此靜觀世變，待機而行。

這一天，姜子牙聽說姬昌要來附近行圍打獵，便假裝在茲泉垂釣。這時候，姜子牙還是個無名之輩，身為西伯的姬昌當然不會認得他，但姜子牙卻見過姬昌。為了引起姬昌的注意，他故意把魚鉤提離水面三尺以上，而且鉤上也不放魚餌。這種荒誕的舉動，果然讓姬昌覺得奇怪，便走上前充滿好奇地問道：「別人垂釣均以誘餌，鉤繫水中。先生這般釣法，能使魚上鉤嗎？」

姜子牙見姬昌對人態度謙和，對自己這個年邁的老者，沒一點「爵爺」的架子，果然是個非凡人物，便進一步試探道：「休道鉤離奇，自有負命者。世人皆知紂王無道，可是西伯長子就甘願上鉤。紂王自以為智足以拒諫，言足以飾非，卻放跑了有取而代之之心的西伯姬昌。」

姬昌聞聽此言，大吃一驚。心想：這位老人身居深山，何以能知天下大事？更為不解的是，他怎能把我姬昌的心迹看得如此透徹？肯定不是凡人！便趕緊躬身施禮，態度誠懇地說道：「願聞賢士大名？」

「在下並非賢士，乃老朽呂尚是也。」

「剛才偶聽先生所言，真知灼見，字字珠璣，不瞞先生，足下就是您說的姬昌。」

姜子牙此時才裝出一副吃驚的樣子，誠惶誠恐地說：「老朽不知，癡言妄語，請西伯恕罪。」

姬昌連忙誠懇地說道：「先生何出此言！今紂王無道，天下紛紛，如先生不棄，請您隨我出山，興周滅商，拯救黎民百姓。」

姜子牙假意客套了一番，即隨同姬昌一起乘車回宮，一

路上縱論天下大勢，口若懸河。姬昌如魚得水，相見恨晚，回宮之後立即拜姜子牙為太師，視為心腹。從此以後，姜子牙官運亨通，飛黃騰達，並且為滅商興周出了大力。

俗話說：「姜太公釣魚，願者上鉤。」作為一個老謀深算的厚黑大師，在商紂王這顆大樹即將倒下，無法再行依靠的時候，姜子牙略施小計便攀上了姬昌這棵長勢茂盛的大樹。果斷地棄暗投明，「事二主」做了周朝的太師。倘若他愚頑地抱定「忠臣不事二主」的陳腐觀念，恐怕到死也不過是商紂王宮中一個叫不上名字的小官吏，永無出頭之日。姜子牙，真可謂「識時務者為俊傑」的厚黑大師！

4. 人在屋簷下，一定要低頭

老百姓有一句俗語，叫作：「人在屋簷下，不得不低頭。」意思是說人在權勢、機會不如別人的時候，不能不低頭退讓，但對於這種情況，不同的人可能會採取不同的態度。有志進取者，將此當作磨練自己的機會，藉此取得修身養息的時間，以圖將來東山再起，而絕不一味地消極乃至消沉；那些經不起困難和挫折的人，往往將此看作是事業的盡頭，或是畏縮不前，不願想法克服眼前的困難，只是一味地怨天尤人，聽天由命。

雖然「人在屋簷下，不得不低頭」這句話，可以說洞徹世事人情，相當有智慧。可是《厚黑學》卻仍然認為這句話有加以修正的必要。因為「不得不」實在充滿了無奈、勉強和不情願，這種低頭太痛苦了，也太消極，因此這句話應改成「人在屋簷下，『一定』要低頭」！厚黑大師把「不得不」改成「一定」並不是在玩什麼文字遊戲，而是有很多考

慮的。

　　所謂的「屋簷」，說明白些，就是別人的勢力範圍，換句話說，只要你人在這勢力範圍之中，並且靠這勢力生存，那麼，你就在別人的屋簷下了。這屋簷有的很高，任何人都可抬頭站著，但這種屋簷不多，以人類容易排斥「非我族群」的天性來看，大部分的屋簷都是非常低的！也就是說，進入別人的勢力範圍時，你會受到很多有意無意的排斥和不明究理、不知從何而來的欺壓，這種情形在你的一生當中，至少都會發生一次以上。除非你有自己的一片天空，是個強人，不用靠別人來過日子。可是你能保證你一輩子都可以如此自由自在，不用在人屋簷下避避風雨嗎？所以，人在屋簷下的心態就有必要調整了。

　　厚黑教主的主張是：只要是在別人的屋簷下，就「一定」要厚起臉皮低頭，不用別人來提醒，也不用撞到屋簷了才低頭！這是一種對客觀環境的理性認知，沒有絲毫的勉強，所以根本不要有什麼不好意思和拉不下面子。與生存相比，臉面又值多少錢？在生存與臉面相矛盾時，還是生存第一！這就是待人處世不敗哲學的基本宗旨。

　　「一定要低頭」，起碼有這樣幾個好處：不會因為不情願低頭而碰破了頭；因為你很自然地就低下了頭，而不致成為明顯的目標；不會因為沉不住氣而想把「屋簷」給拆了。要知道，不管拆得掉拆不掉，你總要受傷的，因為老祖宗早就有「傷敵一千，自損八百」的古訓；不會因為脖子太酸，忍受不了而離開能夠躲風避雨的「屋簷」。離開不是不可以，但要去哪裡？

　　這是必須考慮的。而且離開想再回來，那是很不容易的；在「屋簷」下待久了，就有可能成為屋內的一員，甚至還有可能把屋內人趕出來，自己當主人。

在中國歷史上，政治鬥爭、軍事鬥爭乃至權力鬥爭極其複雜，有時更是瞬息萬變，忍受暫時的屈辱，厚臉低頭磨練自己的意志，尋找合適的機會，也就成了一個成功者所必不可少的心理素質。所謂：「尺蠖之曲，以求伸也，龍蚖之蟄，以求存也。」正是這個意思。西漢時期的韓信忍胯下之辱正是這種「一定要低頭」的最好體現。因為他不低頭就把自己弄到和地痞無賴同等的地步，奮起還擊，鬧出人命吃官司不說，很可能賠上一條小命。

另一種更高層次上的「一定要低頭」，是有意識地主動消隱一個階段，藉這一階段來了解各方面的情況，消除各方面的隱患，為將來的大舉行動做好前期的準備工作。隋朝的時候，隋煬帝十分殘暴，各地農民起義風起雲湧，隋朝的許多官員也紛紛倒戈，轉向農民起義軍，因此，隋煬帝的疑心很重，對朝中大臣，尤其是外藩重臣，更是易起疑心。唐國公李淵（即唐太祖）曾多次擔任中央和地方官，所到之處，悉心結納當地的英雄豪傑，多方樹立恩德，因而聲望很高，許多人都來歸附。這樣，大家都替他擔心，怕遭到隋煬帝的猜忌。正在這時，隋煬帝下詔讓李淵到他的行宮去晉見。李淵因病未能前往，隋煬帝很不高興，多少有點猜疑之心。當時，李淵的外甥女王氏是隋煬帝的妃子，隋煬帝向她問起李淵未來朝見的原因，王氏回答說是因為病了，隋煬帝又問道：「會死嗎？」

王氏把這消息傳給了李淵，李淵更加謹慎起來，他知道遲早為隋煬帝所不容，但過早起事又力量不足，只好縮頭隱忍，等待時機。於是，他故意廣納賄賂，敗壞自己的名聲，整天沉湎於聲色犬馬之中，而且大肆張揚。隋煬帝聽到這些，果然放鬆了對他的警惕。試想，如果當初李淵不低頭，或者頭低得稍微有點勉強，很可能就被正猜疑他的隋煬帝楊

廣送上了斷頭臺，哪裡還會有後來的太原起兵和大唐帝國的建立。

在待人處世中，「一定要低頭」的目的是為了讓自己與現實環境有和諧的關係，把二者的磨擦降至最低，是為了保存自己的能量，好走更長遠的路，更為了把不利的環境轉化成對你有利的力量，這是處世的一種柔軟，一種權變，更是最高明的生存智慧。

《厚黑學》告訴你：「在人屋簷下」是待人處世經常遇到的情況，它會以很多不同的方式出現，當你看到了「屋簷」，請不要「不得不」，而要告訴自己：「一定」要低頭！當然，「一定要低頭」，脖子會酸，但揉一揉也就過去了。

5. 任何時候都不可輕視對手

精通厚黑之道的人，即使在功成名就時也時刻保持清理的頭腦，居安思危，因為他知道，任何時候的輕敵都只會給自己帶來麻煩。

楚國令尹鬥越椒，自恃先輩有功，治國有方，自己在位期間人民安居樂業，眾人臣服。所以從楚莊王削弱了他的權力以後，便懷恨在心，久而久之起了謀反之心。後來，楚莊王出征討伐陸渾，鬥越椒見機會已到，便發動本族人起來反叛，與莊王交戰。鬥越椒拉弓挺戟，來回馳騁，威風凜凜，楚兵見此面帶懼色，楚莊王只好決定智取。

第二天早晨雞叫時，楚莊王帶領軍隊退去。鬥越椒得到消息後率領眾人來追。楚軍日夜兼程，已到競陵以北。鬥越椒跑了一天一夜二百多里路，到了清河橋。楚軍在橋北埋鍋

做飯，看到追兵來到，棄掉鍋灶慌忙逃走。斗越椒下令：「捉住莊王才能吃早飯。」眾人只能忍饑挨餓，勉強前進，終於追上了楚將負羈的隊伍。

斗越椒問道：「楚王在哪裡？」負羈說：「我看你的士兵又困又餓，不如先吃飽了再去抓楚王吧！」斗越椒聽信了他的話，下令停車做飯。誰知，飯還沒有熟，只見楚公子側、公子嬰齊分率兩路大軍殺到。斗越椒狼狽逃竄，奔到清河橋，橋已被楚王拆斷，絕了後路。斗越椒吩咐左右測量水的深淺，做渡河的準備。忽聽河對岸一聲炮響，楚軍在河邊大喊：「樂伯在此，逆賊越椒快下馬受擒！」斗越椒大怒，下令隔河放箭。

這時，樂伯軍中有一小兵，箭射得極好，叫養繇基，軍中稱他是神箭養叔。他請求樂伯，要和斗越椒比箭。得到應允後，養繇基在河口大喊：「河這麼寬，箭怎麼射到？聽說令尹善於射箭，我想和你比個高低，讓我們都立在橋墩上，各射三箭，死生由命！」斗越椒問：「你是什麼人？」養繇基回答道：「我是樂伯將軍部下的小卒養繇基。」斗越椒一聽是個無名小輩，便輕蔑地說：「你要與我比試，必須先讓我射三箭。」養繇基說：「別說射三箭，就是一百支箭我也不怕！躲閃的不算好漢！」於是，制止住各自的隊伍。兩人分別站在南北橋墩上。斗越椒拉弓先發一箭，恨不得一箭把對方射到河裡。

誰知，養繇基遠遠望見箭支飛來，用弓稍一拔拉，那支箭早就落到水中。並高叫：「快射！快射！」斗越椒又把第二支箭搭上弓弦，瞄準了，「嗖」地一聲射出去。養繇基把身子一蹲，那箭從頭上飛了過去。斗越椒叫道：「你說不許躲閃，為什麼還蹲下來躲箭？不算大丈夫！」養繇基說：「你還有一箭，我現在不躲了，要是這箭也射不中，該我射

了！」斗越椒心想：他如果不躲閃，這支箭肯定能射中。便取出第三支箭，端端正正地射去，叫聲：「中了！」只見養繇基兩腳站定，箭到時，張開大口，恰好用嘴把箭咬住。斗越椒三箭都沒射中，心中早已慌了，只是大丈夫一言既出，不好失信，畢竟他的臉皮還不夠厚，便叫道：「讓你也射三箭，如果不中，還得我射。」養繇基笑著說：「要是三箭才能射中你，那是初學箭的本事，我只射一箭，就讓你命喪我手。」斗越椒說：「別空口說大話，好歹就看你射了。」心裡想：哪裡就能一箭射中？

誰知養繇基的箭百發百中，他虛拉一弓，然後趁斗越椒躲閃之時，迅速射出一箭，直穿斗越椒的腦袋而過。可憐斗越椒勇力過人，卻因輕視了養繇基這個無名小輩，並最終命喪養繇基之手。

再說那臉皮最厚的劉備，可以稱得上是久經沙場的老帥了，自從桃園三結義帶兵到彝陵布列軍馬，為關羽、張飛報仇，前後經過大小戰役數百次，而且，彝陵布軍更是他傾西蜀之兵，抱必勝之心來攻打吳國的，按說取勝應該沒有多大問題。然而，最後的結果卻是劉備大敗而歸，蜀國元氣大傷，他無奈地只能在白帝城託孤給諸葛亮後一命嗚呼了。分析起來看，把以厚立國的劉備害得如此慘的，也與斗越椒一樣，是輕敵二字。

劉備下詔決定為「義弟」報仇討伐東吳時，趙雲曾進諫說：「國賊乃是曹操，並非孫權。現在曹丕篡漢，神人共憤，陛下不如早圖關中，在渭河上流駐兵，製造勢力來討伐逆賊。這樣一來，關東義士必定會熱烈地迎接王師。假若放過曹而去攻伐孫吳，戰爭開始，又怎能很快解決呢？希望陛下詳細考慮！」然報仇為先的劉備不經考慮就一意孤行。趙

雲再勸道：「曹氏篡漢，這是公家之仇；孫吳殺關羽，這是私人之仇，希望陛下以天下為重。」

在蜀國大將中，最有遠見、最大公無私的就是趙雲。趙雲的話千真萬確。可是，劉備一句感情話就給頂了回去：「朕不為弟報仇，雖有萬里江山，何足為貴？」

作為劉備的軍師，諸葛亮平時的話幾乎「一句頂一萬句」，而這次諸葛亮的勸諫也完全失去了效果。最後，諸葛亮只好帶領百官來啟奏。諸葛亮很婉轉、圓滑並且非常技巧地說：「陛下初登大位，如果是北討漢賊以伸張大義的話，就應該親自率領六軍。但只是攻打孫吳，可以授命一員上將擔任，何必親自勞動聖駕呢？」

諸葛亮言外之意很明顯，就是要劉備分清公和私的關係。但是，劉備為了私情，一意孤行，連過去一向尊重軍師諸葛亮計策的優點也拋到腦後了，以往一貫禮賢下士及民主的風度也全不要了。

當劉備不顧所有人的苦勸，率領浩浩蕩蕩連綿七百里的傾國大軍向孫吳進軍時，他聽到孫權用陸遜為大都督，總制軍馬。劉備報仇心切，急令進兵生擒陸遜。馬良勸諫：「陸遜之才，不亞周郎，未可輕敵。」劉備聽完馬良的話，輕蔑地說：「朕用兵老矣，豈反不如一黃口孺子耶！」

由此可見，劉備為報私仇，而不計後果地鋌而走險，出兵伐吳，再加上驕傲輕敵，焉有不敗之理。最後的結果也恰恰驗證了李宗吾的觀點，劉備身經百戰，矜驕極了，以為陸遜是個少年，根本不把他放在眼裡。不知陸遜能忍辱負重，是厚黑界後起之秀，猝然而起，出其不意，把這位老厚黑打得一敗塗地。

6.「勢利」用對了地方好處多多

一般來說，待人處世中朋友相交，應該「以情會友，別無所求」，誰要是在交往中過份看重對方的使用價值，然後想方設法接近他、利用他，就會被認為「太勢利」。

但是，待人處世不敗哲學的看法卻恰好相反，認為社交有資訊共用、情感溝通、相求相助和相互利用這四個基本目標，絕對不能只強調資訊共用、情感溝通而拒絕相求相助和相互利用，更不能把相求相助和相互利用都當成「勢利」來看待。

我們不妨設想，有這麼一個人，他既不能與你資訊共用、情感溝通，也不能與你相求相助，更沒有絲毫可以利用的價值，你會與他交朋友嗎？恐怕不會。可見，人際交往還是有選擇的，選擇就是一種目標的體現，拒絕目標，也就是拒絕交往。

與人交往，首先要認清目標，接著找有相同需求的人，最後與之聯繫，建立關係。有人單靠直覺與人相交；有人則要努力不懈，才能拓展交往的圈子。前者往往難以預料結果如何；後者比較知曉拉關係的「天時地利」。

善於與人相交的「勢利」之人，是標準的厚黑社交高手，不管是在宴會、洽談公事或私人聚會上，總是會掌握時機。對這些「溝通大師」而言，人生就是一場歷險記，會議室、酒吧、街角、餐廳，甚至在桑拿浴裡，處處都可以「增廣見聞」。只要你多走動必有收穫。

既然與人交往要視其利用價值而定，但對方的「利用價值」有時是直接的，有時是間接的，精通厚黑之道的人會結

交有名望的人來抬高自己的身份，或者將之拉下水來掩蓋自己的不義之舉。

例如，蕭望之本是漢朝一位德高望重的老臣，又是當世名儒，因受奸臣石顯排擠，心中積憤，自殺了。他的死，朝野上下議論紛紛，都說是石顯陷害致死。

此時石顯已任中書令。他聽到這種議論，膽戰心驚，擔憂天下儒生群起而攻，就想出一個計策，前去結交一位經學名家。此人名叫貢禹，字少翁，琅邪人，以博通經義、品行高潔而聞名當世。宣帝時徵為博士，做過涼州刺史、河南令。元帝初即位，徵為諫大夫，多次向他詢問政事，虛心聽取其意見。貢禹鑒於連年欠收，郡國貧困，朝政腐敗，曾幾次上書抨擊朝廷奢侈，建議元帝選賢任能。誅奸邪，罷倡樂，修節儉，輕賦役。這些建議多被元帝採納。朝臣多仰慕貢禹，樂於同他交往。

石顯要結交貢禹，不是因為貢禹提出的建議利國利民，而是要藉助貢禹的盛名來掩蓋自己的罪責。石顯登門拜訪，貢禹不便拒絕，只好虛與周旋。為了討好貢禹，並標明自己為國薦賢，石顯多次在元帝面前稱讚貢禹的美德，又薦舉貢禹為光祿大夫。後值御史大夫陳萬年死，又薦舉貢禹繼任。這時，許多人都認為石顯能如此薦賢舉能，怎會嫉妒、讒毀蕭望之呢？

貢禹雖多次上書元帝建議誅除奸邪，但卻無一次涉及宦官、外戚。這分明是貢禹以此表示對石顯薦舉自己位列三公的感激之情。石顯藉薦舉貢禹的美名給自己塗上一層脂粉，隱藏起凶相，裝飾成善面，蒙蔽那些不知者或糊塗者的眼睛，以解脫害人的罪責。然而風頭一過，石顯仍專權橫行，凶相畢露。現在看來，石顯結交貢禹，就是典型的「勢利」行為。

7. 如何讓上司的光芒照到你？

在待人處世中，最需要處理好的就是上下級之間的關係，因為上司特別是你的頂頭上司，決定著你的事業是否順利，你的晉升是否合理……一句話，你的榮辱興衰，在很大程度上操控於上司之手。那麼，如何才能讓上司的光芒照到你的身上呢？在此給你提供了十八條成功的祕訣：

一、**忠誠**　上司一般都把下屬當成自己的人，希望下屬忠誠地跟隨他、擁戴他、聽他指揮。下屬不與自己一條心，背叛自己，另攀高枝，或者「身在曹營心在漢」，存有二心等等是上司最反感的事。忠誠，講義氣重感情，經常用行動表示你信賴也敬重他，便可得到上司的喜愛。

二、**精明能幹**　上司一般都很賞識聰明、機靈、有頭腦、有創造性的下屬，這樣的人往往能出色地完成任務。有能力做好本職工作是使上司欣賞你的前提，一旦被上司認為是無能無識之輩，並戴上愚蠢和懶惰的帽子，那就很危險了。

三、**謙遜**　謙遜自古以來就是中華民族所推崇的一種美德，在今天的社會生活中，我們固然不提倡在任何問題上都保持一團和氣的謙謙君子行為，但在與上司的相處中，謙遜還是非常重要的。因為謙遜意味著你有自知之明，懂得尊重他人，有向上司討教學習的意向；同時也意味著「孺子可教」（這會讓對方產生優越感），謙遜可讓你得到更多人的支援，幫助你更好地成就事業。

四、**關鍵時刻要挺身而出**　俗話說：「疾風知勁草，烈火煉真金。」在關鍵時刻，上司才會真切地認識與了解下

屬。人生難得機遇，不要錯過表現自己的任何機會。當某項工作陷於困境之時，你若能大顯身手，定會讓上司格外器重你。當上司本人在思想、感情或生活上出現矛盾之時，你若能妙語勸慰，也會令其格外感激。此時切忌變成一塊木頭、呆頭呆腦、冷默無能、畏首畏尾、膽怯懦弱。因為，這樣只能讓上司認為你是一個無知無識無能無情的平庸之輩。

　　五、誠實　在上司面前，不要吹牛皮，編瞎話，謊報軍情。弄虛作假者，往往失信於人。上司若覺得自己被欺騙，將格外惱火，因為你把他當成傻瓜、笨蛋和糊塗蟲；當成不可講真話的人，不信任他，這在極大程度上傷了上司的自尊心。從長遠來看，通過欺騙上司而暫時得到的好感和榮譽，是不可能長久地維持下去的。當然，誠實有誠實的藝術，一般要考慮時機、場合、上司的心情、客觀環境等多個因素，否則，誠實也會犯錯誤，遭致上司的反感和不滿。

　　六、不要在上司面前太計較個人利害得失　雖然說，今天的國人已經承認「利益」這個概念，大多數上司也比較注重考慮下屬的利益要求，但是如果過於注意金錢物質利益也並非對你有利。其一，如果你喋喋不休地向上司提出的物質利益要求超出了他的心理承受能力，在感情上，他會覺得壓抑和煩躁。其二，如果「利益」是你「爭」來的，上司雖然做了付出，但並不愉快。心理上也會認為你是個「格調」較低的人，覺得你很愚蠢。其三，如果你的上司是個糊塗蟲，與他爭利益得失，反倒把你的功勞一掃而光，「利」沒得到，「名」也喪失。所以說，最好的辦法是讓上司主動地給。

　　七、與上司交談時，不可鋒芒畢露，咄咄逼人　君子藏器於身，待時而動。你的聰明才智需要得到上司的賞識，但在他面前故意顯示自己，則不免有做作之嫌。上司會因此而

認為你是一個自大狂，恃才傲物，盛氣凌人，而在心理上覺得難以相處，彼此間缺乏一種默契。

八、提建議時不要急於否定上司原來的想法　提建議時，多注意從正面有理有據地闡述你的見解，特別注意提建議的方式要因人而宜。對上司個人的工作提建議時，盡可能謹慎一些，必須仔細研究上司的特點，研究他喜歡用什麼方式接受下屬的意見。大大咧咧的上司可用玩笑建議法；嚴肅的上司可用書面建議法；自尊心強的上司可用個別建議法；喜歡讚揚的上司可用寓建議與褒獎之中的方法等。切忌提建議時，不要當面頂撞上司，因為頂撞上司是最愚蠢的做法。

九、主動找機會與上司交往　上司需要接近，了解下屬，下屬也需要接近、了解上司，這是正常的人際交往，不必擔心別人的議論而躲避上司。你若希望上司喜歡你，看得起你，那麼就首先要讓上司看得見你。

十、不要在背後議論上司的長短　千萬別忘了「牆外有耳」這句老話，打小報告的人正在尋找材料以告密，你的議論為他的拍馬屁正好提供了時機。倘若把你的話添枝加葉，傳到上司的耳朵裡，你辛勤工作的成績可能會因幾句牢騷話而抵消掉。

十一、多讚揚，欣賞上司　讚揚不等於奉承，欣賞不等於諂媚。讚揚與欣賞上司的某個特點，意味著肯定這個特點。只要是優點，是長處，對自己有利，你便可以毫無顧忌地表現你的讚美之情。上司也是人，也需要從別人的評價中了解自己的成就以及在別人心目中的地位。當受到稱讚時，他的自尊心會得到滿足並對稱讚者產生好感，如果得知下屬在背後稱讚自己，那肯定會更加喜歡稱讚者。

十二、上司批評你時，千萬不要一臉的不高興　對下屬的工作，上司總要評價的。犯錯誤本身並不影響上下級關

係，關鍵是犯了錯誤之後，接受批評的態度。被批評後，一臉的不高興，會讓上司認為你不服氣，在做無言的抗議，而適當地做些自我批評，既可緩和僵局，更能使上司放心。

十三、體諒上司的處境，理解其難處　角色換位法，有助於體會上司的心境。有些人單獨工作幹得很好，當了領導卻一籌莫展，尤其苦於處理各種橫豎關係，並且還負有較大的責任。因此，要主動地幫他分憂解難。在其猶豫不決、舉棋不定之時，主動表示理解和同情並誠懇地做出自己的努力，減輕上司的負擔，會令他極為高興的。

十四、慎重對待上司的失誤　上司在工作中出現失誤時，千萬不要持幸災樂禍或冷漠旁觀的態度，這會令他極為寒心。能擔責任則擔責任，不能擔責任則可幫助他分析原因，為其開脫。此外還要幫他總結教訓，多加勸慰。

十五、掌握彙報情況的技巧　一件工作是以上司的命令開始，以部下的報告結束的。部下擔負的工作進行得是不是順利，是上級最擔心的問題。及時報告可緩解上司這種擔心的心情。連情況如何也報告不清的部下是最令上司反感。彙報要選擇適宜的時機。不合時宜的彙報沒有任何價值。特別是壞的情報，要盡快地彙報。越是有才能的上司，越想了解壞的情報。善於報告的部下，僅憑這一點就會得到上司的喜歡。

十六、準確領會上司的意圖　領會上司意圖的關鍵在於認真聽取他的講話。在上司面前要去除自卑心理，聽清他所交待的一切，並搞清楚裡面隱含的用意。

十七、適當順從與認同　上司可能並不比下屬強多少，但只要是你的上司，你就必須服從他的命令。人雖然都有一種不願意服從別人的心理，但對比自己強的人還是能夠接受的。因此，有必要多尋找上司優越於你的地方，做出尊敬

他、學習他的姿態。凡是尊重服從上司的部下，即使最初上司對他一點好感也沒有，也會逐漸改變印象。只要你認識到尊敬上司的必要性，就會從心理上解除對服從的抵觸，從而擺脫那種恥於服從的感情。

十八、了解上司的好惡 無論是誰，都會喜歡聽一些話，而討厭聽另一些話，喜歡聽的就容易聽進去，心理上就會覺得舒服，你的上司也不可能擺脫這種情緒。部下要掌握上司的特點，倘若在彙報中插入一些上級平素喜歡使用的詞，自會讓他另眼相持。

此外，對上司的工作習慣、業餘愛好等都要有所了解。如果你的上司是一個兄弟象的球迷，你就不應該在兄弟象輸了球的那一刻去請示一個需要解決的其他問題。在任何時候都別忘了：一個精明老練、精通厚黑之道的上司，最欣賞了解他，並能預見他的願望與心情的下屬。

8. 不要被眼淚所欺騙了

有這樣一則寓言：一匹狼跑到牧羊人的農場，想撲殺一隻小羊來吃，牧羊人的獵犬追了過來，這隻獵犬高大凶猛，狼見打不過也跑不掉，便趴在地上流著眼淚哀求，發誓牠再也不會來打這些羊的主意了。獵狗聽了牠的話，看了牠的眼淚，非常感動和不忍，便放了這匹狼。沒想到這匹狼在獵犬回轉身的時候，縱身咬住了獵犬的脖子，幸虧主人及時趕來，才救了獵犬一命。

這個寓言告訴人們，在待人處世中，對於那些心黑手辣的小人萬不可以有「婦人之仁」，應該以牙還牙，以黑制黑，以其人之道還治其人之身。若是心慈手軟，該黑心時黑

不下來，那就只能深受其害，因為《厚黑學》從來都不相信眼淚，只信奉「誰笑到最後，誰就是勝利者」的厚黑處世箴言。

所以，在與小人打交道時，若實在惹不過，小人硬騎在你的脖子上拉屎，那就沒什麼好客氣的。面對小人的圈套和陷阱，厚黑教主提醒你：必須保持冷靜，在對方處境不妙時，不妨痛下殺手，「痛打落水狗」。若對方想用毒計整治你，侮辱你時，最好用對方講的道理、方法、要求，依樣畫葫蘆反還給對方，使其搬起石頭砸自己的腳，而且還是「啞巴吃黃蓮，有苦說不出」。

有這樣一則笑話，說是一位獵人給鄰居送去一隻兔子，鄰居很高興，就把兔子燉好了，想請獵人一起來吃。不巧，獵人打獵未歸，而獵人家來了一位獵人的朋友，正在焦急地等待獵人。既然已經到了吃飯的時間，又是獵人的朋友，鄰居就把獵人的朋友請去招待了一頓。

這位獵人的朋友對獵人鄰居的好客非常感激，因而也就到處為這位鄰居說好話。一個星期後，老人的家裡來了三、四個人，上門後自報「山門」說，都是那位獵人的朋友的朋友，因有事路過這裡，肚子餓了，既然大家都是朋友，所以就上門來討頓飯吃。此時的鄰居怎麼也「厚」不起來，不好意思拒絕，就把上次吃剩下的一直留著沒捨得吃的兔子湯燉了一鍋菜拿出去招待了他們。

沒想到，「兔子」事件並沒有到此結束。幾天後，又有七、八個大漢尋上門來，自稱是那位獵人的朋友的朋友的朋友，聽說他特別好客，所以就上門來作客。萬般無奈的鄰居，臉皮終於被逼厚了，因為他再也招待不起這幫人。於是，鄰居假裝做飯回到廚房裡忙活去了。等了大半天，那些人都餓得受不了，鄰居才從後面端出了熱騰騰的一大盆東西

來。「客人們」十分詫異，問這是什麼？鄰居說：「我家裡實在沒啥好東西，這就是我那位獵人朋友送來的那隻兔子的湯的湯了。」——原來是盆洗碗水！

從此之後，就再也不見有主動來「拜訪」的陌生客人了。現在看來，如果那位鄰居不是把臉皮被逼厚，還是不好意思的話，恐怕「那位獵人朋友的朋友的朋友的……」全都來了，即使砸鍋賣鐵也招待不起。真要到了那個地步，他一個人躲在角落裡掉眼淚，又有哪一個「客人」會理睬他呢？

無獨有偶，類似的例子並不少見。明朝時，浙江紹興有一家大當鋪，當鋪管事有一次收購了一件古玉器，以為是稀世之寶，立即付了一千兩銀子給當者。事後發現這是一件假冒品，當鋪老闆一定要這個管事負責賠償。

這個管事家境貧寒，心急如焚，實在沒有辦法。後來受人指點，要他去向有「賽諸葛」美稱的徐文長求救，徐文長很同情這個管事，於是便向他面授機宜。

在一般人看來，這件事已根本無可挽回了，因為典當者不知何人，去往何處，如何追查。幾天以後，當鋪老闆準備了一桌酒席，宴請當地名流和同行。酒過三巡，他忽然站起來對客人說：「我今天之所以宴請大家，是因為敝鋪前些時候以一千兩白銀收購了一件天下罕見的古玉器。這件古玉器實在是一輩子也難見到一次，再過幾天，這件寶物的當期就要滿了，在典當人按期領取之前，趁此機會拿出來，供大家鑒賞一番，為的是讓大家開開眼界。」說完，就命那名管事入內取「寶玉」。

不一會兒，管事急急忙忙捧出一件古玉器出來。剛要走到眾人面前，卻不小心滑了一跤，將「寶玉」摔了個稀巴爛兒。老闆大罵管事疏忽，一面命人收拾碎片，一面連聲對客

人說：「對不起！對不起！」

此事迅速傳遍了紹興城，也驚動了那個典當者。他心想：假玉器被當鋪打碎了，我按期去贖當，他們沒有原物，只好再行賠償，我就可以乘機再敲他一筆銀子了！於是湊足了一千兩銀子，按期去贖物。誰知，當鋪管事看了看當票，收點了一千兩銀子，什麼話也沒說便把那件玉器歸還了他。騙子驚呆之後，知道上了當，只得乖乖地拿著假玉器走了。

現實中類似的例子也不少見。魯迅在廈門大學任教時，由於工作很忙，連頭髮也要挨上一個多月才去理一次。

一天，魯迅路過廈門鬧市區一家頗為講究的理髮廳時，忽然想到自己好長時間沒有理髮了，就信步走了進去。理髮師見他身穿一件灰土布的舊長衫，腳穿一雙舊皮鞋，打心眼裡就瞧不起，冷冰冰地招呼坐下後，就拿起工具胡亂地剪了一通，不到十分鐘就理好了。可是，出乎他的意料，魯迅竟然隨手抓了一把錢給他就走了。理髮師仔細一數，天哪，竟然多給了好幾倍！心想：這位先生真不錯，下次再來理髮，一定得認真地給他理好，此人有來頭，還是熱情招待才好。

過了一個多月，魯迅真的又來到了這家理髮廳，恰好又碰到那位理髮師。魯迅雖然還是那副打扮，但卻受到了超乎尋常的熱情接待。那位理髮師不但遞菸獻茶，還足足磨蹭了一個多小時才把髮理完。可是這次出乎他意料的是，魯迅拿出錢來，認真地點數清楚後交給他，分文沒有多給。理髮師感到很奇怪，便硬著頭皮問原因。魯迅的回答使這位理髮師十分難堪，魯迅說：「上次你給我亂剪，我就亂給，這次你給我認真地剪，我當然就要認真地給！理由就是這麼簡單。」說完就頭也不回地走了。

9. 見人說人話，見鬼說鬼話

在待人處世中，說話足以左右人的意志，最高明的厚黑高手就是能夠見人說人話，見鬼說鬼話。李宗吾在《厚黑叢話》中說：「有人讀了厚黑叢話，說道：『你何必說這些鬼話？』我說：『我逢著人說人話，逢著鬼說鬼話，請問當今之世，不說鬼話，說什麼？我這部厚黑叢話，人見之則為人話，鬼見之則為鬼話。』」可以說，在待人處世中只有見人說人話，見鬼說鬼話，才能得到對方的喜愛並進而信任，最後自己才能從中獲取利益。

在日常生活中，待人處事也應該做到知彼知己，「見什麼人說什麼話」，對不同的人說不同的話，隨機應變，才能事事順遂。有一則笑話，頗能說明如何「見什麼人說什麼話」，說是某人擅長奉承，一日請客，客人到齊後，他挨個問人家是怎麼來的。第一位說是坐計程車來的，他大拇指一豎：「瀟灑，瀟灑！」第二位是個領導，說是親自開車來的。他驚歎道：「時髦，時髦！」第三位顯得不好意思，說是騎自行車來的。他拍著人家的肩頭連聲稱讚：「廉潔，廉潔！」第四位沒權也沒勢，自行車也丟了，說是走著來的。他也面露羨慕：「健康，健康！」第五位見他捧技高超，想難一難他，說是爬著來的。他擊掌叫好：「穩當，穩當！」看到這裡，你也許會捧腹大笑，但細思忖之下，定能悟出說好人鬼話的奧妙之所在。

同樣的道理，要想贏得上司的好感，就必須時刻留意對方的興趣、愛好，明白上司的意圖，理解上司的心思，這樣才能投其所好、「對症下藥」。然而，上司的意圖往往捉摸

不定，善逢迎者必須下功夫掌握上司的心意，揣摩上司的心理，然後儘量迎合他，滿足他的欲望，甚至還能搶先一步，將上司想說而未說的話先說了，想辦而未辦的事先辦了，把個上司樂得美滋滋。禮尚往來，自然，上司的回報肯定也會是沉甸甸的。

然而，在待人處世中，雖然許多人都知道順著對方說好話的重要，但真正能說好話的卻很少。如果你留心的話，肯定可以發現，與人交談有時可能「話不投機半句多」；而如果說話投緣，則會「言逢知己千句少」，給交際成功架起絢麗的彩虹。那麼，在待人處世中，如何才能把話說到對方的心坎兒上呢？《厚黑學》認為，祕訣無非就是「見人說人話，見鬼說鬼話。」換句話說，就是見什麼人說什麼話。

常言說：「狗掀門簾，全憑一張嘴。」待人處世不敗哲學也是如此，靠一張嘴可以吃遍四方。戰國時期的蘇秦原先就是以「連橫策略」遊說秦王的，失敗之後才改以「合縱方略」遊說六國。他就是典型的「見人說人話，見鬼說鬼話」的例子，難怪厚黑教主李宗吾將他列為一代厚黑之雄。你如果不具備這個本事，何以與人爭長競短呢？

「見人說人話，見鬼說鬼話」按照傳統觀念的理解，似乎有點「牆頭草隨風倒」的感覺，也略顯油嘴滑舌。然而在待人處世中，說好人鬼話不僅出於需要，且大有必要，否則就會犯「對牛彈琴」的錯誤，根本沒有什麼說服力可言。

據說，南北朝時期有個叫公明儀的人，善於彈琴，有一天突發奇想，對牛彈起了悠美動聽的曲子，牛沒有搭理他，仍然忙著低頭吃草。「對牛彈琴」的典故，就是從這裡來的。按照這個典故的原意，這裡的牛指愚蠢之人，而李宗吾卻認為，這裡最愚蠢的應該是那個公明儀，絲毫不懂說好人鬼話的道理，自然不會收到應有的效果。

　　待人處世，要善於「見人說人話，見鬼說鬼話」，看到對方喜歡什麼，就順著他喜歡的話去說，順著他喜歡的事去做；看到對方厭惡什麼、忌諱什麼，就要避開他忌諱的不說，避開他厭惡的事不去做。這樣，對方就會覺得你是他的知心人，自然把你視為知己，碰上事情就會多為你說話、替你出力。在待人處世中，你就會多了一個朋友、多了一條路。

　　「見人說人話，見鬼說鬼話」具體來說，就是要根據對方的興趣愛好說話。人們因職業、個性、閱歷及文化素養等方面的不同，興趣和愛好自然也會有所不同。而且，有些人的興趣、愛好還會因時因地而有所不同。比如，有的人年輕時對垂釣感興趣，而到了晚年，卻愛好養花種草。而你若知道你的交際對象對某方面感興趣，你與之打交道時如果先談些與其興趣有關的話題，對方就容易向你打開話匣子。

　　有個青年想向一位老中醫求教針灸技巧，為了博得老中醫的歡心，他在登門求教之前做了認真細緻的調查了解。他了解到老中醫平時愛好書法，遂瀏覽了一些書法方面的書籍。起初老中醫對他態度冷淡，但當青年人發現老中醫案几上放著書寫好的字幅時，便拿起字幅邊欣賞邊說：「老先生這幅墨寶寫得雄勁挺拔，真是好書法啊！」對老中醫的書法予以讚賞，促使老中醫升騰起愉悅感和自豪感。接著，青年人又說：「老先生，您這寫的是唐代顏真卿所創的顏體吧？」這樣，就進一步激發了老中醫的談話興趣。果然，老中醫的態度轉化了，話也多了起來。接著，青年人對所談話題著意挖掘，環環相扣，致使老中醫精神大振，談鋒甚健。終於，老中醫欣然收下這個「懂書法」的弟子。

　　你從青年人與老中醫交往的事例中難道沒受到什麼啟發

嗎？在待人處世中，我們所面對的交際對象性格迥異，有的生性內向，不僅自己說話比較講究方式方法，而且也很希望別人說話有分寸。因此，與這樣的人打交道時，就要特別注意說話方式，盡可能對其表現得尊重和謙恭些。

比如，某青年與一位名牌大學的老教授在火車上一路同行，青年人想借老教授的鋼筆寫字，便說：「喂，鋼筆給我一下。」然而，老教授是位頗講究禮儀修養的人，他見青年如此失禮，便把頭扭向一邊，不予搭理。假若青年人知道老教授的性格特點，把話換成：「請問老先生，您能把鋼筆借我用一下嗎？」其結果可能就會截然相反。

有位「未來的女婿」初次登岳父家門，發現這位女友家的茶杯、茶壺、碗碟等用具都是非常精緻的青花瓷器，馬上就判斷出老爺子喜歡什麼，他便稱讚說：「這青花瓷器古樸典雅，精美極了。」就這一句話把「岳父」樂得是合不上嘴，他們馬上有了共同的話題，談得非常投機。

當然，也有的交際對象性格比較急躁、直率，講話猶如拉風箱般直來直去，同時，也不太計較別人的說話方式。所以，與這樣的人打交道時，就要開門見山，有話直說，千萬不要兜圈子。

有位大學中文系畢業的高材生，在人才招聘會上，想讓某公司經理招聘其為辦公室祕書，青年人在經理面前做自我推銷時說話拐彎抹角，半天不切題旨，她先說：「經理，聽說你們公司的環境相當不錯。」經理點了點頭。接著，高材生又說：「現在高學歷的人才是越來越多了。」經理還是點了點頭，什麼也沒說。爾後，高材生又說：「經理，祕書一般要大學畢業才比較能寫吧？」高材生的話兜了一個大大的圈子，還是未能道出自己的本意。豈料，這位經理是個急性子，他喜歡別人與他一樣，說話辦事乾脆利落。正因為高材

生未能摸透經理的性格，結果話未說完，經理便託辭離去，高材生的求職也化成了泡影。

由此可見，要想根據別人的潛在心理說話，把話說到對方的心坎兒上，就要時刻注意揣摩你的交際對象心中在想什麼。如果你說的話與對方的心理相吻合，對方就樂於接受；反之，你說的話就會使對方產生排斥和抵觸心理。

某絲織廠繅絲車間女工小王創造了該廠接線頭操作的最高記錄，引起了廠長的極大興趣。此刻，善於揣摩廠長心理的生產科長向廠長建議說：「廠長，我們是不是召開一個技能操作現場會，讓小王現身說法介紹操作經驗，這樣，就能以點帶面，大幅度提高生產效益。」結果，廠長當即採納建議並對生產科長的想法大加讚賞。

在待人處世中，需要與不同身份的人交際說話，因此，針對不同的身份，所選話題也應有所不同，即要選擇與之身份、職業相近的話題。比如，你在旅途上遇到了一位老農民，如果你把話題引向現代女性的美容上去，肯定是「驢唇不對馬嘴」。倘若你說：「大叔，今年的收成怎樣啊？每畝地的小麥能收多少？」這樣，便能激起老農與你談話的共鳴點和興奮點。

要贏得別人的喜歡，就要談論別人感興趣的事。因此，在待人處世方面有經驗的人都知道，遇到老人就一定要去談他的小孫子、小孫女，在老人的心目中，他的小孫子是最可愛的，很多大人物出去旅遊、辦公事甚至植樹，都要將小孫子帶上。你給老人買東西還不如給小孫子買東西，讓他印象深刻。遇到對方有位小孫子，你就猛誇他小孫子真聰明、真活潑；小孩子聰不聰明誰知道呢？反正這話對方肯定樂意聽。如果對方有位小孫女，你就說他小孫女真可愛、真天真；小孩子自然個個可愛，這話也不假。

　　另外，對一個集郵迷你不妨談幾枚好郵票，對一個足球迷談他喜歡的球隊如何高超，對注重養生之道者談談氣功和太極拳，向一個成功者請教他的奮鬥史或是成功的經驗……

　　與人交談時，如果能較好地運用上述方式方法，就能把話說到對方的心坎兒上，就會使你「言到功成」！換句話說，只要你能夠把臉皮磨厚，投其所好，見什麼人說什麼話，便一定能夠成為待人處世中的大贏家。

10. 打一巴掌揉三揉

　　金無足赤，人無完人，下屬難免會犯這樣、那樣的過錯。作為一名握有一定權力的上司，如何對待有過錯的下屬，無非是「打一巴掌揉三揉」。具體說來，在「打」的時候心要黑，要真打，並且打在他的疼處；「揉」的時候臉要厚，讓下屬體會到你對他們發自內心的關心。

　　朋友之間相處，講究「患難朋友才是真正的朋友」。上司在利用下屬的過程中，最重要的檢驗時刻就是一方處於逆境時。作為一個會利用下屬的上司，要想下屬死心踏地為你賣命，你必須信任他們，特別是在下屬出現失誤時更要信任他。因為，誰都會有身處逆境的時候，知道個中的滋味，也會永遠記得在困境中拉自己一把的人。

　　美國某公司一位高級主管，由於工作嚴重失誤給公司造成了一千萬美元的鉅額損失。為此，這位主管心裡非常緊張。第二天，董事長把這位主管叫到辦公室，通知他調任另一同等重要的新職時，這位主管大吃一驚，他非常驚訝地問道：「為什麼沒有把我開除、降職？」

　　董事長平靜地回答說：「若是那樣做的話，豈不是在你

身上白花了一千萬美元的學費？！」這出人意料的一句激勵話，使這位高級主管從心裡產生巨大動力。董事長的出發點是：如果給他繼續工作的機會，他的進取心和才智有可能超過未受過挫折的常人。後來，這位高級主管果然以驚人的毅力和智慧，為該公司做卓著的貢獻。

作為下屬，當他出現失誤後，本身肯定會受到自責，同時也在懷疑會不會失去你的信任。因為下屬當然明白，你對他失去信任將會意味著什麼。所以，在這個時候，你在批評斥責之後，也別忘了補上一、兩句安慰或鼓勵的話。因為，任何人在遭受上司的批評之後，必然垂頭喪氣，對自己的信心喪失殆盡，心中難免會想：我在這個單位徹底玩完了，再也上不去啦！如此造成的結果必然是他更加自暴自棄。

此時，假如作為上司的你，能夠「打一巴掌揉三揉」，適時地利用一、兩句溫馨的話來鼓勵他，或在事後私下對其他下屬表示：我是看他有前途能幹，所以才捨得罵他。如此，當受到斥責的下屬聽了這話以後，必會深深體會到「愛之深，責之切」的道理，肯定會更加發奮努力。

如果你能在斥責下屬的當天晚上立即打電話給他，給予一番鼓勵與安慰，那麼遭受斥責的下屬會心存感激地認為，上司雖然毫不留情地訓了我一通，但實在是用心良苦，是為自己好。這樣，他就會對於你斥責的話牢記在心，大大提高以後工作的自覺性與主動性。經營管理大師松下幸之助，可謂此中高手。

松下認為，經營者在管理上寬嚴得體是十分要緊的。尤其是在原則和法規面前，更應該分毫不讓，嚴厲無比；對於那些違犯了法規的，就應該舉起鍾馗劍狠狠砍下，絕不姑息。松下說：「上司要建立起威嚴，才能讓部屬謹慎做事。當然，平常還應以溫和、商討的方式引導部屬自動自發

地做事。當部屬犯錯誤的時候，則要立刻給予嚴厲的糾正，並進一步地積極引導他走向正確的路，絕不可敷衍了事。所以，一個上司如果對部屬縱容過度，工作場所的秩序就無法維持，也培養不出好人才。換句話說，要形成讓職工敬畏課長、課長敬畏主任、主任敬畏部長、部長敬畏社會大眾的輿論。如此人人能嚴以律己，才能建立完整的工作制度，工作也才能順利進展。如果太照顧人情世故，反而會造成社會的缺陷。」

美國法律的嚴厲，給松下留下了深刻的印象。比如嚴重破壞社會治安，有時要判九十年的徒刑。這似乎是不可思議的。但鞭子重重地舉起來了，打下去卻比較輕。那些犯人在監獄期間，由於訓練和反省，表現良好即可假釋出獄。出獄的這些人，往往懾於法律的威嚴而能很守規矩。這給了松下有益的啟示。松下說：「根據我自己的體驗，用人之道貴在順乎自然，千萬不可矯揉造作。該生氣的時候就生氣，該責備的時候就責備，越自然越好。」

在日本松下公司，誰能受到老闆的責罵，尤其是親自受到松下先生的責罵，都被看作是一件「幸事」，是一種「幸福」，認為這是老闆對自己成長的最大關照。

三洋電機的副社長後藤清一先生，在一九二五年以實習身份進入創業不久的松下公司的工廠，受到松下幸之助先生與井植歲男先生的熏陶而有今日的成就。在後藤先生的著作《跌倒了就要爬起來》中，曾多次提及被松下「責罵」而成長的往事。

一個大熱天裡，松下要後藤留下幾個人加班完成一項任務。工作很緊張，也很累，幾個加班員工中途離開工作崗位到球場打球放鬆去了。後藤也正要出門打球，恰好碰到了趕來察看進度的松下。

聽說大家出去玩了，松下很生氣，後藤受到了嚴厲責罵：「違反命令，拋開工作去打球，真是太不應該。」

特別令後藤感到痛心的是這句：「後藤，怎麼連你也做這種事？」因為松下的「連你也……」這幾個字，著實讓他知道了自己在松下心目中地位的重要。

後藤接受了批評，再三道歉，並帶人加班做完了工作。事後他認為這個「責罵」很得當，雖被「責罵」了，但內心裡卻有一種喜悅。日後談起這事，他還深有感觸地說，一邊被「責罵」，一邊又令人感到「自己存在的重要性」，用這種方法來責罵部屬實在很有效。

另外，松下幸之助一向只看重員工的優點和才能，花九分力量看員工的「長處」，又花一分力量看員工的「缺點」。可是，當他用一分力量看缺點時，卻是十分嚴肅的。

一次，後藤違反公司規定，未經請示就擅自變更了承包定額單價，被松下知道了。晚上十點，後藤被叫去了。正在同別人談話的松下立即當眾大聲責罵，客人出面求情也不肯罷休。

松下一邊罵，一邊用手中捅爐子的鐵通條使勁敲打火爐。松下發現通條被敲彎了，才大聲命令說：「你把它弄直了再回去吧。」

後藤本來就患有貧血的毛病，在這陣暴風驟雨般的責罵聲中，悔恨交加，當場昏倒了。松下立即讓人送他回家，並多方關照。第二天剛上班，電話鈴聲響了：「後藤吧？我沒有什麼特別的事，只想問一下，是否還介意昨晚的事。沒有那就好了。」

後藤被感動了，緊緊握住電話筒，昨晚被痛責的懊惱心情，頓時全消，說道：「你的確令人心服口服。」

「手軟不能弄權」下屬犯下了某種不可原諒的錯誤，理

應受到應有的處罰。如果你今天不堅決予以處罰，那麼明天可能會有別的下屬效仿。

如果下屬在你面前表現得很差，那說明他對你缺乏尊重，他也無法實現你對他的期望。作為一名上司，你不能對此聽之任之。因此，當一個人跨越你可以接受的界限時，你應及時處理這些不良行為，如經常遲到、不懷好意的玩笑、惡作劇、不恰當的肢體語言、不尊重他人、貶低他人、背後說三道四、衣冠不整、時常抱怨、工作中處理私事、不守承諾、撒謊等等。對這類行為切不可等到事情發生之後再去作決定。你應該向這種不良行為進行挑戰，並且要求他向你作出解釋，不要等到你聽說那人已走了時再作出任何毫無意義的決斷。

當然，下屬對自己所受到的處罰，思想難免會一時轉不過彎兒來，為了避免矛盾激化，這就需要你私下裡與他談一談，交換一下意見。所謂交換意見，並不是讓你對受處罰的下屬嘮嘮叨叨一大堆，一個勁兒地對他進行教育和說服，而是讓對方參與談話，進行交流。否則，你說了大半天，卻沒有說到點子上，起不到實際作用，對方也會對你產生反感。

談話中，你要讓下屬逐漸步入正軌，認識到自己受處罰的合理性，並非是上司有意為難他。如果對方確有委屈或難言之隱，你應該表示體諒，說一些勸慰的話，但已經作出的決定絕不能輕易更改。要讓下屬明白，處罰決定的作出，絕不是專門對人的，而是對事而言的，請他不要過於激動，引起誤會。

許多下屬可能會認為，他們受到了處罰，他們的人格同時也就受到了侮辱。你需要通過交換思想讓他們明白，所有的處罰都是為了部門的利益和發展，不是故意去損害某人的感情。在肯定被處罰對象的工作成績時，你要坦誠而善意地

提出對方違反了哪些規定，這會給部門工作造成什麼樣的不良影響，做到循循善誘，務必防止簡單粗暴。

在談話結束時，你可以為受處罰對象尋找一個合適的客觀原因和理由，讓對方明白這次受處罰是一次偶然的失誤，希望讓他下次能夠避免這種失誤，這樣容易讓對方下得了臺階。另外，你還要告訴對方，他的工作態度一直都是很好，希望他以後在工作中，為了部門的發展繼續努力。

在行使了堅決的處罰之後，再通過和風細雨的談話，有勸說，有疏導，有安慰，有勉勵，既能讓下屬心服口服，更可以讓下屬的腦筋徹底轉過彎兒來，這就是「打一巴掌揉三揉」的厚黑妙招。

11. 厚黑學做得說不得

厚黑教主李宗吾認為：「厚黑學是做得說不得的學問。」因此，在待人處世中，行厚黑的人只要默默地做就行了，千萬不可到處招搖炫耀，也就是你必須懂得偽裝，以表面的忠厚來掩蓋你的真實企圖。只要你能以一顆堅忍之心，堅持行厚黑之道，即使對你有很大戒心的人，也會被你征服，把你視為心腹。具體如何做得說不得，主要有三：

其一，無論你的上司對你如何刻薄，你都要忍耐，無論上司多麼無能，你都要讚揚他處理問題手段的高明。

例如，黎元洪清末在湖北時，一直位於張彪之下，張彪是張之洞的心腹，娶了張之洞一個心愛的婢女。張彪雖然沒什麼本事，卻非常嫉賢妒能，對黎元洪十分反感，加之當時報紙亦讚揚黎元洪而貶低張彪，張彪更加不滿，便常在張之洞面前進讒言，詆毀黎元洪。

　　張彪在進讒言的同時，還以上級的身份，百般羞辱黎元洪，想讓黎元洪不能忍受恥辱而離開軍隊。張彪的手法非常惡劣，曾經在軍中將黎元洪罰跪，並當著士卒的面，將黎元洪的帽子扔在地上。黎元洪忍受著百般欺辱，不動聲色，臉上毫無怒容，張彪也對他無可奈何。可見，黎元洪的臉皮是多麼厚啊！

　　然而，黎元洪亦非甘為人下者。他忠厚的外表之下掩藏著很深的厚黑絕學。黎元洪明知張彪欺侮自己，卻不與之爭鋒，而是「平斂鋒芒，海涵自負，絕不自顯頭角，以防異己者攻己之隙」。

　　其二，把自己的功勞全部算在上司身上，自己任勞任怨，不計得失，一定會征服上司的心。

　　例如，張之洞任命張彪為鎮統制官，但軍事編制和部署訓練卻要黎元洪協助張彪。張彪不懂軍事，黎元洪嘔心瀝血為之訓練。成軍之日，張之洞前往檢查，見頗有條理，就當面稱讚黎元洪，黎元洪卻稱謝說：「凡此皆張統制之部署，某不過執鞭隨其後耳，何功之有？」張彪聽了黎元洪這話，心中十分感激，從此二人關係逐漸融洽。

　　一九○七年九月，張之洞任軍機大臣，東三省將軍趙爾巽補授湖廣總督。

　　趙爾巽看不起張彪，要以黎元洪取代張彪，黎元洪在表示堅決不同意的同時，又面見張彪，告之此事，建議他致電張之洞，讓張之洞為其設法渡過難關。張彪一聽，心中大驚，立即讓其夫人進京運動，張之洞來涵，才保全了他的職位。張彪對黎元洪十分感激，張之洞亦認為黎元洪頗有誠心，極為看重黎元洪的「篤厚」，歎謂：「黎元洪恭謹，可任大事。」

　　實際上，黎元洪考慮得比較遠，雖然張之洞已離開了湖

北，但在北京當軍機大臣，仍可影響到湖廣總督的態度。如果黎元洪在張之洞離鄂之後，即取其寵將職位以自代，則不但有忘恩負義的嫌疑，甚至會影響自己的前途。

其三，你越顯得沒有野心，上司越會視你為心腹，並為你的利益主動奔走。

例如，黎元洪通過「忍」以及幫助張彪，使張彪改變了對自己的態度，這樣，等於在湖北又有一個助手，有利於增強自己的實力，在關鍵時刻能夠幫自己的忙。

一九○八年三月，陳美龍繼趙爾巽而擔任湖廣總督，他貪贓枉法，聲名狼藉。一九一一年十月上旬，瑞平出任湖廣總督，他對黎元洪極不信任，但憑著與張彪的關係，並未影響到黎元洪的官職。如果他此時仍與張彪關係惡化，他的官職必被拿掉。可見黎元洪於厚道的外貌之下，實藏著極深的權術。

12. 深藏不露，喜怒不形於色

通常情況下，在任何情況下都不改變臉色的人，特別是遇到不順心的事仍能鎮靜如常的人，往往是社交場中最受歡迎的人。因為即使不順心對你來說是天大的事，對別人而言很可能無所謂，根本就不值得一提，既然沒有人會關心你的心情如何，那麼又有誰願意看你拉得長長的臉兒？

人，畢竟是感情的動物，真正能做到始終保持自然的神態，喜怒不形於色的人，往往是厚黑術極高之人，也是很可怕的人。當然，要真正做到深藏不露，喜怒不形於色，絕非易事，特別是對年輕人來說，更是極難做到。但只要你想做，並不是不可能做到。你每天起床後，或睡覺之前，對

自己說一聲：「我絕不表現出不耐煩的臉色。」以此警惕自己。或者是在日記上仔細的寫出來，要每天持續不斷的做。或許我們每天都會有碰上令人生氣或不愉快的事，但如每天都動怒，則對精神生活並不太好。

現在的社會不是許多人患上「疲勞綜合症」嗎？我想這種人除了工作壓力大之外，很可能是在工作時，常常變臉色的關係。

洛拉卡曾經說：「經營者是孤獨的。」按照厚黑學的觀點來看，豈止是經營者，本來人就是孤獨的，但卻離不開群體，因此在與他人相處時，一定要深藏不露，好好地修養自己，喜怒不形於色，否則肯定會成為他人前進道路上的墊腳石，只能活得更痛苦、更孤獨。

《厚黑學》認為，這個世上任何人都靠不住，唯一能夠依靠的人是你自己。因為，無論你如何愛你的父母、妻兒、以及朋友等，他們頂多可以陪伴你、幫助你，卻無法成為你。因此，如果你妄想別人無限量的幫助你，這種想法就未免太天真了。除非自己做自己的事之外，別無他法。

所以，自己在心裡一定要這樣想：今天一天，我都不露出不悅的臉色。這是你自己本身的事，別人幫不上忙，努力不讓外界的事改變自己的心情，這也是只有你自己才能做到的事。當然，令我們不悅的事很多，有時難免會發怒而形之於色。倘若你高興時就露出笑臉，心情不佳時又擺上臭臉，誰又願意與你相處呢？但是若有不愉快的事，即使自己受了委曲仍不形之於色，別人做不到，而你做得到，人們就不得不佩服你了。

假如你能夠把不悅之情不形於色，你就離成功不遠了。自古以來，凡是成功者，很少有因外界事物而亦喜亦憂的。當然，人有時會高興，有時不免憂愁，但千萬不要被情緒所

左右。有高興的事,表現在臉上無妨,但悲哀的事就千萬不要表現出來。因為將一切都表現在臉上,更會促使情緒強烈化,而不能忍受悲哀。如把仇恨表現在臉上,恨也會加倍。因此,成功立業之人,對這方面都儘量做到不形於色。

當你被大家認定是不會隨便改變臉色的人,你的上司可能早已在心裡對你敬畏三分。因為無論上司如何罵你、嘲諷、冷淡待遇,你都能默默承受,連眉頭都不皺一下,這種超級厚臉修養需要有相當的自信才可做到。在你失意和得意時,都能泰然自若,不表現出不悅之色及驕傲之情,旁人看來,也會覺得你很偉大。

這並非意味著做錯事也不道歉。應該道歉時就要道歉,卻也不必感到自己很糟糕、不中用,你要做一個負責任但不卑躬屈膝的人。千萬不要悶悶不樂,因某事而過份拘泥不化。豐臣秀吉曾說:「人不可以總是感到卑下。」自覺卑賤,是最愚笨的事。而道歉並非是卑躬屈膝的低頭,而是坦然的低頭,且不傷害自己的自尊。

《萊根譚》裡曾說到:「雁飛過潭,潭不留影。」意思就是說,雁飛過了潭,牠的影子也不會留在潭面上,只是在那一瞬間,牠的影子會留在潭面上,一旦飛走後,潭面又回復到原狀。即外面所發生的事,我們當然不能沒有反應,但不要總是拘泥於心,畢竟往事已矣。

日本有首俳句,它的歌詞大意是:「晴也好,陰也好,富士山始終不變。」由此看來,經常都不露出不悅神色是對的,上司也會產生敬畏之心。倘若有一天你突然展額一笑,會令人感到有無限的吸引力,這將是多麼動人的魅力啊!

此外,如果在表情上你能帶有親切的笑容,那就更理想了。倘若具備敏銳的頭腦,果決的實行力和強烈的責任感,但卻缺少人性,則一旦離開工作後,即與白癡無異。然而,

一個人總是有這樣、那樣的缺點，不可能十全十美，如果太過於完美，人家亦不敢接近你。

在待人處世中，一個人一旦成為一個可愛的人之後，同事和部下都會親近你，自己深得人緣，成為社交場合上的「寵兒」。

為了讓你成為待人處世的高手，厚黑教主李宗吾特意提醒：深藏不露，喜怒不形於色，並不同於膽小怕事，它是對於真實感情的一種掩飾而不是扼殺，是為了保全自己而不是苟全性命，它的「不露」是暫時的，只要時機一到，最終還是要大顯崢嶸的。

西漢末年王莽篡位，貪婪無度。統治秩序極其混亂，人民苦不堪言，綠林、赤眉兩軍適時打起反王旗幟，共圖大業。但起義軍內部不和，經常為權勢而爭鬥不已。劉秀之兄劉寅是最早起兵反抗王莽的，威名遠揚，眾心擁戴，特別是昆陽大捷後，劉秀兄弟更是聲名大盛，這自然遭到更始皇帝劉玄的猜忌。

西元二十三年，綠林軍內部為了爭權奪勢，設計殺死了劉秀的哥哥大司徒劉寅和手下得力大將劉稷。劉秀得知後，雖然說悲痛萬分，可他卻不能流一滴淚，因為他還要走好下半局「棋」，消除更始皇帝對自己的猜疑。

這天，正擬好聖旨，準備召劉秀回來的更始皇帝劉玄，突然得知劉秀不召而至，便想乘機抓住他的過錯，然後明正言順地治劉秀的罪，馬上命劉秀進殿，瞪著一雙挑剔的眼睛，看劉秀如何行事。

只見劉秀隻身進殿，行三拜九叩大禮，伏地道：「陛下，微臣未能追隨陛下左右，失之督察臣兄劉寅，致使劉寅大逆不道，冒犯了陛下，臣以為劉寅罪該斬首。微臣的將軍

之職，乃是陛下封賞，願竭盡全力，以效忠陛下，並以補兄長之過。」

劉秀的這一招，令包括劉玄在內的所有人面面相覷，他們根本沒想到劉秀會伏闕謝罪並深深自責。劉玄只好支吾其辭地說道：「念在同族情分上，你就替他收了屍吧！」

「謝陛下！」劉秀謝恩退出大殿。來到劉縯的大司徒府，劉秀見侄兒和嫂子潘氏哭得淚人兒似的，他的心裡也猶如刀割，但他見有兵丁雜人在場，不僅不哭泣，而且也不按照禮數去劉縯的靈前痛哭一場，只是面若冰霜，冷冷地說道：「劉縯冒犯聖顏，既已被誅，就不必過份悲傷了。當今皇上皇恩浩蕩，並不連帶他人，這就該知足了。我未得皇命，不能離開，劉氏塚墓在舂陵，誰願扶柩歸葬？」

劉縯的家人本指望劉秀回來之後，能為劉縯討個公道，不成想劉秀竟是這個態度，一家人頓時寒了心。劉縯的妻子潘氏，更是萬萬沒想到一向與劉縯交好的三弟一下子變得這樣無情，當即拉下臉來，命人套車，裝上棺木，即刻離開了大司徒府。眾人不肯再與劉秀說一句話，劉秀也只好一個人回宮去了。

劉秀的這一「韜晦」之計，雖然暫時保住性命，但劉玄始終對他不相信，不僅不加封他的昆陽之功而且再也不提讓劉秀重回穎順去帶兵。劉秀知道劉玄對自己仍不放心，便繼續謹慎行韜晦之計，整日就在自己的府內，起居飲食，一如既往，臉上沒有絲毫不滿的情緒。甚至為了繼續麻痺劉玄，以顯示自己碌碌無為，他還特意請劉玄賜婚，幫忙他與陰麗華完婚。

就這樣，劉秀終於騙過了當時已被擁立為帝的劉玄和諸多參與謀殺劉縯的將領的眼睛，保住性命並漸漸取得他們的信任。劉玄及親信見劉秀婚後整天閉門不出，與妻子纏綿，

覺得此人意志已經消沉了。便想讓沒有「野心」又具備治軍天才的劉秀出征，為自己打天下。就這樣，劉秀被封為破虜大將軍、武信侯，派他去河北巡視州郡。按說，在以「莫須有」的罪名殺掉劉寅之後，劉玄應該不管三七二十一將劉秀一起殺掉，但劉玄厚黑學的修為畢竟欠缺火候，關鍵時刻心「黑」不下來，從而為自己埋下了日後的殺身大禍。

劉秀趁此良機在河北境內積極發展自己的勢力，並將河北定為自己的立足之地。更始三年（西元二十五年）初春，劉秀勢力已成，便公開與劉玄決裂。六月，劉秀登基，是為光武帝，建國號漢，史稱東漢。此後，劉秀率軍一舉打敗綠林軍，殺了劉玄，自己當上了東漢的開國皇帝，這才有了封建治世上的「光武中興」。

喪兄之痛不可謂不大，但劉秀卻能忍此大悲痛，強裝笑顏，不露絲毫痕跡。假使他當時便發一夫之怒，非但不能為慘死的兄長報仇，反而白白送去自己的一條性命。只有暗中積蓄力量，等待時機才是上上之策。

據史書記載，當時的劉秀只有三十二歲，正是年輕氣盛的時候，可他竟然能把臉皮練到如此厚度，相對於其先祖劉邦來說，真可說是「青出於藍而勝於藍」啊！

13. 該黑心時別客氣

所謂「爛好人」就是沒有原則、沒有主見、什麼事都不能堅持的「好人」，這種人不知是性格因素，還是有意以「好」去討別人的歡喜，反正有求必應，也不管該不該；有時也想堅持，可是別人聲音一大，馬上就軟化下來；因為缺乏原則與堅持，導致是非難分，當事不能解決的時候，便

184

「犧牲」自己來「成全」大家；有時也想壞一點，可是離壞還有一大段距離，自己就開始自責，檢討自己這樣做是不是不應該……

在工作中，由於某些原因而得罪了自己的上司是很常見的事。有些上司往往會由此而在某些事情上給自己小鞋兒穿，這無疑是一種挺難受的事情。在這種情況下，應該採取一種什麼樣的態度呢？如果說就此而與上司大吵大鬧一番，雖然可以出一口惡氣，但並不能解決根本問題，以後他可能照舊給你穿小鞋兒。因此，你必須先弄清楚上司的做法是否真是給你小鞋穿。

因為在許多情況下，往往由於個人對上司有意見，便總是把上司對自己的某些態度和做法往這方面想，如同寓言故事中的「鄰人偷斧」一樣，從而採取錯誤和不明智的舉動。實際上，如果你不是與上司有什麼根本的利益衝突，上司也沒有那麼大的精力做這種費力不討好和損人不利己的事。

假如上司是在給你「合理」地穿小鞋兒，由於他的做法往往是有理有據的，是無可指責的。在這種情況下，你很可能找不出理由去與他爭吵。即使你去鬧，他也完全可以用非常冠冕堂皇的話打發你，甚至以無理取鬧來批評你。所以，在這種情況下，只有把臉皮磨厚，任他怎麼對你都無所謂。

如果你的確有證據表明上司給你小鞋兒穿，而且，他的做法也表現得十分明顯。在這種情況下，你便可以與其理論一番。你不妨先個別找他談一回，表明自己的態度。如果上司仍堅持己見，執意不改，那麼，在適當的場合，把事情給予充分的曝光，則是完全必要的。這樣做，一方面把事情公諸於眾，把矛盾公開化，讓群眾評理，另一方面也表明你的態度，從而給上司一種壓力，使他不敢輕易地刁難。這樣做的弊端，是將你與上司的矛盾公開化，很有可能對以後帶來

影響。

那麼，如何才能徹底制服給你穿小鞋的上司呢？厚黑大師提供的招術就是：想方設法將他的把柄攥在自己的手心兒，在需要的時候隨時進行敲打，讓他老老實實，不敢給你穿小鞋兒。

比如說，你發現該上司的婚外情，並且掌握了確切的證據，不要公開揭發。而是採取含糊的語氣，用他能夠聽懂的言辭當眾指出：「有的上司在男女關係上很不檢點，我手裡握有事實，如果這位上司不改正自己錯誤的話，我將公開這些事實，如果敢對我打擊報復，我就向上級反應。」

畢竟是做賊心虛，這位上司肯定會被嚇住的，不但不敢再排擠打擊你，而且也會大大收斂他的不軌行跡。

世上誰人無把柄。你掌握了那個欺負你上司的把柄，又巧妙地點了出來，對他的震動自然不用多說，很可能其他人也有同樣的把柄，還以為你說的是自己。這樣，也許不只一個人由於擔心自己的把柄被公開而不敢欺負你。

「世界上的事，怕就怕認真二字。」兔子逼急了也會咬人，大多數人是明白這個道理的。不叫的狗咬起人來更凶，平時沉默寡言、忍氣吞聲的人一旦發起怒來更是令人膽寒，考慮到這一點，即便是本來想欺負你的人此時恐怕也最好「惹不起躲得起」了。因為任何人都有不願讓人知道的隱祕，任何人都怕自己的隱祕暴露在光天化日之下，特別是不怎麼光彩的事，更是害怕他人知道。因此，制服對手的最好方法，莫過於揪住對手的把柄，讓他的黑心不敢使。

不過，在應用這一招時，除了要具備厚黑的基本功之外，還要特別注意保密。具體來說，就是對你抓住的把柄一定要保好密，而且最好僅限於你一人知道。千萬不能在眾人面前公開他那個把柄，因為把柄之所以能為你所用，就在一

個「隱」字上，一旦公開了，由「隱」變「陽」，也就失去了利用的價值。或者你掌握的祕密被公開以後，他很可能會破罐子破摔，反而毫無顧忌地對你進行報復，那就太划不來了。所以，你只能以能夠使他明白的方式閃爍其詞。

假設，他的現任太太並不知曉他的一大祕密：他在婚前與一個女性戀愛過，而且還有了孩子，對這個孩子他沒有正式承認過。即使你探知了這個祕密，還是無法當作他的弱點加以要挾，必須確定那個女人與孩子的姓名住址，才能在關鍵的時刻作為「殺手鐧」甩出來。

我們姑且當作已探出了他們的姓名——母親是「A」，孩子叫「Y」。

那麼，當他有一天在眾人面前以一種傲慢的態度，喋喋不休地找碴兒給你難堪時，你就用極其平靜的口氣，突然改變話題，問一句：「我忽然想到一件事，你最近有沒有跟A小姐見過面？」

對這個祕密一無所知的人，以及雖略有所聞，但不知道她姓名的人，對你說的話，當然會不知所言何事。但是如果你繼續問下去，等於把他最不願意眾人所知的大祕密給掀了出來，他當然會立馬急得如熱鍋上的螞蟻，只好設法使這場衝突草草收兵。於是，他便會一改剛才趾高氣揚的態度，低聲下氣地抗議說：「噢……噢……這種話何必在這兒說呢？」

此後，只要他膽敢對你無禮，你就可以屢次搬出「A小姐」來制服他。除非到了他聽到「A」這個名字時，就情不自禁地愕然一驚，你再搬出「Y」這個名字來，要一步步讓他知道你的厲害，這就是以黑制黑，對付給你穿小鞋上司一個非常靈驗的小竅門。這一招儘管看起來有點損，但卻非常管用，在待人處世中儘管放開了用準沒錯！

14. 厚黑並用，讓下屬服服帖帖

　　《韓非子》裡有這樣一個故事：魯國有個人叫陽虎，他經常說：「君主如果聖明，當臣子的就會盡心效忠，不敢有二心；君主若是昏庸，臣子就會敷衍應酬，甚至心懷鬼胎，但表面上虛與委蛇，然而暗中欺君而謀私利。」陽虎這番話觸怒了魯王，他因此而被驅逐出境。陽虎跑到齊國，齊王對他不感興趣，他又逃到趙國，趙王十分賞識他的才能，就拜他為相。近臣向趙王勸諫說：「聽說陽虎私心頗重，怎能用這種人料理朝政？」趙王答道：「陽虎或許會尋機謀私，但我會小心監視，防止他這樣做，只要我擁有不至於被臣子篡權的力量，他豈能得遂所願？」趙王在一定程度上始終控制著陽虎，使他不敢有所逾越；陽虎則在相位上全力施展自己的抱負和才能，終使趙國威震四方，稱霸於諸侯。

　　這個故事告訴人們，在待人處世中，不要指望你的身邊沒有小人，因為那是不可能的。最現實的態度就是如何讓控制住小人並讓小人為你服務。《厚黑學》認為：小人在什麼時候都是小人，就像狗改不了吃屎一樣，一旦有機會他們就會興風作浪。因此，在不得不與小人打交道時，最有效的辦法就是抓住小人的把柄，把刀架在小人的脖子上，逼小人乖乖聽你調遣。因為每個人都有弱點，這些弱點利用好了便是很好的把柄。比如性格急躁者可用激將法，連他的趣味、喜好也可以被用作打開其欲望之門的鑰匙。只要拿他最喜歡或最忌諱的東西去誘惑或打擊他，他就必定上鉤無疑，授你以把柄。他人的隱私如緋聞、受賄、罪行等也可以使其受制於你。在有的時候稍稍拿出來用那麼一用，就能收到奇效。

漢代的朱博雖然是一介武生，卻具有相當高超的厚黑本領。他後來調任地方文官，利用厚黑手段，順利地制服了地方上的惡勢力，被人們傳為美談。

在長陵一帶，有個大戶人家出身的名叫尚方禁的人，年輕時曾強姦了鄰居人家的妻子，被人用刀砍傷了面頰。如此惡棍本應重重懲治，只因他大大地賄賂了官府的功曹，而沒有被革職查辦，最後還被調升為負責治安的守尉。

朱博上任後，有人向他告發此事。朱博覺得真是豈有此理！就馬上把尚方禁找來。尚方禁心中七上八下，只好硬著頭皮來見朱博。朱博仔細看了看尚方禁的臉，果然發現有疤痕。就將左右退開，假裝十分關心地詢問究竟。

尚方禁作賊心虛，知道朱博已經了解了他的情況，就像小雞啄米似的接連給朱博叩頭，如實地講了事情的經過。頭也不敢抬，只是一個勁地哀求道：「請大人恕罪，小人今後再也不幹那種傷天害理的事了。」

「哈哈哈……」沒想到朱博突然大笑道：「男子漢大丈夫，難免會發生這種事情，本官想為你雪恥，給你一個立功的機會，你說你能好好幹嗎？」這時的尚方禁哪裡還敢說半個不字。

於是，朱博就命令尚方禁不得向任何人洩漏今天的談話情況，要他有機會就記錄一些其他官員的言論，並且及時向朱博報告。聽到這裡，尚方禁心裡的石頭才算落了地，他趕緊表態說一定好好幹。從此之後，尚方禁便成了朱博的親信和耳目。

自從被朱博寬釋重用之後，尚方禁對朱博的大恩大德時刻銘記在心，所以，做起事來就特別地賣命，不久，就破獲了許多盜竊、殺人、強姦等犯罪活動，使地方治安情況大為

改觀。朱博遂提升他為連守縣縣令。

抓刀要抓刀柄，制人要拿把柄。智者在部屬身上發現了弱點，從不輕易放過，而是抓住他的「小辮子」使他乖乖地聽話。這種方法在駕馭不怎麼聽話的部屬時特別有效。

言歸正傳，又過了相當一段時期，朱博突然召見那個當年受了尚方禁賄賂的功曹，對他單獨進行了嚴厲訓斥，並拿出紙和筆，要那位功曹把自己受賄一個錢以上的事通通寫下來，不能有絲毫隱瞞。

那位功曹早已嚇得直發抖，只好提起筆，寫下自己的斑斑劣跡。由於朱博早已從尚方禁那裡知道了這位功曹貪污受賄，為奸為賊的事，所以，看了功曹寫的交待材料，覺得大致不差，就對他說：「你先回去好好反省反省，聽候本官裁決。從今以後，一定要改過自新，不許再胡作非為！」說完就拔出刀來。

那功曹一見朱博拔刀，立時嚇得兩腿發軟脆在地下，嘴裡不住地喊：「大人饒命！大人饒命！」只見朱博將刀晃了一下，一把抓起那位功曹寫下的罪狀材料，三兩下，就將其撕成紙屑，扔到紙簍裡去了。自此以後，那位功曹整天如履薄冰、戰戰兢兢，做起事來盡心盡責，不敢有絲毫懈怠。

仔細分析不難發現，朱博收服尚方禁和功曹的成功主要靠了厚黑兩手。其一是厚，雖然他心裡極為厭惡尚方禁，但表面上絲毫看不出，讓對方摸不清自己的底牌；其二是黑，按理說朱博既然已經知道了尚方禁是個小人，肯定會將其「炒掉」，然而朱博卻沒有那麼做，在恩威兼施生效後，他充分發揮小人的特長，讓小人暗中去監視自己的政治對手和下屬官員，及時向自己打「小報告」，反而將尚方禁收為親信。對於那位功曹更是手腕高超，將其制得服服帖帖。

15. 做做「惡人」也不錯

西方諺語說：「要使一條線變短，最簡單的方式就是在它旁邊畫一條更長的線。」同樣的道理，要想驅除敵人的侵犯之意，你固然可以與對方你死我活地打交手戰，不過「殺敵一千，自損八百」，你勢必也要付出相當的代價才行。《厚黑學》認為：最簡單的方式，就是展現堅強的實力，暗示對方：真的要比嗎？你還差得遠呢！這樣一來，對方自然就會知難而退，起碼也會知道你不好惹，而對你敬而遠之。

李宗吾在《厚黑叢話》中說：「有人說，老子云：『邦之利器，不可以示人。』你把厚黑學公開講說，萬一國內的漢奸，把他翻譯成英法德俄日等外國文，傳播世界，列強得著這種祕訣，用科學方法整理出來，還而施之於我，等於把我國發明的火藥，加以改良，還而轟我一般，如何得了？我說：唯恐其不翻譯，越翻譯得多越好。宋朝用司馬光為宰相，遼人聞之，戒其邊吏曰：『中國相司馬公矣，勿再生事。』列強聽見中國出了厚黑教主，還不聞風喪膽嗎？孔子曰：『言忠信，行篤敬，雖蠻貊之邦可行也。』我國對外政策，歷來建築在一個誠字上。今可明明白白告訴他：我國現遍設厚黑學校，校中供的是『大成至聖先師越王勾踐之神位』。厚黑教主開了一個函授學校，每日在報上發講稿，定下十年沼吳的計畫，這十年中，它要求什麼條件，我國就答應什麼條件，等到十年後，算帳就是了。我們口中如此說，實際上即如此做，絕不欺哄他。但要敬告翻譯的漢奸先生，譯厚黑學時，定要附譯一段，說：『勾踐最初對於吳王，身為臣，妻為妾，後來吳王請照樣的身為臣，妻為妾，勾踐不

允，非把他置於死地不可，加上幾倍的利錢。這是我們先師遺傳下來的教條，請列強於頭錢之外，多預備點利錢就是了。』從前王德用守邊，契丹遣人來偵察，將士請逮捕之，德用說：『不消。』明日，大閱兵，簡直把軍中實情，拿與他看。偵探回去報告，契丹即遣人人來議和。假如外國人知道我國朝野上下，一致研究厚黑學，自量非敵，因而斂戢其野心，十年後不開大殺戒，則厚黑學造福於人類者寧有暨耶。此即漢奸先生翻譯之功也。彼高談仁義者，烏足知之。傳曰：『火烈，民望而畏之，故鮮花焉。水懦弱，民狎而玩之。則多死焉。』厚黑先生者，其我佛如來之化身矣。」

　　李宗吾的這段論述，應用到待人處世中，就是要人們以自己「惡」的形象，嚇退敵人，從而達到不戰而屈人之兵法的目的。

　　一句話，就是要學會做惡人，要光明正大地做惡人。

　　現實社會中，有人喜歡選擇做好人，但同樣也有人喜歡做惡人。做惡人同樣也有對自己好的或不好的地方。說到頭來，做好人還是做惡人都不過是待人處世中做人的技巧而已。那麼做惡人，對自己本身會有什為好處呢？

　　第一，惡人雖然肯定令人討厭，但卻勝在有威勢。一個經理或主管以惡人的形象出現，有令下屬敬畏的作用。一般而言，一個主管「偏惡」會遠比他「偏善」更能令下屬為其效力辦事，黑口黑面，不講人情的主管當然不受下屬愛戴，但卻更能令下屬不敢造次。這是做惡人的第一個好處。

　　第二，許多人不喜應酬，只想靜靜的做事，那麼惡人的形象便會產生適當的阻嚇作用，令你的應酬減到最低限度，賺得清靜。也就是說，利用惡人的形象，你可以有選擇性地省去許多不必要的麻煩。

　　第三，好人傾向於對人堆笑臉，以至巴結逢迎，惡人板

著臉做人反而塑造出一個嚴肅、認真、令人肅然起敬畏之心的形象來，板著臉不但比堆笑臉威猛，也不會那麼虛偽而對自己感到委屈。

從上述三點做惡人的好處可以想見，許多惡人原就是性本惡，但也有「本來不惡」的人基於待人處世的需要，而故意裝出惡人的形象來與人相處。

在待人處世中，只要做惡人的好處蓋過做惡人的壞處，做惡人便合算。再說，做惡人的不好之處，最大不了也不過是犯顏怒、少朋友。但是做惡人是有選擇餘地的，你可以「因人而惡」，你仍然可以有自己的朋友。因為你可以對某些人選擇做好人，對某些人選擇做惡人。

此外，做惡人比做好人容易，也不用吃眼前虧。

每個人都有他自己不同的或好或惡、好惡程式不一的形象。一個惡人的「惡」可能是他的真性，也可能只是個假象，和好人的「好」完全一樣。不過，裝惡人遠比裝好人難。惡人無論是真惡人或假惡人，首先要有一個「惡」的表象。如果你是個天生的開心果，或者是那種病態的白面書生模樣，恐怕想惡也惡不出個樣子來，即使這人是真的性本惡，最起碼也欠缺了惡人表面上應有的那種威猛。

好人可以完全是個裝出來的假象，但裝惡人卻也許總得真的有三分惡才能成功地裝出所需要的形象。回想起來不少人也覺得自己在工作中吃了「形象不夠惡」的虧，起碼我們的手下不怕我們，如果你也有不夠惡的問題，不妨從明天起學會板起面孔來，重新以「惡」的形象出現於眾人面前，相信你的感覺可能比做好人更爽！

第五章

有做功課的人
排前面

為了達到求人的目的，按李宗吾所說，這「鑽進鑽出」固然有效，但也實屬不易。掌握此術，要腦袋尖、眼光利。腦袋尖可以鑽孔，眼光利可以找孔。另外，膽子要大，不怕吃苦。碰到硬東西，不易鑽進去，死命往裡鑽，不免頭痛；或是雖然鑽過去了，卡在脖子上，進不去，也要受罪。最好的辦法就是事先把求人可能用到的各種「孔」都鑽好。這種求人辦事的各種孔就是「關係網」。人是有感情的動物，對於有親近關係的心，由於心理上產生一種認同傾向，或礙於情面，一般不會輕易拒絕。「蜘蛛結大網」這一求人策略正是利用這種心理所提供的機會。

1. 王莽的家族集團

在諸多「關係網」中，以血源關係為基礎的「家族集團」是最親密的。厚黑求人者當然不會放過利用家族關係謀利。因為它最有效，「使用成本」又最低。

如果你在家族中聲名狼藉，所有人都以與你有「親」而感到丟人，這時你想利用「家族關係」就難了。因此，保持你在家族中的好名聲非常重要。這是一個長期的過程，要早做準備。

漢朝時王莽篡位自立，威風一時。尚未篡位前，他禮賢下士，待人一片謙恭。這正是他的厚黑之處。可是，王莽真正起家的資本還是顯赫的「家族集團」。

王莽出身於外戚之家。其姑母王政君是漢元帝的皇后。元帝死後，成帝即位，尊其母王政君為太皇太后，其舅父王鳳為大司馬將軍。從此王氏開始壟斷朝政。元、成兩朝，王氏家族「世封侯，居位輔政，家凡九侯、五大司馬。」

王氏因為是皇親國戚，家門貴顯，故其子弟多「乘時侈靡，以輿馬聲色佚遊相高。」獨有王莽一支，因其父王曼早死，未能受封。父親死後，其兄又相繼去世。王莽因「獨孤貧」，不可能如其他兄弟那樣誇侈鬥富，而且他也根本不想那樣去做，因為他懷有更大的野心。為了實現這種野心，他只抱定一個宗旨，即盡可能沽名釣譽。

王莽為了出人頭地，他「外交英俊，內事諸父，曲有禮意。」尤其是幾位手握大權的伯父、叔父，有現成的血統關係，他當然充分利用。其伯父大司馬王鳳生病時，王莽守候榻前，小心侍奉，煎湯嘗藥，一連數月不解衣帶，顧不上寢食梳洗，「亂首垢面」，熬得面容憔悴。看到侄兒比親生兒子還孝順，王鳳十分感動。王鳳臨死，太后王政君來探望，他鄭重地將王莽「以托太后及帝」，請太后及皇帝盡力照顧他這位侄兒。王鳳死後，王太后念王鳳託付之意，就讓王莽做了黃門郎，不久又提升為校尉。王莽順利地踢出了入仕的頭三腳。

王莽的孝敬也博得了叔父王商的愛憐。他上書給成帝，表示願意把自己的封邑分出一部分給王莽。

王莽待人謙恭，辦事認真，朝中許多大臣為之讚歎，都認為他是難得的賢能之士，紛紛上書推薦。成帝由此很器重他。永始元年，封王莽為新都侯。不久，又遷騎都尉光祿大夫侍中，成為皇帝的宿衛近臣。王莽的聲譽已遠遠超過他的伯父和叔父。

王莽外示寬仁，實則懷藏傾軋嫉妒之心。當時他的姑表兄弟淳于長亦因舅父王鳳生前之托，甚得太后及皇帝親幸。後來王莽的叔父大司馬驃騎將軍曲陽侯王根病重，如果不起，身為外戚、位居九卿的淳于長很可能取而代之。王莽擔心淳于長受寵，非常嫉恨。為了擊敗淳于長，擴大自己的

權勢，他抓住淳于長與許皇后之姊私通之事，加以攻擊，並趁為王根生病服侍他的時候，說淳于長的壞話，以激起王根對淳于長的不滿。他對王根說：「長見將軍久病，意喜，自以當代輔政。」王根聽罷大怒，謂王莽：「即如是，何不白也？」王莽回答：「未知將軍意，故未敢言。」王根說：「趨白東宮。」

於是王莽求見太后，具言淳于長罪過。太后亦怒，並讓王莽再言之於成帝。成帝乃免去淳于長的官職。後來淳于長又被下獄處死。在醜惡的宮廷權力角逐中，王莽終於排除了一個強有力的競爭對手，而且由此獲得了「忠直」之名。成帝綏和元年，重病中的王根終於「薦莽自代」。王莽遂一躍而為大司馬，為篡位奠定了基礎。

2. 秦穆公求婚

有家族關係可利用當然好，如果沒有很強的家族關係，或者家族集團的力量不夠，怎麼辦？精通《厚黑學》的人認為，可以利用「裙帶」，把不同的「家族集團」聯結起來，形成更大、更強有力的「家族集團」。

厚黑之士非常看重女人的裙子，她們的裙子一旦旋轉起來，可以掀起一股旋風，扇得有權有勢者頭昏腦眩，迷迷糊糊，扇得忠臣良將紛紛落馬。古往今來，厚黑之士莫不以此作為求財求官的階梯。

人們知道，「秦晉之好」是形容男女聯姻的一個專用詞語。但是，有的人未必瞭解，在「秦晉之好」這個詞語後面隱藏著一個謀略——聯姻外交。

春秋初期，秦國還是一個建國不太久的小國。秦的始封

君非子曾替周孝王養馬。因其養馬很有成績，孝王便在天水附近封給他一塊地，作為周的附庸。

周厲王時，犬戎勢力強大起來，逐漸向東擴張。宣王命非子之孫秦仲為大夫，討伐犬戎，卻被犬戎所殺。宣王又派秦仲的兒子秦莊公繼續對戎人作戰。

在周王室支援下，秦收復了失去的土地，阻住了戎人的東進。莊公之子秦襄公繼位時，周幽王被殺，犬戎進入鎬京，襄公曾出兵救周。但周王室東遷，歧山以東一帶的土地已無力控制。

平王對襄公說：「戎人把我歧山和鎬京的地方都侵佔了，你向戎人攻擊，能打到哪裡，哪裡就屬於秦所有。」襄公和兒子文公對戎人進行征戰，文公把戎人趕走，奪回了被搶去的周地，從而全部據有西周關中的地盤。進入春秋不久，秦國就東與周王室為鄰，南越秦嶺，東北與晉隔河相望。

到秦穆公時，秦國已具備了強盛的經濟力量。於是，穆公開始積極展開對外軍事、政治鬥爭。秦國要向中原發展，首先接觸的便是晉國。

當時，晉獻公也正掃滅周圍小國，開始為晉國圖霸奠定基業，國力日漸強大。如何與晉國交往？秦穆公經過一番思索，決定採取聯姻策略，與晉國建立和好的關係。

於是，穆公讓大夫公子繁代其向晉獻公求婚，請求晉侯將長女伯姬嫁與穆公作夫人。穆公的請求得到獻公的應允。由此秦、晉兩國以婚約為紐帶，和好相處。晉獻公死後，晉室發生動亂。秦穆公支助公子夷吾平息動亂，並擁之為君，即晉惠公。

聯姻外交，利用姻親紐帶鞏固雙方的關係，這一謀略自古至今都被世人推崇和運用。通過姻親紐帶建立起來的關

係，一般來說，比較牢靠，即使有裂痕，也較容易修補。當然，這要排除美人計式的姻親。美人計與聯姻外交的區別在於：美人計意在迷惑對手的視聽，消磨對方的志氣，削弱對方的威望，最後達到俘獲對方的目的；而聯姻外交是施計者主動請求締結秦晉，並以達到雙方和好為主要目的。

聯姻外交不僅在政治鬥爭中求官、求飛黃騰達時用得到，在商戰中求財、求富貴時也可以運用。被人們稱為「經營之神」的王永慶，就曾經得益於姻親關係。

有人曾這樣說，要瞭解王永慶在商場為何能一帆風順，就要瞭解臺灣三大家族的背景。這裡所說的臺灣三大家族，就是以王永慶、辜振甫、蔡萬春為首的三個家族。臺灣的三大家族被人們稱為「褲頭連三家」，核心人物是警備司令陳守山上將。陳守山的女兒嫁給蔡萬春的妹妹蔡玉蘭的兒子曹昌棋，而蔡萬春的妹夫曹永裕也是臺灣的富商。陳守山的另一女兒嫁給王永慶的弟弟王永在的兒子，其堂兄陳守實又是中國信託總經理辜濂松的妹夫，辜濂松的堂哥辜振甫是中國信託等大企業的領頭者。

3. 圖德拉的環環相扣

利用「家族集團」這條路並非必然走得通，因為不是人人都能「口含銀匙」出生。這時，善於「有孔鑽孔，無孔打洞」的厚黑之士決不會善罷甘休。他們會巧妙運用互相利用的關係，去構造一個「關係網」。在求人辦事的過程中，雖然沒有「家族集團」的關係可靠，但它也非常有效。關鍵是要能準確地判斷情況，巧妙地利用內外部矛盾、相互聯繫的關係。

　　美國商人圖德拉這個傳奇式的人物就是施用了「蜘蛛結大網」這一求人計策，闖入了原本陌生的石油界。

　　圖德拉原來是加拉加斯一家玻璃製造公司的老闆，憑著頑強的毅力，自學成才，將玻璃製造公司經營得紅紅火火。但他的目標不在這兒，而是一心渴望有一天能在石油生意上有所發展。

　　一天，他從一個朋友處獲悉阿根廷即將在市場上購買二千萬美元的丁烷氣體，於是靈機一動，心想何不去努力一番，說不定會弄到這份合同呢？

　　到了阿根廷，他發現自己的競爭者竟然都是大名鼎鼎的石油界巨商：英國石油公司和殼牌石油公司。想到自己單槍匹馬來到這兒，既無老關係，也無經驗可言，與這些大實業家正面競爭，無疑是以卵擊石，必然一敗塗地。只有避開這些弱點，想出新的計謀，才能取得勝利。

　　他在當地四處搜尋資訊，摸熟了一些情況，並且發現了另外一件事：阿根廷牛肉過剩，正想不顧一切地賣掉牛肉。知道了這事之後，圖德拉喜上眉梢，心想：這一下我有辦法同幾家大石油公司抗衡了。

　　他即刻告訴阿根廷政府：「如果你們向我買二千萬美元的丁烷，我可以收購你們二千萬美元的牛肉。」他這個條件對阿根廷政府來說，正是求之不得，為其解除了後顧之憂。於是他和阿根廷政府簽訂了這份合同。

　　圖德拉得到合同之後，馬上飛往西班牙，因為他已探知那裡有一家主要的造船廠因缺少訂貨，瀕臨倒閉。這是西班牙政府政治上面臨的一個棘手又敏感的問題。他告訴這家造船廠的老闆：「如果你們向我買二千萬美元的牛肉，我就向你們訂購一艘價值二千萬美元的超級油輪。」造船廠老闆聽後欣然同意。圖德拉隨即通過西班牙駐阿根廷大使傳話給阿

根廷政府，將他的二千萬美元牛肉直接運往西班牙。

這件事辦完，圖德拉離開了西班牙，來到美國費城的太陽石油公司，提出建議：「如果你們租用我正在西班牙建造的二千萬美元的超級油輪，我將向你們購買二千萬美元的丁烷氣體。」太陽石油公司同意了他提出的條件，簽訂了合同。

就這樣，圖德拉利用相互需求和彼此制約的關係，使各方都接受了他的條件，以連環計闖入了石油界。

4. 賈充的謀略學

「黨同伐異」之流。儘管各自懷著不可告人的目的，都在為自己做打算，但是由於目標相同，這時也可以形成暫時的利益同盟，以強大的力量去共同求人辦事。這種同盟關係雖說談不上穩固，短期內針對某一、兩件事卻非常有效。關鍵是要始終盯緊自己的利益，因為這種組合隨時都可能分裂、重組，很可能影響到你所求之事。為此可分三步實施：

第一步·找出共同敵人。

大敵當前，很容易形成利益同盟。例如，晉朝的賈充善於阿諛奉承，深得武帝信用，官至侍中、尚書令、車騎將軍。為此，朝野正直之士對他甚為鄙薄，侍中裴楷、任愷、河南尹庾純等人尤厭惡之。另一方面，他很容易就和與他是一路貨色的太尉荀顗，侍中、中書監荀勖，越騎校尉馮紞等人相互援引，結黨營私。

泰始七年，鮮卑族在秦雍一帶的反晉勢力日益強大，前去鎮壓的晉將連遭慘敗。任愷等乘機向武帝推薦賈充出鎮，以便把他趕出京城。武帝果然同意。賈充雖然滿肚子不高

興，卻也只得執行聖旨，準備動身。公卿百官特地在城西的夕陽亭為他餞行。席間，賈充私下向荀勖請教脫身之計。荀勖胸有成竹地說：「你身為宰相，竟受制於任愷這個匹夫，豈不讓人笑話！然而，此行想要推辭，確也很難。只有讓你的女兒和太子結婚，才能留在京城。」賈充又問：「誰能替我辦這件事？」荀勖說：「我替你去說。」隨後，荀勖找到馮紞說：「賈充一走，我們就失去了靠山。太子尚未定婚，為什麼不去勸皇上納賈充之女為太子妃！」馮紞贊成，決定一致行動。賈充的妻子郭槐又賄賂了楊皇后和她身邊的人，讓楊皇后去做武帝的工作。武帝原打算讓太子娶衛瓘之女，卻禁不住楊皇后不斷吹枕頭風，加上荀勖、馮紞等人幫腔，都極力吹噓賈充之女是絕代佳人，有德有才，帝也就同意納賈充之女為太子妃。賈充果然官復原職，不用出鎮了。

第二步・讓別人衝鋒陷陣。

做好聯絡工作，結成廣泛的統一戰線，再巧妙地加以煽動，就可讓別人替你出力。

賈充之女賈南風如願成為太子妃。此女長得身材短小，皮色青黑，眉後有一痣，其醜無比。可是她機敏好察，兇狠狡詐，好妒忌，有手腕，把白癡太子治得服服帖帖，對她又害怕又喜歡，很少去接近別的女人。

白癡司馬衷登基以後，賈南風成了皇后。然而，太傅楊駿大權獨攬，對她嚴加防範，根本不讓她染指朝政，使這個急盼一逞野心的女人恨得咬牙切齒。

其實，想把楊駿趕下臺的大有人在。由於各種原因，從宗室諸王到宮廷內外的大小官吏，對楊駿早就心懷不滿，只須有人煽動聯絡，隨時可以爆發。

中郎孟觀、李肇因為楊駿一向對他們粗暴無禮，便在暗中散布流言，說楊駿將要篡奪帝位。賈后發現這兩個寶貝，

立即派親信宦官去和他們祕密聯絡，策劃誅殺楊駿，廢楊太后。接著，派李肇去動員汝南王司馬亮發兵。汝南王膽小怕事，不願出頭。李肇又去找楚王司馬瑋。楚王年輕勇銳，欣然答應。

永平元年二月，楚王司馬瑋與淮南王司馬允入朝。經半個多月祕密準備，於三月初八日發難。孟觀、李肇讓惠帝連夜寫詔，以謀反為名廢楊駿。又派東安公司馬繇率殿中禁軍四百人討駿，楚王瑋率兵屯司馬門，淮南相劉頌領兵屯殿中。楊駿外甥段廣見事情危急，跪在惠帝面前，申訴道：「楊駿受先帝之恩，盡心輔政，且孤身無子，哪有造反之理？請陛下詳察。」白癡卻毫無表情。

楊太后在宮中見情勢危急，在帛上親書「救太傅者有賞」幾個字，讓手下人用箭射到宮牆外邊。不料帛書被賈后黨羽得到，賈后立即宣布太后與太傅共同謀反。

不久，殿中禁軍衝出宮城，放火焚燒楊府；弓箭手爬上樓閣，封鎖楊府，府中兵卒一個也出不來。隨即衝進楊府。楊駿逃入馬廄，被禁軍用戟殺死，被殺的人多達數千。

第三步‧自己出來收拾缺局。

外邊的事料理得差不多之後，賈后開始對楊太后採取行動。按照賈后的暗示，有人上書要求廢太后為庶人，並將其母龐氏處死。白癡照辦。楊太后抱住母親號啕大哭，割髮叩頭，表示願為賈后侍妾，求賈后饒龐氏一命。賈后還是不許。後不到一年，賈后又對楊太后下了毒手，將她身邊僅剩的十餘個侍從全部趕走，斷絕其飲食。楊太后連續八天得不到進食，被活活餓死。至此，楊氏一族遂被滅盡。

5. 李淵收復太原

如果既無家族關係可利用，又不能因利益關係而結成同盟，這時就更需發揮《厚黑學》的威力，就是厚顏黑心、低三下四，以求得別人的援助。而且，越是比自己地位低下，對自己又非常有幫助的對象，更應如此。這樣才能結成強援。

無論你所求之人與你有什麼「不共戴天」的仇恨，只要有利用的價值，就可以與他結盟。唐朝開國皇帝李淵就是這樣一位厚黑之人。

前面提過，隋煬帝大業十一年，李淵出任山西、河東撫慰使，奉命討捕群盜。對一般盜寇，如毋端兒、敬盤陀等，都能手到擒來，毫不費力；但北方突厥恃有鐵騎，民眾善於騎射，李淵大傷腦筋，多次交戰，敗多勝少。突厥肆無忌憚，李淵視之為不共戴天之敵。

公元六一六年，李淵被詔封為太原留守。突厥用數萬兵馬反覆衝擊太原城池。李淵遣部將王康達率千餘人出戰，幾乎全軍覆沒。後巧使疑兵之計，才勉強嚇跑了突厥兵。更可惡的是，盜寇劉武周突然進據歸李淵專管的汾陽宮（隋煬帝的離宮之一），掠取宮中婦女，獻給突厥。突厥即封劉武周為定楊可汗。另外，在突厥支持或庇護下，郭子和、薛舉等紛紛起兵鬧事。李淵防不勝防，隨時都有被隋煬帝以失責為藉口殺頭的危險。

大家都以為李淵懷著刻骨仇恨，將會與突厥決一死戰。不料他竟派遣謀士劉文靜為使，向突厥屈節稱臣，並願把「子女玉帛」送給始畢可汗。

李淵的這種屈節讓步行為，就連他的兒子都深感恥辱。李世民在繼承皇位之後還念念不忘：「突厥強梁，太上皇李淵稱臣於頡利（指突厥），朕未嘗不痛心疾首。」

李淵卻「眾人皆醉我獨醒」，有他自己的盤算。屈節讓步雖然樣子上難看一點，但對於「厚黑」中人，又算得了什麼！

原來李淵觀天下大勢，已斷然決定起兵反隋。要起兵成大氣候，太原雖是一個軍事重鎮，但還不是理想的根據地，必須西入關中，方能號令天下。西入關中，太原又是李唐大軍萬萬不可丟失的根據地。那麼，用什麼辦法才能保住太原，順利西進呢？

當時他手下兵將不過三、四萬之眾，即使全部屯住太原，應付突厥的隨時出沒，又要追剿有突厥撐腰的四周盜寇，也是捉襟見肘。而現在又要進伐關中，顯然不能留下重兵把守。所以，唯一的辦法是採取和親政策，讓突厥「坐受寶貨」。所以他不惜屈節讓步，自稱外臣，親寫手書道：「欲大舉義兵，遠迎主上，復與貴國和親，如文帝時故例。大汗肯發兵相應，助我南行，幸勿侵暴百姓。若但欲和親，坐受金帛，亦唯大汗是命。」他與突厥約定，共定京師，則土地歸唐，子女玉帛統統獻給可汗。

唯利是圖的始畢可汗果然與李淵修好。在李淵從太原進入長安這段最艱難的時間裡，李淵只留下第三子李元吉率少數人馬駐紮太原，卻從未遭過突厥侵犯，依附突厥的劉武周等也收斂了不少。李元吉於是有能力從太原源源不斷地為前線輸送人員和糧草。等到公元六一九年，劉武周攻克晉陽時，李淵早已在關中建立了唐王朝，站穩了腳跟，擁有了幅員遼闊的新根據地。劉武周此時根本不是李淵的對手，李淵派李世民出馬，不費多大力氣便收復了太原。

一九八三年，美國通用汽車公司執行經理史密斯經過深思熟慮後做出重大決策，將公司屬下的一家汽車工廠拿出來，與日本豐田汽車公司合併，生產豐田牌小轎車。當時日本豐田汽車早已以其質優價廉，進入美國市場，馳騁於美洲大陸。能將汽車工廠打入美國本土，自然是雄心勃勃的豐田公司求之不得的好事，因此美方建議一經提出，日方的人員、設備便跨洋過海，到美國安家了。

美國人早就對日本車「侵入」美洲大陸，搶佔美國汽車王國地位反感至極，史密斯竟公然把日本公司請到國土上生產汽車，這不是「喪權辱國」，屈節投降，至少也是「引狼入室」，高度讓步。為此，美國上下，尤其是汽車界紛紛譴責和非議他。

史密斯自有他的打算和想法。他深切地瞭解到，美國汽車界之所以在日本汽車大舉進攻下束手無策，很重要的原因就是：過去太輕敵了。當初日本車剛剛馳入美洲之時，幾乎所有美國汽車商都認為日本車不過是初學者的小玩藝，低廉產品，對日本汽車售價低、性能好、省燃料的特點缺乏正確的認識。等到日本車在美國越來越暢銷時，美國同行便一籌莫展了。只有爭取日本技術的幫助，增強自家產品的競爭實力，才是爭回面子、爭回利潤的唯一出路。

時至今日，沒有一家廠商不明白，想與日本車競爭，必須像日本車那樣降低生產成本和提高汽車質量，兩手抓，雙管齊下，才能取勝。而通用汽車公司在八〇年代初便已開始巧用計策，走出這一步。也正因為這樣，通用公司能不斷抗阻日本車的衝擊，始終站立於美國汽車界的前列。

6. 石顯有目的廣交有利用價值的人

　　建立「關係」，首先要認清目標，接著找有相同需求的人，最後與之聯繫，建立關係。有人單靠直覺建立「關係」；有人則要努力不懈，才能拓展一點「關係」。前者往往難以預料結果如何；後者比較知曉拉關係的「天時地利」。

　　「關係」通常要花一點功夫才能取得。一家公司若在兩個月內即將面臨大裁員或破產的打擊，員工應該早有所聞。但有人像無頭蒼蠅，不知如何是好，有人則已悄悄安排，尋找下一個工作機會，以免和公司「同歸於盡」。後者一定比慌張失措的同事先找到工作，之後也會繼續靠「關係」，追求更卓越的生涯。

　　善於拓展「關係」的人是標準的社交高手，不管是在宴會、洽談公事或私人聚會上，總會掌握時機。對這些「溝通大師」而言，人生就是一場歷險，會議室、酒吧、街角、餐廳，甚至澡堂裡，處處都可以「增廣見聞」。只要你多走動，必有收穫。

　　與人交往，要視其利用價值而定。但對方的「利用價值」有時是直接的，有時是間接的；精通厚黑之道的人會結交有名望的人，以抬高自己的身價。

　　蕭望之是漢朝一位德高望重的老臣，又是當世名儒，因受奸臣石顯排擠，心中積憤，自殺了。他的死，朝野上下議論紛紛，都說是石顯陷害致死。

　　此時石顯已任中書令。他聽到這種議論，膽戰心驚，擔憂天下儒生群起而攻，就想出一條計策，前去結交一位經學

名家。此人名叫貢禹，字少翁，琅琊人，以博通經義、品行
高潔聞名當世。宣帝時徵為博士，作過涼州刺史、河南令。
元帝初即位，徵為諫議大夫，多次向他問政，虛心聽取他的
意見。貢禹鑒於農作連年欠收，郡國貧困，朝政腐敗，曾幾
次上書抨擊朝廷奢侈，建議元帝選賢任能，誅奸邪，罷倡
樂，修節儉，輕賦役。這些建議多被元帝採納。朝臣多仰慕
貢禹，樂於同他交往。

　　石顯要結交貢禹，不是因為貢禹提出的建議利國利民，
而是想借助貢禹的盛名，掩蓋自己的罪責。石顯登門拜訪，
貢禹不便拒絕，只好虛與周旋。為了討好貢禹，並標明自己
為國薦賢，石顯多次在元帝面前稱讚貢禹的美德，又薦舉貢
禹為光祿大夫。後值御史大夫陳萬年死，又薦舉貢禹繼任。
這時，許多人都認為石顯能如此薦賢舉能，怎會嫉妒、讒毀
蕭望之？貢禹雖多次上書元帝，建議誅除奸邪，卻無一次涉
及宦官、外戚。

　　這分明是貢禹以此表示對石顯薦舉自己位列三公的感激
之情。石顯藉薦舉貢禹的美名，給自己塗上一層脂粉，隱藏
起凶相，裝飾成善面，蒙蔽那些不知者或糊塗者的眼睛，以
解脫害人的罪責。然而風頭一過，石顯仍然我行我素，專權
橫行，凶相畢露。

　　除了「家族集團」這種天然且牢不可破的「關係網」，
其他「關係網」都非常脆弱。如果你不懂得維護，到你正要
用時，就會發現它已經停止運轉了。厚黑之士認為，維護好
「關係網」，主要靠一個「好人緣」。這關係到求人辦事能
不能順利達到目的。

　　依《厚黑學》所言，在某種意義上，「人緣」是一個人
安身立命的支撐點。有「好人緣」，你盡可實現人生設計中

的多種構想;沒有「好人緣」,則到處受挫,寸步難移。

(一)要能容人　人生在世,不如意事常有八九。人事糾葛,牽絲攀藤,盤根錯節;世態百味,甜酸苦辣,難以勝數。人際關係中,有時發生矛盾,心存芥蒂,產生隔閡,個中情結,剪不斷,理還亂,當何以處之?《厚黑學》曰:即使對某人恨之入骨,耿耿於懷,也要做出「冤仇宜解不宜結」、「相逢一笑泯恩仇」的樣子。因為你們畢竟是「戰略同盟」。

(二)要厚道　明明對某人的成功非常在意,卻要表現出不眼紅、不嫉妒的樣子,還得歡天喜地的去祝賀他的成功。因為你們畢竟是「戰略同盟」。

(三)要有好人緣　表現為關心人、愛護人、尊重人、理解人。人與人相處,必須減少「火藥味」,增加人情味。而且,應當具有急公好義的火熱心腸。人都有三災六難。人吃五穀雜糧,哪能沒有一點病痛。你要在對方最困難的時候,善解人意,急其所難,替他排憂解難。因為你們畢竟是「戰略同盟」。

(四)不要與人失去聯絡,或等到有麻煩時才想到別人　「關係」就像一把刀,常常磨才不會生銹。若是半年以上不聯繫,你可能已經失去這位朋友了。比如,試著每天打五到十個電話,不但擴張自己的「人面」,還要維繫舊情誼。一天打十個電話,一個星期就有五十個,一個月下來,更可達二百個。平均一下,你的人際網絡中,每個月大概能增加十幾個「有力人士」。

(五)不要放棄每一個可利用的目標　與大忙人雖不好聯絡,並不表示絕對無法接近。不要以為位高權重者都是高不可攀的人物。只要抓住竅門和時機,就能聯絡到每一個人。大凡有能力、有地位的人幾乎都有層層關卡保護,若能

突破這些障礙，剩下的就不難了。

（六）要維護和擴大「關係網」，不可急於求成　要維護和擴大「關係網」，不可心急。聯絡真正的「人尖兒」，一次不行，再來一次，並不斷地總結經驗。如果是盲目地向前衝，只有使人離你愈來愈遠。你的積極進取，在別人眼裡可能是「不擇手段」、「沒頭沒腦」。最糟的情形是使我們想親近的人紛紛躲避。要建立真正的關係，並不像「攻城掠地」一般，可持續發展的「關係」應該是長久而穩固的。

正如一位企業界人士的說法：「我從不相信三分鐘內就跟我稱兄道弟的朋友。要雇用一個人做重要的事，我一定要找信得過的人。」

7. 秦檜用寫假信的人

「任人為賢」無論多麼理直氣壯、冠冕堂皇，都敵不過「任人為親」。因為所求之人若根本對你沒有一點印象，怎麼能對你所求之事給予關照呢？為了引起所求之人的注意，中國歷史上有一些厚黑之士曾採取了一些怪招，達成自己求人的目的，可作為「無孔者，取出鑽子，新開一孔」的借鑒。

秦檜當政時，有一個書生假冒他的手跡寫了一信，去見揚州太守。太守發覺了他的偽造，將假信上繳，並將這人押送回京。秦檜見到這人，當即授他官職。有人探問其中緣故。秦檜說：「有膽量偽造我的信，這個人必定不是平常人，如果不以一個官職束縛住他，那他不是去投奔北面的金國，就會逃往南方，為越人所用了。」

秦檜是個奸臣，或許是物以類聚吧！但當時強敵環伺，

這類思考也並非沒有根據。北宋與西夏作戰時，有姓張和姓李的兩個書生，頗有韜略，想讓韓琦、范仲淹重用他們，不好意思自薦，就寫詩刻在碑石上，讓人為他們宣傳。韓、范對張、李二生的人品、才能有疑慮，沒有起用他們。時間長了，這兩個人就跑到西夏去了，化名為張元、李昊，到處題詩。元昊正是西夏首領的名諱，一般人是不敢叫的。所以，元昊聽說了這件事，感到很奇怪，就召他們來談話。談後大喜，馬上委任他們為參謀。他們為西夏出謀劃策，成為北宋很大的邊患。所以馮夢龍認為，奸臣秦檜對這件事的處理實在遠遠勝過韓、范二公。這就是說：最下等的人也會有最上等的智謀。

還是在宋朝，有人假造韓國公韓琦的信去見蔡襄。蔡襄雖然有所懷疑，但見這人性情豪放，就送給他三千兩銀子，寫了一封回信，派了四個親兵護送他，並帶了些果物贈送韓琦。這個人到京城後，拜見韓琦，承認了假冒的罪責。韓琦緩緩地說：「君謨（蔡襄字）出手小，恐怕不能滿足你的要求。夏太尉正在長安，你可以去見他。」當即為他寫了封引荐信。韓琦的子弟對此舉表示疑惑不解，覺得不追究偽造書信的事就已經很寬容了，引荐的信實在不該寫。韓琦說：「這個書生能假冒我的字，又能觸動蔡君謨，足見他不是一般的才器呀！」這人到了長安後，夏太尉啟用他做了官。

宋哲宗元祐年間，蘇軾出任杭州太守。一日，剛處理公事，適逢稅務官送來一名逃稅的人。這人叫吳味道，是南劍州的鄉貢士。他將兩大包東西冒充蘇軾的名字，假說是運往京城給侍郎蘇轍的。蘇軾問他包內有些什麼東西。吳味道很害怕，惶恐地說：「我被推薦參加今年秋天的禮部考試，臨

行時鄉親們送了些錢給我作為在京城的花費。我用這些錢買了兩百端建陽紗。因為路上各個關卡都要抽稅，那樣一來，到京城，紗布就剩不到一半了。我心想，當今天下，大有名氣又愛惜讀書人的唯有內翰大人（指蘇軾）和侍郎大人（指蘇轍），小人縱然敗露，也必定能得到原諒。於是就冒充先生的名銜，將貨物封好運來，不知先生已經光臨此地，我的罪行實在是無法逃脫的了。」蘇軾朝吳味道看了很久，隨即笑著招呼屬下將貨物的舊封條去掉，換上真的名銜，上寫「至東京竹竿巷」，並給他弟弟寫了一封信，交給吳味道，說：「你這回就是上天去，也沒有關係了！」第二年，吳味道考中了進士，特地來拜謝蘇公。

8. 明熹宗喜歡當木匠

　　與上司套近乎，並在套近乎的過程中提出所求之事，這是最有效、最自然的一種方法。但是，必須把握時機，善於尋找薄弱的環節和突破口。

　　第一、可以在適當的時候故意惹惱對方，觀察並利用其情緒的變化。

　　在中國歷史上，宦官有極其特殊的地位。封建制度，因宮廷內雜役和其它需要，遂設置了宦官。某些宦官因與皇帝朝夕相伴，摸透了皇帝的脾氣，甚至成了皇帝的親信。歷代宦官中不乏對百姓做了好事的典型，但不少宦官卻是作惡多端之徒。這些人有一個共同的特點，就是對皇帝順從、迎合，善於控制各種政治勢力，直到最終大權獨攬。

　　明熹宗朱由校是一個典型的昏君。他幼年喪母，由奶姆客氏撫養長大。即位後，就尊客氏為「奉聖夫人」，並提拔

與容氏有曖昧關係的魏忠賢為司禮監秉筆太監。魏忠賢勾結外廷官員，與各種依附勢力結成同盟，形成一股強大的邪惡勢力，史稱「閹黨」。

朱由校十六歲當上皇帝，仍然放不下自幼喜好的木工活，常常整天忙於劈、鋸、刨或油漆木器。魏忠賢則經常在他製作木工器具正高興時，拿出一大堆奏章，請他審議，故意惹煩他。這時朱由校哪裡還有心思關心國事？便要魏忠賢快快離開：「我都知道了。你看著辦吧，怎麼都行！」

這樣，朝廷裡的大事小事，實際上就由魏忠賢說了算，因為皇帝已吩咐「怎麼都行」。這正是他所期望的。於是，明熹宗時期，朝廷的大權一步步掌握到魏忠賢手裡。朝中事無鉅細，必先向他請示。此外，他還掌握著特務指揮大權。只要有人說他一句壞話，被暗探聽到，馬上就會遭到慘殺。

現代商戰中，各商家為佔據市場，使盡渾身解數，最後的結果不可能「皆大歡喜」。那麼，到底誰才能成為最終的贏家呢？

第二、要乘虛而入，成為最後的贏家，必須有與眾不同的思維方式，突破常規。

高坐在現代工業王國皇座上的轎車業，在中國一直是極其薄弱的環節。直到一九七八年，積重難返的中國在無比艱辛的跋涉中，開始考慮以「合資」的方式發展中國轎車工業。在中國近乎空白的轎車工業領域，誰能搶佔到這塊地盤呢？

國外汽車界顯然也認識到，中國是這個世界上最後一塊待開墾的「處女地」，而且是一個潛力最大的市場。於是，美國通用、法國雷諾、日本日產及豐田、德國大眾等汽車公司的代表紛紛前來洽談合資事宜。

幾番磋商，豐田公司首先退出。原因是競爭性的：他們

擔心技術輸入後，使上海成為其對手。日本商人只要中國這個市場，但不允許世界上再誕生一個轎車企業。法國雷諾也因無合適之車型，與中方停止了談判。

美國人坦率些。他們強烈地感到：中國的汽車工業實在太落後了，即使有意合作，面對現狀，實在無可奈何。

這時的德國大眾卻顯現出與別家公司不同的思維：上海地處中國沿海發達地區之中心，是萬里長江的入海口，為中國最大的港口，又是發達的航空港，而且鐵路四通八達。不僅如此，上海還是中國最大的國際貿易中心，最大的金融中心，國際著名的銀行都在上海設有分支機構；同時，它又是中國最大的資訊中心。除此之外，上海畢竟還有二十多年生產轎車的歷史，產量、質量、工藝、企業管理和銷售服務雖與世界先進水平不能同日而語，但在中國卻是處於領先地位。更重要的是，上海是中國最大的工業城市，有轎車生產的主要原材料，綜合加工能力強；大中院校、科研機構集中，有利於培養人才，組織技術攻關和消化引進。

物質世界的最後驅動力需要的是物質力量。分析了各種有利的條件後，以生產中級轎車、小型車和微型車為主的德國大眾汽車公司毅然「搶灘上海」，繼在歐洲、美洲、非洲之後，又在亞洲創建一個生產基地，登陸上海，與中國合作生產轎車。

如今，可以毫不誇張地講：在中國任何一條公路上，都會有奔馳著的桑塔納轎車。上海大眾已成為中國最大的轎車生產基地。可以想像，發展如此迅速的上海大眾，將會帶給德國投資者多大的收益。

9. 金瓶梅中的應伯爵

對於厚黑求人者來說，要獲得所求之「貴人」青睞，就必須懂得取悅於他，投其所好，揣摩透他的心理，摸清他的脾性。這是一般人都能想到的。厚黑之人的高明之處在於：為了取悅對方，他們會不惜作踐自己。這是一般人不一定做得到的。

千古奇書《金瓶梅》中描寫了一個叫應伯爵的人，在他的身上，集中了古今厚黑勢利者之大成。

應伯爵是西門慶結義十弟兄中關係最密切的一個，「原是開綢絹鋪的應員外的兒子，沒了本錢，跌落下來，專在本司三院幫嫖貼食，會一腳好球，雙陸、棋子，件件皆通。」就年齡而言，十兄弟中數他最大，本該當大哥。無奈西門慶有權有勢，弟兄們都得仰仗他，因此大哥由西門慶當，應伯爵只得屈居第二。因生活困頓，只好靠撞騙乞貸過日子，得了個渾名，叫「應花子」。

他的一舉一動都圍繞著主子轉悠，竭力取得主子的歡欣和賞識，藉以在主子那裡分到一點殘羹冷炙，以維持生活。於是他整天和西門慶廝混，一有空就往西門家跑。由於去的次數太多了，竟連狗都不咬他。

應伯爵身當一個幫閒，在巴結、奉承主子方面，用盡了「厚黑之術」。

第一個特點就是「黑心」。為了迎合上意，他不擇手段，甚至完全昧著良心幹事。

例如，西門慶娶李瓶兒為妾是他一生中最得意的事，實現了他一貫所追求的「人財兩得」的慾求。但這件事本身極

不光彩，甚至傷天害理。李瓶兒為了勾搭西門慶，把丈夫花子虛活活氣死。應伯爵對西門慶和李瓶兒之間關係發展的全過程以及李瓶兒在其中所扮演的角色十分清楚，況且被害者花子虛還是他的結義弟兄。但為了討好西門慶，他完全不顧這些。當西門慶為娶李瓶兒而設宴請客時，他興高采烈地前去祝賀，把它當成向主子獻媚的又一極好的機會。見了李瓶兒，他肉麻地吹捧：「我這嫂子端的震中少有，蓋世無雙。休說德性溫良，舉止沈穩；就這一表人物，普天之下也尋不出來，哪裡有哥這樣大福！」一個私下勾搭市儈西門慶而不惜將丈夫活活氣死的淫蕩婦人，竟被說成是「德性溫良、舉止沈穩」，這已經不屬於一般的巴結、逢迎，而是有意顛倒黑白，昧著良心說瞎話了。

第二個特點是「厚顏」，卑鄙無恥。只要能使主子歡欣，完全不顧自己的臉面，什麼下作的事都做出來，甚至故意用肆意作踐自己的手法取悅主子。

一次，西門慶嫖上了妓女鄭愛月，應伯爵為了逗樂鄭愛月。提出要鄭愛月吃他手裡的兩盅酒。鄭愛月當即回覆他：「你跪著叫月姨兒，教我打個嘴巴兒，我才吃。」「你不跪，我一百年也不吃。」一個稍稍有點自尊心的人，怎麼也不會答應這種極端侮辱人格的要求，但「厚黑大師」應伯爵毫不在乎，竟乖乖地撅著屁股，跪在地上。鄭愛月輕拤彩袖，款露春纖，罵道：「賊花子，再敢無禮，傷犯月姨兒？『再不敢！』高聲兒答應！你不答應，我也不吃。」應伯爵立即應聲道：「再不敢傷犯月姨了！」於是愛月兒就一連打了他兩個嘴巴，方才吃了那杯酒。

應伯爵這樣肆意作踐、糟蹋自己，目的當然不是為了討好鄭愛月，而是要巴結西門慶，讓西門慶高興。因為此時此刻，西門慶正與鄭愛月打得火熱，要討好西門慶，就得同時

逗鄭愛月高興。這是應伯爵的狡猾之處。

10. 清朝最後一個太監小德張

　　一個人若想求得富貴，除了上述的「厚顏無恥」、「不擇手段」之外，還必須有點真功夫。也就是說，必須有一技之長。此處講的技術，指的是特殊技術，這種技術必須接近所求之人才有用武之地，因此，技術的研究必須以所求之人的喜好為依歸，迎合其心理。

　　清朝最後一個大太監小德張經歷了清王朝最後兩個朝代。他憑藉自己察顏觀色、聰明伶俐，善於揣摩主子的心思，一呼即到，一到就有別的太監所不具備的「高超本領」，先後贏得了慈禧、隆裕兩朝皇太后的寵信。那麼，他是靠什麼起家的呢？

　　宮中太監數以千計，並不是每一個都直接為皇帝、太后、皇后服務，更多的是在宮中幹一些雜役、粗活兒。許多人一直到死，連皇帝、皇后、太后長什麼模樣都不知道。南府戲班的太監戲子就不一樣了。看戲是慈禧太后生活中不可缺少的組成部分，給她演戲，總有機會得到賞識。一旦能演主角，得到「老佛爺」賞識，就有了出頭之日。

　　想在南府戲班立住腳跟，甚至成為主角，可不是一件容易事。小德張進南府戲班時已十七歲了。內行人都清楚，演戲需要唱、念、作、打等多方面的深厚功底，演員必須從小練起，一招一勢精雕細琢，練就所謂「童子功」。小德張一切都要從頭做起，練出點兒名堂，必須付出常人無法忍受的艱辛，吃別人吃不了的苦。

　　就像早年渴望發財致富，心一橫自閹當太監一樣，小德

張心裡想的是出人頭地，十分刻苦地練起功來。他練功，一時一刻也不放鬆。別人自以為功夫到家了，遊手好閒，可他從來沒有這樣的想法。有時白天當差，晚上偷著練。他還在腿上綁著十幾斤重的沙袋，練踢腳、彎腰、翻跟頭等等，有時摔得鼻青臉腫。即使這樣，他也咬牙堅持，從不放鬆。到底吃了多少苦，受了多少累，連他自己也不清楚。為了達到出人頭地的目的，他日復一日，月復一月地練著，所付出的血汗和代價是常人不能想像的。他的辛苦終於沒有白費，功夫一天天長進，「奮鬥的目標」一天天接近，只等有機會寺露一手了。

　　初時，小德張還不能演主角，只能跑跑龍套。就在初次登臺演出時，他抓住了一次千載難逢的機會，由此改變了自己的命運。

　　這一天，慈禧要看《盜仙草》。小德張出演鹿童——一個跑龍套的角色。正要上場，一件意外發生了。當時臺上正演出一場打鬥戲，飾演白蛇的演員一個人要踢回從幾個方向飛來的長槍。這個太監多次在臺上亮這一手絕活兒，能不偏不倚、不輕不重地把長槍踢到所設計的地方。這一次，他一腳將一根長槍踢飛，長槍卻直奔台下飛去。眼看一場橫禍就要發生，在場的所有太監戲子都驚呆了。只見小德張一個跟頭翻過去，把那桿長槍挑了回來，不輕不重地落到「白蛇」腳下。「白蛇」趕緊接住，踢到該踢的地方。一場虛驚過去，誰也不曾想到小德張有這種化險為夷的本事。

　　事後，從外面請來教這齣戲的京劇名家楊隆壽對戲班領班說，小德張是一個演戲的好材料，讓他學武生和小生吧。這意味著他從此再也不用默默無聞地跑龍套、演配角，終於有正式登臺演出的機會了。小德張特別高興。更令他高興的是慈禧對他的賞識。慈禧對這齣戲非常熟悉，知道劇中沒有

鹿童飛身接回長槍這一情節，覺得有些奇怪。待她弄清楚是小德張急中生智，化險為夷，不但沒有怪罪南府戲班，反而提拔小德張為太后宮中的回事太監，並賜他「恒太」之名。

喜從天降，小德張萬萬沒想到一切都來得這麼突然。得到這一消息，他竟當著戲班領班的面失聲痛哭。他知道，能得到「老佛爺」的賞識實在太不容易了，能在她身邊服侍是許多太監求之不得的。他受到極大的鼓舞，因為他終於看到「光明」的前途。任何一個太監走紅發跡，重要的前提就是得到主子的賞識。這是起碼的條件，而小德張眼前就具備了這一條件。

短短幾年，小德張被慈禧太后連續提拔了五級，從一個默默無聞的小太監，一躍而為御前首領兼管南府戲班總提調，提拔的速度相當驚人。小德張、李蓮英等人各不相同，但有其共同之處、共同遵守的生活信條，即不惜一切代價討得「老佛爺」的歡心與賞識。他們有各自的「看家本領」：李蓮英發跡，與他有一手為慈禧太后梳頭的本事相關；小德張則是憑藉自己唱戲的功夫，一步步高升。

11. 怎樣求人辦事？

厚黑之士費盡心機，與權貴拉近乎，最終目的還是求人辦事。因此，找到自己的「靠山」還只是第一步，更重要的是開口提出要求，要其出面為自己辦事。

這不是簡單的事。比如，任何一位上司都在不同程度上掌握著下屬的升降沈浮。一個下屬，有時要調動工作、尋求高就、爭取分房，或者漲工資、評職稱……等等，都難免要找上司權衡解決、幫助辦理。通常，人們更喜歡直接找上司

開口談自己要辦的事。特別是對尚無深厚之社會關係和豐富
之辦事經驗的青年人來說，直接找上司，提出自己的要求、
想法和願望，似乎來得更便利、更切實且更痛快些。

　　直接找上司辦事有三大好處：一是能與上司直接對話，
坦言自己的請求，或成或否，明白無誤，摻不進水分，差
不多當時即能洞察他的意圖。二是免去請第三者出面幫辦
之煩，免得他人輕易知道自己的「私心」，好維護自己的面
子。三是通過與領導直接接觸，獲得與上司建立友好關係的
可能性。因為人只有通過接觸，才有可能滋生感情，建立關
係，對日後在工作上尋求較大的發展也才能獲得強有力的支
持。

　　但是，複雜的社會生活告訴我們，事情有很多時候並不
是這麼簡單。直接找上司辦事固然有些好處，但其缺陷也是
不可避免的。

　　其一、事情辦成了還好，辦不成就難有迴旋的餘地。上
司當著你的面否定了的事，很少能再收回去；即使日後發現
自己的否定不很公允，為了維護自己的權威和面子，也常常
不再改口了。

　　其二、因為自己措詞不好，語言有失，給上司留下壞印
象或一些把柄，則「偷雞不成蝕把米」。

　　其三、因自己直接出面，未找中間人商量，也就很難獲
得參考性的意見。不管想辦的事該不該去找某位上司，也只
能按自己的想法辦事。而那很可能是一個錯誤的想法。

　　找上司辦事，直接出面究竟是利大於弊，還是弊大於
利，關鍵是要把握一個尺度。在我們生活和交際的範圍內，
上司就好比是一棵大樹，只有善於利用這種關係，才能使我
們找到天底下沒有辦不了的事，也沒有不能辦的事的感覺。
但是，我們也不應該不分情況，不加考慮，不管大事小事都

找上司去辦。否則，不但讓上司認為你太缺乏能力，而且真正遇到需要向上司張嘴的事時，反而無法開口了。

有些人認為，向上司要求利益，就肯定會與上司發生衝突，給上司找麻煩，影響兩者的關係。也有人一心埋頭苦幹，任勞任怨，不講價，只要被上司重用，什麼都不敢提，結果往往一無所獲。幹好本職工作是份內的事，要求自己應該得到的也合情合理。付出越多，成績越大，應該得到的就越多。只要你能幹出成績，即使向上司要求你應該得到的利益，他也會滿心歡喜。如果你無所作為，無論在利益面前表現得多麼「老實」，上司也不會欣賞你。

找上司辦事，一定要看事情是不是直接涉及自身的利益。如果是，則上司無論是從對你個人還是關心單位職工之利益的角度，都會認為是一種義不容辭的責任。這樣的事上司願辦，也覺得名正言順。

找上司辦事，還要掌握好分寸，不要雞毛蒜皮的事也找他。如果事無鉅細都去找，認為上司辦事比你容易，這樣，他會覺得你這人太不值錢，甚至會認為你缺乏辦事能力。比如，你家裡需要買個冰箱，找上司去說一下，或可以便宜幾百元。但這類小事千萬不要去找他辦，因為這類事顯不出他的辦事能力，又貶低了自己，得不償失。

大事與小事的區別在什麼地方，要隨你的單位性質和上司的層次而定。凡事有一個「度」，是最起碼的原則。

古人云：「人皆有不忍之心。」意思是說，世界上每個人差不多都具有同情弱小和憐恤受難者的仁慈之情。找上司辦事能否獲得應允，有時恰恰是這種心情起了作用。

要引起上司同情，必須瞭解上司自身的人生經歷和社會經歷。若上司曾經有過類似的切身感受，就容易得到同情，從而得到支持和應允。

要引起上司同情，必須在人之常情上下功夫，把自己所面臨的困難說得在情在理，令人痛惜惋嘆。所以，越是給自己帶來遺憾和痛苦的地方，越要大加渲染。這樣，上司才願意以拯救苦難的姿態伸手幫助你辦事，讓你終生對他感恩戴德。大凡能激發人的公正之心、慈悲之心和仁愛之心的事情，都能引起人們的同情和幫助，還能使人在幫助之後，產生一種偉大的濟世之感。

要引起上司同情，必須瞭解上司的好惡，瞭解他平時愛好什麼、讚揚什麼，又憤慨什麼，瞭解他的情感傾向和對事物善惡清濁的評判標準。上司的同情心有時是誘引出來的，有時是激發出來的。

12. 西門慶的「靠山」哲學

高攀權貴的目的，就是要發揮權貴的作用，辦成所求之事。因此，有了「靠山」，如何利用才是「麻雀登高枝」這一計策的關鍵。發揮「靠山」的作用，除了達到正常的求人辦事的目的之外，還有兩方面的作用不能忽視：

第一、利用「靠山」，可以消災解難。

《金瓶梅》中的西門慶可稱得上是一名攀附權貴，並巧於利用「靠山」為自己消災解難的「厚黑高手」。

他本是清河縣一個破落戶財主，在縣城門前開著一爿生藥鋪；從小就是個流氓無賴，潑皮浮浪子弟。這個胸無點墨、流氓氣十足的人物，有他自己所獨具的機靈聰敏之處，對於鑽營、攀附權貴這一套尤為在行。這使他在這個錢能通神、賣官售爵之風盛行的社會裡春風得意，左右逢源，由「一介鄉民」，終於成了個顯赫一時的要人。

　　小說第九回就寫了這樣一個情節：西門慶夥同潘金蓮把武大郎毒死之後，出差回來的武松找西門慶報仇，結果誤把李外傳打死。西門慶就乘機賄賂了清河縣知縣，想一下結果武松的性命，除卻這心頭之患。哪知清河縣知縣的上司，東平府府尹，見武松是個好漢，有意從輕發落他，又責令清河縣提西門慶、潘金蓮去東平府審問。西門慶一看來勢不妙，就手急眼快地派家人來保趕往東京找靠山楊提督幫忙，由楊提督再轉托蔡太師下令給東平府尹，免提西門慶和潘金蓮受審。最後又把武松杖四十，刺配二千里外充軍了事。從而使西門慶「感到一塊石頭落了地，心中如去了痞一般，十分自在。」

　　西門慶這個市儈、流氓，在他日後的發跡過程中，儘管接二連三幹出種種壞事，但由於他善於鑽營，巴結權貴，不僅使他躲過了向他襲來的一次次驚濤駭浪，而且步步高升，飛黃騰達，青雲直上。

　　西門慶和李瓶兒勾搭上之後，把李瓶兒的丈夫、自己的結義弟兄花子虛活活氣死。當他正興高采烈地準備迎娶李瓶兒時，他在京裡的靠山楊戩突然倒臺了，親家陳洪因是楊黨中人，遭到牽連，匆匆打發他的兒子、兒媳帶著許多箱籠細軟來投奔他。

　　看了親家捎給他的書信，他頓時慌了手腳，連忙叫吳主管連夜往縣中抄錄一張東京發下來的文書評報。西門慶一看這份評報，「耳邊廂只聽噥的一聲，魂魄不知往哪裡去了。」他已預感到大禍即將臨頭，於是一面急忙把為迎娶李瓶兒而興建的花園工程止住，緊閉大門，收斂自己的氣焰；一面忙打點金銀寶玩，馱裝停當，火速派家人來保、來旺去東京打通關節，給蔡太師送去白米五百石，給右丞相李邦彥送去金銀五百兩。李邦彥受了他的賄賂，竟私下裡把已列入

楊戩黨人名單中的西門慶名字改成了賈慶，一場重大災難就這樣輕而易舉地逃脫了。

在這次性命攸關的政治案件中，原有的靠山雖然倒臺了，但一個更為強大的新靠山又攀援上了。從此，西門慶幹壞事的膽子也就愈來愈大了。

第二、利用「靠山」，可以抬高身價。

利用「靠山」，除了可以直接幫你辦成一些事，還可以抬高你的身價。因為，在別人眼裡，你與一個位高權重的人拉上關係，你自然也不是一個一般人物。

例如，現實生活提醒西門慶：要為所欲為地去幹壞事而不受懲罰，還要確保自己日後的飛黃騰達，就得有個過硬的靠山。因此他想方設法去討好、逢迎蔡京。

他選中了蔡京生日這個大好機會，不惜工本，給他送去了一份貴重的「生辰擔」，其中多是極珍貴的禮品，包括杭州定辦的繡錦珍品和現雇工匠在家製作的大件金銀器皿。這一手果然十分靈驗，博得了權奸蔡京的歡心。出於對西門慶的感激之情，蔡京立即委了他山東提刑副千戶的官職。

平地一聲雷！西門慶就此身價大增，由一名「白衣」，成了堂而皇之的官僚。

西門慶與蔡京的地位畢竟懸殊，有很多事不便直接去找蔡京。於是他就多走蔡京的心腹管家翟謙的門路。他捨得在翟謙身上下本錢，多方收買，好為自己和蔡京之間的聯繫牽線搭橋。翟謙要討個年輕美貌的女子作妾，西門慶就多方張羅，最後物色到韓道國的女兒韓愛姐，拿出錢來，給韓愛姐裁製衣服、打手飾、準備嫁妝。把她打扮得漂漂亮亮、周周全全之後，又派專人送至翟管家處。翟謙十分高興。

翟謙帶信給西門慶，要他招待並接濟蔡京的假子蔡一泉。下書人告訴西門慶：「小人來時，蔡老爹（指蔡一泉）

才辭朝，京中起身。翟爹說：只怕蔡老爹回鄉，一時缺少盤纏，煩老爹這裡多少只顧借與他，寫書去翟爹那裡，如數補還。」

對此，西門慶滿口應承。等蔡一泉去他家拜訪，除設宴盛情招待，還慷慨地送了他「金緞一端，領絹一端，合香三百，白金三十兩」。一份重禮，使蔡一泉大喜過望，感動不已，說：「此情此德，何日忘之！」上述行動，當然會使翟謙以至蔡京感到由衷高興。西門慶懂得在這方面不管花上多少代價都值得，它會在日後收到加倍的報答。

後來，蔡京之子的婦兄宋盤來和曾受到西門慶熱情接待並大力資助的蔡一泉都點了御史。宋御史、蔡御史兩人出巡山東東平府時，為表示和西門慶之間的親密關係，還特意去西門慶府上拜訪。他借了這兩位御史大人的威望炫耀自己。這時，在眾人眼裡，他的身價又大大提高了，竟成了個了不起的人物。

後來，他又進一步通過翟謙的拉線搭橋，正式拜了蔡京作乾爹，他的官職也隨之由提刑副千戶升為正千戶。自此，他的身價更是和一般官員不同了。不僅地方上的各級官吏對他側目而視，不敢稍有不敬，就連朝中的太監、大臣、御史一類掌握著大權的人物也不得不巴結他三分。西門慶成了個不可一世的顯赫人物。

第六章

助人
如同在銀行存錢
隨時可提

　　有一本書曾提到，美國某航空公司發覺乘客幾乎都是在不得已的情況下才肯搭乘飛機。起初，他們認為這是「怕死」的心理在作祟，因此，花了龐大的宣傳費，強調飛機的安全可靠。可惜並未收到預期的效果。於是，這家航空公司決定進行調查，並聘請著名的心理學家狄希特博士主持這項工作。

　　狄希特先就經常搭乘飛機的旅客做了一項假想測驗，請教他們：「如果獲悉自己乘坐的飛機即將撞山墜毀，首先閃入腦海的景象是什麼？」調查結果顯示，這些旅客所關心的並非自己的生死，而是親人將如何接受這個不幸的消息。亦即面臨死亡的威脅之際，乘客想到的是所愛之人如何自處。比如有的人腦海中浮現自己的太太聲淚俱下地說：「就是這麼傻！如果聽我的話，搭火車去不就沒事了。」等等情景。

　　航空公司按照這個結論，對「家屬」展開了宣傳攻勢。宣傳單上告訴為人妻者：「若讓先生搭乘飛機，他會在最短的時間回到你的身邊。」同時，還舉辦「全家同遊」的活動，使一些家庭主婦也能享受搭飛機旅遊的樂趣。航空公司利用宣傳說服乘客背後的家屬，而避免了直接遊說乘客時可能遭受的困擾，公司的業務果然大為改觀。

1. 杜月笙利用黃金榮的老婆

　　使所求之人最寵愛的「紅顏知己」出面替你辦事，當然是最直接的了。但是，想讓其欠下像如姬和信陵君那樣，可以死相報的情，並不容易。可是，你可以做點感情投資，讓其多吹吹「枕頭風」。對他或她來講，並沒有太大的損失，對你卻可能辦成一件大事。要打動這些「紅顏知己」，必須

發揮《厚黑學》中「厚顏」的功夫。

杜月笙是黑道高手，其實他的「厚」功也甚是了得。他在上海灘嶄露頭角，全是靠拍女人的馬屁。一個人無論有多大的才能，如果沒有「伯樂」，也只得自認倒楣。杜月笙頭腦機靈，辦事老練，苦於沒有出人頭地的地方。後來他投靠黃金榮，在黃府做了一名打雜的僕役，混在傭人之中，生活倒也安穩。他存心要飛黃騰達，不甘久居人下。因此，他「眼觀六路、耳聽八方」，處處謹慎，把分配給自己的活做得又快又好。但他地位太低，還拍不上黃金榮的馬屁。好在他與黃金榮的貼身奴僕常常接觸，靠此機會，百般討好，黃公館上上下下對他都有好感。終於，機會來了。

有一次，黃金榮的老婆林桂生得病，經久不癒。求神占卦，說是要年輕力壯的小夥子看護，以取其陽氣，鎮住妖邪。杜月笙是被選中的一個。

這時候，黃金榮正寵愛林桂生。杜月笙善於察顏觀色，腦筋靈動，馬上想到這林桂生的枕頭風不亞於颱風中心，威力強大，拍不上黃金榮的馬屁，拍林桂生的馬屁更有效。何況，異性相吸，這馬屁又容易拍些。

於是，他「衣不解帶，食不甘味」，十二分盡力地侍候林桂生。別人照顧，無非是隨叫隨到或陪坐一旁，他則全神貫注，不但照顧周到，而且能使林桂生擺脫煩惱，心情愉快。林桂生往往尚未開口，他已知道她要什麼東西。林桂生想到的，他想到了；有些林桂生沒有想到的，他也想到了，把林桂生服侍得心花怒放，引他為貼己心腹，連背著黃金榮，在外面用「私房錢」放債等事也交給他經管。

在林桂生枕頭風吹動下，黃金榮終於將當時法租界的三大賭場之一——公興俱樂部交給杜月笙經管。

唐朝大奸李林甫也深知此中之道。他不僅善於巴結權

貴，還善於巴結權貴的夫人。當時，「武惠妃寵傾後宮」，其子壽王、盛王也因母受寵而受皇帝寵愛。皇太子李适則被冷落。李林甫經過一番思謀，便透過宦官對武惠妃說：「願護壽王為萬歲計。」謀廢太子，以圖另立，實屬冒殺身之禍的險舉。他清楚，巧妙地利用皇宮內潛在的太子之爭，不僅不會有險，反會得利。果然，武惠妃對他頗為感激，時常在皇帝面前替他美言。侍中裴光度的夫人乃武三思之女，李林甫便對其暗中獻媚，致裴妻武氏「嘗私林甫」。裴光度死，李林甫便迫不及待地欲繼相位。武氏鼎力相助，請深受皇帝寵幸的宦官高力士進言。高力士本出自武三思之家，對武氏所求，自然非常效力。不過，皇帝已決定任用韓休為相。李林甫雖未如願，但已足見其野心勃勃，又善於走權貴夫人的門路。古往今來，走權貴夫人的門路往往比直接走權貴的門路還要奏效。李林甫深諳此道。

2. 在老人、孩子身上多下功夫

求人辦事，並不總是在熟人之間進行，有時不得不闖入陌生人的領地。進入一個陌生的家庭環境，想要迅速打開局面，人們首先總是尋求理想的「突破口」。有了「突破口」，便可以點帶面或由此及彼地鋪展發揮開去，從而實現目的。前面所說，對手的「紅顏知己」固然是個極好的目標，但老人和小孩兒也是一個理想的「突破口」。

第一、老人、小孩容易接近。

老人因體力虛乏，在家休養，或因年歲高而退職在家，工作沒得做，家務不讓做，心裡有話沒處說，因此常常顯得孤寂。如果有人主動接近，哪怕是暫時地解除他的孤寂，他

自然非常樂意。而小孩天真純樸，喜新好奇又愛動：一句唐詩、一段故事、一個花臉、一聲哄捧，就能很快贏得他的親近。

第二、通過老人、小孩，可以融洽全家。

一家之中，老人是長者，而中國人有敬老、尊老、孝老的傳統。老人心悅神怡，全家便隨之活躍愉快。中國人又十分看重傳宗接代的希望——小孩，視小孩為家庭的未來，祖輩如此，父輩更甚。況且現代家庭，「獨苗」者甚多，家裡人更是哄捧寵愛。如果能和小孩玩在一塊，與其全家融洽自是水到渠成。

香港首富李嘉誠早年推銷過白鐵桶。當時，有一家剛落成的旅館準備開張，正是推銷鐵桶的大好時機。他的幾個同事領功心切，搶先找到旅館老闆，不料碰了一鼻子灰，無功而退。原來那老闆有意與另一家五金廠交易。

知難而退的同事公推李嘉誠出馬。李嘉誠也覺得，放跑這條大魚，實在太可惜，也顯得自己太無能。

他並不急於去見老闆，而是先與旅館的一個職員交上朋友。然後假裝漫不經心地從那個職員口中套知老闆的有關情況，以選擇突破口。那個職員談到老闆有一個兒子，整天纏著要去看賽馬。老闆很疼孩子，但旅館開張在即，根本抽不出時間陪他。

職員是當成趣聞說起這件事的。可言者無意，聽者有心。李嘉誠已找到了打開老闆閉門拒客之心理的鑰匙。

他讓這個職員搭橋，自掏腰包，帶老闆的兒子去跑馬地快活谷馬場看賽馬，令這孩子喜出望外，興高采烈。他的行動使那老闆十分感動，不知如何答謝才好。於是，同意從他手中買下三百八十只鐵桶。

3. 春秋的張儀與明代的張居正

　　如果對方的「身邊人」並不欠你的情，你如何使他心甘情願地為你出力？這時就要發揮「厚顏黑心」的技巧，不使他知道你真正的意圖，你也做好一副完全為他著想的樣子。這樣，他好像是在為自己辦事，自然盡心盡力，你的事也就隨之辦成了。

　　張儀任秦國宰相時，有一次，秦王對楚懷王提出要求，想將商於之地和楚國的黔中之地交換。

　　這時，楚懷王說：「交換土地，還是免談吧！但是，如果你交出張儀，我願意把黔中之地免費奉送。」

　　張儀由於此前多次欺騙楚王，使楚國蒙受重大損失，所以楚王對他切齒難忘，只想抓到他，碎屍萬段。

　　張儀聽到這個消息，便對秦惠王說：「讓我去一趟楚國吧！」

　　到了楚國之後，張儀馬上找到以前的老朋友靳尚。靳尚是楚懷王信賴的近臣，又是懷王寵妃鄭袖的得力助手。張儀想靠靳尚和鄭袖這兩位楚王親近的人幫自己脫離險境，完成使命。

　　張儀到了楚國之後，楚王不分青紅皂白，就地逮捕他，欲置之死地而後快。這時，靳尚立刻挺身而出，向鄭袖說道：

　　「我看不妙，大王對您的寵愛，恐怕到此為止了。」

　　「為什麼？」

　　「大王想殺張儀，張儀卻是秦王的宰相。秦王為了救出張儀，打算把上庸的土地和美麗的公主送給楚王，那公主還

將帶來漂亮的歌妓。這樣一來，大王一定會寵愛秦國的公主，而不再寵愛你。為了鞏固你的地位，無論如何，必須趕快讓大王釋放張儀。」

靳尚的這些話自然都是張儀教唆的。

鄭袖豈可讓秦公主橫刀奪愛？於是向楚王哭訴道：「一個做臣子的替他的國君效忠，那是理所當然的，你怎麼能單單責怪張儀呢？再說，我們又沒有送秦國土地，而秦國卻先派張儀過來，這就是對方相當看重大王的證明。然而，大王不但沒把他當成使者看待，還想殺死他，這顯然會觸怒秦王。萬一秦國興師問罪，怎麼辦？我不想就這樣被殺。希望你休了我，讓我帶著太子離開吧？」

懷王見此情景，不得不重新考慮，最終還是釋放了張儀。張儀就這樣利用了靳尚、鄭袖和楚王的親近關係，逃離了虎口，使得自己的游說生涯能繼續維持下去。

明朝隆慶年間，張居正和另一個政治家高拱一起在內閣擔任重要職務。高拱擔任首輔，張居正擔任次輔。

張居正和高拱在政治上曾經合作，但更多的時候是互相傾軋、排擠。高拱心胸狹窄，張居正也算不上胸襟寬廣；高拱有能力，張居正更強。俗話說：一山容不下二虎。高拱需要的只是馴服的助手，而不是隨時可能取己代之的對手。而張居正容忍不了高拱的頤指氣使，更看不慣他的獨斷專行。他一直在窺伺和等待時機，好將高拱趕下臺。

真正有權趕高拱下臺的只有皇帝。張居正打著為皇權著想的旗號，與同樣恨高拱的大太監馮保聯手，向對皇帝影響力極大的太后告「黑狀」，終於扳倒了高拱這個障礙。

隆慶六年六月，穆宗皇帝去世，由當時剛滿十歲的太子即位，改年號為萬曆。十來歲的孩子做皇帝只不過做做樣子

罷了。高拱利用這個機會，總攬朝中大權。他擅越許可權，管到不該管的地方，惹怒了一個非常特別的人物，宮中的宦官頭目——馮保。馮保可是個招惹不起的人物，在宮中恣意妄為，能夠翻手為雲，覆手為雨。他被高拱氣得七竅生煙，怒氣沖沖地跑去找張居正，與他商議怎樣教訓教訓這不可一世的高拱。

張居正也在尋機搞垮高拱，見馮保找上門來，正中下懷。他決定利用馮保作盾牌，扳倒高拱。與馮保竊竊私語，密謀半天之後，一個彈劾高拱的計畫終於出籠了。

第二天，太監突然到內閣傳達皇帝的「中旨」，任命馮保為司禮掌印太監，提督東廠。高拱一聽，肺部氣炸了，當場痛罵太監：「中旨是誰的旨意？皇上只是一個十歲的孩子，一切都是你們幹的！我遲早要把你們這批人統統趕走，回去等著瞧吧！」

高拱立即布置心腹，輪番彈劾馮保，卻不知馮保已捷足先登，在太后面前大進讒言，說高拱欺負皇帝年幼，弄權竊柄，根本不把皇帝放在眼裡。太后一聽，氣得火氣直冒，大叫一聲：「這還了得！」便去向小皇帝面授機宜，要他放逐高拱。

第二天早朝，馮保挑起彈劾高拱的事端。高、馮二人在朝廷上你一句我一語，鬥得正火熱，小皇帝要次輔張居正談談看法。這時有人稟奏：今天張居正請病假在家，沒有來上早朝。大家都疑惑不解：昨天張次輔還好好的，今天怎麼突然病了？誰知這正是張居正為搞垮高拱使出的一招殺手劍：高、馮鬥爭白熱化，張居正卻突然稱病在家。內閣中的次輔都沒幫首輔講話，這本身就是一種表態。

熟悉官場內幕的馮保自然很快就悟透此中玄機，開始了更為猛烈的進攻。

元月十六日，天色未明，神宗召見朝中大臣。高拱小心翼翼地前來早朝。他猛地抬頭一看，小皇帝邊上站著神態自若的馮保。高、馮四目相對，勝負已分。很快，馮保向高拱宣讀了太后和皇帝的諭旨，直斥高拱蔑視皇帝，攬權擅政。諭旨宣讀完畢，立即有幾個內侍上來奪去高拱的冠帶，勒令他回原籍「閒住」，實際就是變相的軟禁。

張居正是一個真正的「厚黑高手」：本是主角，卻轉入幕後。「借刀殺人」的過程中，他沒有動手，非常適時地「病」了。這一著不是人人都想得出來的。

4. 交情是一筆財富，不可濫用和「透支」

有個朋友接編了某份雜誌，由於財源並不豐裕，不僅人手少，稿費也不高，但他又不願意因為稿費不高而降低雜誌的水準，於是他開始運用人情，向一些作家邀稿。這些作家和他都有過交情，但其中一位在寫了數篇之後，坦白向他說：「我是以朋友的立場寫稿，但你們稿費太低了，錯雖不在你，這樣子做卻是在透支人情。」

人和人相處總會有情分，這情分就是「人情」。有些人便喜歡用「人情」辦事。但「人情」是有限量的，好像銀行存款那般，你存得越多，可領出來的錢就越多，存得越少，可領出來的就越少。你和別人若只是泛泛之交，能要他幫的忙就很有限，因為他沒有義務和責任幫你大忙，你也不可能一次又一次要他幫你的忙；這是因為你的人情存款只有那麼一點點。如果你要求的多，那就是透支了。

透支的結果如何？當然也有人不在乎，但一般會造成兩個結果：一是你們之間的感情轉淡，甚至他往後對你避之唯

恐不及，那麼有可能進一步發展的情份就此斷了。二是你在他眼中變成不知人情世故的人，對你相當不利。

然而，人做事不可能單打獨鬥，有時還是得用到親戚朋友。換句話說，必須動用到人情存款簿。

那麼，要如何動用人情存款，才不至於「透支」呢？有幾個原則：

（一）弄清楚你和對方的情分到底有多少份量，再決定是不是找他幫忙。

（二）能不找人幫忙就儘量不找。就好比銀行存款，能不動用當然最好，寧可把這人情用在刀口上。

（三）不要動不動就用人情做事，動用人情的次數要儘量少，以免提早把人情存款用光。

（四）要有適度的回饋，也就是「還人情」。回饋有很多種，例如送禮或主動幫忙對方。總之，不要把人家幫你忙當成應該的。有「提」有「存」，再提還有。

（五）就算對方曾欠你情，你也不可抱著討人情的心態去要求他幫忙，因為這可能引起他的不快。

（六）斤斤計較的人，你們交情再深，也不可輕易找他幫忙，否則這人情債會像向地下錢莊借錢那般，讓你吃不消。

如果你不瞭解這些，動輒找同學、朋友幫忙，那麼你會發現，你已慢慢變成了不受歡迎的人。當然，也有主動幫你的忙的人。但切勿認為這是天上掉下來的。你若無適度的回饋，這也是一種「透支」。

一般人都對顯赫的大人物趨之若鶩，厚黑之士也不例外。他們較一般人高明之處在於：他們也非常注意給冷廟的菩薩上支香。

因為，香火盛的熱廟，燒香人太多，菩薩注意力分散，你去燒香，也不過是香客之一，顯不出你的誠意，引不起菩薩特別注意；也就是菩薩對你不會產生特別的好感，一旦有事，你去求他，他也以眾人相待，不會特別幫忙。

冷廟的菩薩就不然了。平時廟門冷落，無人禮敬，你卻很虔誠地去燒香，菩薩對你當然特別注意，認為你是他的知已，感情之好，自不待言。你雖同樣燒一炷香，菩薩卻認為是天大人情。一旦有事，你去求他，他自然特別幫忙。即使將來風水轉變，冷廟變成熱廟，菩薩對你還是會特別看待，認為你不是勢利之輩。菩薩如此，人情亦然。

你的朋友之中有沒有懷才不遇的人？如果有，這就是冷廟。這個朋友是個有靈的菩薩，應該與熱廟一樣看待他，時常去燒燒香，逢到佳節，送些禮物。他是窮菩薩，你送的禮物務求實惠。然而你只是往，他是不會來的。不是他不知道還禮，而是無力還禮。雖然他不會還禮，一旦他日後否極泰來，他第一個要還的人情當然是你的。他有還情的能力時，你雖然不說，他也會自動還你。

5. 多幫一些能讓別人看得出來的忙

想真正做到「冷廟燒香，用時不慌」，關鍵是要平時多給別人提供幫助，而這種幫助還要讓他看出來。因為，你並不是慈善家，而是「厚黑之士」，你的幫忙是要有所回報的，這個回報就是求人辦事。

有些幫忙並不需要多大的投入。比如，你的朋友躺在醫院裡，雖然無法交談，但你的出現就已經意義不凡。同樣，若朋友的親人過世，你能陪伴他，話不須多說，也能使他感

動、舒服。

你必須十分專注並傾聽對方的談話，才能針對他所關心的事予以反應。你必須知覺敏銳，除了對他敏感外，也要對幫忙關係敏感。牢記：你要兼顧到對方所傳送出的語言以及非語言的資訊。

專注與傾聽似乎是很容易抓住的概念，但我們常花極顯著的篇幅探討它。因為它看似簡單，人們卻常常無法做到。我們常聽到某人抱怨說：「你根本沒在聽我說！」被指責的人常會辯稱：「有啊！我還能重覆你說的每個字呢！」這樣的回答對抱怨者並沒有多大的作用，因為一架答錄機也可達到這個目的。人們所需要的不只是表面的同在，更要求心理上與情緒上的同在。

深度的人際交往需有深度的同在。同在，它的真義就是專心陪伴當事人。為達到問題解決的階段，要先與當事人建立關係，繼而協助他運用各種資源，確定、澄清及處理困境。專注的技巧，包括生理的、心理的，就有助於達到這兩個目的。你的非語言行為所傳達出的訊息，甚至對當事人具有更大的影響力。它可能促使當事人對你愈發信任，對你開放，並袒露問題的主要癥結；然而它也可能引發不信任、抗拒而拒絕自我表露。專注行為的品質反映著你知覺能力的敏銳程度。如果你的專注能力太差，就無法收集到足夠的資料，也無法理清問題所在。有效的專注有兩個內容：一・它會令當事人覺得你貼著他的心走，從而建立彼此的良好關係；二・它會使你提升到有效傾聽者的地位。

厚黑之士的所謂真心的幫助是要使別人能夠看出的，因此在細節上必須注意。

（一）以一種參與的態度面向對方　面向對方，會讓他感受到「我願意幫助你」及「我決定留在這兒陪你」。如果

對方覺得直接面對不習慣，有壓力，就應調整為斜角位置。主要原則在於把握專注的精神。

（二）採取開放的姿勢　採取開放而輕鬆的姿勢，意味著你對當事人及他所說的事採取開放、接納的態度。重要的是，我們必須常常反問自己：「我的外在姿勢究竟對當事人傳達了多少程度的開放和協助的意願？」

（三）採取上身前傾的姿勢　上身的姿勢前傾表示：「我和你在一起，我對你及你所說的很感興趣。」上身後退表示：「我不太想和你一起。」或：「我覺得很煩。」等等。但若前傾得太過分，反到會使當事人感到威脅。

（四）維持良好的視線接觸　在深度袒露的談話中，很自然地常出現穩定的視線接觸。維持視線接觸的姿勢，意味著：「我在這兒，我願意聽你陳述。」會談中，如果你經常看向別處，會讓人覺得你厭煩於和當事人共同去協助他的事，也可能表示這種親近關係令你不舒服。

（五）儘量放輕鬆　所謂放輕鬆，意即要做到以下兩點：首先，你自己不要因為臉部的表情不佳而感到局促不安或緊張，以免分散當事人的注意力；其次，你要逐漸運用你的肢體語言，作為傳達和接觸的工具。一旦你能把上述的動作做得輕鬆自如，你便能集中注意於當事人，並能用非語言的行動強調彼此的溝通。

6. 大俠郭解的高明之處

很多人都有一本或數本銀行存摺。如果你月存五千元，到了年底，你會發現，存摺上不只所存的錢，還有利息！人際關係也是如此。

　　有一位出版商，平時即很注重人際關係的建立，不論是大人物或小人物，他都不吝花費地和他們建立關係。據說有一位與他並未謀面的作家因為急需，去向他借錢，他二話不說就掏出二萬元。他廣結人際關係的結果是：到處都有人幫助他，他也因而得到很多好稿子。後來他在危急時，有很多人幫他渡過難關。

　　這就是用在銀行存錢的方式建立人際關係──先存再提！

　　「先存再提」說來有些「現實」，有「利用、收買」的味道。但從另一個角度看，和別人建立良好的人際關係本就有這樣的好處，不能光用「現實」的眼光去看。這些人際關係必然成為你這一生中最珍貴的資產，必要的時候，會對你產生莫大的效用。就像銀行存款一樣，少量地存，有急需時便可派上用場。而別人回報你的善意，有時是附帶「利息」的，就好比銀行存款生利息那般！

　　那麼，如何「積存」人際關係呢？

　　（一）不忘給人好處　大好處別人會受寵若驚，以為你別有居心，從而生防衛之心。因此宜從小好處給起，且要給得自然、有誠意。這是運用人性中貪小便宜的心理，相當有效。

　　（二）不忘關懷別人　「關懷」沒有標準，實質的關懷、精神的關懷都可以。在對方不得意或生活遭遇困難時，這種關懷特別具有力量。

　　（三）不要得罪別人　得罪人對人際關係的傷害很大。如果不能主動積極地去建立關係，至少也應當做到不輕易得罪人。

　　（四）不在乎被人佔便宜　被佔便宜看似一種損失，其實是一種投資，因為對方會覺得有所虧欠，恰當的時候便會

有所回報。當然，太大的虧是不能吃的。但如果明知討不回公道，那就不如認了。另外，有些人占了便宜還賣乖，也沒有虧欠之心。對這種人不必有所期望。但讓他佔便宜總比得罪他好。

其實，為達到先存後提的效果，更關鍵的是：「人情做到底，幫忙幫到家。」生活中經常有這樣的人，幫了別人的忙，就覺得有恩於人，於是心懷一種優越感，高高在上，不可一世。這種態度很危險，常會引發反效果：幫了別人，卻沒有增加自己人情帳戶的收入。因為這種驕傲的態度把這筆帳抵銷了。

漢代有一位大俠郭解。有一次，洛陽某人與他人結怨，多次央求地方上有名望的人士出來調停，對方就是不給面子。後來他找到郭解，請他化解這段恩怨。

郭解接受了這個請求，親自上門拜訪委託人的對手，做了大量的說服工作，好不容易使這人同意和解。照常理，郭解這時不負人托，完成這一化解恩怨的任務，可以走人了。可他還有高人一著的棋，更技巧的處理方法。一切講清楚後，他對那人說：「這件事，聽說過去有許多當地有名望的人調解過，但因不能得到雙方的共同認可而沒能達成協定。這次我很幸運，你也很給我面子，終於了結了這件事。我感謝你，卻也為自己擔心。我畢竟是外鄉人，本地人出面不能解決的問題，由我這個外地人完成和解，未免使本地那些有名望的人丟面子了。」

他進一步說：「請你再幫我一次，從表面上做到讓人以為我出面也解決不了問題。等我明天離開此地，本地幾位紳士、俠客還會上門，你把面子賣給他們，算做他們完成了此一美舉吧！拜託了！」

　　人都愛面子，你給他面子就是給他一份厚禮。有朝一日你求他辦事，他自然要「給回面子」，即使他感到為難或不是很願意。這便是操作人情帳戶的全部精義所在。

　　人們總是盡全力保全自家顏面。為了面子問題，可以做出常理之外的事。有句歌詞非常流行：「若是某些記憶使你痛苦，何不輕易地遺忘它。」但是，談何容易！

　　在記取人們是如何注重面子之後，還必須儘量避免在公眾場合使你的對手難堪，並時時刻刻提醒自己：不要做出任何有損於他人顏面的事。

　　永遠記住一種物理反應：一種行為必然引起相對應的行為。只要你有心，處處留意給人面子，你將會獲得天大的面子……

　　所以，幫忙人時應該注意下列事項：

　　一・不要使對方覺得接受你的幫助，是一種負擔。

　　二・要做得自自然然。也就是說，在當時對方或許無法強烈地感受到，但日子越久，越體會出你對他的關心。能夠做到這一步是最理想的。

　　三・為人幫忙時高高興興的，不可以心不甘、情不願。如果你在幫忙人時很勉強，意識裡存在著「這是為對方而做」的觀念，設若對方對你的幫助毫無反應，你一定大為生氣，認為：「我這樣辛苦地幫你忙，你還不知感激，太不識好歹了！」如此的態度甚至想法都是不自然的表現。

　　如果對方是個能為他人考慮的人，你幫忙他的種種好處絕不會像打出去的子彈般一去不回，他一定會用別種方式回報你。對這種知恩圖報的人，應該經常給他幫些忙。

　　人人都難逃一個「情」字。儘管當今社會流行「認錢不認人」，但「人情生意」從未間斷過。人既然能夠為情而死，那麼為情而做生意又有什麼不可？這是人之常情。

　　所以，在平時的人際交往中也需「感情投資」。以做生意為例，所謂「感情投資」，說簡單點，就是在生意之外多了一層相知和溝通，在人情世故上多一份關心，多一份相助。即使遇到不順利的情況，也能夠相互體諒──「生意不成人情在。」

　　這種情況往往有多種表現：一種是自然形成的。你在生意場上遇到了相互比較投緣的人，有了成功的合作，感情自然融洽起來。這就是我們常說的「有緣」人。有緣自然有情，關係好的時候，互相付出自然不在話下。問題在於如何保護和持續這種關係，繼續愛護它、增進它，使其天長地久。

　　其實，就是有「緣」，彼此能夠一拍即合，要保持長期相互信任、互相關照的關係也不是那麼容易，仍然需要不斷進行「感情投資」。

7. 嘴下留情，腳下才好走路

　　口才是促進人與人關係，加強團結合作的工具。談話中，我們可以獲得知識，獲得情感。這完全得益於好的口才。然而，閒談中，有時也會發生不幸的結局。這就說明，說話也有負效應。

　　「病從口入，禍從口出。」這道理誰不知道？有時口舌的禍害危險性的確不小，一句不負責任的話，弄不好會使人喪命。這決不是危言聳聽。

　　生活中有人喜好扯老婆舌，很讓人討厭。比如某人聽到某少女不名譽的謠言，當成新聞，到處傳播。這無形中帶給那位少女巨大的壓力，很可能釀成無端的悲劇。

被擊中痛處，對任何人來說，都不會愉快。不提他人的弱點，是待人應有的禮儀。

一般人即使在盛怒之下，通常也不會擴散憤怒的波紋。但其中也會有人在激怒下拿起手邊的玻璃杯往地上摔。玻璃杯摔完了就沒有其它東西可丟，所以充其量也只不過是自己損失幾個杯子罷了。

可是，商場上或一般社會的現象又如何呢？某些特殊人物盛怒時，那真是可怕極了。平日相當友善的同伴，雖不至於大吼：「殺掉那傢伙！」但因個人的立場和利害關係，至少也會演變成「封殺你」的結果。有些人為了公司的前途，不得不犧牲別人。對商場來說，「封殺你」意味著調職、冷凍、開除等人事變動的宣告。如果你也是經商人士，「封殺你」就代表對方的拒絕往來或「關係凍結」。

其中，最應該注意的是開玩笑不能太惡毒，以免傷人也害己。

好朋友彼此間開玩笑，損來損去，無傷大雅，但如果用詞的確太激烈直接了些，會讓人受不了的。

一直記著那些嘲笑的話固然沒必要，但嘲笑別人，讓人自尊心受損確實不應該。

所以，開玩笑、損人應有分寸，否則傷害人、得罪人而不自知，可能得不償失。

當然，人沒有必要每天正經八百，不苟言笑。因為這樣反而會拉遠你和別人之間的距離。但開玩笑之前，應有些認識：再豁達隨和的人也有自尊心，他也許可以不在乎一百次一千次的玩笑和嘲弄，但不能忍受他在乎的人或事被開玩笑、嘲弄；你若弄不清楚他的好惡，開了不得體的玩笑，他就算不發作，也會記在心裡。人不可能完全瞭解另一個人，這一點你必須承認；更何況有人天生敏感，容易受傷，你認

為好玩的，他並不認為好玩。也就是說：開玩笑要看人。

有一種人，反應快，口才好，心思靈敏，在生活或工作中和人發生利益或意見的衝突時，往往能充分發揮辯才，把對方辯得臉紅脖子粗，啞口無言。

這種人不管自己有理無理，一旦用到嘴巴，他絕不認輸，也不會輸，因為他有本事抓住你語言上的漏洞，也善於轉移戰場，四處攻擊，讓你毫無招架之力。雖然你有理，他無理，但你就是拿他沒辦法。

在辯論會、談判桌上，這種人也許是個人才；但在日常生活和工作場合中，這種人反而會吃虧。因為日常生活和工作場合不是辯論場，也不是會議場和談判桌，你面對的可能是能力強但口才差，或是能力差、口才也差的人。你辯贏了前者，並不表示你的觀點就是對的；你辯贏了後者，只突顯出你是個好辯之徒罷了。

一般常見的情形是：人們雖然不敢在言語上和你交鋒，但對的事大家心知肚明，反而會同情「辯」輸的那個人，你的意見並不一定會得到支持，而且別人因為怕和你在言語上交鋒，只好儘量迴避。如果你得理還不饒人，把對方「趕盡殺絕」，讓他沒有臺階下，那麼你很可能已種下一顆仇恨的種子。這對你來說，絕不是好事。人有好口才不是不好，但運用不當則會壞事。把「逞口舌之快」當成一種「快樂」，是口才好的人最大的悲哀。要時刻牢記：逼人不可太甚，給自己留條後路。

8. 通常情比理更能打動人心

與某些重要人物或關鍵人物關係親密或「關係網」內都

是神通廣大的人，他們不僅能把與自己或朋友利益有關的合理合法的事辦得非常漂亮，還可能越過法律和道德的界限，辦成一些超格的事。有了好的關係，正話可以反說，反話可以正解，黑白可以顛倒，是非可以混淆。儘管這樣做老大不合理，卻非常合乎一個「情」字；合乎了「情」，也就合乎了「關係」。為了關係，人間絕大部分事兒差不多都可以辦到。

想讓重要人物或關鍵人物視你為自己人，除了某些性格怪異的人，通常「情」遠較「理」能夠打動他的心弦。因此，常說一些對方愛聽的話，必定容易產生情感共鳴。

第一、要瞭解和掌握上級的身世和社會關係網

任何一位上級都有自己的人情關係網，這個「網」的形成與他的身世和人生經歷有直接關係。想攀附他，必須先暗地裡多留心注意他的身世和社會關係網，包括他的同鄉關係、親屬關係、朋友關係、同學關係、上下級關係等等。掌握了這些關係之後，鑒於直接與某上級建立關係多有不便，則可踩踏曲線，另闢蹊徑，設法同一兩位與他關係甚篤的人搭上線。這樣，必要時，便可以借助這些關係的力量，使他礙於某些關係的面子，不好拒絕、不能拒絕、不便拒絕。

第二、要委婉自然，牽動舊情

攀附關係不是生拉硬套，本來不是親戚，偏偏七拐八繞，硬說是親戚；或者本來與上級的某位朋友無甚關聯，偏偏吹說自己與人家情深義重。如此這般，很容易引起上級的厭惡和鄙視。所以，與上級拉關係，要循序漸進，順理成章，委婉自然，讓他感受到雖是不經意提起，卻一語中的，牽動他的舊情，甚至讓他陷於對舊情舊事的沈湎中。

如果能把與上級的關係攀附到這份兒上，何愁上級對你托辦的事袖手旁觀？

那麼，在這個過程中，如何尋找對方愛聽的話？社會心理學研究表明，人們都樂於同與自己有相似點的人交往、談話。因為相似因素既能有效地減少雙方的恐懼和不安，解除戒備，又能發出可以接受的共同資訊，建立相似的理解，分享相近的情緒體驗，進而在感情上產生共鳴。

人與人之間存在的、能夠產生情感共鳴的相似因素很多，有的明顯，有的隱蔽。交談中，只要留心對方的舉止言談，就不難發現一些相似因素，可作為交談的的突破口。

例如，經歷相似。唐代詩人白居易身為江州司馬，與地位低下的琵琶女邂逅，很快就傾心交談，並為之淚濕青衫。這是因為「同是天涯淪落人」。經歷、遭遇上的相似，使他們暫時排除了地位上的差別，有了共同語言。

又如：興趣相似。共同的興趣與愛好最能促進交談雙方相互接近，它在人們的心理上往往誘發出一種特定的吸引力。比如與養魚、種花者談擺弄花草、金魚之樂，與愛好音樂、體育者談論音樂欣賞、體育比賽，與集郵者談集郵之道，等等，往往能引起對方的興趣，激發他一吐為快。這時，興趣與愛好就成了進一步交談的橋梁。

有一次，著名的相聲演員姜昆到湖北十堰市演出，幾家新聞單位的記者紛紛前來採訪。不料，姜昆一一婉言謝絕，使記者們十分失望。但是，有一個愛好相聲的女記者再次叩響姜昆的房門，說：「姜昆先生，我是個相聲迷，我對您的演出有些意見……」姜昆一聽是為自己的節目提意見來的，便十分熱情地接待了她。這位女記者正是用她和姜昆對相聲的共同興趣做文章，巧妙地打開他的「話匣子」，順利完成了採訪任務。

此外，還有地域相似、職業相似、年齡相似、處境相似等直接相似因素，以及對方與自己的親戚、朋友、同學、鄰

居等有聯繫的間接相似因素，都可以成為溝通情感，找到共同話題的橋梁。

　　一位記者曾講述過自己採訪的一段經歷：他去某農村採訪，住在一個老大娘家。進門打過招呼，便說：「聽口音，大娘是山東人。好像是魯中南的吧？」大娘說：「是呀！老家是山東陽穀？」記者又說：「我當兵時，我們連隊山東人可多啦！連長、排長、班長都是山東人。山東老鄉對國家的貢獻大！」

　　這番話引起了老大娘對往事的回憶，對記者講起了過去的事。記者從她那裡聽到不少有用的材料，意外收穫頗大。這就是通過間接相似——首長、戰友和大娘都是山東人，從而與大娘有了共同感興趣的話題，也果真使大娘產生了感情的共鳴。

　　通過表白內心的方式，也可引起情感共鳴。有時候，我們發現無法與戒備心強的人溝通感情。原因之一在於對方抱著「我們根本處於不同世界」的想法。可以設想，兩個生活經歷、生活環境、思想背景或生活習慣等完全不同的人，初次見面，當然會有格格不入之感。為了突破此種障礙，必須讓對方相信，彼此隸屬於同一世界，確實存在著某種共同的嗜好或需要。例如，想規勸吸毒或酗酒者除掉這一惡癖，最具說服力的，往往是曾經遭受過吸毒之害或嘗過酒精中毒之苦的「過來人」。因為互相之間的共同經歷，足以迅速化解彼此的戒心，使其願意敞開胸懷，虛心接受善意的勸導。

　　在套近乎的過程中，主動將自己的生活狀況儘量表露出來，也能夠促使雙方形成共同的心理意識。

　　有一個材料介紹：西方某次地方官員選舉期間，數十位候選人競爭得極為激烈。其中一位候選人的助選參謀發現多數中下層階級的選民對該候選人有很大的成見，並競相轉

告：「××常自詡為高級知識分子，一副道貌岸然的樣子，令人難以親近。他一定不屑於替我們升斗小民謀福利。」

　　助選參謀立刻請候選人改變戰略，強調自己是四個千金的慈父，絕對禮賢下士，關心民眾疾苦……不久，選民們改用嶄新的眼光觀察這個候選人，發現他的確是位和藹可親的模範父親，並且儼然是標準丈夫，紛紛轉而支持他，使他以最高票當選。

　　通常情況下，有意無意地將自己的家庭狀況、經歷、嗜好等坦然告訴對手，讓他加深對自己的理解，縮短相互間的距離；甚至將自己某些無傷大雅的缺點，不加修飾地暴露出來，暫時讓對方高居上風，並使其解除抗拒之心，然後急劇地轉入正題，都可使對方在倉促之間失去招架之力。

　　有些人常喜歡據理力爭，堅持自己的原則。面紅耳赤之餘，不僅未能贏得對手的信服，反而強化了對方的成見和抗拒的決心。此時如果改用微笑戰略，和善地表示和對方站在同一陣線，虛心接受對方的意見，必定能使對方不再堅持己見而改變態度。在這種微妙的狀況下，他很可能會自覺地採納說服者的意見。被說服者此種態度並非來自理智的層次，而是在深層的核心部分滋長著認同心理。這就是情感誘導的功力。

　　在一本名為《不問學歷、經歷、年齡》的書中，記述了兩位推銷員為了爭取銷售床鋪的業績獎金而各展技藝的故事。推銷員A是一位能言善辯、精神飽滿、行動敏捷，看來很有辦法的年輕人；推銷員B則是老成持重、慢條斯理、沈默寡言的人，但是他經常能夠出奇制勝，令A驚訝不已。

　　有一次，B竟然成功地說服了某肥料公司的負責人，雙方簽訂合同，一口氣銷售了六張床，使每個人皆刮目相看，稱讚不已。B究竟使用何種手法，令對方如此捧場？

　　原來肥料商是一位既聾又啞，殘而不廢的人。以往前去拜訪的推銷員，只要發現對方是個口、耳失靈的殘疾者，就會很快地掉頭離去，惟獨B能夠耐心地與他進行筆談，雖然耗費了不少時間，收穫卻極為豐碩。

　　以心理學的觀點解釋這個故事，會發現命運坎坷的肥料商因為平常容易受人利用，或者自以為遭人忽視，一般說來，猜疑心和成見比較深刻，或者心裡有所戒備，認為：「健康人皆以自我為中心，不知體諒我輩，和他們應對時，必須特別謹慎；尤其是那些推銷東西的傢伙……」時常流露出抗拒他人的神色。多數推銷員不瞭解他的心理，也不知道應該採取何種方法除去他的心理藩籬，且自身也隱隱約約抱有「和聾子交談徒勞無功」的偏見，所以總是不戰自退。B發現對方生理上有缺陷之後，毅然放棄慣用的推銷術語，改用筆和他交換意見，並按捺脾氣，逐步消除他的成見和猜忌。這在推銷術中簡直是破例，但它充滿了愛憎分明感的刺激和誘導，所以能克盡全功。

　　一般人總喜歡用自己擅長的手法或自己信服的理論遊說他人。倘若遇到同樣固執且成見頗深的對象，肯定難以奏效。為了避免強化對方的抗拒心理，絕不可盲目採用此種說服術。應該仿效推銷員B的方式，先友善地和對方套交情，根據他的生活環境，以他擅長的表達方式，創造一種融洽的氣氛，鼓動他傾吐內心的想法，然後逐步尋求適當的對策，將他誘導至與自己相同的立場。

9. 讓「主子」記得你的好處

　　即使你想攀附的人已經巴結上，他也把你視為心腹，你

也必須時刻維護這種得來不易的關係，以免失寵失勢。最好的辦法就是不時讓「主子」記得你曾做過的貢獻。

這一辦法也適用於已經失寵的人。只要能想盡辦法重新獲得「主子」的憐憫之情，就有可能東山再起。回首前事，勾憶憐情是他們的拿手好戲。

一般而言，他們同主子都有過「蜜月」時期，那麼，不露痕跡地憶念逝去的美好時光，再極其自然地袒露對主子的赤膽忠心，此招往往能夠打動人心，主子的憐惜之情也會油然而生。這就達到目的了。厚黑之士心中會暗喜：出頭之日又將來臨了。

宋太宗年間，曹翰因罪被罰到汝州。他苦思返京之策。一天，宮裡派了個使者到汝州辦事。曹翰哪裡肯放過這個機會。他想辦法見到了使者，流著淚說：「我的罪惡深重，就是死也贖不清，真不知怎樣才能報答皇上的不殺之恩。現在只有在這裡認真悔過，來日有機會，一定誓死報效朝廷。只是我在這裡伏罪，家裡人口太多，缺少食物，活不下去了。我這裡有幾件衣服，請你幫我抵押一萬文錢，交給我家裡換點糧食，好使家裡大小暫且糊口。」

使者回到宮中，如實向太宗做了彙報。太宗拿過包袱，打開一看，裡面是一幅畫，題為《下江南圖》，畫的是當年曹翰奉宋太祖旨意，任先鋒攻打南唐的情景。太宗看到此圖，想起曹翰當年的功勳，心裡很難過，憐憫之情油然而生，決定把他召回京城。

宋仁宗時，丁謂被貶官到崖州。他雖然十分不滿，表面上卻裝著潛心思過。那時他本人貶到崖州，家屬還留在洛陽。有一次，他寫了一封信，派人送往洛陽，交給洛陽太守劉燁，請求劉燁轉交給自己家裡的人。丁謂告訴送信的人，務必等到劉燁會見下屬的時候再把信交給他。送信人依計而

行。劉燁在公眾場合接到丁謂的信，不敢隱瞞，馬上派人把信呈送皇上。

皇上收到信，拆開一看，裡面全是悔過的話，措詞十分尖銳。信中還對家裡人說：「朝廷對我們恩澤深厚，我們全家就是肝腦塗地，也報不盡浩蕩的皇恩，不要因為朝廷對我的貶謫而產生怨憤之心。」仁宗被深深打動了，於是下詔把丁謂調到了雷州。

厚黑之士心裡清楚：對於你的過失，隨著時間的推移，上司就會淡忘。另一面，你與上司當年同甘共苦的經歷卻不容易忘。所以，只要上司記起你從前的好處，你再裝出一副可憐像，他就會很快原諒你的錯誤。

10. 操之過急吃不到好菓子

常言說：「欲速則不達。」拉近關係也一樣。

例如，一位先生參加一場社交聚會，交換了一大堆名片，握了無數次手，卻搞不清楚誰是誰。幾天後，他接到一個電話。原來是幾天前見過面，也交換過名片的「朋友」。因為那位「朋友」名片設計特殊，讓他印象深刻，所以記住了他。這位「朋友」也沒什麼特別目的，只是和他東聊西聊，好像兩人已經很熟了一樣。這位先生不大高興，因為他對那個人沒有業務關係，而且只見了一次面，就這樣打電話來聊天，讓他有被侵犯的感覺。何況，也不知和那個人聊什麼好！

在現代社會中，這種情形常會出現。以這位某甲的「朋友」來看，他可能對某甲的印象頗佳，有心和他交朋友，所以主動出擊；也可能是為了業務利益而先行鋪路。但不管基

於什麼樣的動機，他採取的方式犯了人際交往中的忌諱——操之過急。

拓展人際關係是名利場上的必然作為，但在社會上，有一些法則還是必須注意，才能達到預期的效果，而不致弄巧成拙。

這個法則就是：「一回生，二回半生不熟，三回才全熟。」也就是應當採取漸進的方法，而且是長期的、對方不知不覺的。

其一、人都有戒心，這是很自然的反應 一回生，二回就要「熟」，對方對你採取的絕對是關上大門的自衛姿態，甚至認為你居心不良，因而拒絕你的接近。名人、富人或有權勢之人更是如此。

其二、每個人都有「自我」 你若一回生，二回就想要熟，必定會採取積極主動的態度，以求盡快接近對方，也許對方會很快感受到你的熱情，也給你熱情的回應，可是大部分人都會有自我受到壓迫的感覺，因為他還沒準備好和你「熟」，只能痛苦地應付你，很可能第三次就拒絕和你碰面了。

甚至，因為你急於接近對方，就很容易在不瞭解對方的情形下，以自己為話題，好持續兩人交談的熱度。這無疑是暴露自己。若對方不是善類，你不是自投羅網嗎？

著名的幽默大師林語堂總結了中國人求人辦事的方略，說它像寫八股文一樣，對於如何循序漸進地求人辦事很有啟發性。

中國人辦事很少像洋鬼子「此來為某事」那樣直接了當開題，因為這樣不風雅。如果是生客，就更顯得冒昧了。中國人相當講究話裡做文章，有著八股般起承轉合的優美，不僅有風格，而且有結構。大概可分為四段：

1. **寒暄、談談氣候**。諸如「尊姓大名」，「久仰」，「久違」及「今日天氣哈哈」皆屬於此類。林語堂稱之為氣象學的內容，其要在起「來則安之，位安而後情定」的作用；即聯絡感情。這些內容在人們的生命空間中，確實有很大的共通性，不至於遭到抗拒。

2. **敘往事、追追舊誼**。這就更深一層了。要從大眾皆有的生命空間過渡到彼此較為特殊的那一塊，是深入的過程。林語堂戲稱之為「史學」：「也許你的令侄與某君同過學，也許你住過南小街，而他住過無量大人胡同，由是感情便融洽了。如果大家都是北大中人，認識志摩、適之，甚至辜鴻銘、林琴南……那便更加親摯而話長了。」這一段做得好，雙方的感情就可能會取得真正的融洽。

3. **談時事、發發感慨**。這可是政治學了。「感情既洽，聲勢斯壯。」於是可聯手出擊，可進入「侃」的境界。侃的範圍甚廣，「包括：中國不亡是無天理、救國，對於胡漢民、汪精衛諸政治領袖之品評，等等。連帶的還有追隨孫總理幾年到幾年之統計。比如你光緒三十三年聽過一次孫總理演講，而今年是民國二十九年，合計應得三十三年。這便叫作追隨總理三十三年。」這一段做得好，感情更為融洽，聲勢又壯，甚而至於相見恨晚、兩肋插刀的程度。至此，可認為到了陡然下筆，相機言事之際。

第四段叫經濟學——奉托「小事」

可客氣地起立，拿起帽子，然後回轉身道：現在有一小事奉煩。先生不是認識某某嗎？可否請寫一封介紹信云云。這一段要在自然隨意，不給對方造成很大的壓力或使對方覺得自己該欠他多大之情，而是利用前敘鋪墊，陡然收筆，總結全文。

林語堂描述的這段「求人八股」，語帶嘲諷。如果不是

一位油滑世故、人情練達之人，想必也提煉不出如此精妙的
「求人大法」。這是中國人特有的交際智慧。

11. 張全義的「面厚心黑」學

　　想做個「不倒翁」並不容易，除了像馮道那樣厚顏無
恥，敢於「認賊作父」之外，還必須手疾眼快。一旦慢了，
想見風使舵也不一定來得急。

　　張全義生於唐敬宗寶曆元年，出身十分貧苦，祖祖輩輩
都是農民。長大以後，為了生存，他到當地縣衙當了僕役，
曾多次遭到縣令欺壓和污辱。因此，當王仙芝的造反軍到達
滁州一帶時，他就積極參加了王仙芝的軍隊。王仙芝失敗
後，他又加入黃巢的反唐大軍。在軍中，張全義作戰英勇，
又精明能幹，迅速得到提升。黃巢軍攻佔長安後，他被任命
為大齊農民政權的吏部尚書兼水運使。

　　在當時，吏部尚書主管政府的官吏考核與任免，權力
大，職位也十分重要；水運使更是擔負著為長安百萬大軍從
水陸徵集糧食之任。從這兩個職務可以看出，張全義在黃巢
軍中所占的重要位置。

　　不久，黃巢的造反在唐朝軍隊和唐朝借助的外族軍隊聯
合鎮壓下失敗，張全義也像許多農民軍將領一樣，降了唐
朝。張全義見河陽節度使諸葛爽較有勢力，便投靠了他。
諸葛爽屢次派他剿殺農民軍殘部並襲擊其他軍閥。張全義立
了許多戰功。在諸葛爽推薦保舉下，張全義被任命為澤州刺
使。

　　不久，諸葛爽病死，其部下李罕之與劉經相互仇殺，都
希望能佔領洛陽。當時，張全義是劉經的部下。劉經認為張

全義既可靠，又有作戰經驗，就派他去抵抗兇悍的李罕之。張全義帶著劉經給他的兵馬來到前線，發現李罕之的勢力很大，戰鬥力很強，不僅自己，就是劉經親來，也無法抵敵。在分析具體情況後，張全義就毫不遲疑地投靠了李罕之，反過來與劉經為敵。

劉經見張全義背叛，只得向諸葛爽的兒子諸葛仲求援。在諸葛仲支援下，劉經打敗了李罕之。李罕之見劉經求救於人，也不甘示弱，就向以鎮壓農民軍起家的大軍閥李克用求救。得到李克用的幫助後，李罕之又反敗為勝，佔領了許多地方。這樣，張全義又被李罕之推薦為河南尹。

這河南尹比澤州刺史的權力大了些，卻很不好當。李罕之是個只懂得殺人搶掠、征戰殺伐的軍閥，根本不懂得安頓流民，組織生產，總是接二連三地向張全義催逼軍需物品。當時民生凋敝，餓殍遍地，軍糧極難籌集，儘管張全義盡力供應，還是無法滿足李罕之的要求，加之李罕之性格暴躁，弄得無人敢去送糧。許多部下都勸張全義脫離李罕之或是乾脆反叛，可他總是好言勸慰，不露聲色。

張全義深知，長此以往，自己必然得與李罕之鬧翻，必須及早打算。於是他表面上順從李罕之，在軍需方面盡量滿足他的要求，使其不起疑心；另一方面他積極準備，窺伺時機。

唐僖宗文德元年，李罕之再起戰端，率兵攻打晉、澤二州。張全義見時機來臨，就帶領本部兵馬，不費吹灰之力，佔領了李罕之的河陽，自封為河陽節度使。李罕之聞訊大怒，立刻向李克用求援。李克用馬上派兵幫助李罕之去收復河陽。在未佔領河陽之前，張全義就已做好準備，同軍閥朱溫聯繫，求他幫助。朱溫正欲擴展勢力，欣然接納，派兵幫他守住河陽。李克用的軍隊到來時，朱溫的援軍已嚴陣

以待，李克用的軍隊只好撤走。朱溫幫了張全義的大忙，從此，張全義就投在朱溫門下。

朱溫對這個投靠過來的張全義並不放心，不敢給他兵權，深怕他在什麼時候反過來咬自己一口。只給了他一個沒有實際兵權的檢校司空軍銜，並仍讓他做河南尹，去河南一帶組織生產。

張全義任河南尹時，朱溫的勢力越來越大，最後終於發展到代唐自立。朱溫用武力把唐昭宗挾持到洛陽，做好充分的準備，想廢掉唐朝，建立朱氏政權。但洛陽地區是張全義的勢力範圍，張在這一帶的威信頗高。朱溫生怕張全義反對他篡唐自立，就先撤掉他的河南尹職務，封他為東平王，給他換了一個中書令的虛銜。

張全義已是官場老手，他深知，朱溫仍然不相信他。這時唯一的辦法是在朱溫自立為帝時替他出力，才能表明自己的忠心，取得朱溫的信任。於是，他全力替朱溫出謀劃策，把河南一帶的財力都集中交給朱溫，供其自由調度。這麼一來，朱溫當真相信他了。再加上他一再上表辭謝，說自己不配封王，無力擔任中書令的職務，朱溫已有些感動。朱溫當了皇帝後，對張全義加官進爵，封他為魏王，讓他重任河南尹。

一次，朱溫到了張全義家裡，一住就是數天，且要張全義的妻子、女兒、兒媳輪流陪他睡覺。張全義的兒子憤恨不過，磨刀霍霍，發誓要殺死朱溫。可張全義不同意，極力勸阻兒子，說：「朱溫曾救過我的命，他要怎樣就讓他怎樣吧！」

其實，張全義不是為了報恩。欲圖報恩，可用別的方式，何必如此？其目的還是為了保住官位。

朱溫晚年，最大的對手是李克用。兩派軍閥之間征戰不

休，因此，朱溫對手握兵權及曾與李克用有過關係的人很不放心。張全義就是他要殺掉的目標之一。

後來，張全義派自己的妻子去宮中為自己說情，這才打動了朱溫。朱溫讓自己的兒子娶了張全義的女兒做媳婦，表示對他的信任和好感。

經過不斷征戰，李克用的兒子李存勖終於打敗後梁，於九二三年建立了後唐政權。李存勖早就知道張全義多年替朱溫操辦國需，十分惱恨，想把他全家殺掉。張全義也知道自己的處境非常危險，早就做好了準備。他準備了上千匹好馬，送給李存勖的劉皇后，請她幫忙說話，自己又上表請罪，乞求哀憐，並表示願替李存勖治理洛陽。李存勖覺得他還有用，就赦免了他。後來，張全義又不失時機地表達自己的忠心，李存勖許多活動的必需品都由他圓滿地置辦完成，李存勖十分高興。張全義善於體貼巴結的做法竟然打動了劉皇后，要拜他為義父。

就這樣，李存勖仍讓張全義做了河南尹，還任他為中書令，封齊王。後來，張全義又做了李存勖的岳父，在新朝站穩了腳跟。

第七章

捨得羊
才套得住狼

1. 蕭何強買民田保平安

　　劉邦做泗水亭長時，蕭何是沛縣功曹，與劉邦同鄉。蕭何十分熟悉法律，劉邦對他格外尊重和信服。劉邦每有什麼處理不當的事，蕭何就從旁指點，也代為掩飾通融，兩人的關係就越來越密切。劉邦起義以後，蕭何一直跟隨，劉邦差不多對他言聽計從。楚、漢相爭乃至漢朝開國的大政方針，幾乎無不出於蕭何之手。

　　當然，劉邦對蕭何也不是毫無防備之心，在楚、漢相爭之時，劉邦離開漢中來到關東與項羽展開了長達四年之久的戰爭，蕭何留在漢中，替劉邦鎮守根本之地，並兼供給糧草兵丁。蕭何很善治理國家，不久就「漢中大定」，百姓皆樂意為蕭何奔走，蕭何對劉邦的糧草供應也很充足及時。

　　漢三年（西元前二○四年），楚、漢兩軍在榮陽、成皋一線對峙，戰鬥異常慘烈。但劉邦卻接連派出數批使臣返回關中，專門慰問蕭何。對此，蕭何未加注意，而門客鮑生卻找到蕭何說：「現今，漢王領兵在外，風餐露宿，備嘗辛苦，反而幾次派人前來慰問丞相，這是對丞相產生了疑心。為避免生出禍端，丞相不如在親族中挑選出年青力壯的，讓其押運糧草，前往榮陽從軍，這樣一來，漢王就不會有疑心了。」

　　蕭何聽後，才猛然醒悟，於是按計而行，派了許多兄弟子侄，押著糧草，前往榮陽。劉邦聽丞相運來了軍餉，並派不少親族子弟前來從軍，心中大悅，傳令親自接見。當問到蕭丞相近狀時，蕭家子弟齊道：「丞相托大王洪福，一切安好，但常念大王櫛風沐雨，馳騁沙場，恨不得親來相隨，分

擔勞苦。現特遣臣等前來從軍，願大王錄用。」劉邦聽了非常高興，說道：「丞相為國忘家，真是忠誠可嘉！」對蕭何的疑慮，因此而解。

後來劉邦還曾多次對蕭何有所疑慮，都被性格謹慎的蕭何一一化解了。

召平是個非常有見解的人，秦時為樂陵侯，秦滅後淪為布衣，生活貧困，靠在長安東種瓜為生，因所種瓜甜，時人稱為樂陵瓜。蕭何入關後，聞召平有賢名，才將其招致幕下。漢十年（前一九七年）九月，劉邦率軍北征。韓信乘機欲謀為亂。呂后聞知後，在蕭何的幫助下，設計擒殺了韓信。劉邦得知後，便遣人返回長安，拜蕭何為相國，加封為五千戶，並賜給了他五百人的衛隊。眾臣聞訊，紛紛前來祝賀，獨召平前來相弔。

召平來到相府，對蕭何說：「公將自此惹禍了！」蕭何一驚，忙問：「禍從何來？」召平道：「主上連年出征，親冒矢石，只有您安守都城，不冒風險。今韓信剛欲反長安，主上又生疑心。給公加封，派衛隊衛公，名為寵公，實則疑君，這不是大禍將臨了嗎？」

蕭何聽後，恍然大悟，急問：「君言甚是，但如何才能避禍？」召平說：「公不如讓封勿受，並將私財取出，移作軍需，方可免禍。」蕭何點頭稱是，於是，他只受相國職銜，讓還封邑，並以家財佐軍。劉邦聽後，疑心稍解。

漢十一年（西元前一九六年）七月，淮南王英布反，劉邦又移兵南征英布。其間，多次派使回長安，問相國近來做何事。使臣報說：「因陛下忙於軍務，相國在都撫恤百姓、籌辦軍糧等。」一門客聽說了這件事，找到蕭何說：「您離滅族不遠了。」蕭何頓時大驚失色。

門客於是分析其中的道理：「公位至相國，功居第一，

無法再加了。主上屢問公所為，恐公久居關中，深得民心，若乘虛而動，皇上豈不是駕出難歸了？今公不察上意，還勤懇為民，則更加重了主上的疑心，試問如此下去，大禍豈不快要臨頭了嗎？現再為您著想，您不如多購田宅，強民賤賣，自毀賢名，使民間說您的壞話。如此，主上聞知後，您才可自保，家族亦可無恙。」蕭何照計施行。

劉邦平定英布後返回長安，途中有不少百姓攔路上書，狀告蕭何強買民田。蕭何入宮見駕，劉邦將狀書一一展示給蕭何看，笑道：「相國就是這樣辦利民的事的嗎？願你自向百姓謝罪。」蕭何見劉邦無深怪之意，退下後，將強買的田宅，或補足價格，或退還原主，百姓怨言漸漸平息，劉邦也因此獲得了好名聲。

2. 郭子儀不重「臉面」四朝為臣

司馬光在《資治通鑑》裡評價郭子儀是：「天下以其身為安危者殆三十年，功蓋天下而主不疑，位極人臣而眾不嫉，窮奢極欲而人不非之。」這三句評語，古往今來多少文臣武將欲求其而不得，郭子儀卻囊括了。

「自古美人如名將，不教人間見白頭。」郭子儀五十九歲當了天下兵馬副元帥，很快就平定了「安史之亂」，保住了李唐江山，居功至偉。後來的吐蕃入侵、藩鎮作亂，都全仗郭元帥東征西討，肅宗、代宗、德宗三代皇帝都靠他撐門面。官大得沒法再大了，威望高得無以復加，這是為皇帝打工的人臣之大忌，郭子儀居然安安穩穩活到八十五歲，這在中國歷史上少有。

有人告郭子儀謀反，皇帝心裡也最怕這事兒，就下詔要

他從前線回中央彙報工作。不管他在哪裡，一接到通知立馬就動身，「朝聞命、夕引道」，不帶兵卒、不洗澡、不刮鬍子地跑到皇帝跟前，皇上一看，這哪像謀反的樣子啊？以後別人誰告郭子儀謀反，他也不信了。

郭子儀爵封汾陽王，王府建在首都長安的親仁里，汾陽王府自落成後，每天都是府門大開，任憑人們自由進出，郭子儀不准府中人干涉。

有一天，郭子儀帳下的一名將官要調到外地任職，特來王府辭行。他知道郭子儀府中百無禁忌，就一直走進了內宅。恰巧，他看見郭子儀的夫人和他的愛女兩人正在梳洗打扮，而王爺郭子儀正在一旁侍奉她們，她們一會兒要王爺遞手巾，一會兒要他去端水，使喚王爺就好像使喚奴僕一樣，這位將官當時不敢譏笑，回去後，不免要把情景講給他的家人聽，於是一傳十，十傳百，沒有幾天，整個京城的人們都把這件事當作笑話在談論著。

郭子儀聽了倒沒有什麼樣，他的幾個兒子聽了都覺得大丟王爺面子。他們相約，一齊來找父親，要他下令，像別的王府一樣，關起大門，不讓閒雜人等出入。

郭子儀聽了哈哈一笑，幾個兒子哭著跪下來求他。一個兒子說：「父王，您功業顯赫，普天下的人都尊敬您，可是您自己卻不尊敬自己，不管什麼人，您都讓他們隨意進入內宅。孩兒們認為，即使商朝的賢相伊尹、漢朝的大將霍光也無法做到您這樣。」

郭子儀收斂了笑容，叫兒子們起來，語重心長地說：「我敞開府門，任人進出，不是為了追求浮名虛譽，而是為了自保，為了保全我們全家的身家性命。」

兒子們一個個都十分驚訝，忙問這其中的道理。

郭子儀歎了口氣，說：「你們光看到郭家顯赫的聲勢，

沒有看到這聲勢喪失的危險。我爵封汾陽王，往前走，再沒有更大的富貴可求了。月盈而蝕，盛極而衰，這是必然的道理，所以，人們常說要急流勇退。可是，眼下朝廷尚要用我，怎肯讓我歸隱；再說，即使歸隱，也找不到一塊能容納我郭府一千餘口人的隱居地呀。可以說，我現在是進不得也退不得。在這種情況下，如果我們緊閉大門，不與外面來往，讓人覺得深不可測，那只要有一個人與我郭家結下仇怨，誣陷我們對朝廷懷有二心，就必然會有專門落井下石、妒害賢能的小人從中加油添醋，製造冤案，那時，我們郭家的九族老小都要死無葬身之地了。」

郭子儀具有很高的政治眼光，他善於忍受災禍，更善於忍受幸運和榮寵，所以才能四朝為臣。

郭子儀都七、八十歲了，不但求田問舍、府庫珍貨山積，身邊還姬妾成群、倚紅偎翠，這是為了向皇上和外人表明自己沒有政治野心。平常誰來都可以見到他身邊的嬌姬美妾。有一次有個官來拜訪，他立即叫姑娘們躲起來。家人不解，他說：「這傢伙長得很醜陋又心地險惡，妳們見了忍不住會笑，這樣他會懷恨在心，將來他得勢了，妳們就全完了。」真是居安思危心細如髮，想害他連一點機會都沒有。

郭子儀位極人臣，富甲天下，子孫滿堂；八子七婿，皆為朝廷高官，一重外孫為帝（穆宗）。享年八十五歲高壽，福祿壽齊全。更難得的是，他的子孫還繼續享受百餘年的榮華富貴，這在歷史上是絕無第二人的。

3.「忍」陸遜戰勝「怒」劉備

兩軍對壘，能忍的必定戰勝急躁的。

　　赤壁戰後，孫、劉兩家經過了一個短暫的聯盟蜜月，很快就開始發生衝突。在西元二一九年，東吳趁關羽進攻樊城，與曹操交兵之際，派呂蒙襲取了荊州，殺死了回援的關羽。荊州一失，劉備失卻一員兄弟般的愛將，痛入心脾，旋即親統大軍征吳，命張飛自閬中率萬人與他會合。對於劉備此舉，很多人不以為然，諸葛亮曾動員多人勸諫，趙雲也上表勸阻劉備出兵，他說：「國賊是曹操，不是孫權。如果我們先滅掉曹魏，孫權自然會降服。現曹操雖死，曹丕繼位，我們應該利用百姓對曹魏的不滿，早日出兵關中，逐鹿中原，討伐奸逆。因此，不應放過曹魏，先與東吳作戰，一旦戰爭打起來，短時間不能解決戰鬥，就難以善後了。」

　　但是，為兄弟之情及東吳背信之恨所籠罩著的劉備，根本聽不進勸諫。加上出發前張飛又因悲傷過度苛責將士而遭部下暗殺，殺人者執其首級投奔了東吳，就使他更加怒火中燒，遷怒於東吳。甚至當孫權派來求和使者以及諸葛亮之兄諸葛瑾來信勸他以大局為重（這封信一定有東吳官方的背景）時，他不屑一顧地給打發了。

　　西元二二一年六月，劉備留下諸葛亮在成都輔佐太子劉禪守國，留趙雲在江州做後軍都督，親率黃權、張南、馮習、吳班、陳式、關興諸將，統兵五、六萬人東征。

　　在劉備率軍東下後，孫權任命陸遜為大都督，五萬人馬西上拒蜀。單從兵力上看，雙方軍隊數量相差不多，但吳軍的小部分要用於南部長沙、武陵方面的防禦，還要分出一部分防守荊州，因而用於直接戰鬥的兵員就處於劣勢。身為吳軍統帥的陸遜當然明白此理。

　　長期以來，陸遜向以白面書生的面目出現，驟當大任，諸將並不服氣，因此指揮也就不太靈，他知道，不吃點虧，吳軍諸將是不能學乖的。西元二二一年七月，蜀軍順流而

下，先頭部隊連敗吳軍，占領巫縣、巴山、秭歸。陸遜收攏部隊，實行戰略撤退，一口氣退到夷道、虎亭一線，方才停駐，依山築壘堅守。

陸遜一路退，劉備就一路追，部將黃權勸阻說：「東吳人不可小窺，我們順水而下，進易退難，還是讓我當先鋒，陛下在後接應比較穩妥。」

劉備見一路戰勝，並無阻礙，遂不以黃權的話為意，火燒火燎地急於報仇，遂讓黃權一部分兵駐江北，防守側翼，自己帶大軍一直追於虎亭，前部兵鋒達到夷道，將孫權的侄兒孫桓包圍，引誘陸遜來救，可是陸遜不為所動，只管堅守不出。

吳軍的一些將領，特別是孫策時代的一些老將，對陸遜本來就看不上眼，見他自掌兵以來，只退不進，都認為是書生膽怯，這次見孫桓被困，陸遜居然坐視不救，遂藉機鬧了起來，要求救援夷道。陸遜捺住性子，向他們解釋說：「孫桓一向受到將士愛戴，夷道城堅糧足，不足為憂。等我計謀施展了，夷道之圍自然就解了。」

諸將聽到這種解釋，連本來不反對陸遜的人也不以為然起來，遂眾起嘩哄，不聽號令。陸遜見狀，按劍而起，嗔目大喝一聲：「住嘴！」

然後聲色俱厲地對諸將說：「劉備是世之梟雄，連曹操都讓他三分。現在統大兵入我境內，是一個勁敵。諸位將軍也受國家恩澤，理應相互和睦，共同滅敵，以報效國家。現在竟不聽號令，是何道理？我雖一介書生，卻是受命於主公。國家之所以委屈諸位讓我指揮，是因為我畢竟還有尺寸之長，尚可稱職，能忍辱負重。希望各位謹守職責，不要說三道四，否則，軍規在上，我定不輕饒！」

諸將見他動真氣了，只好默然不語，遵行他的軍令，堅

守不戰。但私下裡仍是議論紛紛，對時局深感憂慮。甚至有人忍不住十分感慨地說，東吳要亡了，怎麼會讓這麼一個懦弱的書生當統帥！

陸遜只是堅守不戰，劉備開始還不以為意，後來也有點沉不住氣，派兵進攻，山險壘高，根本攻不上去。每天派人在陣前叫罵，把東吳的祖宗八代都罵遍了，陸遜置若罔聞，理也不理，笑罵由你笑罵，都督我自為之。劉備見罵不出陸遜，心生一計，令吳班率幾千老弱病卒在吳軍陣前排好陣式叫戰，從早晨罵到中午，蜀軍士卒脫掉衣服，亂七八糟地散坐著，口中猶罵個不停。吳軍將士氣得發瘋，因為蜀軍簡直輕篾他們太甚，恨不得跳出營壘，前去殺個痛快，紛紛急切地要求出擊。

陸遜笑笑說：「這是劉備的誘敵之計，眼前的這些兵都是誘餌，山谷裡一定埋伏著重兵，不信你們就看著，過不了幾天那伏兵就會自己走出來。」

果然，幾天後，只見一隊隊伏兵沮喪地從山谷裡撤了出來。這時，吳軍將士才恍然大悟，從此對陸遜另眼相看了，覺得這書呆子還有點門道。

就這樣，雙方相持了半年有餘，從冬天熬到夏天。天氣一日熱勝一日，蜀軍戰士披掛帶甲，一個個熱得叫苦不疊，當初的銳氣漸漸消磨殆盡，大部分人開始思鄉想家，藉抱怨天氣發洩不滿。

劉備見狀，為不影響士氣，遂下令紮營山谷密林之中，傍澗依溪紮營。也好讓將士們解暑。從彝陵到虎亭，綿延七里，結營四十餘座。準備暫時休整部隊，等到秋涼之後再大舉進攻。

可是，劉備這樣做雖說暫時緩解了將士們溽熱難當之苦，但卻無意中把他們推到了另一種極端危險的境地—這樣

紮營，一旦敵火燒，將無從防禦。這個錯誤與當年赤壁之戰時曹操犯的聯舟錯誤近似，都是致命的。

果然，一直默默地等待時機的陸遜發現了這個大失誤，決定利用它做一篇大文章。說來奇怪，三國時期凡大戰就離不開火，官渡之戰有火，赤壁之戰有火，而現下的彝陵之戰，陸遜仍要放火。

陸遜召集將士，宣布將要反攻，有人不解，說要攻待蜀軍一入境就攻，現在蜀軍已深入，重要關隘都被人占了，這時再攻，沒什麼好結果。

陸遜解釋說：「劉備老於用兵，經驗豐富，在他剛入境時，兵氣正銳，各方面考慮都比較周詳，無隙可乘，現在他們帥老兵疲，鬥志消沉，主帥也想不出什麼好主意了。正好是我們用兵的時候。」

在總攻之前，陸遜先派了一小支部隊去做了一次試探性進攻，果不出所料，這支部隊剛靠近蜀營，就被殺得大敗。這下子，蜀軍覺得吳軍已經黔驢技窮了，遂不以吳軍為意，警惕性大大鬆懈。

當天夜裡，蜀營進入夢鄉，而吳軍將士卻全線出動，陸遜令他們每個帶上茅柴一束，浸上油脂，並帶上火種。人銜枚，馬摘鈴，趁夜幕沉降，悄悄接近沉睡中的蜀營。幾萬將士，按圖索驥，各自找到應該攻擊的目標，綿延七里，一齊行動。

三更時分。只聽一聲號炮，霎時間蜀營都燒了起來。轉眼間燃成森林大火，火借風勢，風助火威，直燒得蜀軍將士暈頭轉向。自相踐踏，在火中狂奔亂竄，吳軍在混亂中乘勢亂砍狂斬，直殺得蜀軍屍橫遍野。僥倖逃出火海奔至江邊的，又被預先埋伏好的吳軍一陣亂殺，大半餵了江中之魚。

睡得稀裡糊塗的劉備，衣袍不全地被幾員戰將扶上戰

馬，潰逃而出。回首望去，眼見七里火陣，蜀軍四十餘營寨，煙消雲散，滿山遍野盡是燒死和被殺死的蜀軍屍首，劉備不禁失聲痛哭，舉步艱難。

在部將的勸慰下，劉備總算止住了哭聲，打點精神收攏敗兵，集中了不足萬人，還盡是被燒得焦頭爛額，身上帶傷之輩。殘兵逃至彝陵馬鞍山上據險而守。可是陸遜的動作很快，還未待劉備喘上一口氣，吳軍已經圍上來，焦頭爛額、來不及築壘的蜀軍抵不住吳軍的攻勢，雙方在山上山下打成混戰之勢，從早上殺到晚上，由於馮習等人拚命衝擊引開敵人，劉備才得以率少數殘兵逃出重圍，西奔白帝城。一路上，吳軍仍舊窮追不捨，劉備只好命令沿途驛站將輜重、盔甲堵在山口要道，放火燒著，這才稍稍擋住了追兵，使他得以逃到白帝城。

一場火與血的大戰，入吳蜀軍幾乎全數被殲，駐守江北的黃權見歸路已斷，只得投降。蜀軍全部的戰船、馬匹、輜重、甲仗、都為吳軍所獲。劉備孤臥於白帝城中，聽著東逝的江流聲，心中感慨無限，長歎一聲：「不意今日為這黃口孺子的陸遜，欺負到這般地步！」

遂羞愧成疾，一病不起，一代梟雄，「遺恨失吞吳」，栽在陰溝裡翻了船。

大獲全勝之後。陸遜沒有再縱兵追擊劉備，而是見好就收，收兵回防長江。果然，曹丕以為陸遜會追入西蜀，乘機發兵進攻東吳。陸遜得勝之兵正好用來抵擋曹丕，讓他碰了一鼻子灰。

彝陵之戰後，魏、吳、蜀三家又恢復了原來的狀態，東吳的危機安然渡過，可是西蜀卻元氣大傷，從此失掉了再圖中原的本錢了。

4. 宋理宗討老婆

　　《厚黑學》強調行厚黑之事者必須善於偽裝，要在「黑心之上，蒙上一層仁義道德。」求人辦事，無論求財也好，求官也罷，李宗吾認為，用厚黑以圖謀一己之私利，越厚黑，人格越低下。如果讓人知道你是在用「忍耐」的方法達到不可告人的目的，十之八九不能成功。所以明明是在「違心」地忍耐，也要裝出滿心歡喜的樣子。

　　西元一二二四年，宋寧宗病死。在史彌遠扶持下，趙昀即位，就是歷史上的宋理宗。理宗青年嗣位，尚未成婚，直到服喪告終後才議選中宮。一班大臣、貴戚聽說皇上選中宮，都將生有姿色的愛女送入宮中。左相謝深甫有一侄女，待人謙和，賢淑寬厚。楊太后在當年自己做皇后時，曾得過謝深甫的不少幫助，因此，想立謝氏為后。除了謝氏外，當時被選入宮的美女共有六人。寧宗時的制置使賈涉的女兒長得頗有姿色，而且善解人意。理宗對他十分滿意，一心想冊立她為后。

　　可是，楊太后說：「立皇后應以德為重，封妃可以色為主。賈女姿容豔麗，體態輕盈，尚欠莊重。不像謝氏，豐容端莊，理應位居中宮。」

　　理宗聽後，馬上表現出醒悟的樣子，非常高興地順從了楊太后的意願，冊立謝氏為后，另封賈女為貴妃。其實，理宗心裡一千個不願意。但是，為什麼答應了楊太后的要求？原來，理宗原名趙與莒，只不過是紹興民間的一名男子。史彌遠為了對付原太子，便找了他，說是趙宋宗室之子。然後把他召到臨安，立為皇帝。

　　理宗心想，自己即帝位，本就有諸多爭議，此時如果不順從太后的意願，與她抗爭，太后必定記恨於我，說不定會廢除我的皇位，另立天子。大丈夫能屈能伸，為什麼我不能忍耐一下，答應她的要求呢！總有一天，她是要死的，到時候誰還管得了我？

　　宋理宗就是如此行事的。大禮完畢，理宗對謝后一直客客氣氣，全按禮數辦，並能像例行公事似地在她那兒逗留一晚，使楊太后更加感到自己決定的正確。過了兩年，楊太后一命嗚呼，撒手而去。此時，理宗的羽翼已豐，又見楊太后去世，便再也不問津謝后了，天天與賈妃在一起，無所忌憚地寵幸她。

　　理宗在冊立皇后一事上，正是採取了忍耐策略，取得了楊太后的信任，全力維護了他的皇權。

5. 李嘉誠的跑腿工作

　　有人形容求人之難，簡直是「跑斷腿，磨破嘴」。對於這一點，恐怕推銷員的體會最深了。

　　李嘉誠是推銷員出身，曾經有記者詢問過他的推銷訣竅。他不予正面回答，卻講了一個故事——

　　日本「推銷之神」原一平在六十九歲時的一次演講會上，在有人及問他推銷成功的祕訣何在時，他當場脫掉鞋襪，將提問者請上臺，說：「請您摸摸我的腳板。」

　　提問者就照他的話摸了摸，十分驚訝地說：「您腳底的老繭好厚哇！」

　　原一平接過話頭說：「因為我走的路比別人多，跑得比別人勤，所以腳繭特別厚。」

　　提問者略一沈思，頓然感悟。

　　李嘉誠講完故事後，微微笑著，自謙地對記者說：「我沒有資格讓你來摸我的腳底，但我可以告訴你，我腳底的老繭也很厚。」

　　當年，李嘉誠每天都要背一個裝著樣品的大包從堅尼地城出發，馬不停蹄地走街穿巷，從西營盤到上環，再到中環，然後坐輪渡到九龍半島的尖沙咀、油麻地。

　　他說：「別人做八個小時，我就做十六個小時。開初別無他法，只能將勤補拙。」

　　李嘉誠早先在茶樓當跑堂，拎著大茶壺，一天十多個小時來回跑。後來當推銷員，依然是背著大包，一天走十多個小時的路。

　　推銷員在推銷產品時，很可能遭到客戶的拒絕。但過了一段時期之後，他又毫不氣餒地再次去了。這時假若客戶絕情地說：「我們並沒有購買的意思，你再來幾次也是枉然。我勸你不必再浪費口舌，白費氣力了。」然而推銷員不在乎，仍然抖擻精神，面帶笑容地說：「不！請不必為我擔心。說話、跑腿，是我工作中的職責，只要你能給我一點時間，聽我解釋，我就心滿意足了。」客戶看到他汗水淋漓，卻還滿臉笑容，不買就覺得再也過意不去了，於是就買了一點。

　　這種推銷方法，就是巧妙地利用了人類的感情。因為本來不打算購買的人，也會產生「再也不能讓他白跑了」的想法。他們會帶著一種心理負擔和欠人情債的感覺，這樣想：「這位推銷員若是多跑幾處地方，也許他的產品早就推銷完了。他卻常來這裡，花了不少寶貴的時間。再不買他的產品，就有點對不住人了。」這就是加重人們心理負擔的一種推銷方法。

通過「磨功」，使對方不斷積累微小的心理負擔，當這種心理負擔擴大到一定程度時，對方就只能讓步，你所求之事也就有希望了。在日常生活中，如能將這種方法加以運用，那麼達到求人之目的的機會必然能增加許多。

6. 宰相趙普的「磨功」

宋朝的趙普曾做過太祖、太宗兩朝皇帝的宰相，他對朝廷的忠誠和政績都非常明顯。他是一個勤懇的高級行政官員，也是一個性格堅韌的人。在輔佐朝政時，他認定的事，就是與皇帝的意見相左，也敢於反覆堅持。皇帝也拿他沒辦法，最後都會答應他的請求。

有一次，趙普向太祖推薦一位官吏。太祖沒有允諾。趙普不灰心，第二天臨朝又向太祖提出這項人事任命，請太祖裁定。太祖還是沒有答應。

趙普仍不死心，第三天又提出來。連續三天，接連三次反覆地提，同僚也都大感吃驚：趙普何以臉皮這樣厚？太祖這次動了氣，將奏摺當場撕碎，扔在地上。

但趙普自有他的做法。他默默無言地將那些撕碎的紙片一一撿起，回家後再仔細粘好。第四天上朝，話也不說，將粘好的奏摺舉過頭頂，立在太祖面前不動。太祖為其所感動，長歎一聲，只好准奏。

還有類似的故事——

某位官吏按政績已該晉職，身為宰相的趙普上奏提出。但太祖平常就不喜歡這個人，所以對他的奏摺又不予理睬。

但趙普出於公心，不計皇上的好惡，前番那種韌性的表現又重複行了起來。太祖拗他不過，勉強同意了。

太祖先是問道：「若我不同意，這次你會怎樣？」

趙普面不改色：「有過必罰，有功必賞，這是一條古訓，不能改變，皇上不該以自己的好惡，無視於這個原則。」

也就是說，你雖貴為天子，也不能因個人的感情，處理刑罰褒賞的問題。這話顯然衝撞了宋太祖。太祖一怒之下，拂袖而去。

趙普死跟在後面，到皇帝的寢宮門外站著，垂手低頭，良久不動。他下了決心：皇帝不出來，他就不走了。據說，太祖很為此感動。

當求人的過程中出現僵局時，人們的直接反應通常是煩躁、失意、惱火，甚至發怒。然而，這無助於事情的解決。你應理智地控制自己，採取忍耐的態度。這時，忍耐所表現的是對對方處境的理解，是對轉機到來的期待和對求人成功的自信。有了這種心境，你就能在精神上使自己處於強有力的地位，能夠方寸不亂，調動自己全部的聰明才智，想方設法去突破僵局；即使消耗一定的時間也在所不惜。

從另一個角度看，這一計策消耗的是時間。而時間恰恰是一種武器。時間對誰都是公平的，人們最耗不起的就是時間。所以，如果你以足夠的耐心，擺出一副「打持久戰」的架式與對方對壘，便會對他的心理產生震懾。以「泡」對「拖」，足以促其改變初衷，加快辦事的速度。因此，你要沈住氣，耐心地犧牲一點時間。這樣反而可以爭取到更多的時間。

有沒有足夠的耐心，還與人們的自尊心強弱有關。有些人臉皮太薄，自尊心太強，經不住人家首次拒絕的打擊。只要前進一受阻，他們就臉紅，感到羞辱、氣惱，要嘛與人爭吵鬧崩，要嘛拂袖而去，再不回頭。看起來這種人很有幾分

「骨氣」，其實這是過分脆弱的自尊，導致他們只顧面子而不想千方百計地達到目的，於事業無益。

為此，求人時，既要有自尊，但又不可過分自尊。為了達到交際的目的，臉皮就得厚，而且要不斷增厚，由「厚如城牆，到厚而無形」。碰個釘子，臉不紅心不跳，不氣不惱，照樣微笑著與人周旋。只要還有一絲希望，就得全力爭取，不達目的決不罷休。

「磨」不是消極地耗時間，也不是硬和人家耍無賴，而是要善於採取積極的行動影響對方、感化對方，促進事態向好的方向轉化。「人心都是肉長的。」你可以這樣看待所求之人，但你自己的心卻要練到如同「不是肉長的」。以你「黑如煤炭、黑而亮、黑而無色」的心去對抗對方「肉長」的心，不管雙方認識的距離有多大，只要你善於用行動證明你的誠意，就會促使對方去思索，進而理解你的苦心，從固執的框子裡跳出來，那時你就即將「磨」出希望了。

7. 李淵化敵為友的妙計

隋朝末年，李淵從太原起兵後不久，便選定關中作為長遠發展的基地。因此，他藉「前往長安，擁立代王」之名，率軍西行。

李淵西行入關，面臨的困難和危險主要有三個：

（一）長安的代王並不相信他真心「尊隋」，於是派精兵堅決阻擊之。

（二）當時勢力最大的瓦崗軍半路殺出，糾纏不清。

（三）瓦崗軍還用一支主力部隊襲奔晉陽重鎮，威脅他的後方根據地。

這三大危險中，隋軍的阻擊雖已成為現實，但軍隊數量有限，且根據種種跡象判斷，隋廷沒有繼續派遣大量迎擊部隊的徵候。後兩個危險卻是主要的。瓦崗軍的人數在李淵的十倍以上。第二種或第三種危險中，任何一個危險的進一步演化，都將使他進軍關中的行動夭折，甚至可能使他由此一蹶不振，再無東山再起的機會。

李淵急忙寫信給瓦崗軍首領李密，詳細通報了自己的起兵情況，並表示了希望與瓦崗軍友好相處的強烈願望。不久，使臣帶著李密的覆信回到唐營。李淵看了信，口裡說了聲「狂妄之極」，心裡卻踏實多了。原來李密自恃兵強，欲任各路反隋大軍的盟主，大有稱孤道寡的野心。他的覆信中實際上是在勸說李淵同意並聽從他的領導。

李密擁有洛口要隘，附近的倉廩中糧帛豐盈，控制著河南大部。向東可以阻擊或奔襲正在江蘇的隋煬帝，向西則可以輕而易舉地進取已被李淵視為發家基地的關中。因此，李淵雖覺得李密過於狂妄，但也知他有狂妄的資本。

為了解除西進途中的後兩種危險，並化敵為友，借李密的大軍把企圖奪回長安的隋軍主力截殺於河南境內，李淵笑咪咪地對次子李世民說：「李密妄自尊大，決非一紙書信便能招來為我效力。我現在急於奪取關中，也不能立即與他絕交，增加一個勁敵。」

於是，他覆回信曰：「天生蒸民，必有司牧。當今為牧，非子而誰？老夫年逾知命，願不及此。欣戴大弟，攀鱗附翼。唯弟早膺圖箓，以寧兆民。宗盟之長，屬籍見容。復封於唐，斯榮足矣。擅商辛於牧野，所不忍言；執子嬰於咸陽，未敢聞命。汾晉左右，尚須安緝；盟津之會，未有卜期。謹此致覆！」

大意是說：當今能稱皇為帝的只能是你李密。我年已

五十有餘，無此願望，只求到時能再封為唐公便心滿意足。希望你能早登大位。因為附近尚須平定，所以暫時無法脫身前來會盟。

李世民看了信後，說：「此書一去，李密必專意圖隋，我可無東顧之憂了。」

果然，李密得書之後，十分高興，對將佐們說：「唐公見推，天下不足定矣！」

李淵授李密以好，卑詞推獎，不僅避免了李密爭奪關中的危險，還為他的西進牽掣住洛陽城中可能增援長安的隋軍，從而達到了「乘虛入關」的目的。李密中了李淵之計，十分信任他，常給他通訊息，更無攻伐行為，專力與隋軍主力決鬥。之後幾年中，李密消滅了隋王朝最精銳的主力部隊，自己也被打得只剩二萬人馬。李淵則利用有利的時機，發展成最有實力的集團，不費吹灰之力便收降了李密餘部。

總之，現實世界只要有利益之爭，韜晦之舉（指收斂光芒，默默修身養性）就不會絕跡。

8. 毛人鳳與戴笠

有一種撲克牌的玩法叫打「沙蟹」，其中有一套祕訣：「忍、等、狠」。聽說當年國民黨軍統頭子毛人鳳很喜歡打「沙蟹」，因為他有耐心，下手狠，所以每賭必勝。他把這套祕訣視作自己的人生哲學，用在待人處世上，果然一帆風順，步步高升。

毛人鳳是一個城府很深的人，在仕途中十分小心。但他非常善於應用計謀，同對手競爭，由一個小小的職員，最終得到保密局長的高位。

　　毛人鳳與戴笠在江山文溪小學是同學。一九三二年三月，戴笠任復興社特務處少將處長兼浙江省警官學校特派員。毛人鳳經胞弟毛萬里介紹，被戴笠安排在警官學校特派員辦公室任文書，當時只在書記長手下做些抄抄寫寫的工作。由於他為人謹慎，一年後便升為書記員。「七‧七事變」爆發的那一年，他當上「軍統局」的機要祕書。

　　在名利面前，他故意擺出一副超凡脫俗的姿態。「八‧一三」淞滬戰役時，他隨戴笠在滬郊主持情報等重要工作，獻計策劃，處理公務，常常徹夜不寐，甚至患病時仍堅持辦公。這一招果然贏得戴笠的賞識和信任。

　　一九四一年，毛人鳳以代理主任祕書的頭銜，負責祕書室的工作。當時，「軍統局」呈送蔣介石的「通天文件」和呈送何應欽的「通地文件」，都要經他簽署。

　　任代理主任祕書期間，為了討好上下級，贏得好名聲，他見了任何人總是笑嘻嘻的。戴笠責備他時，他毫不勉強地接受；就是部下耍態度、發牢騷，他也能忍住。戴笠的脾氣十分暴烈，為一點小事就動輒打人、罵人、關人。每遇到這種情況，毛人鳳總是從中為人說情，甚至還肯代人受過。

　　因此，許多特務都很感激他。戴笠曾生氣地斥責他是「菩薩心腸」說他「難成大器」。

　　他不僅在「軍統局」中能忍耐，在外面也不耍脾氣。

　　有一次，重慶稽查處的何龍慶和他去看川戲，占了一排的座位。一會兒來了幾個空軍飛行員，毫不客氣地推擠他們。何龍慶馬上火冒三丈，與那些飛行員爭執起來。雙方均驕橫慣了，都不肯示弱，繼之大打出手。毛人鳳始終不參與爭執，保持冷靜的態度。由於力量懸殊，何龍慶挨了一頓打，而他只是挨了兩句罵。其後，他曾拿這件事告誡沈醉：要能忍，才可不吃眼前虧。

毛人鳳「忍」的精神是一般人所不及的。抗戰時期，他在「軍統局」小樓的一間丈把寬窄的房間裡，每天批閱數以百計的公文。白天這小房是辦公室，夜晚這小房就是他的臥室。他對「軍統」的一些元老都十分客氣，尤其對當時的副局長鄭介民和幫辦唐縱這兩個資格最老，甚至可與戴笠平起平坐的特務頭子更是恭恭敬敬。

這種與世無爭的態度，終於使戴笠認定他是一個沒有野心的得力助手，也有意進一步培養他。「中美合作所」成立後，便把「軍統」的工作交給了他，自己則以主要精力抓「中美合作所」的工作。

由於戴笠的培植和蔣介石的賞識，毛人鳳逐步在「軍統局」造就一種無形的領導地位。在許多特務的心目中，除了「戴先生」外，便是「毛先生」。

「忍」與「等」都是因為時機不成熟。時機一旦成熟，就要抓住時機；一旦升上高位，「狼」的手腕就要顯露出來。

一九四六年三月，戴笠在戴山飛機失事過世之後，毛人鳳自感時機已到，便脫下「袈裟」，舉起了屠刀。

戴笠活著時，對「軍統」內部控制很嚴，特務們之間雖有親疏之分，但不敢公然形成派系。戴笠一死，一向被特務稱為「軍統三巨頭」的鄭介民、唐縱、毛人鳳便立即分裂為廣東、湖南、浙江三派。

毛人鳳考慮，自己的出身、資歷都遠遠比不上鄭介民和唐縱，很難爭過他們。權衡一番之後，他決定用巧計與鄭、唐競爭。他計劃先聯合鄭介民擠掉唐縱，再設法搞掉鄭介民。若能搞倒唐縱，除去鄭介民便易如反掌。

他覺得，鄭介民頭腦簡單，勢力較弱，易於對付，而唐縱城府很深，工於心計；鄭介民一向兼職很多，對「軍統」

內部的工作很少過問，而唐縱為人拘謹，事必躬親，在工作上常與他發生意見分歧。軍統大權若落入唐縱手中，他必難以生存。若由鄭介民掌握，自己不但可以掌實權，還可利用當時鄭介民在北平軍調部忙得焦頭爛額，根本無暇兼顧軍統之機擴充勢力。

籌思既定，毛人鳳就決定助鄭介民一臂之力。他向蔣介石說，「軍統」大部分高級人員對鄭介民很好，與唐縱的關係比較疏遠。蔣介石聽從了他的意見，由鄭介民任「軍統」的代理局長，把唐縱排擠出去。後來唐縱擔任內政部警察總署署長。毛人鳳此舉不僅擠掉了最大的對手，還獲得了不爭權奪利的名聲。

一九四六年十月十一日，「軍統局」宣告結束，改組為國防部保密局，鄭介民任局長，毛人鳳任副局長。毛人鳳與當時任軍務局長的俞濟時是浙江同鄉。俞濟時曾長期擔任蔣介石的侍衛長，是蔣的心腹。毛人鳳看時機逐漸成熟，就決定向鄭介民開刀。他便充分利用與俞濟時的同鄉關係，對俞百般巴結，並讓老婆向影心出面，不斷給俞送去貴重禮物，博得了俞的好感。俞濟時在蔣介石面前為毛人鳳說了不少好話。

在鄭介民過50歲生日時，毛人鳳便指使保密局總務處處長沈醉藉祝壽之機，整垮鄭介民。鄭介民怕招惹是非，不想大張旗鼓地做壽。沈醉知道鄭介民一向怕老婆，極力慫恿鄭妻為鄭祝壽，大收壽禮，同時又鼓動特務們都去送厚禮。鄭介民因說服不了老婆，只好在生日的前兩天，躲到上海去「避壽」了。

在沈醉安排下，特務們把鄭家布置得燈火輝煌，還大擺筵席，將貴重的禮品都陳列在壽堂上，十分熱鬧。

祝壽到了高潮，沈醉又令其他特務鼓動那些被冷落的特

務家屬們來湊熱鬧。於是孤兒寡母們擁到壽堂，連哭帶喊要
飯吃。關鍵時刻，沈醉又出面解圍，充當好人。

事後，毛人鳳立即把鄭介民鋪張祝壽的事報告了蔣介
石。他將沈醉收集的鄭介民結黨營私，大肆貪污的材料統統
向蔣彙報。

俞濟時也緊密配合，不失時機地向蔣吹「耳邊風」，講
鄭介民的壞話。

毛人鳳終於取得了勝利，鄭介民當了一年保密局長就被
他取而代之。

掌了大權的毛人鳳一改慈善面孔，以鐵腕清除鄭介民在
保密局中的心腹，把鄭的同鄉、局長辦公室主任張繼勳，專
員王清等一一驅逐；還把廣東派掌握的公開機關都一一抓了
過來。上海警備司令部稽查處處長程一鳴被調職，由浙江派
的陶一珊接任。交警總局局長吉章簡也換成了周偉龍。保密
局設計委員會主任張嚴佛一向與毛人鳳的關係不錯，但因扣
押了為毛妻做販運私貨生意的重慶航空檢查所所長關茂先，
並在事後報請鄭介民處理，為此，毛人鳳極為惱火，便將他
趕回湖南。

經過一番爭奪、清除、排擠，廣東派徹底垮了，保密局
成了清一色浙江派的天下。

毛人鳳為鞏固自己的勢力，極力巴結蔣介石的心腹，從
各方面做好攀附工作，以便取得他們的庇護和支持。他知道
蔣介石特別偏愛陳誠、胡宗南、湯恩伯，因而對這幾個捧得
更利害。

陳誠一向與戴笠作對，看不起「軍統」。毛人鳳任局長
後，為了緩和與陳誠的關係，除了低聲下氣地向陳誠請教
外，還托人與陳誠拉關係，但一時未見成效。正在為難之
際，他想起戴笠生前曾以「兵變」的罪名扣押了陳誠的幾個

部下，因沒有充分的證據，就一直拖了下來。為了討好陳誠，他便替這幾個人翻了案，將他們放出來。不久，陳誠果然對毛人鳳的態度來了個一八〇度大轉變。後來，陳誠任東南行政長官時，主動提出負擔保密局技術總隊的全部經費。保密局遷往臺灣後，他也給予極大的方便。

毛人鳳的人品儘管為人所不齒，但他的經歷從一個側面告訴我們，在時機不成熟時，得有很大的忍耐心，時機成熟時，便須不擇手段地爭權奪利。

9. 不擇手段籠絡「死士」

春秋時，楚莊王勵精圖治，國富民強，手下戰將眾多，個個都肯為他賣命。楚莊王也極力籠絡這批戰將，經常宴請他們。

一天，楚莊王又大宴眾將。君臣喝得極其痛快，天色漸晚，莊王命點上蠟燭繼續喝酒，又讓自己的寵姬出來向眾將勸酒。突然間，一陣狂風吹過，把廳堂裡的燈燭全部吹滅，四周一片漆黑，猛然間，莊王聽得勸酒的愛姬尖叫一聲，莊王忙問何事。

寵姬在黑暗中摸過來，附在莊王耳邊哭訴道：「燈一滅，有位戰將不遜，將手向妾身下處伸來抓摸，已被我偷偷拔取了他的盔纓，請大王查找無盔纓之人，重重治罪，為妾出氣。」

莊王聞聽，心中勃然大怒，自己對眾將這般寵愛，竟有不遜之人，膽敢戲弄我的愛姬，真乃無禮之極！定要查出此人，殺一儆百！他剛要下令點燈查找，但又一轉念：這幫戰將都是曾為我流過血、賣過命的人，我若為了這點女人

小事殺一位戰將，其他戰將定會寒心，以後誰還會真心誠意地為我賣命呢？失去這批戰將，我將憑什麼稱霸中原呢？俗話說，小不忍則亂大謀，還是隱忍一下，放過這等小事，收買人心要緊。主意已定，他低聲勸寵姬道：「卿且去後堂休息，我定查出此人為妳出氣。」

等那寵姬離開廳堂，莊王便下令說：「今日玩得甚是痛快，大家都把盔纓拔下來，喝個痛快。」大家在黑暗中都不知原委，不明白大王為何讓大家拔下盔纓。但既然大王有令，就只好照辦了。

那位肇事的將軍在酒醉之中闖下大禍，聽到莊王寵姬尖叫，才嚇醒了酒，心想這次必死無疑。等莊王命令大家拔盔纓時，他伸手一摸，盔纓早已沒了，才明白莊王的用心。等大家都拔去盔纓，莊王才下令點上燈燭，繼續暢飲。肇事的戰將暗中望著莊王，下定了效死的決心。

自此以後，每逢戰鬥，都有一位楚將衝鋒陷陣，拚命地出擊作戰。經楚莊王細細查問，才知道他就是那位被寵姬拔掉盔纓的肇事者。

戰國「四公子」之一的齊國孟嘗君田文，門下養了許多食客，其中有一個門客與孟嘗君的愛妃私通，早已為外人發覺。有人勸孟嘗君殺了那個門客，孟嘗君聽後笑著說：「愛美之心人皆有之，異性相見，互相悅其貌，這是人之常情呀！此事以後就不要再提了。」

過了近一年，一天，孟嘗君特意將那個與自己妃子私通的門客召來，對他說：「你與我相交已非一日，但沒有能封到大官，而給你小官你又不要。我與衛國國君的關係甚篤，現在，我給你足夠的車、馬、布帛、珍玩，希望你從此以後，能跟隨衛國國君認真辦事。」

　　那個門客本來就做賊心虛，聽孟嘗君召喚他，以為這下大禍臨頭了，現在想不到孟嘗君給他這樣一份美差，激動得什麼話也說不出，只是深深地、懷著無限敬意地為孟嘗君行了個大禮。

　　那個門客到了衛國後，衛國國君見是老朋友孟嘗君舉薦過來的人物，也就對他十分器重。

　　沒過多久，齊國和衛國關係開始惡化，衛國國君想聯合天下諸侯軍隊共同攻打齊國。那個門客聽到這一消息後，忙對衛國國君說：「孟嘗君寬仁大德，不計臣過。我也曾聽說過齊、衛兩國先君曾經刑馬殺羊，歃血為盟，相約後世永無攻伐。現在，國君您要聯合天下之兵以攻齊，是有悖先王之約而欺孟嘗君啊！希望國君您能放棄攻打齊國的主張。如果國君不聽我的勸告，認為我是一個不仁不義之人，那我立時撞死在國君您的面前。」一句話剛說完，那個門客就準備自戕，被衛國國君立即上前制止了，並答應不再聯合諸侯軍隊打齊國了。就這樣，齊國避免了一場災難。

　　消息傳到齊國後，人人都誇孟嘗君可謂善為人事。當初不殺門客，如今門客為國家建下了奇功。

　　漢文帝時，袁盎曾做過吳王劉濞的丞相，他的一個從使與他的一個侍妾私通。袁盎知道後，並沒有洩漏出去，也沒有責怪那個從使。有人卻說了一些話嚇唬那個從使，說袁盎要治那個人的死罪等等，結果把那個從使果真嚇跑了。袁盎知道後，又親自去把那個從使追回來，對他說：「男子漢做事要頂天立地，既然你這麼喜歡她，我可以成全你們。」竟將那個侍妾賜給了那個從使，待他也仍像從前一樣。

　　到了漢景帝時，袁盎到朝廷中擔任太常要職，後又奉漢景帝之命出使吳國。當時，吳王劉濞正在謀劃反叛朝廷，決

定先將朝廷命官袁盎給殺害。就暗中派了五百人包圍了袁盎
的住所，袁盎本人卻毫無覺察，情況十分危急。

　　在這五百來人的包圍隊伍中，恰好有一位就是當年袁盎
門下的從使，此人現已任校尉司馬一職。他知道袁盎情勢十
分危險，隨時都會有性命危險，心想，這正是報答袁盎的好
機會。兵臨城下，如何營救恩人？那個從使靈機一動，就派
人去買來二百石好酒，請五百個兵卒開懷暢飲，並說道：
「大夥好好喝個痛快，那袁盎老頭現在已是甕中之鱉，跑不
了的！」士兵們一聽，一個個酒癮急劇發作，喝得酩酊大
醉，東倒西歪，成了五百個醉羅漢。

　　當天夜晚，那個從使悄悄來到袁盎臥室，將他喚醒，
對他說：「你趕快走吧，大人，天一亮吳王就要將你斬首
了。」

　　袁盎揉了揉昏花的老眼，忙問他：「壯士，你為什麼要
救我？」原來當年的從使現在已穿上了校尉司馬服，加之又
不知過去了多少年，在昏暗的燈光下，袁盎倉促之間，根本
認不出當年的那個從使了。

　　只見校尉司馬對袁盎笑笑說：「大人，我就是以前那個
偷了你的侍妾的從使呀！」

　　袁盎大悟，在那位校尉司馬的掩護下，連夜逃離了吳
國，擺脫了困境。

　　五代時，梁朝的葛周曾與他所寵愛的美姬一道飲酒作
樂，有個在葛周身邊擔任侍衛的小兵一直目不轉睛地盯著那
個美姬，乃致於葛周問他話時，他都忘記了回答，可見他
入神到了何等程度。這個小侍衛也覺得自己在主人面前失態
了，十分惶恐，害怕葛周懲罰他。葛周見了，並沒有說什
麼，只是很慈善地向他笑了笑，並還讓自己寵愛的美姬親斟

一杯酒賜給了那個小侍衛,意思是讓他壓壓驚。

後來,葛周與後唐的軍隊交戰,戰事屢屢失利。葛周就大聲呼喊那個小侍兵,命他前去迎敵。小兵見這正是報效主子的機會,就奮不顧身,衝鋒陷陣,擊退了敵人的一次次進攻,並還生擒了一名敵人的小頭目。戰鬥結束後,葛周就將那個自己寵愛的美姬賜給了那個小兵做妻子。

北宋初年,蘇慕恩的部落是整個胡人中最強大的一支。當時,鎮守邊關的是種世衡將軍。

一天晚上,種世衡與蘇慕恩在種世衡的營帳中共同飲酒,並喚出一個很美麗的侍妾為他倆斟酒。席間,種世衡起身進屋有點事,蘇慕恩就乘機偷偷地調戲那個侍妾。正在他得意忘形之際,種世衡突然從裡面出來,出其不意地捉住了蘇慕恩的不軌行為。蘇慕恩十分窘迫、慚愧,忙向種世衡請罪。那位侍妾也給嚇得哭了起來。種世衡見狀,對蘇慕恩說:「你喜歡她嗎?如果你想要她,我成全你們。」當即同意將那侍妾送給了蘇慕恩。蘇慕恩對種世衡的寬宏大量感謝不盡,連連行了三個大禮。

從那以後,凡是其他部落中有懷二心的逆臣,種世衡就派蘇慕恩前去討伐,每次都大勝而歸。胡人部落再也不敢隨便尋釁滋事了。

孝莊文皇后,是蒙古一個較大部落的首領寨桑的女兒。皇太極本已娶寨桑的妹妹為妻,由於其幾年不育,而受冷落。後來皇太極看到寨桑的女兒長得出眾,就下了聘禮,這樣,十四歲的少女就嫁給了自己的姑父皇太極。

皇太極與大明帝國連年交戰,一六四二年俘獲了明朝的著名將領洪承疇。洪承疇以善戰和忠誠聞名於天下,皇太極

考慮到奪取中原必須重用漢人，就派人勸降，但洪承疇已將生死置之度外，堅持絕食，拒不投降。

皇太極為了招待洪承疇費盡心機，但毫無結果。於是用重金收買與洪承疇一同被俘的僕人金升，金升深知洪承疇的弱點，獻計以女色打動洪承疇。

一個又一個絕色美女前去伺候，但洪承疇竟毫不動心。莊后聽到這個消息後，決心為皇太極立一功，親自去勸洪承疇。以皇后這樣的身分去伺候一個降將，有失身分。男人天生的忌妒心使皇太極很不願意，但莊后一番表白，使皇太極豁然開朗：女人事小，江山事大，何況也不一定非戴綠帽子不可，皇太極就同意了莊后的要求。

正在絕食的洪承疇身體虛弱，他茫然地注視著窗外。突然，他只覺得眼前一亮，一個漢家女子走進室內，又一勸降的美人計，洪承疇心想。但這個女子一到眼前，一股幽香沁人心脾，天生麗質，皓腕凝雪，美目含情，氣質高雅，不同凡人。一聲「洪將軍」溫存委婉，讓人百聽不厭。如此端莊秀麗，婀娜多姿，特別是她的氣質，令人敬佩；與前幾天那些嬌聲嬌氣，庸俗不堪，恬不知恥，故做多情的女人相比真是天淵之別。

「洪將軍為國盡忠，令人敬仰，難道您不先喝一點水再慷慨捐軀嗎？」莊后雙手遞上參湯。

面對如此美麗的女子，話又說得如此得體，怎麼能拒絕？即便出於禮儀，也不能拒絕。洪承疇接過參湯，喝了起來，這一喝，要想死可不容易了。堅強的堤坎，打開了一個缺口，洪承疇的感情就奔流而下。

以後幾天，莊后為洪承疇端酒送飯，悉心伺候，二人已無所不談，如膠似膝。洪承疇視莊后為自己的紅顏知己，感慨自己命運多難，將赴刑場，否則，擁此美人，實天下之

樂。

莊后看火候已到，就按預定計劃，先讚揚洪承疇智慧雙全，人才難得，對待明朝忠心耿耿，令人敬佩。待洪承疇哀聲歎息之時，話鋒一轉，分析天下大勢，指點迷津。提出：「大明氣數已盡，清皇必主中原。皇太極求賢若渴，不如順從大勢，為清王朝建功立業，留名後世。」

莊后一番肺腑之言，打動了洪承疇，洪承疇經過長時間的沉思，決定降清。

皇太極在皇宮大殿招集文武百官，以極其隆重的禮遇接見洪承疇，當時宣布委以重任。當他謝恩後抬頭向皇帝、皇后看去時，心中大驚，那端莊秀麗、親切溫和的皇后正是伺候自己幾天的漢家女子。

洪承疇無論如何也想不到皇后竟屈身伺候自己，這是何等的寵幸。自此，洪承疇死心塌地的為清王朝效力，充當了清軍入關的先鋒。

10. 孫臏裝瘋脫險地

古語說：「尺蠖之曲，以求伸也；龍蛇之蟄，以求存也。」

戰國時期的孫臏，是孫武的後代，也是一位大軍事家，他所著的《孫臏兵法》，至今仍然是十分重要的軍事經典，他不能說不富於智謀了吧，他為情勢所迫，也不得不裝瘋避禍，而且其艱難程度，後人無一能趕得上。

在三家分晉以後，韓、趙、魏三家中數魏國的勢力最強大，魏惠王野心勃勃，也想學秦國收攏人才，找個衛鞅一類的人物來替他治理國家，於是做出了一副求賢若渴的樣子，

花了許多錢來招致賢士，所謂精誠所至，金石為開，果然來了一位名叫龐涓的人，聲稱是當世高人鬼谷子的學生，與蘇秦、張儀、孫臏是同學，他在魏王面前大吹大擂，說只要自己能當大將，其他國家絕不足畏，魏王就信任了他，龐涓當了大將，他的兒子龐英、侄子龐蔥、龐茅全都當了將軍，「龐家軍」倒也確實賣力，訓練好兵馬就向衛、宋、魯等國進攻，連打勝仗，弄得三國齊來拜服。東方的大國齊國派兵來攻，也被龐涓打了回去。從此魏王就更信任他了。

　　龐涓的同學孫臏是大軍事家孫武的後代。他德才兼備，是個少見的人才。尤其從老師鬼谷子那裡得知了祖先孫子的十三篇兵法，更是智謀非凡。一次，墨子的門生禽滑厘來拜訪鬼谷子，見到了孫臏，為他的才德所感動，就想讓他下山，幫助各國國君守衛城池，減少戰爭。

　　孫臏說：「我的同學龐涓已下山去了，他當初說一旦有了出路，就來告訴我的。」禽滑厘說：「聽說龐涓已在魏國做了大官，不知為什麼沒寫信給你，等我到了魏國，替你打聽一下。」

　　墨子在當時是個極為著名的人物，他不僅堅決反對戰爭，還有很多弟子，都是技能超人而又堅決反戰的人。因此，墨子在當時的影響很大，他曾憑著自己的一張嘴嚇得強大的楚國不敢去進攻宋國。所以，每到一個國家，國君都會把他待為上賓。等禽滑厘到了魏國，他就對魏王說了孫臏和龐涓的事。魏王一聽，立即找來龐涓，問他何以不邀孫臏同來。龐涓說：「孫臏是齊國人，我們如今正與齊國為敵，他若來了，也要先為齊國打算，所以沒有寫信讓他來。」魏王說：「如此說來，外國人就不能用了嗎？」龐涓無奈，只得寫信讓孫臏前來。

　　孫臏來到魏國，一談之下，魏王就知道孫臏才能極大，

想拜他做副軍師，協助軍師龐涓行事。龐涓聽了忙說：「孫臏是我的兄長，才能又比我強，豈可在我的手下。不如先讓他做個客卿，等他立了功，我再讓位於他。」在當時，客卿沒有實權，卻比臣下的地位高，孫臏還以為龐涓一片真心，對他十分感激。

龐涓原以為孫臏一家人都在齊國，孫臏不會在魏國久留，就試探著問他：「你怎麼不把家裡人接來同住呢？」孫臏說：「家裡的人都被齊君害死了，剩下的幾個也已被沖散，不知何處尋找，哪裡還能接來呢？」龐涓一聽傻了眼，如果孫臏真在魏國待下去，自己的位置可真要讓給他了。

半年以後，一個齊國人捎來了孫臏的家書，大意是哥哥讓他回去，齊國也想重振國威，希望孫家的人能在齊國團聚。孫臏對來人說：「我已在魏國做了客卿，不能隨便就走。」並寫了一封信，讓他帶回去交給哥哥。

孫臏的回信竟被魏國人搜出來交給了魏王，魏王便找來龐涓說：「孫臏想念齊國，怎麼辦呢？」龐涓見機會來了，就對魏王說：「孫臏是大有才能之人，如果回到了齊國，對魏國十分不利。我先去勸勸他，如果他願意留在魏國，那就罷了，如果不願意，他是我薦舉來的人，那就交給我來處理吧。」魏王答應了。

龐涓當然沒有勸孫臏。他對孫臏說：「聽說你收到了一封家信，怎麼不回去看看呢？」孫臏說：「是哥哥讓我回去看看的，我覺得不妥，沒有回去。」龐涓說：「你離家多年了，一直和家人沒有聯繫，如今哥哥找到了你，你應當回去看看，見見親人，再給先人上上墳，然後再回來，豈不是兩全其美嗎？」孫臏怕魏王不同意，龐涓一力承攬，孫臏十分感激。

第二天，孫臏就向魏王請兩個月的假，魏王一聽他要回

去，就說他私通齊國，立刻把他押到龐涓那裡審問，龐涓故作驚訝，先放了孫臏，再跑去向魏王求情，過了許久，才又神色慌張地跑回來說：「大王發怒，一定要殺了你，經我再三懇求，大王總算給了點面子，保住了你的性命，但必須處以黥刑（在臉上刺字，使之留下永久標記）和臏刑（剔掉膝蓋骨使之不能走路逃跑）。」孫臏聽了，雖非常憤怒，但覺得龐涓為自己出力，還是十分感激他。

孫臏被在臉上刺了字又被剔去了膝蓋骨，從此只能爬著行動，成了終身殘廢。

龐涓倒是對孫臏的生活照顧得很周到，孫臏覺得靠龐涓生活過意不去，就想報答他，有一天，孫臏主動提出要替龐涓做點什麼，龐涓說：「你那祖傳的十三篇兵法，能不能寫下來，咱們共同琢磨，也好流傳後世。」孫臏想了想，也就答應了。孫臏只能躺在那裡用刀往竹簡上一個字一個字地刻，他雖背得滾瓜爛熟，但若想寫下來，卻不容易，再加上孫臏對受刑極為憤慨，所以每天只能刻十幾個字。

這樣一來，龐涓沉不住氣了，就讓手下一個叫誠兒的小廝催孫臏快寫。誠兒見孫臏可憐，便不解地問服侍孫臏的人說：「龐軍師為什麼死命地催孫先生快寫兵法呢？」那人說：「這還不明白。龐軍師留下孫先生的一條命，就是為了讓他寫兵法，等寫完兵法，孫先生也就沒命了。」

孫臏聽到了這話，大吃一驚，前後一想，恍然大悟，霎時間大叫一聲，昏了過去，等別人把他弄醒時，他已經瘋了。只見孫臏捶胸拔髮，兩眼呆滯，一忽兒把東西推倒，一忽兒又把寫好的兵法扔到火裡，還把地下的髒東西往嘴裡塞。從人連忙奔告龐涓說：「孫先生瘋了！」

龐涓急忙來看，只見孫臏一會伏地大笑，一會又仰面大哭，龐涓叫他，他就衝龐涓一個勁地叩頭，連叫：「鬼谷老

師救命！鬼谷老師救命！」龐涓見他神智不清，但懷疑他是裝瘋，就把他關在豬圈裡，孫臏依然哭笑無常，累了就趴在豬圈中呼呼大睡。

過了一陣子之後，還是如此，龐涓仍不放心，就派人前去探測。一天，送飯人端來酒菜，低聲對他說：「我知道你蒙受了奇恥大辱，我現瞞著軍師，送些酒菜來，有機會我設法救你。」說完還流下了淚水，孫臏顯出一副莫名其妙的怪樣子說：「誰吃你的爛東西，我自己做的好吃多了！」一邊說，一邊把酒菜倒在地下，抓起一把豬糞，塞進嘴裡。

那人回報了龐涓，龐涓心想，孫臏受刑之後氣惱不過，可能是真的瘋了。從此，他只是派人監視孫臏，不再過問。

孫瘋子白天躺在街上，晚上就又爬回豬圈，有時街上的人給他點吃的，他就哈哈而笑，而又嘟嘟嚷嚷，也聽不清他說些什麼。這樣久了，魏國的都城大梁內外都知道有個孫瘋子，沒有人懷疑他了。龐涓每天都聽人彙報，覺得孫臏再也無法同自己競爭了，就沒再動殺他的念頭。

有一天夜裡，有個衣著破爛的人坐在孫臏的身邊，過了一會，那人揪揪他的衣服，輕聲對他說：「我是禽滑厘，先生還認得我嗎？」

孫臏大吃一驚，經過辨認，確認是禽滑厘，便淚如雨下，激動地說：「我自以為早晚要死在這裡了，沒想到今天還能見到你。你可得小心，龐涓天天派人看著我。」

禽滑厘說：「我已經把你的冤屈告訴了齊王，齊王讓淳于髡來魏國聘問，我們全都安排好了，你藏在淳于髡的車裡離開齊國，我讓人先裝成你的樣子在這裡待兩天，等你們出了魏國，我再逃走。」

禽滑厘把孫臏的衣服脫下來，給他手下的一個像貌與孫臏相近的人穿上，躺在那裡裝作是孫臏，禽滑厘就把孫臏藏

到了車上。

　　第二天，魏王叫龐涓護送齊國的使者淳于髡出境，過了兩天，躺在街上的孫瘋子忽然不見了，龐涓來查找，井裡河裡找遍了，也未見蹤影，龐涓又怕魏王追問，就撒個謊說孫臏淹死了。

　　孫臏到了齊國，齊威王一見之下，如獲至寶，當即想拜他為軍師，孫臏說：「龐涓如知道我在齊國，定會嫉妒，不如等有用得著我的時候再出面不遲。」齊王同意了。

　　後來，孫臏陸續打聽到自己的幾位堂哥都已無音訊，才知道原來送信的人也是龐涓派人裝的。前前後後，這一場冤屈全由龐涓一人導演而成。

　　之後，龐涓帶兵連敗宋、魯、衛、趙等國，齊王派田忌為大將，孫臏為軍師，使龐涓連連敗北，最後，孫臏用「減灶法」引誘龐涓來追，暗設伏兵，將龐涓射死在馬陵道上。魏國從此衰敗，並向齊國進貢朝賀。在殺死龐涓後，孫臏便辭官歸隱，專門研究起兵法來了。

11. 功高權重，功成身退之道

　　人往往可以同患難，而不能共用榮華富貴。所以打江山時，各路英雄彙聚一個麾下，鋒芒畢露，一個比一個有能耐。主子當然需要藉這些人的才能實現自己圖霸天下的野心。但天下已定，這些虎將功臣的才華不會隨之消失，這時他們的才能成了皇帝的心病，讓他感到威脅，所以屢屢有開國初期斬殺功臣之事，所謂「殺驢」是也。

　　韓信被殺、明太祖火燒慶功樓，無不如此。相比之下，宋太祖「杯酒釋兵權」算比較仁義的了。

　　如果功勞太大，以致皇帝無法報答於你，無論賞賜你什麼都不過分，無論封你什麼官爵都不嫌太高，那麼，你就處於極其危險的境地了。因為天下是皇帝一家的，皇帝總不會跟你換個位置，讓你做主人，他做奴僕，把他的家產交付於你。這時候，就必然走向另一個極端，那就是皇帝一定要找個藉口置你於死地才能舒服，即使你不居功自傲，即使你忠心耿耿，也是一樣。因為皇帝總覺得你像一塊大石頭壓在他的頭上，總是要時時處處考慮你的功勞，還要擔心你招攬人心，蓄謀造反，所以，皇上會寢食不安，只有除之而後快。

　　西漢的開國功臣韓信，功勞可謂大了，智謀可謂高了，行為可謂謹慎了，但最後還是被劉邦的老婆殺了。在楚漢相爭之時，韓信幫助項羽，則項羽可以統一天下，韓信幫助劉邦，則劉邦可以統一天下，如果韓信背叛劉邦，自樹一幟，則可與項羽、劉邦形成三足鼎立之勢，而且當時的具體情況為韓信提供了多次可以自立的機會，也有很多人極力勸告韓信自立為王，但韓信思來想去，還是跟劉邦幹了下去。所以，韓信對於劉邦建立西漢政權，功勞應是第一位的，如果要論功行賞的話，別說只封他做一個王侯，就是裂土並立，共同為王，也不算太過分。

　　但封建社會的鐵定律條是一山容不得二虎，劉邦絕不可能和他並立為帝，最多只能封王，而韓信多少又覺得委屈，用當時的話來說，叫作「心懷怨望」，用今天的話來說，就是「不滿情緒」，這種情緒發展下去，必然導致反叛。因此劉邦為了防患於未然，就先下手為強，先削了他的爵位，解除了他的大部分權力，使之困居在都城，不久，劉邦的妻子呂雉又與蕭何密謀，把韓信誆入朝堂，誣以謀反的罪名，伏兵將他當場殺死。看來，就是韓信這樣在中國歷史上算是著名軍事家的傑出人物，也逃脫不了功高震主而無好下場的所

謂規律。

　　在中國歷史上，這一類的例子是舉不勝舉的。有一句話叫作：「狡兔死，走狗烹；飛鳥盡，良弓藏；敵國滅，謀臣亡。」聽起來讓人生氣，道理卻很簡單，在和平建設時期，那些功臣怎麼處理呢？留著他們，說不定什麼時候就要造反，或是出別的麻煩，尤其是開國皇帝死了，幼子繼位，就更管不了那些久經沙場、素有威望又極有勢力的老將了，還是殺了乾淨痛快，一了百了。

　　如果碰上這種情況，就是功不太高，也不太震主，那也很不安全！如果權大欺主，那就更加危險，這個道理不講自明。權有兩種：一是政權；一是軍權。政權過大，就會使得別人只知道有你某某人，而不知皇帝老子，時間長了，就會逐漸地積累私家勢力，威脅皇權，況且，政權在一定的情況下很容易轉換成軍權。至於軍權，那是一個國家的命脈所在，誰掌握了軍權，誰就掌握了國家。因此，皇帝一般說來是不會讓你掌握過大的軍權的。如果你的軍權越來越大，那就要十分小心了，要麼主動還權予君王，要麼迅速攫取軍權，使之足以抵抗皇帝的命令。如果老是停留在說大還不足以與皇帝抗衡，說小又對皇帝構成威脅的程度上，那是速死之道。

　　在中國歷史上，因軍權過大遭逐被殺的例子也比比皆是。在春秋戰國時期，燕昭王為了報齊國的入侵之仇，就築了一座求賢臺，裡面貼滿了黃金，作為招納賢士之用，人稱黃金臺。天下賢士見燕昭王求才心切，就紛紛前去投奔，魏國的樂毅也來到了燕國。燕昭王很器重樂毅，樂毅也把燕昭王引為知己，於是，燕昭王就派樂毅帶兵進攻齊國。樂毅以其卓越的軍事才能率兵攻齊，結果勢如破竹，攻下了齊國的七十多座城池，連齊國的國都臨淄都攻了下來，齊王跑到了

莒城。樂毅奮力攻打莒城和即墨，由於兩城防守堅固，三年沒有打下來。這時，燕昭王死，他的兒子燕惠王即位，燕惠王由於跟樂毅素有嫌隙，又怕樂毅勢力太大，擔心他做了齊王再回兵攻打燕國，就在陣前撤換了樂毅，讓騎劫代替了樂毅的職務。樂毅知道臨陣換將，必無善意，就沒敢回燕國，跑到趙國去了，總算免去了一場殺身之禍。

張良所以能成為千古良輔，被謀臣推崇備至，不僅在於他能運籌帷幄，決勝千里，佐劉邦創立西漢王朝，還在於他能因時制宜，適可而止，最後，既完成了預期的事業，又在那充滿悲劇的封建制時代保存了自己。

在秦、漢之際的謀臣之中，張良比陳平思慮深沉，比酈徹積極務實，比范增氣度寬宏。他與蕭何、韓信，並稱漢初三傑，卻未像蕭何那樣遭受銀鐺入獄的凌辱，也未像韓信那樣落得兔死狗烹的下場。自從漢高祖入主關中，天下初定，張良便托辭多病，閉門不出，屏居修煉道家養身之術。

漢元年（西元前二○一年）正月，漢高祖剖符行封。因張良一直隨從劃策，特從優厚，讓他自擇齊地三萬戶。張良只選了萬戶左右的留縣，受封為「留侯」。他曾說道：「今以三寸舌為帝者師，封萬戶，位列侯，此布衣之極，於良足矣。願棄人間事，欲從赤松子（傳說中的仙人）遊。」

他看到帝業建成後君臣之間「難處」，欲從「虛詭」逃脫殘酷的社會現實，欲以退讓來避免重複歷史的悲劇。的確如此，隨著劉邦皇位的漸次穩固，張良逐步從「帝者師」退居「帝者賓」的地位，遵循著可有可無，時進時止的處世準則。在漢初翦滅異姓王侯的殘酷鬥爭中，張良極少參贊謀劃。在西漢皇室的明爭暗鬥中，張良也恪守「疏不間親」的遺訓。張良堪稱「功成身退」的典型。

相傳越王勾踐自從會稽解圍之後，打算讓范蠡主持國政，自己親自去吳國屈事夫差。范蠡說：「對於兵甲之事，文種不如我；至於鎮撫國家、親附百姓，我又不如文種。臣願隨大王同赴吳國。」勾踐依議，委託文種暫理國政，自己攜帶妻子和大臣范蠡前往吳國。

約在勾踐四年（西元前四九三年），越王君臣數人見到吳王夫差，當即進獻美女寶物，並低聲下氣地極力奉承，勉強取得夫差的諒解。夫差派人在闔閭側築一石室，把勾踐夫婦、君臣驅入室中，脫去原先衣冠，換上罪衣罪裙，使其蓬頭垢面地從事養馬等賤役。每當夫差乘車出遊，勾踐手執鞭仗，徒步跟隨在車左車右，任憑吳人惡語譏誚，只把羞恨深藏在心中。

勾踐在石室一住兩月，范蠡朝夕相伴，隨時開導，並為之出謀劃策。一天，夫差召見勾踐，范蠡隨侍身後。夫差對范蠡說：「寡人曾聞：『賢婦不嫁破落之家，名士不仕滅絕之國。』如今勾踐無道，國家將亡，君臣並為奴僕，羈於一室，先生不覺可鄙嗎？先生如能改過自新，棄越歸吳，寡人必當赦免先生之罪，委以重任。」

勾踐唯恐范蠡變節，伏在地上暗自墜淚。卻聽范蠡委婉推辭說：「臣聞：『亡國之臣不敢語政，敗軍之將不敢言勇。』臣在越不能輔佐勾踐行善政，以致得罪大王。如今僥倖不死，使備奔走掃除，臣已滿足，豈敢貪求富貴？」

吳王夫差並不相強，仍使勾踐、范蠡回到石室，並遣人暗地探察君臣、夫婦所作所為。但見他們竭力養馬、灑掃，晝無怨恨之語，夜無嗟歎之聲。夫差滿以為他們誠心降服，無心復國還鄉，便大意起來。

又一天，吳王夫差登姑蘇臺遊嬉，遠見勾踐夫婦端坐在馬糞堆邊歇息，范蠡恭敬地守候在一旁。夫差說：「勾踐不

過小國之君，范蠡無非一介之士，身處危厄之地，不失君臣之禮，也覺可敬可憐。」從此，夫差便有意釋放勾踐回國。

一次，夫差染病。范蠡知是尋常疾病，不久即癒，便與勾踐商定一策，讓他去嘗糞，取悅於夫差。勾踐求見吳王探病。他伸手蘸起夫差的一滴大便，放在口裡呷了呷，大聲祝賀說：「大王之疾，近期既可痊癒。」夫差即問緣故，勾踐依照范蠡所囑，回答說：「臣曾學過醫術，只要親嘗一下病人糞便，可知生死壽夭。大王糞便味酸而苦，與穀味相同，由此知道大王之病無憂。」夫差明其言，見其行，心裡十分高興。事後，吳王果然很快復元，遂決定釋放勾踐君臣回國。

越王勾踐與范蠡等人在吳國拘役三年，約於勾踐七年（西元前四九一年）回國。勾踐問復興越國之道，范蠡作了極其精闢的論述，其要義在於：盡人事、修政教、收地利。在這條方針指引下，越國漸漸富強起來，以後又開始了同吳國的爭奪，越來越占居上風。

至勾踐二十四年（西元前四七三年），吳王夫差勢窮力盡，退守於姑蘇孤城，再派公孫雄袒身跪行至越國軍前，乞求罷兵言和。勾踐欲許和議，范蠡在一旁說道：「當年大王兵敗會稽，天以越賜吳，吳國不取，致有今日。現在天又以吳賜越，越豈可逆天行事？況且，大王早朝晚罷，全是為了一個吳國。難道忘記昔日的困辱了嗎？謀劃二十年，一旦捐棄前功，伐柯者就在眼前，天與不取，反受其咎。」

勾踐露出不忍之色，范蠡當機立斷，對吳使公孫雄說：「越王已任政於我，使者如不儘快離開，我將失禮，有所得罪了！」說著，他擊鼓傳令，大張聲勢。公孫雄無可奈何，涕泣而出。不久，越軍滅吳。勾踐玩弄假仁假義的小法術，封夫差於甬東（會稽以東的海中小洲）一隅之地，使其君臨

百家，為衣食之費。夫差難受此辱，慚恨交加。於是以布蒙面，伏劍自殺。

滅吳之後，越王勾踐與齊、晉等諸侯會盟於徐州（今山東滕縣南）。當此之時，越軍橫行於江、淮，諸侯畢賀，號稱霸王，成為春秋、戰國之交爭雄於天下的佼佼者。范蠡也因謀劃大功，官封上將軍。

滅吳之後，越國君臣設宴慶功。群臣皆樂，勾踐卻面無喜色。范蠡察此微末，立識大端。他想，越王勾踐為爭國土，不惜群臣之死；而今如願以償，便不想歸功臣下。常言道：大名之下，難以久安。現已與越王深謀二十餘年，既然功成事遂，不如趁此急流勇退。想到這裡，他毅然向勾踐告辭，請求隱退。

勾踐面對此請，不由得浮想翩翩，遲遲說道：「先生若留在我身邊，我將與您共分越國，倘若不遵我言，則將身死名裂，妻子為戮！」政治頭腦十分清醒的范蠡，對於宦海得失、世態炎涼，自然品味得格外透徹，明知「共分越國」純係虛語，不敢對此心存奢望。他一語雙關地說：「君行其法，我行其意。」

事後，范蠡不辭而別，帶領家屬與家奴，駕扁舟，泛東海，來到齊國。范蠡一身跳出了是非之地，又想到風雨同舟的同僚文種曾有知遇之恩，遂投書一封，勸說道：「狡兔死，走狗烹，飛鳥盡，良弓藏。越王為人，長頸鳥喙，可與共患難，不可與共榮樂，先生何不速速出走？」

文種見書，如夢初醒，便假托有病，不復上朝理政。不料，樊籠業已備下，再不容他展翅起飛。不久，有人乘機誣告文種圖謀作亂。勾踐不問青紅皂白，賜予文種一劍，說道：「先生教我伐吳七術，我僅用其三就已滅吳，其四深藏先生胸中。先生請去追隨先王，試行餘法吧！」要他去向埋

入荒冢的先王試法，分明就是賜死。再看越王所賜之劍，就是當年吳王命伍子胥自殺的「屬鏤」劍。文種至此，一腔孤憤難以言表，無可奈何，只得引劍自刎。

《越絕書》卷六評曰：「（文）種善圖始，（范）蠡能慮終。」又云：「始有災變，蠡專其明，可謂賢焉，能屈能伸。」觀文種、范蠡二人不同結局，可知此言不誣。

從政和務農、經商，事雖殊途，其理卻有相通之處。范蠡的聰明才智在於他把握其中的奧祕，使其同歸於一，從而能左右逢源，立於經久不敗之地。

范蠡早年曾師事計然，研習理財之道。他到齊國之後，便隱姓埋名，自稱為鴟夷子皮，改業務農。他想，越國用計然之策既能稱霸強國，那麼我用此術也必能齊家致富。於是，他舉家同心協力，躬耕於海畔。不久，家產累計數十萬。

齊人見范蠡賢明，欲委以大任。范蠡卻喟然長歎說：「居官至於卿相，治家能致千金，久受尊名，終為不祥。」於是，他散其家財，分予親友鄉鄰，然後懷帶重寶，悄然出走。范蠡輾轉來到陶（今山東定陶西北），再次變易姓名，自稱為朱公。他認為陶居天下中心，四通八達，便於交易，遂以經商為業，每日買賤賣貴，與時逐利，十九年間，三致千金。時人凡論天下豪富，無不首推陶朱公。

12. 失業的電腦博士

求人辦事時，如果你一上來就提出很高的要求，往往會把對手嚇住，而一口就回絕了你，這樣你就沒有機會了。如果你能夠妙用「以屈為伸」的策略，把條件開列得很低，使

對方接納你的要求，爾後就可利用有利的機會，逐步達到你的目的。

有一位在美國留學的電腦學博士，辛苦了好幾年，總算畢業了。可是，雖說已拿到響噹噹的博士文憑，卻一時難以找到工作。

他屢次被各大公司拒絕，生計沒有著落，滋味很不好過。他苦思冥想，意欲找個辦法，謀個職位，免得路過不論是中國餐館還是美國餐館時，都要加快步伐。有了──他總算想到一個絕妙的點子。

人總是這樣，吃得飽飽的、穿得暖暖的、住得亮亮的時候就不會有什麼令人驚訝的救命點子。倒是聞著烤鴨的香味，看著留在錢包裡的最後一角錢時，可能會突發奇想，急中生智。

他決定收起所有的學位證明，以一個最低身分去求職。

這個法子還真靈，一家公司老闆錄用他做程式輸入員。這活兒可真是太簡單了，對他來說，簡直是「高射炮打蚊子」。不過，他還是一絲不苟，勤勤懇懇地工作著。

不多久，老闆發現這個新來的程式輸入員非同一般，竟然能看出程式中的錯誤。這時，這位小夥子掏出了學士證書。老闆二話沒說，立刻給他換了個與大學畢業生相對口的職位。

又過了一段時間，老闆發現他時常還能為公司提出許多獨到而有價值的見解。這可不是一般大學生的水平呀！這位小夥子又亮出了碩士證書。老闆又提升了他。

他在新的崗位上幹得很出色，老闆覺得他還是與別人不一樣，非同小可。於是，老闆把他找到辦公室，詢問他。這時，這位聰明人才拿出他的博士證書。

老闆這時對他的水平已有了全面的認識，便毫不猶豫地

重用了他。

憑藉他的絕妙點子，這位博士終於獲得成功。

現代社會跟過去不相同了，如今提倡「自我推銷」。既是推銷，就要掌握推銷術。如果這位博士還是拿著自己的文憑，一家接一家去亮相，或許他現在還找不到工作，或者沒有得到如此重用。

這位博士的點子好就好在以退為攻，看上去是自己降低了自己，也讓別人看低了；但身處低位，被人看輕，不要緊，一旦有機會，就可以大放異彩，展露才華，讓別人、讓老闆對你一次次刮目相看，你的形象便慢慢高大起來了。

相反，一上來就亮個博士證書，容易被人看高。看高了，希望值過高，就容易引起失望。況且，假如人人都亮出最高學位證書，高職位又不是空在那裡等你。倒是別出心裁，以屈求伸更容易達到目的。

13. 畫一條線的代價是多少？

人與人之間的關係，從人格上講，是平等的，沒有尊卑貴賤之分，這是沒有疑問的。不過，在具體的交際中，由於交際雙方各自的目的不同，會出現暫時性的尊卑差別：求方為卑，助方為尊。俗話說：「求人矮三分。」就是這個道理。正因如此，人們一般不到萬不得已是不願求人的，「求人不如求己」、「上山擒虎易，開口求人難。」這些諺語表達了人們這種不願將自己放在一個卑的地位上的心態。

但厚黑求人之道正是利用這一系列人性中的弱點，因而首先就必須克服自身「愛面子」的求人「惡習」。正如李宗吾所說：「起初的臉皮好像一張紙，由分而寸，由尺而丈，

就厚如城牆了。」並云：「世間學說每每誤人，惟有厚黑絕不誤人。就是走到了山窮水盡，當乞丐的時候，討口飯，也比別人多討點。」可見臉皮厚的威力。

因此，在交際中首先應該搞清楚誰是求方、誰是助方。這種求助關係搞清之後，尊卑差別也就搞清了。其次應該根據這種尊卑差別，確定自己所應採取的具體的交際方法、手段。特別是身為求方的交際者，應該清楚地意識到自己是處於卑的地位，一言一行、一舉一動都要與自己的這種地位相吻合。否則，如果把尊卑關係誤認為是平等關係，甚至於顛倒了尊卑關係，以卑為尊，就會做出失禮之舉，反而有礙正常交際。

《史記・留侯世家》中記載：有一老人家想要有所教於張良。老人家與張良約見時，兩次張良都去晚了，因此遭到他的責怪。第三次約見時，張良再也不敢去晚了，就在約定地點等。老人家到後，送給張良一部《太公兵法》。當然，這裡張良等待老人家，除了有一層求助關係外，還有一層長幼關係。

如果有機會，你還要主動給予對方幫助，以示報答。投桃報李，禮尚往來是交際的一個原則。求方應牢牢記住助方給予自己的幫助，做到「受恩莫忘」、「滴水之恩，當以湧泉相報。」這是交際中品德高尚的人所應遵循的準則。「毛寶放龜而得渡，隋候救蛇而獲珠。」這些神話傳說就是對這種報恩精神的浪漫化寫照。

《史記・淮陰侯列傳》記載：韓信為布衣時，自己不能養活自己。一位洗衣的老大娘見他非常饑餓，就把自己的飯分給他吃。韓信做了大官後，送給這位老大娘千金以報答她的恩情。

　　一九二三年，美國福特公司有一台大型發電機不能正常運轉了，公司裡的幾位工程技術人員百般努力都無濟於事，眼看要影響到整個生產計畫。福特心裡焦急萬分，只得到一家小廠去請來一位很傲慢但據說對電機很內行的德籍科學家斯特曼斯。

　　這位科學家來到福特公司，只要了一架梯子和一根粉筆，然後爬上爬下，在電機的各地方敲敲打打靜聽空轉時的聲音。不久，他用粉筆在發電機左邊一個小長條地方劃了兩道槓槓，對福特說：「毛病出在這兒，多了16圈線圈。拆掉多餘的線圈就行了。」

　　技工人員似信非信，但只能照他的話試試運氣。不料，發電機果真奇蹟般正常運轉了。大家都對斯特曼斯大表感謝。他卻傲慢地說不要感謝，只要一萬美元的酬金，並對目瞪口呆的人說：「粉筆畫一條線不值一美元，但知道該在哪裡劃線的技術超過九九九九美元。」

　　福特心裡清楚，斯特曼斯儘管傲慢，使他失面子，卻是真正的人才，是企業走向發達的根本所在，所以他不僅愉快地付了一萬美元酬金，而且表示願用高薪相聘。

　　誰知這科學家毫不為所動。他說他現在的公司曾在他最困難的時候救過他，他不可能見利忘義，背棄該公司。

　　福特一聽，更覺得斯特曼斯講信用、重情義，如此人才更為企業所必需。於是，他毫不猶豫地花鉅資把斯特曼斯所在的公司整個買下來。以福特之地位和財勢，竟能輕看「丟面子」，忍受斯特曼斯的冷嘲熱諷，是因他清楚成大事者必以人為本，斯特曼斯便是他賺取更多錢財的無價之「青山」，所以他敢於不惜工本，留下這塊「青山」。

　　看來，想求人，就必須厚起臉皮，放下「身段」。人的「身段」是一種「自我認同」，沒什麼不好，但它也是一種

「自我限制」。也就是說：「因為我是這種人，所以我不能去做那種事。」自我認同越強的人，自我限制也越厲害。千金小姐不願和下女同桌吃飯，博士不願當基層業務員，高級主管不願主動去找下級職員，知識分子不願去做「不用知識」的工作……他們認為，那樣做，就有損身分。

其實這種「身段」只會讓路越走越窄。在非常時刻，如果還放不下身段，更會讓自己無路可走。

14. 看到兩隻兔子的獵人

一位獵人在一次打獵途中發現兩隻兔子。他想：這正是天賜良機，一定要將這兩隻兔子一網打盡。他邊想，邊將子彈上膛。正在這時，兩隻兔子分別朝兩個相反的方向跑去。獵人先追向南跑的兔子。追了兩步，又想起那隻向北跑的兔子，便朝著南邊胡亂放了一槍，然後轉身去追北邊的兔子。北邊的兔子已經跑出去很遠了，獵人只得朝著北邊又胡亂放了一槍。這時他想：我還是追南邊的兔子吧！可是等他向南望去，只見一片衰草在風中搖，那隻兔子早已無影無蹤了。

可見，做任何事，都得目標專一。諺曰：別把所有的雞蛋放入一個籃子裡。這好像是一句真理，在《厚黑學》面前卻被顛覆了。試想，如果你把雞蛋放入許多籃子裡，不用說多，三個籃子，你就已經無法用手提了；把它頂在頭上，就更容易因摔倒而打碎。多提籃子，不一定能保證雞蛋不碎。相反，將所有的雞蛋放在一個籃子裡，好好照管，保證雞蛋不碎的可能性也許更高些。

正如李宗吾在《厚黑學》中所說，要求官，就要一心一意地「求」，把一切事放下，不工不商，不農不賈，書也不

讀，學也不教。反之，如果又想求官，又想求財，又想求學問，到頭來什麼也求不到，只能是一場空。

因此，我們認為，目標專一是發揮「趕鴨子上架」這一計策的要件。如果目標太多，火力太分散，這一計策也就無從談起了。

求人時所求的目標專一，有時並不容易做到。因為，你可能自己也感到所求之事太過分，太自私自利，甚至太無恥。《厚黑學》曰：為了達到目標專一，必要時可採用「置之死地而後生」的著名用兵原則。這項原則是在士兵鬥志不堅、軍心不齊的情況下採用的一種非常措施。

比如項羽破釜沈舟，使士兵毫無退路只有向前才能生存，既然後退無路，便只能向前拼死作戰了，這就是史上著名的「鉅鹿之戰」。再如韓信背水列陣，也是斷絕士兵的退路，使他們團結一致，拼力死戰，終於擊潰了強大的趙軍。但這裡運用這一原則與上述兩個戰例不同。這裡不是用於別人身上，而是用在自己身上，使自己沒有退路，以便一心一意去求人。

15. 裴寂的硬趕鴨子上架

明確了所求之事，選準了所求之人後，為了使長期軟磨硬泡的事早日達成，《厚黑學》曰：必須不擇手段地採取非常措施，充分發揮「趕鴨子上架」的威力。

隋朝末年，隋煬帝荒淫殘暴，生活奢華，弄得民不聊生，遍地饑荒。於是各地不斷爆發農民起義。有些有實權的人也擁兵自重，自立為王。當時有謠言說：「楊氏當滅，李氏將興。」煬帝心懷疑慮，將朝中大臣李密罷職削官。李

密投奔瓦崗寨義軍。煬帝又懷疑到另一大臣李渾身上，將他殺死。此時身為重臣的李淵坐臥不安，怕煬帝懷疑到自己頭上。但他並無反叛之意。

隋煬帝十三年，反叛已多達數十起，煬帝江山岌岌可危。此時李淵任太原太守。裴寂是一個有戰略眼光的人，他悄悄結交李淵的兒子李世民，密謀反叛。但必須動員忠於隋的李淵一起行動，才能借助他的兵權。勸說工作異常艱苦。兩人見這樣下去終究不成，於是密謀趁機行事，採「趕鴨子上架」的計策，切斷李淵的退路，逼他造反。

有一天，裴寂在晉陽宮設下宴席，請李淵飲酒。兩人相交已久，李淵也不懷疑，就高高興興地去了。

晉陽宮是隋煬帝楊廣的行宮之一，宮中設有外監，正副各一人。李淵為太原留守，兼領晉陽宮監，裴寂為副宮監。李淵身為宮監，到此赴宴，也合乎情理。

裴寂與李淵坐定，美酒佳肴，依次獻上，二人邊喝邊談，十分快活。李淵開懷暢飲，喝了幾大杯，有了幾分醉意。忽然聽到門簾一動，環佩聲響。李淵定睛一看，竟走進兩個漂亮的美眉，都生得十分俏麗，如花似玉，美不勝收。裴寂立即指引兩位美眉左右分坐，重行勸酒。李淵已酒醉糊塗，也不問明來歷，一味兒亂喝。

就這樣，李淵醉臥晉陽宮，兩個美眉侍寢，三個同床，不亦樂乎。李淵只知沈沈入睡，哪裡曉得什麼犯法。酣睡多時，酒已醒了大半，見有兩個美眉陪著，不由得感到奇怪。他打起精神，問二人姓氏。一個自稱姓尹，一個則稱姓張。李淵又問她們是哪裡人。二人並稱是宮眷。

李淵大吃一驚，立即披衣躍起，說：「宮闈貴人，怎能同枕共寢？這是我該死了！」

二美人卻連忙勸慰：「主上失德，南幸不回，各處已亂

離得很，妾等非公保護，免不得遭人汙辱，所以裴副監特囑妾等早日托身，藉保生命。」

想這二位美人長居宮中，受盡寂寞；宮中美人無數，二人難得煬帝御幸，今日若得李淵垂青，已是感激萬分，受用不盡了。

裴寂真可謂已得「厚黑」真傳，利用別人，好像還是在為別人著想，讓人千恩萬謝。

李淵頻頻搖頭：「這……這事怎可行得？」一面說，一面走出寢門。走了幾步，正巧遇著裴寂。

李淵一把拉著裴寂，哀聲嘆氣叫道：「玄真，玄真！你害死我了！」

裴寂笑著說：「唐公，你為什麼這般膽小？收納一、兩個宮人只是小事，就是那隋室江山亦唾手可得。」

李淵忙答道：「你我都是楊氏臣子，怎麼出此叛言，自惹滅門大禍。」

裴寂說：「識時務者為俊傑。今隋主無道，百姓窮困，四方已經逐鹿，連晉陽城外都差不多成了戰場。明公手握重兵，令郎暗地裡儲士養馬，何不乘時起義，吊民伐罪，經營帝業呢！」

李淵道：「我李家世受皇恩，不敢變志。」

李淵口說不敢變志，奈何退路一斷，不反即死。他知道與宮眷同寢的罪名是何等嚴重。那煬帝早對李姓人心懷疑慮，若知曉這事，一定會藉口殺死自己，甚至誅滅九族。此時只有反叛一條出路。

再加上裴寂、李世民分析天下形勢，講清利害，終於堅定了他反叛的決心，最終建立了大唐江山。

裴寂和李世民的手法是典型的厚黑術。本來是有求於李淵，而且所求之事幾乎不可能成功，反而會惹來殺身之禍。

在久求無效的情況下，採「趕鴨子上架」的計策，讓李淵無後路可退，只得聽從自己的擺布。

生活中，一些男士追求美人，在怎麼也追不到手時，情急之下所採取的「生米煮成熟飯」手法，也屬於「趕鴨子上架」這一策略。不過，如果是「硬上」的話，可是吃官司的，也可能因此身敗名裂。

16. 武則天的才智

在求人的過程中，如果情況不妙，主要矛盾已經不是能否達到自己的目的，而是如何全身而退，保住自己的本錢，這時必須當機立斷，既不可「磨」，也不可「熬」，決不能拖泥帶水。這時也最能反映「厚黑之士」的英雄本色。因為，他們懂得如果本錢沒有了，就永遠失去希望了。

因為，「後撤」畢竟是一種退而求其次的手段，是為保存實力，不得已而為之。如果再堅持一下就會成功，就絕不要輕言撤退。可見，做出這種決定，必須慎之又慎。

武則天年方十四，便已豔名遠播，被唐太宗召入宮中，不久封為才人；又因性情柔媚無比，唐太宗昵稱之為「媚娘」。當時宮中觀測天象的大臣紛紛警告太宗，說唐皇朝將遭「女禍」之亂，某女人將代李姓為帝。種種跡象表明，此女人多半姓武，而且已入宮中。唐太宗為子孫後代著想，把姓武之人逐一檢點，做了可靠的安置。但對於武媚娘，由於愛之刻骨，始終不忍加以處置。

太宗受方士蒙蔽，大服丹鉛。雖一時精神陡長，縱欲盡興，但過不多久便身形槁枯，行將就木。武則天此時風華正茂，一旦太宗離世，便要老死深宮，所以她時時留心擇靠新

枝的機會。太子李治見武則天貌若天仙，仰慕異常。兩人一拍即合，山盟海誓，只等太宗撒手，便可仿效比翼鴛鴦了。

這時武則天當然不會考慮「撤退」，只想著如何大舉進攻，攀附上未來的天子。

當唐太宗自知將死，還想著要確保子孫的帝位，便欲讓頗有嫌疑的武則天跟隨自己一同去見閻羅王。臨死前，他當著太子李治之面問武媚娘：「朕這次患病，一直醫治無效，病情日日加重，眼看得是起不來了。你在朕身邊已有不少時日，朕實在不忍心撇你而去。你不妨自己想一想，朕死之後，你該如何自處！」

武媚娘冰雪聰明，哪裡聽不出自己身臨絕境。怎麼辦？她想，此時只要能保住性命，就不怕將來沒有出頭之日。然而，要保住性命，又談何容易？唯有丟棄一切，方有一線希望。於是她趕緊跪下奏道：「妾蒙聖上隆恩，本該以一死報答。但聖躬未必就此一病不癒，故妾遲遲不敢就死。妾願削髮出家，長齋拜佛，祝聖上長壽，聊報聖上恩寵。」

太宗一聽，連聲說「好」，就命她即日出宮，「省得朕為你勞心！」原來，太宗要處死武媚娘，心裡多少有點不忍。現在武媚娘既然敢於拋卻一切，脫離紅塵，去當尼姑，對子孫的皇位，活著的武媚娘等於死了的武媚娘，就不可能有什麼危害了。

武媚娘拜謝而去。一旁的太子李治卻如遭晴空霹靂，動也動不了。太宗則自言自語：「天下沒有尼姑而做皇帝的，我可安心了。」

李治聽得莫名其妙，也不去管他。他藉機溜出，去了媚娘臥室，見她正檢點什物，便對她嗚咽道：「卿竟甘心撇下我嗎？」

媚娘道：「主命難違，只好走了。」「了」字未畢，淚

已如雨下，語不成聲。

太子道：「你何必自己說願意去當尼姑？」

武媚娘鎮定了一下情緒，把自己的計策告訴了李治：「我要不主動說出去當尼姑，只有死路一條。留得青山在，不怕沒柴燒。只要殿下登基之後不忘舊情，我總會有出頭之日……」

太子李治佩服武媚娘的才智，當即解下一個九龍玉佩，送給她作為信物。李治登基不久，武媚娘果真再次進宮，其後更成為中國歷史上聲名赫赫的一代女皇。

在這件事中，武媚娘的機智之處在於：面對危難，能迅速分清主次，果斷地丟棄眾多「次要」利益，以引起對手的認可，從而保證「主要的利益」（性命）握在手中。明於此理，青山之主即可不懼大火焚山。因青山既能保存，何愁柴木不濟！

人們一般認為「留得青山在」這一計策做起來很容易，只要決心一下，把自己從事情中「摘」出來就是了！實際上，問題遠非這樣簡單。能不能把自己「摘」出來，就要看你有沒有「厚臉黑心」的本事了。

西方中世紀，宗教的神權高於王權，最高權威是教皇，他凌駕於各國國王之上，具有無限的權力。在一系列權力衝突中，教皇差不多總是當然的勝利者。

一○七六年，德意志神聖羅馬帝國皇帝亨利與教皇格里高利爭權奪利，發展到了勢不兩立的地步。亨利早想擺脫羅馬教廷的控制，獲得更多的獨立性；教皇則想加強控制，把亨利所有的自主權剝奪殆盡。亨利首先發難，召集德國境內各教區的主教開了一個宗教會議，宣布廢除格里高利的教皇職位。格里高利則針鋒相對，在羅馬的拉特蘭諾宮召開一個

全基督教會的會議，宣布驅逐亨利出教。「開除出教」是一種最令人害怕的懲罰，它等於宣布剝奪了一個人的一切社會地位和社會關係，甚至生命。當時亨利四世國內基礎並不穩固，教皇的號召力非常大。一時間，德國內外反亨利力量聲勢震天；特別是德國境內的大大小小封建主都興兵造反，向亨利的王位發起了挑戰。

亨利面對危局，被迫妥協。一○七七年一月，他身穿破衣，只帶著兩個隨從，騎著毛驢，冒著嚴寒，翻山越嶺，千里迢迢前往羅馬，向教皇請罪懺悔。格里高利故意不予理睬，在亨利到達前，躲到遠離羅馬的卡諾莎行宮。亨利沒辦法，只好又前往卡諾莎。到了卡諾莎，教皇緊閉城堡大門，不讓亨利進入。為了保住皇帝的寶座，亨利忍辱跪在城堡門前求饒。當時大雪紛紛，天寒地凍，身為帝王之尊的亨利屈膝脫帽，在雪地上跪了三天三夜。教皇這才開門相迎，饒恕了他。這就是歷史上著名的「卡諾莎之行」。

表面上看，是教皇格里高利贏得了勝利，實際上，恰恰是他自己救了搖搖欲墜的亨利四世。他使得眾多追隨者大為失望。而亨利恢復了教籍，保住帝位，返回德國後，開始集中精力整治內部，然後派兵把封建主各個擊破，並剝奪了他們的爵位和封邑。曾一度危及其王位的內部反抗勢力逐一被他除滅。

在陣腳穩固之後，亨利立即發兵進攻羅馬，以報跪求之辱。格里高利再施「殺手鐧」──開除教籍。但這回完全失去作用了。原來的支持者已被除滅，中間派在「卡諾莎之行」後已不敢信任教皇，紛紛投靠亨利四世。亨利強兵壓迫，所向披靡。格里高利棄城而逃，最後客死他鄉。

17. 宋高宗禪位之謀略

對於「厚黑大家」來說，僅僅為了保全自己的撤退太過消極，是一筆虧本生意。虧本生意他們從來不做。即使是採取「留得青山在」這種本身就非常被動的計策，他們也必須揩一把油水。這裡的油水是為下一次求人成功創造條件，埋下伏筆。因為，「留得青山在」的目的，就是為了「東山再起」的本錢。

當年宋朝在老將宗澤的「聯合抗金」策略指導下，宋朝官兵與各地義軍一起多次打退了金兵的南犯，取得了歷史上著名的滑州保衛戰的勝利。

宗澤在開封修造了許多防禦工事，招募了大量兵馬之後，就不斷向高宗上書，請求皇帝從揚州回東京。但高宗另有一番算盤。他認為，宗澤的兵力漸大，這位前朝老臣定會全力抗金，以迎回徽、欽兩帝，自己的皇位就坐不住了。因此，他派郭仲荀為東京副留守，讓他監視宗澤。

老將軍一心只想著報國，想不到高宗會這樣對待他，因此心裡實在感到鬱悶、氣憤和失望。漸漸地，他吃不下，睡不好。本來雄心勃勃，要為國立功，完全忘了自己的年齡。這時一泄氣，一下子就病倒了，不久就因背上毒疽發作，只好一別千古了。

高宗見宗澤一死，立即派杜充為東京留守。杜充一上任，就廢除了宗澤在世時的一切措施，把開封的防禦工事拆除，打擊義軍將領。宗澤費盡心血聯絡、組織的百萬武裝力量很快就被他瓦解了。

西元一一二八年，金國將領粘罕（完顏宗翰）率領大軍

再次南犯。由於與宗澤配合的義軍力量已經解散，結果，金兵連克開封、大名、相州、滄州等地，衝破了宋軍的數道防線，攻打高宗趙構的所在地揚州。

趙構狼狽而逃，從揚州到鎮江，從鎮江到常州，又從常州到秀州；二月二十三日在杭州落腳。沿途的官員以至百姓，看到皇帝這樣馬不停蹄地一直南逃，也都丟下家園，扶老攜幼，跟著奔竄。道路上妻離子散，哭爹叫娘。

到了杭州，昏庸到家的高宗皇帝寵信王淵、康履等一批腐敗無能的官員。原來護送高宗到杭州的苗傅、劉正彥所部多是北方幽、燕及兩河、中原一帶的人，他們多次向高宗上書，要求收復河北。高宗對此根本不理睬。

於是，苗傅、劉正彥利用將士對高宗的不滿，進行武裝暴動。他們趁百官上朝之機，在路上埋下伏兵，殺死了王淵，並帶兵驅入宮中，殺了宦官百餘人，並要求高宗出見。高宗只得走到陽臺上，會見眾將士。

苗傅在下面厲聲說：「陛下偏聽宦官的話，賞罰不公，將士們流血流汗，不聞加賞；收買內侍，盡可得官。王淵遇賊不戰，首先搶著逃命，又結交依勢欺人的內侍康履等人，反而升為樞密院事。現在我們已將王淵斬首，唯有康履仍在君側。乞陛下將康履交與臣等，將他正法，以謝三軍。」

高宗推言道：「康履即將重責，卿等可還營聽命。」

苗傅說：「如今金兵南下，我大宋千萬生靈肝腦塗地，這都與宦官擅權有關。若不斬康履，臣等決不還營！」

高宗看看將士們一個個逼視著他，只得命何湛綁了康履，送到樓下。苗傅手起刀落，一下即將康履砍為兩截。

高宗命苗傅等人還營。眾將士仍不走，並且對高宗說：「陛下不應當立登皇位。二帝尚在金邦，一旦歸來，試問若何處置。」

　　高宗無言以對，許以苗、劉二人高位。但兩人不肯罷休：「請太后聽政，陛下退位，禪位皇太子。此事道君皇帝已有先例。」

　　宰相朱勝非勸慰無效，還奏高宗。高宗沈吟：「不答應，這批人殺入宮，什麼事都幹得出來。不如先解除目前的危險，再另想辦法處理。」打定主意後，就對朱勝非說：「我應當退避。不過，須有太后手詔，方可禪位。」

　　太后出面對苗、劉兩人進行規勸，但苗、劉兩人仍然要求高宗退位。

　　宰相朱勝非獻計說：「苗傅有一心腹曾對我說過，苗、劉二將忠心有餘，但學識不足，並且生性執拗，一時無能說得通的。因此，臣請陛下眼前以退為好，暫且禪位，靜圖將來。」

　　於是，高宗便提筆寫詔，禪位於皇子，請太后垂簾聽政。

　　自太后聽政，國家大事都由宰相朱勝非處理。朱勝非每日引苗、劉兩人上殿，以免兩人對他產生懷疑。苗見高宗仍在宮中，並在暗中處決國事，很不放心，便與劉正彥一起提出讓高宗出宮，遷居顯寧寺。

　　高宗歎道：「我已禪位閒居，他們還不放心，連我的起居都要干涉，太過分了！」

　　朱勝非道：「時機向未成熟，陛下還是以讓步，逆來順受為好。暫時且去睿聖宮居住，等到復辟時還宮，免得目前再鬧亂子。」

　　高宗說：「這一切都靠愛卿安排，朕聽你的忠諫就是了。不過，復辟一事，愛卿負責，以速為貴。二賊密布心腹，一旦得知，做好防備，就難辦了。」

　　朱勝非低語道：「已有把握。為防泄漏起見，不敢多

言。陛下遷出行宮，屆時可以預先躲避。」

高宗就率領妃子，前往顯寧寺居住。

半個月後，平江留守張浚等聯絡眾將，一起發兵討逆，向杭州進發。大軍壓境，苗、劉兩將慌作一團，只好去和朱勝非商議。朱勝非說：「我替你們著想，只有迅速改正。否則各路大軍將到城下，二公將置身何地？」

苗、劉兩人想了多時，確實只有這條路可走，就聽從了朱勝非的建議，請高宗復位。

高宗復位後不久，就殺了苗、劉二人。

在苗、劉二人兵變，形勢十分險惡的情況下，高宗聽從了朱勝非之計，暫作退避，禪位於太子，保全了自家性命，最後在時機成熟時又重新登上了皇位。

第八章

人生如棋
對手永遠是自己

1. 鄭袖溫柔聲裡剺情敵

戰國時期，楚懷王有一個寵妃，她叫鄭袖，才貌雙絕，工於心計。魏王從自己的利益出發，贈給楚懷王一個大美人，人稱魏美人，嬌嫩柔美，眉目傳情，真乃絕頂佳麗，把個好色的楚懷王搞得神魂顛倒，白日尋歡，夜晚作樂。

智深謀遠的鄭袖，看在眼裡，恨在心上，她稍加思索，「笑裡藏刀」一計隨即上心頭。於是乎，她便拿出女人溫和、柔順的性情，既不同魏美人爭風吃醋，也不顯示一點不滿的情緒，而是像個知情達理的大姐姐，非常和善地對待魏美人，事事順著魏美人的性兒，且在楚懷王面前大加讚賞魏美人伶俐可人。

魏美人初到楚國時還有些害怕鄭袖，但是看到她一貫待自己很好，便沒了戒備之心。一日，魏美人親暱地告訴鄭袖：「姐姐，在異國他鄉能遇到像您這樣的大好人，妹妹真是幸運哪！」「快別這麼說！」鄭袖安慰魏美人道：「咱們是同侍一夫，本是骨肉相連一家人，姐姐不疼愛妹妹，誰來疼愛呢？常言道：家和萬事興。我們姐妹和睦相處，才是夫君的幸事，而且，妹妹能給夫君快樂，我也快樂，這才好幸運哪！」

魏美人聞此言，感動得熱淚盈眶，說道：「姐姐，以後還請多多指教小妹怎樣使夫君快樂！」

「好說好說，今後我們姐妹和睦相處，互通一氣，就不會出什麼差兒。」鄭袖和顏悅色地回答魏美人的話。

楚懷王見這對如花似玉的寵妃和睦相處，無限歡欣，慨歎道：「世人都說女人天生是醋做的，看來也不盡然。我的

鄭袖就不吃醋，她是真心愛我，她知道我喜歡魏美人，就主動替我照顧她、關心她，使她不思念故國，實在是一名賢內助啊！」

鄭袖見自己的「笑裡藏刀」計已起作用，暗自高興。一天魏美人來看鄭袖，鄭袖似無意地告訴魏美人：「大王在我這兒說妳非常稱他的心，只是嫌妳鼻子略尖了點兒！」「那可怎麼辦呢？姐姐！」魏美人摸摸鼻子，求祕方似的問道。

「這也沒什麼，」鄭袖若無其事地說，「妳以後再見到大王時，輕輕地把鼻子摀一下不就行了嗎？」魏美人連稱鄭袖高明。

此後，魏美人每次見到楚懷王就把鼻子摀起來。楚王暗自驚奇，魏美人逢問必笑而不語。楚王便問鄭袖，鄭袖有意把話說個半截兒，含嗔帶笑，欲言又止。經楚王一直追問，鄭袖便裝著不情願的樣子，說道：「她說她受不了您身上那種噁心的狐臭味！」

「什麼！寡人乃一國之尊，她竟敢嫌棄寡人？真乃無理！」草菅人命、喜怒無常的楚王大怒，一掌擊在龍案上，喊道：「來人！快去把那賤貨鼻子割下來！」就如此，魏美人的鼻子被割掉了，既醜陋，又嚇人，永遠被打入冷宮。鄭袖「笑裡藏刀」除去了她的情場對手，恢復了她在皇宮獨自受寵的地位。

2. 朱元璋明救暗殺小明王

元末農民起義中，群雄割據，其中以朱元璋、陳友諒和張士誠較為強大。他們都想吃掉對方，稱王稱霸，因而互相攻打。

　　一三六六年五月，朱元璋受到陳友諒和張士誠聯合對應天的兩面夾攻。在雙方正進行一場血戰的險惡形勢下，江北形勢驟變。小明王韓林兒和劉福通派出的三支北伐軍，遭到元軍反擊而慘敗。小明王退兵安豐後，張士誠卻派大將呂珍圍攻安豐，情況十分危急。小明王多次派人向朱元璋徵兵解圍。這天，朱元璋召開軍事會議，討論派兵解圍問題，會上議論紛紛，有的說：「我們正在和陳友諒血戰，自己還顧不了，若分兵北去，陳友諒乘虛進攻，那我們豈不是進退無路了？」有的說：「救出小明王對我們會有什麼好處呢？不是平添一個頂頭上司管制我們嗎？」眾將都反對派兵，連軍師劉基也堅絕不同意。朱元璋這次力排眾議，陰險地對大家說：「我自有安排！」他毅然派兵去救安豐小明王。

　　朱元璋為什麼願冒此風險？他葫蘆裡究竟賣的什麼藥？其實，狡猾奸詐的朱元璋自有他的鬼算盤。他認為安豐是應天的屏障，安豐失守，自己的應天就暴露在敵方攻擊下，救安豐就是保應天。至於小明王，他在紅巾軍和群眾中影響最大，有號召力，是一面旗幟。他朱元璋尊小明王為主，打他的旗號，一來是利用小明王影響，爭取人心；二來敵方打擊的矛頭首先衝著小明王，是為了實現他今後的更大圖謀。

　　於是，他親自率軍北上，殺退呂珍，保住了安豐。小明王對朱感激涕零。朱元璋乘勝回師，和陳友諒在鄱陽湖經過一場激戰，陳友諒兵敗身死。朱元璋獲得大勝後，打著小明王的旗幟，又被封為吳國公。此後，他要利用小明王的旗號，達到更大的目的。

　　安豐戰後，朱元璋決心把小明王控制在自己手中。他先把小明王迎到滁州。在滁州給小明王建造了巍峨的宮殿，安排了威武的鑾駕儀仗、豐厚的食物和華麗的服飾。小明王本來對朱元璋已是感激不盡了，滁州這樣的安排，更使他由感

激簡直發展到感恩。他哪裡想到，朱元璋迅速安排親信，對小明王實行封鎖、隔離，甚至把侍奉小明王的宮中人員全部換上自己的部下。從此，小明王的一切，統統在朱元璋的掌握之中。

一三六四年以後，朱元璋節節勝利，兵多地廣，他野心大發，乾脆取消小明王給他的吳國公封號，自立為吳王。朱元璋覺得小明王已無多少利用價值，而且越來越成為絆腳石。朱元璋想，有小明王在，我永遠是個臣子……於是策劃了借刀殺人的詭計。

不久，朱元璋派專使到滁州晉見小明王。專使在朱元璋的指使下，對小明王說，朱如何關心小明王的身體、生活，如何日夜企盼與小明王在一起，又如何在應天已做好準備，迎接小明王回駕應天等等。小明王聽得是心花怒放，他感到朱元璋安排如此周到，如此忠心，真是難得的忠良！他滿口答應下來，準備回應天過皇帝的安樂日子。

小明王準備停當，高高興興坐上了專使派的船，向應天進發，行進中，江上風平浪靜，小明王興致勃勃地站在船頭觀賞水天景色。突然，船身一震，顛翻在江中，小明王及隨侍宮女掉進江中，全部被淹死。臨死時，小明王還念念不忘感激朱元璋的迎駕之德呢，他哪裡知道是朱元璋的密令害死了他。

朱元璋接到小明王淹死的消息後，為掩人耳目，把船工斬首示眾，還假惺惺地痛哭了一場。

其實他正在慶幸自己的陰謀得逞。兩年後，一三六八年正月，朱元璋在應天正式登上皇帝寶座，國號大明，用奸詐欺騙手段，實現了其稱帝的野心。

3. 讓人感恩戴德，為你賣命

帝王高明的表演術可以令部下在被殺頭的時候還對他感恩戴德，連連稱謝；可以令手下心甘情願地衝鋒陷陣，死而無憾。

李世勣是唐朝的開國功臣，是第一個被賜為「國姓」的人（他原姓徐），又是李世民晚年囑以托孤重任的人。對這樣的重臣，李世民自然十分重視感情上的拉攏。有一次，李世勣得了急病，醫生開的處方上有「鬍鬚灰可以救治」的話，李世民看了，便毫不猶豫地剪下自己的鬍鬚送給李世勣。古人講，身體髮膚，受之父母，不可損傷。因此，他們不剃髮，不剪鬚；至於皇帝，連身上的一根汗毛也是珍貴無比的。李世民的舉動實在是異乎尋常，前無古人。李世勣感動得熱淚長流，叩頭以至流血，表達他的感激不盡的激動心情。李世民卻說：「這都是為了國家，不是為了你個人，這有什麼可謝的！」

房玄齡是唐太宗李世民最為倚重的一位大臣。長期擔任宰相之職，對唐朝開國初年的制度的建立、社會經濟的發展，做出過重大貢獻，是中國封建社會最為傑出的宰相之一。後來他犯了些小的過失，唐太宗譴責了他，並令他回家閉門思過。中書令褚遂良對皇帝說：「當年陛下起兵反隋時，房玄齡便率先投奔在義旗之下，後來又遭殺頭之罪，為陛下決策，使陛下得以登上帝位；幾十年來，他對國家的大政方針的制定，都有過重大的建樹；朝廷大臣之中，數房玄齡最為勤勞。如果他沒有不可赦免的大罪，就不應該遺棄他，陛下若認為他年老，可以勸他退休，不應該因一些小的

過失而忘記他數十年的功勳。」

　　唐太宗一聽此言，立即將房玄齡召還。一次，他到芙蓉園遊玩，途經房玄齡家時，還特意前去拜訪。房玄齡也估計到皇帝會來，早就命令弟子將門庭灑掃一新，自己在家恭候。君臣相見，盡釋前嫌，唐太宗便載了房玄齡同車還宮，二人和好如初。

　　當房玄齡病重時，唐太宗為了及時瞭解病情，探視方便，竟命令將皇宮圍牆鑿開，以便直達房玄齡家。他每天派遣使臣前去問候，並派名醫去治療，讓御膳房送去飲食，聽到病情有所減輕，便喜形於色，一聽見說加重，又滿臉彤雲。房玄齡彌留之際，太宗親自來到病床前，與之握手話別，悲不能禁。

　　唐太宗不只對待功臣關懷備至，對待罪臣，在繩之以法的同時，也動之以情，叫你死而無怨。

　　侯君集，也是唐朝開國功臣之一，後來他居功自傲，又頗貪婪，在平定高昌國時，未經報告，將一些無罪的人收為家奴，又私自取去高昌國的大量寶物，據為己有。上行下效，將士們也學著主帥，紛紛竊盜，侯君集因自己有短，也不敢管束。班師回朝後，被人揭發，送進了大牢。

　　後來雖然被釋放，從此卻心懷不滿，萌發了謀反的念頭，與那個荒唐之極的太子李承乾攪混在一起，鼓動他鬧事，他曾伸出粗壯的大手，對太子說：「這雙好手，當為殿下效力！」後來，他的陰謀破露了，唐太宗親自將他傳來，對他說道：「你是有功的大臣，我不想讓你去受獄中官吏的侮辱，因此親自來審訊你。」

　　侯君集先是不承認，唐太宗召來了證人，將他謀反的前後經過一件一件陳列出來，又出示了他與太子往來的密謀信件。侯君集理屈辭窮，只好認罪。

　　太宗徵求大臣們的意見說：「君集立過大功，留他一條活命，你們看行嗎？」大臣們都不贊成，唐太宗長歎一聲說：「只好與足下永別了！」說完淚如雨下。

　　侯君集後悔莫及，臨刑的時候，對監刑將軍說：「沒想到我侯君集會落到這個地步，可我早年便追隨陛下，在平定異族時也立有大功，請求陛下能留下我一個兒子，以保全我侯氏這一門的血脈。」

　　按照封建社會的法律，像侯君集這種謀反的人，不只要滿門抄斬，而且要禍及九族。可唐太宗網開一面，赦免了他的夫人及兒子的死罪，只是流放到嶺南。

　　還有一個叫張亮的人，也是追隨唐太宗多年的老部下，侯君集謀反時，他曾向皇帝告發，可他自己也是一個野心家。當他出任相州（今河南安陽）大都督長史時，曾私下請來一位術士，問他：「相州自古就是風水寶地，有人說不幾年之內這裡就會出一名王，你以為如何？」他又對人說：「我的手臂上起了一層龍麟，我想立即幹一件大事（即謀反），你們看行不行？」

　　結果被人告發，並揭露他收養了五百名乾兒子。唐太宗大怒說：「他居然有五百個乾兒子，養這麼多人想幹什麼？不正是要謀反嗎？」

　　朝廷召集百官討論此事，張亮自然是死罪無疑，可行刑之前，唐太宗還特意派遣了朝中的親信大臣長孫無忌、房玄齡到獄中與張亮訣別說：「國家的法律是最為公平的，你我都應該遵守。你自己不謹慎，與一些歹徒往來，觸犯了法律，現在也無可挽救了！你就放心地去吧！」

　　歷史上大凡有點作為的將帥都懂得，將帥視兵如手足，兵亦視將帥為心主；將帥視兵如草芥，兵亦視將帥為寇仇。以誠相待，用而不疑，則人人盡力；用而疑之，則離心離

德。怎樣讓部下認為你信任他呢？這就需要你的表演功夫了。明太祖朱元璋堪稱表演大師。

至正十六年（西元一三五六年）三月，朱元璋率諸將自太平府水陸並進，三次攻打集慶（今南京市）。屯兵城外的元將陳兆先與朱元璋軍作戰，兵敗被擒。陳兆先被俘後押到朱元璋大帳下，朱元璋見陳兆先英武不凡，是個人才，便親自上前「釋兆先而用之」。陳兆先見朱元璋胸懷寬闊，待人真誠，便投降了朱元璋，自己部下共三萬六千人一併交給了朱元璋。朱元璋非常高興，從這幾萬將士中「擇其貌勇者五百人置麾下」，任用為親兵。

然而，這五百驍勇剽悍的降兵降將卻「多疑懼不自安」，他們並不瞭解朱元璋的為人，生怕侍衛朱元璋的左右稍有不慎而被誅殺。幾天來將士們個個謹小慎微，心裡面忐忑不安。朱元璋也覺察到這些將士心懷恐懼，坐立不是，與自己始終保持一定的距離。為解除他們的擔心，朱元璋遂略施小技，便安定了這些將士。

這天晚上，朱元璋特意下令把原有的侍衛士兵全部調出在外，命令降將馮國用率領五百名新降將士擔任警衛，守護在朱元璋的住所周圍，寢室裡留下馮國用一人伺候在臥榻旁。調防停當，這一夜，朱元璋解甲脫衣，「安寢達旦」。

朱元璋這一舉動果然深深感動了投降過來的將士。他們看到朱元璋以誠相待，對他們如此信任，紛紛消除了疑懼，打消了顧慮。將士們以誠相報說：「既活我，又放心待我，何不盡力圖報？」個個都願為朱元璋效命疆場。

幾天後，朱元璋領兵攻打集慶城，馮國用率領這五百士兵衝鋒在前。他們冒著疾矢彈雨，勇敢地「先登陷陣，敗元兵於蔣山，直抵城下。諸軍拔柵競進」，集慶城被一舉攻克。

4. 以「仁心」裝點「殺心」

清太祖努爾哈赤是清王朝事業的奠基人。他以十三副鎧甲起兵，經過數十年的艱苦創業，終於使滿族發展成為能與明朝抗衡、最後戰而勝之的力量。這裡當然有許多原因，而努爾哈赤長於表演，廣攬人才，則是其中的重要原因之一。

明萬曆十一年（西元一五八三年）五月，努爾哈赤以報仇為名，揭開了統一女真各部的序幕。當時，女真各部互不統屬，「各部蜂起，皆稱王爭長，互相戰殺，甚且骨肉相殘」。努爾哈赤起兵之初就處在各部勢力的包圍之中，幾乎到處都是敵對勢力。因此，最大限度地籠絡人心，爭取人才，是他面臨的首要任務。而努爾哈赤恰恰體現了這種才能。

萬曆十二年（西元一五八四年）四月，一個風雨交加的夜晚，有一名刺客潛入努爾哈赤的住所，準備行刺。努爾哈赤聽到窗外有輕微的腳步聲，警覺起身，他「佩刀持弓矢，潛出戶，伏煙突旁伺之。」這時，一個閃電劃破黑暗，他看見那個刺客正在窗前窺視，於是一個箭步躍上，用刀背將刺客拍倒然後呼人將其捆綁起來。侍衛洛漢聞聲趕到，見此情況，提刀要斬刺客。努爾哈赤想，救人容易，可一旦斬了他又要樹敵，於己不利，不如攻心為上，將其寬恕。於是，他大聲訊問：「爾非盜牛來耶？」刺客一聽，就勢回答是來盜牛。洛漢在一旁著急地說：「誑言也，實欲害吾主，殺之便。」努爾哈赤非常冷靜，而且若無其事地說：「實盜牛也。」於是，放走了刺客。

五月的一個深夜，又有一個叫義蘇的人潛入努爾哈赤的

住宅，準備行刺。努爾哈赤像上次一樣迅速將刺客捉住，又將其釋放。這兩件看上去似乎是很平常的小事，卻產生了轟動性的效果。很多人都認為努爾哈赤「深有大度」，而願意投奔他。這正是努爾哈赤所期待的結果。不僅如此，就連在戰場上面對面廝殺過的敵人，努爾哈赤認為是有用之才，也能做到盡棄前嫌，化敵為友。

萬曆十二年九月，努爾哈赤攻打翁科洛城，並親自登高勁射。當戰鬥正在激烈進行的時候，翁科洛有一位守城勇士鄂爾果尼藏在暗處向努爾哈赤施放冷箭。努爾哈赤沒有提防，躲閃不及，被射傷了。他拔出帶血的箭，繼續指揮戰鬥。這時，又有一個叫羅科的守城戰士藉煙霧的掩護，到努爾哈赤近處，一箭射中其脖頸，雖然未中要害，但箭捲如雙鉤，入肉一寸多。箭拔出之後，「血湧如注」、「血肉並落」。努爾哈赤昏死過去。攻城部隊只好撤退。

努爾哈赤傷癒之後，再次率兵攻陷了翁科洛城，並生擒了上次射傷他的鄂爾果尼和羅科。眾人憤怒地要將二人亂箭穿胸處死。在群情激奮的情況下，努爾哈赤顯得十分冷靜。他非常欽佩二位勇士的英勇善戰，有意收為自己的部下，於是對眾人說：「兩敵交鋒，志在取勝。彼為其主乃射我，今為我用，不又為我射敵耶？如此勇敢之人，若臨陣死於鋒鏑，猶將惜之，奈何以射我故而殺之乎？」

說罷，便親自為二人解綁，並好言安慰。鄂爾果尼和羅科終於被這一舉動感動得流下了熱淚，他們當即表示願意歸順努爾哈赤，並為其效力。後來，鄂爾果尼和羅科英勇作戰，為努爾哈赤的統一事業立了戰功。

清太宗皇太極是一位求賢若渴，愛惜將才的馬上帝王，他自天命十一年（西元一六二六年）即位後金汗後，在選將用將方面有一個顯著特點，就是善待降將並委以重任，他把

這個問題看成是打敗明朝，實現統一大業的重要手段。為此，他對明朝降將格外敬重，以禮相待，給予高官厚祿，為清朝所用，既解決了清軍軍事將才缺乏的問題，又削弱和瓦解了明軍，不斷壯大自己的力量。由於較好地實施了各條善待降將、委以重任的政策，使得皇太極身旁有著一支漢將隊伍，為打下清朝江山立下了汗馬功勞，達成為他對明軍作戰取得一系列勝利的一個重要條件。

天聰五年（西元一六三一年）八月，皇太極率大軍圍攻大凌河，城中明軍總兵祖大壽雖僅步騎一萬四千人，卻頑強抵抗。祖大壽是明朝鎮守關外的重要將領之一，以謀略高深，能守善戰而著名。皇太極深知祖大壽是遼東諸將中具有舉足輕重的人物，他愛惜其才，早就籌劃要招降祖大壽為他所用。自圍城開始便寫信勸降祖大壽。祖大壽說：「我寧死於此城不降也。」堅守城池近四個月。由於援兵無望，「城內糧絕薪盡，兵民相食，大壽等力竭計窮」。在萬般無奈的情況之下，祖大壽決定施用「詐降」之計，出城「歸降」。

皇太極聞訊格外高興，派出了諸貝勒出迎一里，自己則出幄外迎接。十月二十八日晚，祖大壽到太宗御幄與皇太極相見，皇太極不讓祖大壽跪拜，而以抱見禮優待，並禮讓大壽先入幄，祖大壽不敢，謙讓後，太宗與他並肩入幄，極示尊敬之意。在豐盛的筵席上，太宗親自給祖大壽酌酒，還賞給了大量珍貴物品。祖大壽感激不盡，以妻子尚在錦州，請求允許他回去設計智取錦州。皇太極當即表示同意，祖大壽一去便不再復返。皇太極卻仍對包括祖大壽的子侄祖可法、祖澤潤在內的大批降將實行「善撫」政策，予以重用。受其子祖擇洪、養子祖可法為一等梅勒章為京；侄子祖澤潤三等昂邦章京。他不厭其煩地一次次親自賜宴和賞賜給他們各類財物，包括莊園、奴僕、馬匹、銀兩、衣物等，使降將感激

涕零，願為太宗效犬馬之勞。

皇太極善待和重用降將政策對明軍將領產生了巨大的效應。天聰七年（西元一六三三年），參將孔有德、耿仲明率官兵數千人自山東登州航海來歸。此後又有廣鹿島副將尚可喜、石城島總兵沈志祥等帶領大批官兵、人口來降。皇太極封孔有德為都元帥，耿仲明為總兵官，其他各官也視功勞分別封賞，並賜賞大量珍寶財物。

孔、耿、尚部來降，不僅給後金帶來巨大的政治影響，使後金在同明朝進行改朝換代鬥爭中打開了更廣闊的道路，而且使後金社會內部發生了新變化。清太宗下令孔、耿所部帥旗用皂（黑色），後又規定孔、耿與八和碩貝勒同列一班，並為之營建府第。崇德元年（西元一六三六年）封孔有德為恭順王、耿仲明為懷順王、尚可喜為智順王，而孔、耿與尚獨立分管兩支由漢人組成的部隊，獲得類同八旗主一樣的權利。孔、耿、尚的來歸成為太宗編制漢軍旗的開始，使清軍的實力大大增強，孔、耿、尚為清朝的統一全國建立了汗馬功勞。

祖大壽自大凌河一去不復返，在此之後又與皇太極兵戎相見。皇太極並不因祖大壽負恩背約而惱怒，仍是一如繼往，以誠相待。他致書祖大壽：「自大凌河別後，今已數載，朕不憚辛苦而來，冀與將軍相見。至於去國，終不相強。將軍雖屢與我兵相角，為將固應爾，朕絕不以此介意。將軍勿自疑。」皇太極對祖大壽不計前嫌，執意收降以用，其真心相待，見於言語之中，但祖大壽始終避而不見。

清太宗崇德五年（西元一六四○年），清軍在和碩睿親王多爾袞率領下包圍錦州。皇太極指使祖澤潤等聯名修書誘勸祖大壽及早歸陣，並親自派人到錦州說服祖大壽的妻子，令其以利害開導祖大壽降清。祖大壽仍不為所動，等待

援兵，堅守不降，使清軍多有失利。明崇禎帝令薊遼總督洪承疇率兵十三萬馳援錦州。皇太極從盛京趕到前線，指揮清軍在松山與明援軍激戰，大敗明軍，擒獲洪承疇。在此形勢下，皇太極再派祖大壽之弟祖大成入錦州城勸說祖大壽投降。當時的錦州軍心瓦解，「城內糧盡，人相食，戰守計窮」，祖大壽無計可施，最後決計獻城歸降。

祖大壽獻城投降，皇太極十分欣喜，指令將祖大壽帶到盛京。祖大壽背棄大凌河誓言，滿清諸多文臣武將要求太宗將其處死，祖大壽自己也深感前番詐降之事無顏相見。但皇太極不改初衷，相見時仍以誠相待，他寬慰祖大壽說：「爾背我為爾主、為爾妻子宗族耳。朕嘗語內院諸臣，謂祖大壽必不能死，後且復陣，然朕絕不加誅。往事已畢，自後朝竭力事朕，則善矣。」祖大壽感恩不盡，表示願效力疆場。皇太極命祖大壽仍為總兵，隸正黃旗，並給予了重賞。皇太極為一降將耐心等待近十年，終於為其所用。

皇太極對待松山之戰俘虜的明將洪承疇也是如此，以誠感化。他先派出大臣范文程等人前往勸降，洪承疇不為所動，誓死不降。皇太極遂親自到洪承疇的住處看望，他解下自己所穿的大衣給洪承疇披上，並問道：「先生得無寒乎？」一句話說得洪承疇瞳視太宗良久，最後感歎一聲：「真命世之主也！」乃叩頭受降。皇太極大喜，當日「賞賚無算，置酒陣百戲」以示慶賀。

皇太極對待明朝降將的一番表演，功夫可謂老到，根本原因是他思路清晰，知道自己打天下的過程中，特別是統治中原的過程中，需要這些人才，而不是他有什麼過人的品德修養。

5.「罪己術」

帝王必須總是裝善無比寬厚、仁慈、博愛和高尚，是偉大、聖明、仁德、英武、睿智、忠孝一切優秀品德的化身。必須時時刻刻把自己打扮成菩薩心腸、君父形象、聖賢品德，總是不忘製造種種沽名釣譽、自我神化的機會。

明崇禎十七年（西元一六四四年）二月，即崇禎帝在煤山上吊自盡、明王朝覆亡的一個月之前，李自成的農民軍從陝西進入山西，逼近京都，崇禎帝下了一道對自己痛加切責的詔書，其中這樣說道──「朕為民父母，不得而卵翼之；民為朕赤子，不得而懷保之。坐今秦、豫丘墟，江、楚腥穢，罪非朕躬，誰任其責！所以使民罹鋒鏑，蹈水火……皆朕之過也……又朕之過也……」

這類「聖旨」有個專門名稱，叫「罪己詔」。下「罪己詔」，是帝王面臨重大政治危機時所採取的應急對策之一，因此下這類詔書，我們可以看作是帝王為延續其統治而不得不使用的一種特殊策略──「罪己術」。

當大家看到皇上頒布這樣「誠懇」的「自我批評」文字時，就會更加堅定他們「皇上聖明」的信念，並為此效忠，這就是「罪己詔」特有的政治效果。晉人習鑿齒曾對此發過這樣的議論：「承認過失而使事業興盛，這是最聰明不過的做法。如果推諉過失，只宣揚自己的成功，不提及自己的失誤，以致上下離心，人才流失，那才是最愚蠢的做法。」

「罪己」的做法追溯起來，幾乎是和「家天下」的制度同時產生的。相傳上古帝王禹、湯都曾因災而罪己。

湯王是商代的開國君主。在他當政期間，曾連續七年大

旱。於是，他就剪下自己的頭髮和指甲作為自我處罰，並跑到神社去向上天祈禱，對上天說：「你為何降災於民眾？難道是我施政有過錯嗎？或者是使用民力太多？或者是宮殿造得太多了？或者是有女人干政？或者是我收受了別人的賄賂？或者是聽信了別人的讒言？」

帝王將過失攬歸自己，說一聲「一切責任由我來負」，看來不易，說穿了卻很有「障眼法」的成分。當然，我們不否認確實有個別帝王，是誠心要使天下大治而「罪己」的：其一，帝王的「罪己」，不像大臣承擔責任那樣有貶官的處分，如蜀相諸葛亮在初出祁山戰敗後，上表後主劉禪引咎自責，自貶三等之類。皇帝還是皇帝，不損一根毫毛。其二，帝王「罪己」列舉的種種過失，事後是否真的作為實事來辦，是無人敢去查問的。既然如此，又何妨不多說些漂亮話，廉價地換回一點支援呢？

像崇禎這樣「罪己」的例子，在歷史上不算少數。宋徽宗宣和七年（西元一一二五年），金兵在對遼戰爭結束後，渝盟南下，徽宗束手無策，向大臣宇文虛中請教。宇文虛中說：「今日宜先降詔罪己，更革弊端，但人心天回，則備禦之事，將帥可以任之。」於是，徽宗委託宇文虛中給他起草了一份「罪己詔」，除批評自己的錯誤外，還表示「思得奇策，庶解大紛」的願望，懇切地要求「中外臣庶，並許直言極諫」。徽宗看後，說：「今日不吝改過，可便施行。」結果怎麼樣呢？史載「自金人犯邊，屢下求言之詔，事稍緩，則陰沮抑之。當時有『城門閉，言路開；城門開，言路閉』之語」。建炎三年（西元一一二九年），宋高宗趙構下詔「罪己」，一本正經地給自己列舉了四條過失，並要臣下將此詔「遍喻天下，使知朕悔過之意」。當時有個叫張守的大臣當即上書，對高宗的「罪己」提出批評，說現在徽、欽二

帝尚在金人手中，如果陛下真的為他們著想，切實盡心於恢復大業的話，「天不為之助順者，萬無是理也。今罪己之詔數下，而天未悔禍，實的所未至耳」。

正因為「罪己詔」是這樣一種把戲，所以在上層爭權奪利的鬥爭中，常常被作為工具來運用。明英宗在將軍石亨和宦官魯吉祥的幫助下，以奪門之變重登帝位，但很快就疑忌起權勢過高的石亨和魯吉祥來。那天正好遇上宮內承天門火災，於是英宗就讓人起草了一份「罪己詔」，名義上自責，實際上卻是「歷陳奸邪蒙蔽狀」，把矛頭直指魯、石二人。明萬曆帝繼位初年，因年紀尚幼，由母親李太后和內閣首輔張居正內外監護輔政。萬曆當時還是個孩子，在宮中常有些越軌行為，李太后和張居正就常用「罪己」的手段來處罰他。一次，萬曆喝多了酒，乘興命內侍唱個新曲，內侍推說不會，萬曆便要用劍砍他，經勸說後，還割下了他的頭髮，說是「割髮代首」。「割髮代首」也是和「罪己」類似的一個典故。曾操曾立下一條軍令，說是士兵行軍凡踩壞麥田者，罪當斬首。所以他的士兵每逢麥田，總是下馬扶著麥子走。一次曹操自己的坐騎受驚，踩壞了一大片麥子，曹操命令他的祕書（主簿）議罪。祕書認為法不加尊。曹操一本正經地說：「軍令是我制訂的，怎麼能被我自己來破壞呢？不過我是一軍的統帥，死了就沒人來帶兵了。」於是就割下一縷頭髮，代替自己的頭顱，通報全軍。

次日，太后聽到這件事，與張居正一起斥責萬曆，直把這個小皇帝責備得痛哭流涕，叩頭認罪，保證願改時，太后才讓他將張居正起草好了的「罪己詔」朗讀一遍，並親手抄好，公布周知。這種形式的教育，是萬曆始終感到頭痛的事。

6. 王莽的謀略學

王莽開頭以皇親國戚起家，屈己人下，勉力而行，從而博取名譽，贏得了家族稱讚，等到他登上高位，輔佐朝政，一副為國家辛勤工作、公正賢良的表象，他表面上好像寬仁厚道，本質上卻虛偽奸詐邪惡，他能篡奪皇位、竊取政權，靠的就是大奸似忠的假面具。

西元前五二年，漢太子劉奭寵愛的美女司馬梯得病而死，自此太子悶悶不樂。一日，皇后為劉奭推薦五名美女，劉奭哪有心思，一個也看不上眼，被逼不過隨手指了一下離自己最近的那個說不錯。此人名叫王政鳳。

王政鳳被送入太子宮，太子早已忘卻此事。一天在宮中，無意間撞見王政鳳，認真一看，十分漂亮可愛，他仔細一問，才想起那日之事。一時興起，當時引入內室，脫光衣服，雲雨一番。王政鳳好福氣，只這一次寵幸，肚子就大起來，這寶貝肚子真爭氣。這肚子一大，大出了王家的顯赫，大出了王莽的篡政。王政鳳懷胎十月，生下一男，皇帝、皇后、太子都喜不自禁，皇帝為此皇孫取名劉鶩。

過幾年宣帝死，太子劉奭即位，是為元帝。又過了幾年，元帝死，劉鶩即位，是為明帝。王政鳳成了皇太后，劉鶩舅父王鳳成了大司馬，王鳳的幾個異母兄弟都封了侯，王家一下子顯赫起來。

王莽的父親王曼也是太后的異母兄弟，但王曼死得早，未能封侯，相比之下，王莽家就比較寒酸。少年王莽立下大志，決心有朝一日位極人臣，讓那些飛揚跋扈的兄弟們看一看。要想爬上高位，必須要弄個誠實的好名聲。於是，王莽

發奮讀書，勤學好問，生活節儉，疏遠遊手好閒之徒，結交飽讀詩書的京中名士，對人禮貌，十分恭謹，於是在京城中首先獲得了好名聲。

有了好名聲，並不等於能爬上高位，最關鍵的是那位當大司馬的王鳳。於是王莽就竭力討好王鳳。有一次，王鳳得了病，這可是一個絕好的機會，他精心伺候伯父，直守在病榻邊，細心照料，事必躬親。小至請醫把脈，大至煎藥倒尿，毫無怨言，煎好藥時還要親口嘗一嘗。

王鳳病重時，他衣不解帶，晝夜服侍，臉都顧不得洗，這種誠心令伯父非常感動。王鳳在臨死之時，親口向太后交託要她照顧王莽。王莽得以升為「黃門侍郎」，後又升為「射聲校尉」。

除了王鳳外，王莽對其他幾位叔父，也千方百計地表示出尊敬、誠厚、老實、勤儉的樣子。終於又感動了一位叔父王商。王商細一思量，這整個王家花花公子多，勤儉弟子少，真正能保住王家基業的只有王莽一個。於是他上書皇上，表示願意把自己的封邑分出一半給王莽，讓他也封侯；朝中大臣也紛紛上書，誇獎王莽德才兼備，應該重用，引起皇帝重視。成帝永始元年（西元前一六年），王莽被封為新都侯，官職又升到騎都尉，光祿大夫。

王莽雖然做了大官，絲毫不敢大意，仍然是一副謙遜謹慎，誠厚忠心的樣子，而且生活也十分節儉，不蓄家財，錢財都用於資助名士，頗有輕財重義的豪爽氣概。

王莽的哥哥王永早死，王永的兒子王光和嫂子由王莽供養。王光在大學讀書，王莽特地帶了酒肉等禮物慰問王光的老師，與王光一同讀書的同學也受到贈送。王莽身居高官，如此禮賢下士，令大學的先生們感激不盡，這些先生們官位低微，一副寒酸相，誰又看得起他們，唯獨王莽慧眼有珠。

這樣一做，先生、學生爭相宣傳王莽的美德，遠比今日在電視上做廣告要光彩得多。

朝中繼王鳳任大司馬的王根也是王莽的叔父，王根病重，多次請示卸任，王莽遇到千載難逢的時機，但王莽有一表弟淳于長擋在他前面。

淳于長善於辭令，揮金如土，淫於聲色，機敏能幹，很得成帝寵愛。成帝對他可以說是言必聽，計必從，而此人官位又在王莽之上，看來此人代替王根的可能性極大。

找準了打擊的對象，王莽就行動起來，他四處打探，尋訪淳于長的劣跡。

淳于長淫於聲色，與一個名叫許嫭的女人私通，後來乾脆取為小妾，這許嫭卻是成帝后妃之一的許后的姐姐。

許后曾一度受寵於成帝，但她自不量力，想與傾國美人趙飛燕爭寵，用巫術詛咒趙飛燕，事發被廢為普通妃嬪，皇后的位子也被趙飛燕奪去。許后哪裡甘心，想再次博得成帝歡心，她看到淳于長在成帝面前受寵，就想透過姐姐許嫭與淳于長聯繫，賄以各色的奇珍異寶。淳于長也是色膽包天，看許后雖被廢去，但姿色亦佳，還想揩點油，寫給許后的信，用種種下流的話調戲她。王莽查到許后向淳于長行賄的事後，立即向王根、太后、成帝告發。經嚴厲審問拷打，審出真相，淳于長便以大逆不道的罪名被殺死在獄中，王莽的一大政敵被除去了。

於是，王根在奏章中保舉王莽，西元前八年，王莽出任大司馬。王莽因為大司徒孔光是著名的儒者，輔佐過三個皇帝，是皇太后所尊敬的人，全國人都相信他，於是極力尊敬地對待孔光，選用孔光的女婿甄邯擔任奉車都尉加侍中銜。所有哀帝的外戚和他向來不喜歡的在職大臣，王莽都羅織他們的罪名，寫成請示奏章，讓甄邯拿去交給孔光。孔光一向

小心謹慎，不敢不送上這些奏章，王莽再報告皇太后，總是批准這些奏章。

當時依附順從他的人被提拔，觸犯怨恨他的人被消滅。王舜和王邑成為他的心腹，甄豐和甄邯掌管糾察彈劾工作，平晏管理機要事務，劉歆主管典章制度，孫建成為他的得力助手。還有甄豐的兒子甄尋、南陽郡人陳崇都由於有才能而得到王莽的寵愛。王莽臉色嚴厲，說話一本正經，想要有所行動，只須略微示意，同夥就會秉承他的意圖明白地報告上去，而王莽自己卻磕頭哭鼻子，堅決推辭那些事，對上用這種手段迷惑皇太后，對下用這種手段向廣大群眾顯示誠實。

一次，大臣們向太后報告說，王莽應該比照以前的大司馬霍光和蕭相國的成例受封。王莽上報告說：「我和孔光、王舜、甄豐、甄邯共同決策擁立新皇帝，現在希望僅條陳孔光等人的功勞和應得的賞賜，放下我王莽，不要和他們相提並論。」大臣們建議說：「王莽雖然克己讓人，朝廷還是應當表彰，及時給予賞賜，表明重視首功，不要讓百官和人民群眾失望。」皇太后便下詔書把召陵、新息兩縣民戶二萬八千家封給王莽，免除他的後代的差役義務，規定子孫可以原封不動地繼承他的爵位和封邑，褒賞他的功勳，仿照蕭相國的成例。任命王莽擔任太傅，主持四輔的工作，稱號安漢公。把從前蕭相國的官邸作為安漢公的官邸，明確規定在法令上，永遠留傳下去。

當時王莽裝作誠惶誠恐的樣子，不得已才上朝接受策命。王莽接受了太傅的官位和安漢公的稱號，辭謝了增加封地和規定子孫可以原封不動地繼承爵位、封邑這兩項賞賜，說是希望等到老百姓家家都富足了，然後再給予這樣的賞賜。各大臣又力爭，王莽又推辭沒有接受，而建議應當把諸侯王的後代和自從高祖以來的功臣子孫賜封為列侯。

　　王莽已經贏得了大家的好感，但他最想要的是專權獨斷，隨著地位的鞏固和權勢的增長，王莽的權欲越益滋長。他從政治鬥爭的得失中認識到，控制皇后是至關重要的，這可以更加鞏固他的權位。他在元始二年（西元二年）提出為平帝議婚，打算乘機把自己的女兒配為帝后。為此，王莽展開了各種活動，終於達到了目的。

　　不久平帝去世。在議立新君時，元帝一系的子孫已經滅絕，宣帝一系有曾孫數十人，他們都已成人，不利於王莽篡位。王莽藉口「兄弟不得相為後」，就在宣帝玄孫中挑了一個年僅二歲的劉子嬰來繼位，以便從中行奸。這時，王莽的黨羽迎合王莽的意思，假造了一個刻有「告安漢公莽為皇帝」的符命石。王莽的黨羽上奏王政君，王政君堅決反對：「這種誣告天下的事，不可施行。」然而，王政君禁不住位居高官的王莽黨羽的蠱惑，糊塗的王政君竟然下令允准王莽「如周公做事」。至此，王莽名義上雖是「攝皇帝」，而其他一切禮儀、制度都與皇帝無異了。

　　當了攝皇帝，想當真皇帝。王莽的黨羽密謀弄假成真時，王莽「謙恭」的假面具被揭開，「巧偽人」的真面目暴露無遺。一些過去對王莽認識不清的人和部分漢室子弟開始覺察了王莽的野心，他們舉行了好幾次試圖推翻王莽的起事和政變，但都沒有成功。王莽的黨羽把這些比為周公居攝時的「管蔡之變」，說什麼「不遭此變，不章聖德」。但王莽心中明白，深恐夜長夢多，就在他「居攝」的第三年便匆匆忙忙公開篡位奪權了。當他派堂兄弟王舜去向王政君索要傳國玉璽，準備位登大寶時，王政君才徹底地看清了王莽的真面目。她痛罵王莽和王舜，把傳國玉璽狠狠地摔在地上。從此，王政君與王莽徹底決裂，退居深宮，仍穿漢家服飾，按漢廷舊制生活，以示堅守名節，不與王莽同流合污。

西元六年，王莽正式稱帝，國號為「新」。值此，王莽徹底暴露了「大奸似忠」的偽裝面具。

7. 楊廣以詭詐手段取得皇位

隋煬帝楊廣是歷史上著名的荒淫暴君。他在位的十三年，窮奢極欲，恣意妄為，大興土木，廣費勞役，急徵暴斂，耗盡民力。他拒絕忠良，寵信奸臣，耽迷酒色，殘殺良民，直至鬧得民怨沸騰，農民起義軍四起，眾叛親離，最後被自己的親信衛隊勒死，使隋王朝未傳二代，短命而亡。

但隋煬帝的父親隋文帝楊堅卻是歷史上著名的崇尚節儉的有為之君。他平陳之後，結束了南北朝的長期紛亂局面，統一了中國，實行「薄賦斂，輕刑罰，內修制度，外撫戎克，每日聽朝，日昃忘倦，居處服玩，務存節儉。無金玉之佩，常服率多布帛，裝帶不過鋼鐵骨角而已」，以致「倉廩實，法令行，君子咸樂其生，小人各安其業，二十年間，天下無事，區宇之內易如也」。（《隋書‧高祖紀》）

隋文帝楊堅有五個兒子，楊勇、楊廣、楊俊、楊秀、楊諒。楊堅曾向群臣誇耀：「前世天子，溺於嬖幸，嫡庶分爭，遂有廢立，或至亡國；旁無姬侍，五子同母。可謂真兄弟也，豈有此憂也！」（《資治通鑑》）的確，他這五個兒子開始並不完全都是無能之輩，那麼，為什麼這位有名的節儉皇帝卻偏選中了這麼個有名的奢侈浪子做他的皇位繼承人？結果，不僅他所苦心經營的王朝被弄得短祚而亡，就是楊家幾個「真兄弟」也在權勢鬥爭的殘殺中，「五子皆不以壽終」。

看一看楊堅為什麼廢了長子楊勇而選中了次子楊廣做他

的繼承人，看一看楊廣為取得皇位繼承權而做的一切，對幫助人們識別偽裝者和陰謀野心家是有好處的。

依據史書記載，楊廣之所以能戰勝其兄楊勇，使得父親信任而被確定為皇位繼承人，除他本身具備的某些條件外，他主要是靠偽裝和陰謀。但是他本身也有兩個主要優勢，一是建立過軍功，二是有文學才能。

楊廣在十三歲時即被封為晉王、並州總管、上柱國、河北道行臺尚書令，屯兵並州（州治在晉陽），與突厥接壤。當時突厥分為東西兩部，西突厥強大，數侵東突厥。隋文帝命楊廣援助東突厥戰敗了西突厥。東突厥沙缽略可汗感恩隋朝，情願稱臣，上表說：「天無二日，土無二王，大隋皇帝真皇帝也，願永為藩附。」楊堅當然很高興，下詔：「沙缽略往雖與和，猶是二國，今做君臣，便是一體。」這份功勞，當然記在了楊廣的名下。

隋文帝統一北方後，舉兵伐陳，這是統一中國，結束南北朝紛爭局面的最重要的一次軍事行動。這次出兵共五十一萬八千人，九十個行軍總管，皆受行軍元帥晉王楊廣節度。他是這次重大軍事行動的總指揮。這年楊廣才只有二十歲。眾將大敗陳軍，楊廣進軍陳都建康（今南京），先將陳朝最為人們痛恨的施之慶等五個奸臣，「以其邪佞，皆為民害，斬於闕下，以謝三吳」。命人只「收圖籍，封府庫」，但於陳宮的「賞財則一無所取」。於是「天下皆稱道（楊）廣，以為賢」。因此，他被晉升為國家的軍事最高長官太尉。

楊廣長得很俊，不僅「美姿儀」，而且「性敏慧，沉深嚴重，好學尚屬文」。他的詩寫得很好，於今流傳下來他的七首詩，也並非都是豔詩。如他在行軍經過長城時所寫的《飲馬長城窟》「蕭蕭秋風起，悠悠行萬里。萬里何所行，橫溪築長城，豈臺小子智，先聖之所營，樹茲萬世策，安此

億兆生。詎敢憚焦思，高枕於上京，北河秉武節，千里捲戎旌。」就很有氣勢，在藝術上一掃六朝那種絢麗纖細諸風，在內容上，把築長城的秦始皇目為先聖，說築長城是「萬世策」，能「安億兆生」。又如在《白馬篇》裡寫道：「……英名欺衛（青）霍（去病），智策蔑（陳）平（張）良。島夷時失禮，卉服犯邊疆，征兵集薊北，輕騎出漁洋……本持身許國，況復武功彰，會令千載後，流譽滿旗常。」抒發其仰慕秦皇漢武之志，氣勢不同凡響。

　　他在行軍雲中（今大同）時，突厥啟民可汗奉酒迎送。他又賦詩：「呼韓稽顙至，屠耆接踵來。何如漢天子，空上單于臺。」笑話當年漢高祖劉邦曾被突厥冒頓圍困於白登（在今大同市東）的故事。這些詩雖然多是在楊廣當皇帝後所作，但從此可以看到他的文學功底之深，當是他青少年時期就已打下了良好基礎的原故。他在當皇帝後曾自負地說：「人皆謂我承接父統而有四海。假如讓我與士大夫比試才學，我也該被選為天子。」並非完全無因。

　　他能帶兵打仗又能作賦吟詩。他充分利用這兩個優越條件，再加之他在未做皇太子前為了沽名釣譽，「敬接朝士，禮極卑屈」。因而博得「聲名籍甚，冠於諸王」。在他周圍早已集結了一批文武朝士。但僅憑上述的這兩個條件就想做皇位繼承人還遠遠不夠。因為按照封建社會的傳位慣例是——「繼嗣以嫡，無嫡以長」。楊廣是次子，他哥哥楊勇既是嫡子也是長子，且是楊堅與獨孤氏為布衣時所生，理所當然地早已被立為太子，若無重大罪過，是不能輕易更換儲君的。這樣一心覬覦太子寶座的楊廣就要等待機會和極力活動。

　　太子楊勇也非庸碌之輩，文帝曾經常讓他參與研討決定國家的軍政要事。楊勇皆能提出自己的見解，由於他提的有道理，所以「皆納之」。由此看來，隋文帝並非不喜歡

楊勇。但楊勇和楊廣的個性相反，他「性寬厚，率意任情，無矯飾之行」。就因為他性情直率，不會矯飾作假，才成了「敏慧沉深」、「善於飾名」的揚廣的手下敗將。

隋文帝崇尚節儉，可是楊勇在這方面不加注意，他穿的蜀地所產銳甲，本已十分精美，可是他又令人再加裝飾。這引起隋文帝的大不高興，就訓戒他：「自古帝王未有好奢侈而能長久！」並將他昔日所穿過的舊衣一件和所吃過的醃菜一盒令他「時觀之以自警戒」。又加上冬至時百官到太子宮給楊勇祝賀節日，楊勇「張樂受賀」，也遭到「天性沉猜」的隋文帝的疑忌。漸漸的，他失去了父親的信任。

獨孤皇后性情妒忌，最不喜歡皇帝另有新歡，使得隋文帝對「後宮莫敢進御」。可是楊勇並不注意這點，他不愛獨孤后為他娶的太子正妃元氏，而寵幸偏妾雲陽訓，元氏因心疾而亡，獨孤后懷疑是被太子和雲氏害死，從此獨孤后對他心生反感，常常「求（楊）勇過惡」。所以太子勇又失去了母親的信任。

楊廣卻窺破時機，「彌自矯飾」，表面上一反楊勇所為，他本來妾滕無數最為奢侈。但當他獲知隋文帝與獨孤皇后要到他的王府來時，就立即「將美貌姬妾藏於別室，唯留老醜者，穿著布衣，侍奉左右」；又把華麗的緯帳暫時撤走，改用素色稀布，還故意將樂器的絲弦弄斷，讓上邊落滿灰塵，更裝著平時只與正妃肖氏居處，不近任何姬妾。隋文帝夫婦見狀，當然非常高興。因此對他更加器重。

楊廣一方面揣摩皇帝、皇后所好，一方面廣結心腹，凡是皇帝、皇后派遣的人到王府，不分貴賤，他都和蕭妃親自迎接，贈以厚禮，使得這些人在帝后面前，無不稱其仁孝。楊廣還結交善於相面的人，送他們厚禮，讓他們當著皇帝的面，故意遍視五位皇子，然後悄悄對文帝說：「晉王眉上雙

骨隆起，貴不可言。」文帝問大臣韋鼎：「我諸兒誰可繼位？」韋鼎心知他最喜歡楊廣，就附和說：「至尊、皇后所最愛者當與之。」

楊廣既然已經成功地取得皇帝、皇后的好感，下一步就是設法除掉楊勇，他挖空心思也沒有找到楊勇的罪過，就只好靠造謠中傷來陷害他這位「性寬厚」的兄長。楊廣入宮拜辭母后時，故意伏地痛哭說：「兒臣性識愚下，不知何事得罪東宮，常欲屠殺陷害於兒臣，每恐讒譖生於投杼，鴆毒遇於杯勺，是以勤憂積念，懼履危亡。」獨孤后聽後大怒，憤然說：「我在尚如此，我死後當魚肉汝乎？東宮無正嫡，至尊千秋後，汝兄弟向阿雲兒參拜，此是何等苦痛！」

從此，這位與隋文帝並稱「二聖」的獨孤皇后，下決心廢掉楊勇，另立楊廣。

但起決定作用的仍然是楊堅，楊廣得下功夫攻開這座堡壘，但文帝素來「性嚴重明敏」，靠直接造謠中傷是行不通的。楊廣知道，在滿朝文武中，能左右影響皇帝的，只有楊素一人，而楊素最聽兄弟楊約的話，於是他和心腹宇文述密謀，用博戲的辦法厚賂楊約。又透過楊約鼓動楊素說：「太子每切齒於執政（當時楊素是宰相），一旦主上晏駕，太子用事，恐禍至無日。如能請立晉王，晉王必永銘骨髓。斯則去累卵之危，成太山之安，可以長得榮祿。」老謀深算的楊素聞言大喜，就常在皇帝、皇后面前「盛言太子不才」，又誣奏太子「楊勇怨望，恐有他變，願深防察」。

楊素是楊堅最信任的重臣，楊素對太子的詆毀，不由楊堅不信。於是就將東宮宿衛之人，「有勇健備咸屏去之」，並加強自己的護衛，以防生變。與楊素關係密切的太史令袁充又上奏說：「臣觀天文，呈太子當廢。」這樣，除皇后、愛子、大臣以及左右親信等都經常在皇帝耳邊語誣太子外，

又加上了天上的「星辰」也要求廢掉太子，這就更使「性寬厚，不知矯飾」的楊勇更難保住自己的太子地位了。

但隋文帝雖然對太子疑忌忿懥，總認為楊勇是他和獨孤后「布衣時所生，又是嫡長子，望其能懺改」，一直隱忍不定，未下廢立決心。楊廣就又重金買通了太子身邊的幸臣姬威，「令伺太子動靜，密告東宮過失」，於是「內外宣謗，過失日聞」。諸如誣陷楊勇曾說過：「今上做天子，竟令我不如諸弟，一事以上，不得自遂，我大覺礙身。」還說他指著皇后身邊的侍兒說：「是皆我物。」還說太子養馬千匹，是準備造反時，守住城門，餓死父皇。最為致命的是誣奏楊勇曾讓巫師卜吉凶，說：「至尊忌在十八年，活不長久。」

隋文帝聽後，氣得泫然落淚說：「誰非父母生，乃至於此！」他命楊素對太子訊鞫實情。又親自數遣使者責問楊勇，但楊勇極不承認。就在這樣毫無實證的情況下，隋文帝還是聽信了嚴妻、愛子、侍臣等的誣陷，於隋文帝仁壽二年（西元六○二年）將楊勇廢掉，立次子楊廣為太子，並囚楊勇於東宮，交付楊廣看管。楊勇自以為無罪，多次請求見父皇申冤，楊廣都不讓。

楊勇出不去，就於院中爬至樹上大叫，想讓父皇聽見，能被召見。楊素又奏言廢太子楊勇—「情志昏亂瘋癲病狂，不可復收」。隋文帝又聽信了，致使楊勇始終不得再見皇帝申訴。

楊廣的奪嫡計劃成功了。但他還不放心，他又做了兩件事來鞏固他的太子地位。一是獨孤皇后病死，楊廣在父皇和宮人面前裝得哀喪不止，痛不欲生，直至哭得氣絕，以此來進一步博取仁孝之名。可是他回到私室，「飲食歡笑如平常」。在守喪期間，他明面上只讓人們給送少量米飯，表示自己哀傷過度，食不下嚥。可暗地裡卻命親信用竹筒裝肉

脯魚穌偷偷送給他食用。二是擔心「性耿介」、「意甚不平」的弟弟蜀王楊秀不服，會危及其太子地位，就「陰令楊素求其罪而僭之」，從而先激起文帝對楊秀的惱怒。然後他又「自做木偶，縛手釘心」，上寫隋文帝及漢王楊諒姓名，並書：「請西嶽神收楊堅、楊諒魂魄。」埋於華山下，令楊素掘土發現，呈送文帝。同時又假造揚秀造反檄文暗夾楊秀書卷之中，故意令人發現報文帝，這些罪證當然惹起隋文帝大怒，說：「天下寧有是耶？」遂將楊秀廢為庶人，囚禁在內侍省，不得與妻子相見。他之所以在木偶上除寫楊堅名姓外，還寫了他另一個弟弟楊諒的名姓，一是這樣寫更易使楊堅相信，二是可以挑起楊諒與楊秀不和，不致於聯合起來共同對付他這位太子。至於楊諒本身，可以圖待以後收拾（他以後又把楊諒囚禁致死）。

就這樣，楊廣一路蒙蔽了他的父皇和母后，最後終於謀取了大隋江山。

8. 劉秀、虞詡造假勝敵

王莽稱皇四年（西元二三年），起義的綠林軍建立政權，號稱漢軍，分兵北進，一舉攻克昆陽（今河南葉縣）。王莽驚慌失措，忙命大司空王邑將兵四十萬，號稱百萬，前去與綠林軍決戰，試圖一舉殲滅綠林軍。不久，四十萬的王莽軍包圍了昆陽，連圍數十重，意在必克。

當時，綠林軍主力攻克昆陽後，只留下近九千人守城，而主力早已轉攻宛城（今湖北荊門）。形勢十分危急。這時，綠林軍首領派大將劉秀至郾城（今河南郾城）、定陵（今河南舞陽）一帶調集起義軍，前去解昆陽之圍，保住這

一戰略要地。

　　劉秀至郾、定陵，與守城將領多方協商，終於調集起萬餘人，匆匆馳援昆陽。

　　來到包圍昆陽的王莽軍周邊，劉秀讓其餘人紮營，自己率領手下的千餘精銳騎兵向王莽軍衝去。王莽軍首領見只有千餘人從背後殺來，也沒放在心上，撥出千餘人應戰。但他們哪裡是劉秀騎兵的對手，剛一交戰，便敗下陣來。劉秀藉機率騎兵猛衝，殺得敵人丟盔棄甲，扔下營帳不管，退出十餘里，使劉秀軍接近了昆陽城。

　　王邑見綠林救兵趕來，一邊調集兵力阻擋，一邊傳令加緊攻城。一時間，昆陽城外豎滿了雲梯，王莽兵像螞蟻般密密麻麻地附在雲梯上向城上爬。王邑親自在城下督戰，形勢十分危急。

　　劉秀見狀不妙，率手下人死命向昆陽城衝去，想與守城綠林軍會合。哪知阻擊部隊接到王邑的死命令，不管死傷多少人，也絕不後退，不讓劉秀接近昆陽。

　　兩軍激戰到傍晚，勢呈膠和狀態。而城上的守兵卻被攻城的王莽軍射殺了不少，形勢相當危急了。怎麼改變這種情勢呢？劉秀在戰鬥間隙中苦思良策。突然心生一計，想用製造假情報來鼓舞己方士兵，渙散敵方軍心。於是他傳令手下人寫了許多封書信，說宛城已被綠林軍攻克（當時的確剛被攻克，但消息還未傳到劉秀那裡），馬上就來支援昆陽。寫好後縛在箭上，向城中射去，而故意「不小心」讓不少信落在圍攻的敵營中。

　　守昆陽的綠林軍拾到書信。馬上報告守將，不一會兒就傳遍城中，於是士氣大振，連城中百姓都上城牆上幫助守城，王邑傳令封鎖消息，以免影響士氣。但劉秀射來的書信不止一封，消息如何能封鎖得住？不久，「我們在宛城敗

了」的消息便傳遍了王邑營中，士氣一下子低落下來，攻城兵失去了勇氣，不自覺地停了下來。

劉秀見自己的假捷報起了作用，便乘機率領所有援軍夾衝王邑的大營，試圖以擒賊先擒王的戰術趕跑敵人。王邑見敵人衝來，怕手下亂了陣腳，一邊傳令各營固守莫動，一邊則親率手下兵將迎戰劉秀。劉秀讓士兵們高喊著「宛城已克，我軍大勝」的口號進攻，於是王邑手下將士軍心渙散，失去鬥志，被劉秀兵打得大敗。而其他營帳的將士因為有王邑的「不准擅動」的命令，也不敢接應王邑。王邑兵敗，收不住腳，帶動了其他營的兵士也狂奔逃命。守城綠林軍見狀，乘機殺出，裡應外合，把王邑大軍打得大敗潰逃，解了昆陽之圍，創造了以二萬軍隊打敗四十萬大軍的先例。

戰國中期，孫臏是用進軍減灶之計誘龐涓孤軍深入，東漢時期，虞詡卻用進軍增灶之計嚇退了尾追的羌兵。

東漢安帝永初年間（西元一〇七年～一一三年），西部羌人造反，郡守備鄧欲棄城而逃，遭到身為郎中將的虞詡譴責，鄧由此懷恨在心，找個機會把他降為朝歌長吏。哪知這下正為虞詡創造了表現才能的機會。朝歌（今河南淇縣）有盜賊作亂，朝廷無力派兵剿滅，虞詡召募勇士，訓練軍隊，殺賊數百人，朝歌康寧。朝廷發現了他的軍事才幹，任命他為武都郡（今甘肅成縣一帶）太守。詔令傳到，虞詡與新任長吏做交換，便帶領幾百名願去武都的軍士向西進發。

虞詡諫鄧的事蹟早已遍傳關外，羌人早已對他恨之入骨。如今羌人首領得了消息說虞詡要來武都任太守。料到他到任之日，必大整軍隊，將對自己不利，於是他派手下得力戰將帶羌兵三千，潛入關西，聚集在陳倉（今陝西寶雞東）、崤谷（今陝西寶雞西南）一帶阻擊虞詡。

　　東漢建都洛陽以後，關西一帶成為漢軍和羌人的游擊區。漢軍多據守城邑，大部分鄉村卻不能控制。所以虞詡一近函谷關，便派人偵察前進。果然，探到羌人在崤山一帶佈下口袋陣，等虞詡等到來後一舉殲滅。

　　探馬來報，虞詡傳令手下紮營。他思量形勢，若東去借兵，遠在洛陽，往返需要幾天。若繞道過去，崤山南北皆是崇山峻嶺，無路可走。大軍怎麼辦？他想起古人的「虛張聲勢」一計，於是放出風去，說已回都請救兵，紮營等待洛陽救兵到來。

　　羌人得此消息，知道虞詡等人三兩日不會過此處了。便鬆懈下來，縱兵四處搶掠，只留少數觀望。虞詡探到此情況，令手下人輕裝，兼程前進，一下子闖過了崤山處羌人口袋陣。等羌人集合起來時，虞詡已西去百餘里了。羌人將領下令緊迫不捨，定要把這數百人吃掉而後快。

　　虞詡闖過關後，料到敵人不會就此罷休，必緊追不捨。再向別處請救兵已來不及了，怎麼辦？他想起孫臏的減灶誘敵之計，自己何不反用此計，來個增灶嚇敵？於是，他讓兵士做飯時每人造兩個灶，第二天加倍。第三天又加倍。

　　羌人在後緊追。追到加灶處，羌人將領讓手下人數灶，見多了一倍，心中疑惑，難道這虞詡又沿路召募軍士不成？又追了一天，見灶又多了。再一天，灶更多了。羌將計算一下，按灶來計，虞詡兵力已超過了自己，再這樣窮追下去，說不定會中計上當，虧了老本，於是放慢速度，不敢緊追了，只遠遠尾隨。這樣，虞詡終於安全地到達了任所，拉開了大戰羌人的帷幕。

9. 陳平、李世民矯詔

　　劉邦在晚年經常做出一些錯誤的決定，他的臣下要想自我保全，往往要十分小心謹慎，否則，複雜的權力之爭就會禍及自己。

　　劉邦在平定英布的叛亂中身受箭傷，又加上年老生病，回到長安就一病不起。這時，北方的燕王盧綰又反叛，劉邦聞訊，便讓樊噲掛相印領兵出征。樊噲離開長安後，與樊噲素有嫌隙的人就乘機說他的壞話，劉邦此時疑心正重，就聽信了這些話，大罵樊噲說：「樊噲匹夫見我有病，竟然希望我死掉！」劉邦命令陳平用驛車把周勃送到樊噲軍中，前去接替樊噲的主將職務，陳平則取回樊噲的首級。兩人接受了命令，便飛馳而去。在路上，兩個人商議說：「樊噲是皇上的老部下，戰功赫赫，關係眾多，又是呂后的妹妹呂須的丈夫，皇上對他素來倚重。這次皇上生病，容易動怒，聽信了別人的讒言，這才要殺他，恐怕將來會後悔的。皇上一後悔，恐怕要拿我們出氣，即使皇上不怪我們，呂后也會怪我們。再者，萬一皇上近日駕崩，那可就更麻煩了。我們不能親手殺他，寧願把他裝在囚車裡，送回長安，讓皇上親自處置他。」二人計議一定，在樊噲軍的周邊，設了一個祭壇，用皇上的符節把樊噲召來，讀完了詔書，就把樊噲的雙手捆了起來，裝進了囚車，由陳平負責押回。

　　在回長安的途中，陳平就聽說劉邦死了，陳平擔心呂后惱怒這件事，就先乘車趕回，向呂后彙報這件事。在劉邦的靈前，陳平邊哭邊說，把擒押樊噲的事說了，呂后知道樊噲未死，也就放下了心，沒有責怪陳平。但陳平還是怕呂須進

348

讒言，就向呂后要求進宮宿衛，呂后就讓他做皇帝的老師，這樣，陳平成天伺候在皇帝的身邊，呂須就很難有空隙去讒毀陳平。等樊噲解到以後，呂后馬上釋放了他，並恢復了他的官職和封邑。

看來，即使奉行皇命也要隨機應變，看具體情況行事，否則，陳平和周勃的性命是保不住的了。

唐太宗李世民是實際上的開國君主，以馬上得天下，打了不少漂亮仗。其中，掃平王世充與竇建德之役堪稱他一生的傑作，伐謀、伐交、伐兵三者並用，以少勝多，以弱擊強，在不長的時間內，接連吞掉兩大與己相若的割據勢力，用兵之巧，享譽千古。

西元六一八年年底，自晉陽起兵反隋的李淵據關中稱帝，建立唐王朝。李淵雖說當了皇帝，可也只是隋末群雄中的一個，近有薛舉、劉武周、梁師都，遠有王世充、竇建德、杜伏威等，只有削平群雄，唐朝李家江山才能坐得穩。

李世民一馬當先，首先滅掉近鄰薛舉父子，然後北上打掉劉武周，穩定了關中與河東基地。下一個橫在他視線中的，主要就是盤踞洛陽一帶的王世充（鄭國）與占據河北的竇建德（夏國）。王世充原是隋將，隋末乘亂由平叛之人化為割據之主，前不久乘隙吞掉了李密的瓦崗軍，實力大增。此時自稱鄭王，占據了中原大部分地區，定都洛陽，成為梗在李世民眼前的第一個障礙。竇建德原是隋末起義軍中實力較為雄厚的一支，兵強馬壯，此時盤踞於河北山東一帶，自稱夏王。李唐若要一統天下，竇建德是非剔去不可的障礙。

王鄭與竇夏兩個拿誰先開刀，李世民分析了形勢，認為夏國離唐較遠，要翻過太行，況且夏國內部比較和睦，竇建德較得人心；而鄭國就堵在關中的門口，而且內部派係紛爭

嚴重，收降的瓦崗諸將心懷異志，其中秦瓊、程知節等人已先後倒戈投唐，加之王世充在轄區內橫徵暴斂，已激起天怨人怒，離心離德。所以李世民決定採取遠交近攻的戰略，利用過去鄭、夏之積怨，派使臣聯絡竇建德，先穩住夏國，然後拿鄭國開刀。

西元六二〇年夏，李世民率大軍五萬，東出潼關直奔洛陽而來。王世充一向知道李世民的才能，見他統兵前來，不敢怠慢，選拔精兵強將加強洛陽守備，同時在洛陽周圍佈下重兵，以周邊城鎮與洛陽成犄角之勢，打算固守。

及至李世民兵馬殺到，王世充又覺得這樣龜縮起來挨打有點失面子，遂點起三萬將兵，由他親自率領，殺出洛陽，與唐軍交戰，雙方在洛陽城西一場大戰，鄭軍雖拚死抵抗，到底架不住李世民一手訓練的虎狼之師，不但折兵大半，連城西據點茲澗也丟了。從此以後，王世充再也不敢輕舉妄動，老老實實地龜縮在洛陽城內，一任李世民在城外鬧得天翻地覆。

李世民也就不再客氣，一個一個地拿掉王世充在洛陽周邊的重鎮，從南掃到北，從東掃到西，連下壽安、河內、洛城、洛口，唐兵連營幾十座，把洛陽圍得像鐵桶一般。鄭、唐交手才幾日，王世充就損兵折將，丟城失地，一股前所未有的恐懼湧上了王世充的心頭，這是他從未感覺到的。從前與李密瓦崗軍作戰，也曾失敗過，可未像今日這般絕望。於是，他派使臣出城，要求約日在陣前與李世民相見，想試探一下有無罷兵言和的可能，如果可能的話，哪怕割讓些地盤，先度過這一關再說。

第二天，在洛陽西北的青城宮，唐、鄭兩軍隔水對陣，王世充策馬來到陣前，抬眼望去，見對方門旗開處，李世民頂盔戴甲，威風凜凜地立於陣前。王世充忸怩了半晌，在馬

上欠身道：「我王世充只求自保洛陽，未曾開罪於唐，更不想向西擴張。比如能、谷二州，離洛陽這樣近，我要取的話很容易，可大家都是好鄰居，我不想這樣做……」

只聽李世民一聲斷喝：「不要說了，如果你還知趣，趁早投降，那麼富貴還可以保住，若執迷不悟，頑抗下去，只有死路一條！」

求和的希望就這樣破滅了，王世充縮在城裡，一連幾天都感到心底發冷。這期間，唐軍一邊繼續圍困洛陽，一邊出兵掃平洛陽周邊，眼看著，王世充的這點家底就全完了。李世民既無攻城之意，又無撤圍之心，看樣子是想長久圍困下去，一點點吞食掉鄭國。王世充不甘坐以待斃，一面加固城防，一面派密使向夏王竇建德求救。

洛陽是隋朝的東都，城高池深，民豐糧足，在全國也是首屈一指的大都市。李世民圍了幾個月，城守沒有一點衰懈的跡象，不免有些著急，遂揮軍攻打，但是，洛陽城非等閒可下，攻了幾個月，居然紋絲不動。

這時，唐軍已離鄉八個月，士兵久頓於堅城之下，未免士氣受損，一些兵將開始思鄉想家。

高級將領中也有覺得既然攻不下洛陽城，不妨先收兵回去，以後待機再來不遲。總管劉弘其上奏請求班師。而唐高祖李淵也答應了他。

但是，李世民卻堅持認為絕不能收兵班師。若此次半途而返，那麼這幾個月的辛苦白費了不說，所得鄭國州郡也將重歸敵手，如果洛陽守軍趁我撤退而掩襲之，說不定還會有大損失。因此，李世民將在外君命有所不受，毅然下令：「洛陽未破之前，誓不班師，有敢言班師者，斬！」李世民果斷地剎住了要求班師回朝之風，穩定軍心，繼續圍攻洛陽。

就在這時，東邊的夏王竇建德開始了動作，整個戰局出現了嚴峻的局面。

當李世民發兵攻鄭之際，夏王竇建德的內心十分矛盾，一方面他樂於看到唐、鄭相爭，認為可以收漁人之利，但同時他又擔心鄭國一旦被唐滅掉，那麼夏國就會有唇亡齒寒之虞。唐遣使聯絡，暫時穩住了他，他想既然唐有心結好，那麼先擴充勢力、穩定內部再作打算。於是相繼收回邊關用兵，並先後收降徐圓朗、孟海公兩支農民起義軍，實力陡增。這時，他看到鄭國屬地幾乎盡入唐手，特別是西元六二一年初，王世充之子率兵數千從虎牢關向洛陽運糧，被唐兵截擊殲滅之後，洛陽岌岌可危。王世充的信使屢次向他求救。夏王竇建德也明白，王世充完了，下一個就輪到他了，所以於這年三月，親率大軍十餘萬，連陷滑州、酸棗、滎陽、陽翟，長驅西進，前來援鄭。一面致書鄭王王世充，告訴他援軍已到，一面致書李世民，要他罷兵回關，三家修好。

夏軍的來到，使形勢陡然逆轉。夏軍均係精銳之師，久經戰陣，能打苦仗，數量上是唐軍的兩倍有餘。而唐軍內有堅城未下，外有大兵壓境，一時間軍心浮動，人人皆有退志。

在這個生死存亡的關頭，李世民當即召開軍事會議。在會上，一些將領如封德彝、蕭禹、屈突通等主張退兵據險而守，否則內有堅城未下，而夏軍初到，銳氣正盛，戰之不利，後果堪虞。而郭孝屬、薛收等人卻不以為然，他們認為，王世充已成釜底游魚，不勞再行攻擊，只待他糧盡投降就是了。而竇建德新軍孟海公，將驕卒惰，不足為懼。當務之急是火速進占虎牢關，把他給擋住，否則讓他占了虎牢關，夏、鄭聯手，那麻煩可就大了。

　　李世民迅速採納了郭、薛之人的建議，制定了新的作戰方針，對洛陽圍而不攻，坐待其斃，集中主力打竇建德，打垮了夏軍，洛陽城無援，不戰自降。就這樣，李世民分兵兩路，少部兵馬交李元吉和屈突通帶領繼續圍困洛陽。一路由李世民親自率領主力，經洛城、鞏縣，晝夜兼程，直奔虎牢關。虎牢關是連結夏、鄭的樞紐，如果夏軍占領了虎牢關，那麼就會形成對唐軍的夾擊之勢，鄭地新附之州郡會轉而叛唐，唐軍的處境將很危險。相反，如果唐軍先占了虎牢關，就會將夏軍擋在外面，唐軍據高臨下，占據有利地形。

　　李世民的行動一向迅速，當他進到虎牢城下時，鄭軍守將尚在夢中，猝不及防，只好獻關投降。唐軍兵不血刃得了雄關，而夏軍晚來一步，只好於關下的板諸、成皋一帶下營。

　　李世民藝高人膽大，剛剛占領關城，即領親兵五百下關往夏軍營盤而來，一路上設下埋伏，自己則與勇將尉遲恭及隨從二騎迫近夏軍，正好撞見夏軍巡營騎兵，李世民大喝一聲：「我就是秦王，看箭！」一箭射翻一騎。餘者回報夏王。竇建德聞訊，急令五千騎兵追殺。李世民與尉恭親自斷後，搭弓張箭邊走邊射，箭無虛發，追兵不顧折損，冒死追來，忽然伏兵四起，四面殺來，夏軍追兵大驚，慌忙奪路而逃，折損三百餘騎。

　　初戰告捷，大大鼓舞了唐軍士氣，一掃原來畏戰情緒，為日後的戰鬥打下了良好的心理基礎。接著，李世民又派勇將王君廓率輕騎千餘人抄襲竇建德糧道，俘獲夏軍押糧的大將軍張青特，夏軍初來時的銳氣不知不覺已經消磨一盡。

　　竇建德興師援鄭，屯兵於虎牢關下，一個多月不但寸步未進，反而損兵折將，糧草又失。一時間軍心動搖，大家覺得何必為人家受這個辛苦，乾脆回家算了。這時，竇建德的

好友淩敬勸其退兵，另闢蹊徑，出兵進攻河東，威脅唐之大本營，攻其必然，自可令唐軍撤兵，解洛陽之圍，何必在這裡死死與李世民糾纏。但是夏王竇建德覺得自己十幾萬大軍無功而返，羞見天下人，一旦讓唐軍占了洛陽更是失信於天下，所以非在虎牢關與李世民拚個高低不可。當下，與諸將商議，鑑於唐軍騎兵甚利，準備待到唐軍無草糧到黃河北岸放牧時，再襲取虎牢關。

　　夏軍是農民起義出身，諸將多無法度，軍內秩序也不好。當夏王計策剛定，就有唐軍細做探知，將竇建德的意圖告訴了李世民。李世民決定將計就計，做出一個牧馬的假象，誘敵出戰。

　　不久，黃河北岸高處，出現了成群的戰馬在悠閒地吃草。這個現象，馬上被夏軍探子得知，回報夏王。竇建德聞報，心中大喜，心想這下沒了馬匹，李世民也就神氣不起來。第二天一早，遂下令全線出擊，自扳諸到牛口諸，夏軍十幾萬大軍列陣二十里，旌旗招展，鼓聲震天，波浪式地向唐軍陣地猛撲。

　　李世民一面著人取回馬匹。一面令戰士據壘堅守，不許出戰，他登高眺望敵陣，看了半晌，轉過身對諸將說：「看來是從未遇到過強敵，今天傾軍而來，鼓譟喧嚷，軍容不整。列如此大陣以逼我營，是欺我兵少。我們先按兵不動，以逸待勞，待到他列陣時間一長，久攻無功，士卒必然饑疲交至。我們乘機出擊，定可破敵。現在我與你們約好，到中午時分，我一定可以戰勝。」

　　果然，到中午，夏軍攻了半天，累得半死，毫無所獲，饑疲交加，有的爭搶水喝，有的席地而坐，有的狂呼要飯吃。七零八落，陣式散亂。李世民一看，時機已到，將士們騎上剛才還放牧的戰馬，刀出鞘，箭搭弦，只聽一聲號炮，

唐軍鐵騎推開營柵，一湧而出，直向夏軍衝來，如猛虎下山，狼入羊群，把個夏軍衝得七顛八倒，棄甲而逃，唐軍一口氣追了五十里，殲敵三千，抓了俘虜五萬。竇建德本人也於敵軍之中挨了一槍，落荒而逃，不想早被唐將白士讓和楊武威二人盯上，窮追不捨，白將軍策馬追上竇之坐騎，揚手一槍，馬屁股上來了一個血窟窿，馬疼痛難忍，一下將竇建德掀翻在地。還沒容他站起，二將的刀已經架在他脖子上了。他連忙說：「我是夏王，不要殺我，倘若你們肯救我，定有大大的富貴可享。」

二將早見這人金盔金甲，料定是個人物，不想卻抓到了竇建德，心花怒放，忙把他捆個結結實實，回營請賞去了。

滅掉了竇建德，李世民回過頭來對付洛陽。王世充及部下這時魂都掉了，哪裡有心思再戰。王世充還想突圍去襄陽，但眾將卻一致反對，怕路上丟了腦袋。無奈，他只好率部下投降。

至此，李世民一石二鳥，一連氣滅掉了兩股勁敵。

10. 叔孫通幾個朝廷都走紅

叔孫通以制定了朝見帝王的禮儀而大受漢高祖劉邦的賞識成為西漢開國初期一位引人注目的角色，《漢書》還專門給他立了一篇傳記。

其實，他的嶄露頭角開始於秦朝，早在秦始皇時期，他便以博士的頭銜為秦王朝效力了。秦始皇在搞焚書坑儒，坑的就是這些有博士頭銜的人，當時坑的人數多達四百六十餘人，而叔孫通居然能倖免於難，真不知他用的什麼手段討好了秦始皇。

　　到了秦二世時代，陳勝、吳廣農民起義，二世皇帝召來了一幫博士儒生詢問對策：「南方有一些戍卒攻城奪地，你們看該怎麼辦呀？」

　　有三十餘名博士紛紛進言道：「臣民不允許聚眾鬧事，聚眾鬧事就是造反，就是不可饒恕的死罪，請陛下立即發兵擊討！」

　　偏偏秦二世採取駝鳥政策，不肯承認老百姓會起兵反對他，一聽這話臉色都變了，一副怒氣沖沖的樣子。叔孫通明白了秦二世的心思，立刻上前說道：「他們說的都不對。現在天下一家，郡縣的城牆、關卡早已摧毀，兵器也早已收繳銷融，向天下百姓表示永遠不再用武。而且上有英明的國君，下有嚴格的法令，官吏們人人恪盡職守，四方百姓心向朝廷，怎麼會有造反的人？南方那些戍卒不過是些鼠竊狗盜的小偷小摸，何足掛齒，當地的官員早已將他們拘捕殺戮，根本不必大驚小怪！」

　　他這番話果然討得秦二世的歡心，結果，那些說是造反的博士們都被送交司法部門審訊，而叔孫通卻得到了二十匹布帛、一身衣服的賞賜，並將他的官職升了一級。

　　等到叔孫通返回住所，那些博士們責問他道：「你怎麼那麼會巴結討好？」

　　叔孫通說：「你們太不聰明了，我也險些不免於虎口！」

　　其實，他已清楚地看出了秦國即將滅亡的形勢，當夜便逃出秦都咸陽，投奔陳勝、吳廣的隊伍去了。陳勝、吳廣失敗以後，他先後又歸順過項梁、義帝、項羽，最後項羽失敗，他投降了劉邦。

　　劉邦這個人不喜歡讀書人，叔孫通為了迎合劉邦，脫掉了自己儒生的服裝，特意換上一身劉邦故鄉通行的短衣短

衫，果然贏得了劉邦的好感。

當他投降劉邦時，有一百多名學生隨他而來，可他並不向劉邦推薦，而他所推薦的，全是一些不怕死、敢拚命的壯士，學生們不免有了怨言：「我們追隨先生多年，又同先生一起降漢，先生不推薦我們，專推薦一些善於拿刀動劍的人物，真不知你是怎麼想的！」

叔孫通說：「劉邦現在正是打江山的時候，自然需要一些能夠衝鋒陷陣的人，你們能打仗嗎？你們別著急，且耐心等待，我不會忘了你們！」

當劉邦當上皇帝以後，那些故舊部下全不懂得一點君臣大禮，有時在朝堂上，也爭功鬥能，飲酒狂呼，甚至拔劍相向。劉邦面對這幫昔日得力兄弟深以為患，這幫兄弟毫無君臣之禮，何能體現漢朝天子威風，日後又何能統御他們，使劉姓子孫保有萬世江山？這一點讓叔孫通看出來了，他便乘機建議制定一套大臣朝見皇帝的禮儀。劉邦自然同意。

這樣一來，他的那班弟子都派上了用場，同時他還特地去到禮儀之邦的魯地，去徵召一批懂得朝廷大典的人。有兩個讀書人不願意來，當面指責他道：「你踏上仕途以來，前前後後服侍了十幾個主子，都是以阿諛奉承而得到貴寵。現在天下剛剛安定下來，百姓死者還沒得到安葬，傷者還未得到治療，國家百廢待興，你卻一門心思去搞那遠不是當務之急的禮儀。你的作為完全不符合古人設置禮儀的初衷，我不會跟你一塊去的，你趕快走開，別玷污我！」

叔孫通一點也不生氣，反而譏笑道：「真是一個腐儒，完全不懂得適應時局的變化！」

於是便和徵召來的三十個人往西進了函谷關，和皇上左右近臣和素有學問的人，以及叔孫通的弟子一百多人在野外用茅草做人豎立在地上，作尊卑的區分，練習了一個多月，

叔孫通說：「皇上可以去看看。」皇上讓他們施行禮儀，說：「我能做到這套禮儀。」於是便頒令大臣們學習，這時恰巧是十月朝會之時。

漢高祖七年（西元前二〇〇年），長樂宮建成，諸侯們和大臣們進行十月朝拜歲首的禮節。儀式是：在天沒亮之前，朝拜的人施禮，被人引導依次進入殿門，宮廷中排列著車馬騎兵和守衛的士兵軍官，設置兵器，插上旗幟，傳聲說：「快走。」皇上聽政的大殿下郎中們在夾階而站，每階都有幾百個人。有功之臣、諸侯們、將軍們、軍官依官階大小依次站在西邊，面向東；文官丞相以下的官員站在東面，面向西。接待賓客的官吏大行安排九卿的位置，上下傳話順序。於是皇帝坐著專用小車從房裡出來，眾官員們傳聲唱響，帶領諸侯王以下到六百石的官員依次順序向皇帝祝賀。從諸侯王以下的官員沒有不感到震驚恐怖肅然起敬的。到禮儀完了後，都爬在地上，擺上禮儀用的酒品。那些在大殿上朝拜的人都爬下身子低著頭，以位置尊卑為序一個一個起來向皇上祝壽。禮儀酒喝過九杯，掌管賓客的謁者說：「停止喝酒。」御史前去執行法令，凡不按儀式規定做的就給帶走治罪。整個朝會過程都擺設有酒，沒有敢喧嘩失禮的人。於是漢高祖說：「我今天才知道當皇帝的尊貴。」讓叔孫通當了奉常，賞賜給他五百斤金子。

叔孫通乘機推薦說：「我的那些弟子儒生跟隨我很長時間了，和我一同作了這套禮儀，希望陛下您賞他們做官。」漢高祖都讓他們做了郎中。叔孫通出宮後，把五百斤金子全賞給了他的弟子。那些書生們於是便高興他說：「叔孫通先生是個聖人，懂得現在這個世界的事情。」

叔孫通果真是一位通權達變的「聖人」了，他是當時的一位大儒，當然不僅僅會合乎時宜地向劉邦推薦各種人才，

更主要的是他能適時地用適當的方式去約束劉邦那群桀驁不馴的武將。劉邦以為禮儀這東西不合時宜，魯地的儒生也認為禮儀要幾百年才能建立起來，但叔孫通卻有獨得之見，一試成功，使得劉邦得意洋洋地說：「吾今知天子之貴矣！」

於是，叔孫通加官晉級，成為朝廷近臣，一直到漢惠帝還恩寵不衰。

叔孫通以一人之身，能適應秦始皇之暴、秦二世之昏、陳勝之陋、項羽之威、劉邦之薄、惠帝之懦，在那樣一個天下大亂、文人遭劫的年代，不只苟全性命，而且處處得意、榮通富貴，亦已難矣！探索一下他保身取寵的訣竅，可以發現，全都在於「變與不變」之間。

所謂「變」，是要在摸清君主的脾氣、秉性、喜怒、好惡的基礎之上，不斷地改變著自己的言行、對策。叔孫通對秦始皇採取的是「默」，對秦二世採取的是「騙」，對劉邦採取的是「捧」，對惠帝採取的是「嚇」，這些手段果然都能奏效。

所謂「不變」，是逢迎的媚態要始終如一。

叔孫通由於有了這一手「絕活」，所以他能無往而不勝。不過叔孫通不必自誇，他並沒有獨占鰲頭，在他之後，發揚光大者踵續不絕。歷朝歷代，總是有那麼一批「代代紅」的人物，無論誰坐江山，誰主朝政，他們總能走紅，總能吃香，這種人，是宦海中的弄潮兒，官場上的佼佼者，他們自己也是很自鳴得意的，不過他們中的絕大多數人，在當時既沒有什麼好口碑，身後更沒留下什麼好名聲。

叔孫通的學生把叔孫通叫作「聖人」，「聖人」之「聖」，就在於他「懂得現在這個世界的事情」，可見，通權達變是成為「聖人」的必備條件了。

11. 利合則義存，利分則義亡

孫子說：「吳人和越人關係惡劣，但當他們同坐一條小船過河，遇到風浪時，他們共同的想法是求生，關係處理得好像一個人的左右手。」李宗吾說：「這是因為小船將要沉沒下去，吳人和越人都想把小船拖出來，成了方向相同的合力線。所以平時的仇人，都會變成患難相救的好友。」

韓信的背水佈陣，置之死地而後生，是因為漢兵被陳餘的兵所壓迫，前面是大河，是死路，只有轉身來，把陳餘的兵推開，才有一條生路。人人都這樣想，就成了方向相同的合力線，所以烏合之眾可以團結為一個整體，它的合力線的方向與韓信相同，韓信就坐收成功了。

張耳和陳餘稱為刎頸之交，可以算是最好的朋友。後來張耳被秦兵圍困，向陳餘求救，陳餘害怕秦國，不肯援救，二人因此結下深仇。這時張耳將秦兵向陳餘方面推去，陳餘又將秦兵向張耳方面推來，力線相反，所以最好的朋友會變成仇敵。結果，張耳幫助韓信把陳餘殺死了。

秦朝末年，天下百姓忍受不了秦王朝的苛政。陳勝振臂一呼，山東的英雄豪傑群起回應，陳勝並沒有從中聯絡，他們為什麼會一齊回應呢？這是因為眾人受到秦王朝的壓迫久了，人人心中都想把他打倒，利害相同，心理相同，成為方向相同的合力線，不用去聯合，自然就會聯合。

劉邦、項羽剛起事的時候，大家的志向都是消滅秦朝，目的相同，成為合力線，所以異姓的人可以結為兄弟。後來把秦王朝消滅了，目的物已除掉！顯現出了一座江山，劉邦想把它搶過來，項羽也想把它搶過來。力線相反，異姓兄弟

就血戰起來了。

　　再從劉邦與韓、彭等人的關係看。當項羽稱霸的時候，劉邦心想，只要把項羽殺掉了，我就好了！韓信、彭越也想，只要把項羽殺死了，我就好了。他們思想相同，自然成了合力線，所以垓下會師，立刻把項羽消滅了。項羽被消滅後，他們君臣便沒有合力的必要了，彼此的心思就趨向到權力上去，但權力這個東西，你多占了，我就要少占，我多占了，你就要少占，力線是衝突的，所以漢高祖就殺起功臣來了。

　　唐太宗取代隋朝，明太祖取代元朝，在起事的初期，與漢朝一樣，事成之後，唐朝就是兄弟相互殘殺，明朝就是功臣整族的被殺死，都與漢朝沒有什麼兩樣。大凡天下平定之後，君臣的力線就產生衝突，國君不消滅臣子，臣子就會消滅國君，看兩個力的大小，決定彼此的存亡。李嗣源輔佐唐莊宗消滅梁王和契丹，莊宗的力量控制不住他，他就把莊宗的天下奪去了。趙匡胤輔佐周世宗，攻破後漢和後唐，小皇帝的力量控制不住他，他也把周的天下奪去了。這是劉邦不殺韓信、彭越等人的反面文字。

　　漢光武帝平定天下之後，鄧禹等人把兵權交出，閉門讀書，這是看清了光武的路線，自己先行讓開。宋太祖杯酒釋兵權，這就是把自己要走的路線明白說出，叫他們自家走開。追究這個實質，漢光武帝和宋太祖的心理與漢高祖是一樣的。我們不能說漢高祖性情殘忍，也不能說漢光武和宋太祖度量寬宏，只能說是一種公理。

　　岳飛想把中原淪陷地區解放過來，秦檜想把中原之地推給北方少數民族；岳飛想把被扣押的宋徽宗、宋欽宗解救回南宋，宋高宗想把徽、欽二帝推給北方少數民族。這樣一來，高宗與秦檜成了方向相同的合力線，它的方向與岳飛的

力線相反，岳飛一人的力量敵不過高宗、秦檜的合力，所以「莫須有」三字獄的禍害便釀成了，岳飛不得不死。

歷史上凡是阻礙路線的人，沒有不遭禍害的。劉備殺張裕，諸葛亮為張求情，劉備說：「芳草和蘭草長在門口，把門堵住了，不得不清除！」芳草和蘭草有什麼罪！罪就在生長得不是地方。宋太祖（匡胤）討伐南唐李煜，徐弦請求暫緩用兵，太祖說：「臥榻之側，豈容他人酣睡。」酣睡有什麼罪？罪在睡得不是地方。

古代還有一件奇事—狂人的後代花士、昆弟二人，對上不向周天子稱臣，對下不同諸侯結交來往，自己在原野上耕種，吃從它上面長出來的東西；自己在原野上鑿了口井，喝從它裡面拎上來的水。這明明是空谷幽蘭，明明是酣睡在自家榻上，似乎可以免掉禍害了。但周太公來到營丘後，首先就把他們殺了。這是什麼道理呢？因為太公在這個時候，正想用官爵奉祿來驅使豪傑，偏偏有兩個不肯接受官爵奉祿的人橫空攔阻在前面。這仍然是阻礙了路線，如何容得他們？

太公是聖人，花士兄弟二人是高級士人，高級士人阻礙了路線，聖人也容他不過，這可以說是普通公理了。

逢蒙殺死后羿，是先生阻礙了學生的路；吳起殺死妻子，是妻子阻礙了丈夫的路；漢高祖分杯羹，是父親阻礙了兒子的路；樂羊子吃羹（兒子的肉做的），是兒子阻礙了父親的路；周公殺蔡叔鮮、蔡叔度，唐太宗殺李建成、李元吉，是哥哥阻礙了弟弟的路。可見路線衝突了，即使是父子兄弟夫婦，都要起殺機的。

王猛明白這個道理，所以他見了桓溫，馬上到蔡秦那兒做官。殷浩不那麼做就遭到失敗。范蠡明白這個道理，所以，他在消滅了吳國後，立即買了條船去泛遊五湖，文種不那麼做，就被殺掉了。此外，例如韓非在秦國被囚禁、被

殺，伍子胥自刎而死，稽康被殺，阮籍差點掉腦袋，我們試著把韓非等人的事實言論研究一番，又把陷害韓非的李斯，殺害子胥的夫差，以及寬容阮籍、誅殺稽康的司馬氏各人心中的注意點找出來，考察他們路線的經過，就知道有的衝突、有的不衝突，這裡面確實有一定的不轉移的公理存在。

王安石說：「自然界的災變運行不必害怕；人們的流言蜚語不要理睬；祖宗的現成法規不值得效仿。」道理本來是對的，但他在當時，因為這三句話受到很重的誹謗。我們今天讀了這三句話，也覺得他是盛氣凌人，心中有些不舒服。假使我們生在當時，未必不與他發生衝突。陳宏謀說：「正確或錯誤可由自己來判斷，誹謗或讚譽只好聽任別人，面對得失，自己處之泰然。」這三句話的意思本來與王安石的一樣，但我們讀了，就覺得這個人和藹可親。這是什麼道理呢？因為王安石彷彿是橫空阻礙在路上，凡是有「天變」、「輿論」、「祖宗」從路上經過，都被他拒絕而去。陳宏謀是把「自己」、「別人」、「泰然」等字列為三根平行線，彼此不互相衝突。我們聽了王安石的話，不知不覺，置身到人們的流言蜚語不要理睬的那個「人」字中；聽了陳宏謀的話，不知不覺，置身到「誹謗或讚譽只好聽任別人」的那個「人」字中。我們心中的力線，也是喜歡人家謙讓，不喜歡人家阻攔，所以不知不覺、對於王、陳二人的感情就不同了。如果領會到這個道理，那麼待人接物，必定會有很大好處。

力學中有一種偶力，也值得研究。宋朝王安石維新，排斥舊黨；司馬光守舊，排斥新黨，兩黨主張相反，其力又復相等。從宋神宗以來，新、舊兩黨，疊掌政權，相爭至數十年之久，宋室政局就如磨子一般，旋轉不已，致使金人侵入，釀成南渡之禍。我國辛亥以後，各黨各派，抗不相下，

其力又不足相勝，成為偶力作用，政局也如磨子般旋轉，日本也就乘虛而入。

　　吳國孫權，蜀地劉備，各以荊州為目的物，孫權把荊州向東拖，劉備把荊州向西拖，力線相反，故娘舅決裂，夫婦生離，關羽被殺，七里的連營被燒，吳、蜀兩國，儼然成不共戴天的仇敵。後來諸葛亮提出魏為目的物，約定共同伐魏，就成了方向相同的合力線，兩國感情，立即融洽，合作到底，後來司馬昭伐蜀，吳還起兵相救，聽說劉禪降了，方才罷兵。

　　袁紹在官渡被曹操打敗了以後，他的兩個兒子袁尚、袁熙兄弟帶有幾千人馬逃往到了遼東。當初，遼東太守公孫康依仗他的地盤遠離京城而不服從朝廷管轄，等到曹操消滅烏桓之後，有人勸曹操順勢征討遼東，同時擒拿袁氏兄弟。曹操不慌不忙地說：「我正等著公孫康斬了二袁的頭送來，哪裡需要用兵呢？」九月，曹操帶兵從柳城回來，公孫康果然斬了袁尚、袁熙，將兩個人首級送了來。眾將佩服曹操的神算，同時請教是何原因，曹操說：「公孫康素來害怕袁尚等，我如果急於征討他，他就會同袁尚等聯合起來抵抗我們；而現在我們不壓迫他，緩一段時間，他們就會自相矛盾，自相殘殺。正是這種形勢促使公孫康殺了二袁。」眾將信服地點頭稱是。

12. 失小忠得大忠

　　人言「忠臣不事二主，烈女不嫁二夫」，如果把臣子事君比作女子嫁夫的話，魏徵是三嫁猶不是，直到第四嫁才找到了正主兒，應該算不得「忠臣」和「烈女」了，可偏偏魏

徵名垂千古，不要說在浩若煙海的紜紜官僚中，就是在歷代名臣中，他也是名臣的第一排，能趕得上他的，恐怕還不是很多，原因何在呢？其根本原因就在於他是一位巧忠良臣。他歷事諸主，並不一味地愚忠，為一家一姓乃至一人去無謂地獻出生命，但他又不是見風使舵，投機取巧，更不是為了個人的名利或是苟延殘喘而去朝秦暮楚。在他的心中，有一個準則，那就是上安君國，下報黎民。有了這個基本準則，他就可以明確自己「擇主」的標準，而不是隨便摸過一個就奉為神明。

從歷史事實看，他先事元寶藏，後事李密，再降李淵，又沒入竇建德軍中，繼而被皇太子李建成招為洗馬，最後被唐太宗李世民重用，任何一次都不是他主動積極地尋找或是投奔，而是形勢所迫。但一旦進入，他又總是採取較為積極的態度，主動地尋找機會，希望能夠成就一番事業，當建議不被採納或是機會不好時，只能說明他所尋非人，應當別就高明。所以，如果用「忠」字來概括他的前朝經歷，他是「大忠」，而不是「小忠」。

魏徵，字玄成，生於北周時代的靜帝大象二年（西元五八〇年）。其時，天下大亂，他剛出生不久，北周政權就為楊堅所推翻，他的青少年時代就是在隋朝度過的。魏徵出身於書香世家，他的父親魏長賢就是一位博學多才的人，曾經出仕隋朝，做過地方官，但年紀不大就去世了。當時，魏徵還很年輕，家庭生活十分清貧，但魏徵胸懷大志，總想幹出一番事業來，於是，他就刻苦讀書，勤奮學習，在學問和政治才幹上打下了良好的基礎。

當時正值隋煬帝荒淫無道，天下英雄豪傑紛紛起兵反隋。在各路起義軍中，李密的勢力最大，李密原是隋朝上柱國李寬的兒子，出身於封建大貴族之家，自幼熟讀史書，

　　且卓有才華，他看到隋朝滅亡已勢所難免，就起兵反隋。一天，他接到了另一支起義軍首領元寶藏的來信，拆開一看，竟被書信中深刻的見解、充沛的氣勢和富麗有力的文辭所吸引，覺得書信絕非出於元寶藏之手，寫信之人肯定既有才華，又有政治才能。李密就派人前去打聽，才知道起草書信的人是元寶藏的祕書魏徵。

　　原來，隋武陽郡的郡丞元寶藏起兵反隋，就去尋找舊日的好朋友魏徵。這時，魏徵因天下紛亂，他自己一時心中茫然，不知所從，便出家當了道士，以避一時之亂，並藉此來觀望天下大勢。元寶藏起兵後，請他出山，讓他掌管軍中的文書，所有與李密及其他人來往的信函，均是由魏徵起草的。李密見到他寫的書信以後，對他非常賞識，就立即派人把他請去，讓他掌管軍中的文書。這時的魏徵，已經三十八歲了。

　　在李密的軍中，魏徵的地位很低，對重大的軍事決策，他沒有任何發言權。當時，李密的瓦崗軍聲勢浩大，攻占了全國最大的糧倉，也是隋朝最主要的糧倉河南的洛口倉、回洛倉和黎陽倉，開倉救濟饑民，使起義軍發展到了全盛階段。也就在這時，隋朝的大將王世充據守洛陽，與起義軍展開了生死搏鬥。由於起義軍發展迅速，又被勝利沖昏了頭腦，起義軍中存在著速戰速決的思想。魏徵清醒地看到了起義軍中的許多不足，但又苦於無處進言，就找到李密的長史鄭頲，對他說：「起義軍雖有重大勝利，但傷亡也很大，現在軍中費用緊張，儲備有限，且賞罰不均，不宜於同隋軍硬拚硬打。目前之計，在於深溝高壘，以待敵軍糧盡，等敵軍撤兵，再行追擊，可獲大勝。」鄭頲十分藐視魏徵，說他的話是「老生常談」，沒有見解。結果，李密決定速戰，大軍列營而不設壘，被王世充火攻加奇襲，慘遭失敗。經此一

役，瓦崗軍徹底覆滅。李密被迫率殘部投降了李淵，李密開始尚受重用，後來漸被冷落。李密心有不甘，又到洛陽一帶招撫舊部，重新起兵，反對李淵。不久，即兵敗被殺。

當時，魏徵看到李唐政權較有前途，就向李淵請求前去招撫李密的舊部，李淵很高興，任命他為管理國家圖書檔案資料的尚書丞，前去太行山以東地區活動。那時，李密的部下徐世勣勢力很強，他就先寫了一封信，對徐世勣說：「當初李密起兵反隋之時，振臂一呼，四方就有數十萬人回應，幾乎得了隋朝的半個天下，後被王世充打敗，繼而被殺，瓦崗軍是無法東山再起了，而李淵得天下卻已成定局。現在你所守的黎陽是兵家必爭之地，你應該早作打算，如果不能認清形勢，將來恐怕悔之不及了。」徐世勣覽信後，覺得也無其他善策可想，況且李密已被殺，便聽從了魏徵的勸告，投降了李淵。李密的其他舊部見徐世勣降唐，也多紛紛投降。

徐世勣在徵得了李淵的同意之後，以國君之禮葬了李密。魏徵則為李密撰寫了《唐故邢國公李密墓誌銘》，他在為李密寫的墓誌銘之中，絕不講究個人的恩怨，絕不抱怨李密沒有聽從自己的建議，而是充分肯定了李密的英雄本色，對他表示尊重，寄予了同情。把他比作垓下失敗的項羽，意即雖然失敗，也還是一位大英雄。魏徵如此評價李密，竟不怕李淵的追究，對李密，他也不以屢次拒納正確建議為忤，而是實事求是地描述他的一生。他的這種態度和精神，得到了時人和後人的一致讚揚，並沒有人指責他背叛李密，投降李淵。

武德二年（西元六一九年）十月，農民起義軍首領竇建德領兵南下，攻占了徐世勣防守的黎陽，恰巧魏徵也在城中，竇建德仰慕他的文名，就命他為記錄皇帝言行的起居舍人。魏徵雖在竇建德軍中歷時一年半，其實並未發生什麼作

用，隨後，竇建德、王世充被李世民打敗，魏徵就又與人一起復投李淵。

魏徵原先招撫李密舊部有功，但被脅入農民軍中一年半，再度歸唐後就很難被重用。太子李建成聽說魏徵既有才華又有才能，就把他找來，給了他一個管理圖書經籍的小官，叫作洗馬。在這一階段，魏徵雖有文名，實際上並未發生多大的作用，只是給李建成提過了一個建議，讓他帶兵去攻打不堪一擊的劉黑闥，既可建立軍功，又可暗結豪傑，太子聽信了他的建議，結果取得了圓滿的成功。

不久，李世民發動「玄武門之變」，殺死了哥哥太子李建成、弟弟齊王李元吉，自己當了太子。李世民也知道魏徵既是李建成的心腹，又非等閒人物，就立刻招見了他。責問他說：「你為什麼挑撥我們兄弟間的關係呢？」魏徵沒有巧言機辯，而是據理回答，不管是否觸怒李世民，是否會被李世民殺頭，他說：「人各為其主。如果太子早聽信了我的建議，就不會遭到今天的下場了，我忠於李建成，是沒有什麼錯的。管仲不是還射中過齊桓公的帶鉤嗎？」

李世民聽他說得既坦率又有理，尤其他舉出了管仲射小白的歷史故事，自己更不能顯得連齊桓公小白重用仇人管仲的氣度都沒有，就赦免了他，並封他做掌管太子文書的管事主簿，至此魏徵結束了他轉來跳去的更換主人的生涯，開始了他一生真正有價值、有意義的時代。

唐太宗李世民是中國歷史上少有的明君，他之所以「明」，其根本原因之一在於善於納諫，由於中國歷史的發展和他個人的品德才能，使唐朝成為中國歷史上最為鼎盛的時期。

唐太宗任命魏徵為諫議大夫，表現了唐太宗對他的才能的認可和對他本人的信任與尊重，後來又把他提升為尚書

丞，就更能使他隨侍左右，時時處處提醒規勸皇帝了。

　　有一次，魏徵向唐太宗說道：「我希望陛下讓我做一個良臣，不要讓我做一個忠臣。」唐太宗聽後很吃驚，就問：「難道良臣和忠臣有什麼區別嗎？」魏徵說：「區別很大。良臣身享美名，君主也得到好聲譽，子孫相傳，流傳千古；忠臣得罪被殺，君主得到的是一個昏庸的惡名，國破家亡，忠臣得到的只是一個空名。」唐太宗聽了以後十分感動，連聲稱讚魏徵的話很對，並送給了他好絹五百匹。

　　正如魏徵自己所說的一樣，他既使自己贏得了名聲，又使君主獲得了聲譽，還使國家人民得到了好處。他在進諫之時，不僅不為自己的實際利益乃至性命考慮，也不為自己的名譽考慮，實實在在，有什麼問題就講什麼問題，苟且偷安，沽名釣譽與他無涉。所進之言皆於國於民有利。動機與效果得到了很好的統一，因而成全了君、臣的名聲，造福於國家人民，贏得了時人和後人的尊敬和讚揚，故稱之為良臣。

13. 給出「位子」留住實力

　　西元前一八八年，年僅二十三歲的漢惠帝撒手而去，年已花甲的呂雉哭得驚天動地，但卻「哭而不哀」。而呂雉的心意當即被張良十五歲的兒子張闢強所猜中，於是他把左丞相陳平悄悄拉到一旁，說出了呂雉的心裡話。

　　陳平為免除殺身之禍，保住元勳們在朝中的地位，便向呂雉推薦了她的三個姪子呂臺、呂產、呂祿去軍中任將。呂雉心花怒放，當即對陳平大加讚賞，隨後便宣詔大赦天下。安葬惠帝。劉恭繼位，由太皇太后呂雉臨朝稱制，史稱高后

臨政。

呂雉臨朝之後，自感由呂氏家族替代劉氏家族的漢王朝時機已到，於是便欲為呂氏家族諸呂封王。

一次上朝時，呂雉將此事告之右丞相王陵，王陵當即搖頭，並以先帝劉邦曾在稱帝之時，聚集群臣殺馬塗血為盟，「非劉氏而王者，天下共擊之」的祖制告誡呂雉。

呂雉聽了，怒不可遏，又轉身詰問陳平及周勃等重臣元老。陳平心中明白，此時與權傾朝廷內外的呂雉針鋒相對，只會激起她的殺戮之心。與其自取滅亡，不如暫且順應，以待時機。於是便忍住怒氣，說出太后稱制天下，冊封呂氏子弟，也是順理成章的話來。

退朝之後，呂雉對王陵恨之入骨，不久便將王陵另任為太傅，升任陳平為右丞相，審食其為左丞相。王陵離開相位，便稱病回到故鄉。

呂雉趕走王陵，立刻分封諸呂，官拜七王九侯，將漢室的一統天下，分了個七零八落。這便是史稱的「呂氏之變」。

正在呂氏家族得意忘形之時，剛剛懂事的小皇帝劉恭得知自己並非母后所生，自己的皇位是生母慘死的代價所得到的，不由悲憤萬分。並在悲憤之中說出要為生母報仇的話來。此事不久便傳進呂雉的耳中，呂雉老羞成怒，便謊稱小皇帝有病，不許侍臣接近，實則是將小皇帝禁囚了起來。

隨後，呂雉氣急敗壞，召集群臣，將小皇帝廢掉。群臣懾於呂雉淫威，誰敢反對，於是在眾臣的默認之下，將小皇帝祕密殺害了。

劉恭被害之後，呂雉又在劉氏家族之中挑選皇帝，最後選中了恒山王劉義，將其改名為劉弘，擁立為新的皇帝，但仍然由呂雉專權。

　　呂氏專權至此，雖到了登峰造極之時，但一步一步地也更接近了埋葬她的墳墓。

　　面對朝廷內外反對呂氏傾國的活動，陳平、周勃等一批開國元老，早已久蓄誅呂之心，但丞相陳平與太尉周勃平日來往甚少，對此事又都十分戒備，各自祕而不宣。

　　為使劉氏集團互相勾通，形成中堅力量，太中大夫陸賈便從中穿針引線，將陳平與周勃這對將相串連起來。

　　周勃追隨劉邦征戰四方，屢立奇功，是劉邦軍中的一員猛將。在劉邦病危之時，燕王叛亂，周勃受命於劉邦的病榻之前，曾與陳平一起接替了呂氏的親信樊噲的兵權，率大軍二十萬一舉平息了燕王的叛亂。因此，劉邦生前對周勃輔佐劉氏執掌朝權，寄予了厚望。呂氏篡權之後，周勃早就義憤難平，所以陸賈提出將相合力，一致抗呂的諫議，正中周勃下懷。

　　此後，陳平趁為周勃祝壽的時機，厚贈壽禮，還備下豐盛佳肴，邀周勃共飲，商談誅呂之舉。不久，在陳平與周勃這對文臣武將的周圍，便集聚了一批反對呂氏家族的文武將士。朝廷內外，反對諸呂的呼聲也越發高漲。

　　西元前一八〇年正月，發生了日全食，白晝昏暗如夜晚。呂太后自認為是上天誡示她，心中極度憂慮，神情恍惚，常作惡夢。於是，她便召進許多和尚道士以及江湖術士，設壇祭鬼，以尋心安之策，但卻常常夢見趙王劉如意的鬼魂找她算帳，睜眼閉眼便覺周圍都是劉邦的兒子前來討債，不由驚懼無常，從此一病不起。

　　西元前一八〇年夏季，呂雉病入膏肓，已是奄奄一息。但她仍不放棄呂氏稱霸天下的最後努力，為自己的身後周密策劃安排。呂雉詔命趙王呂祿為上將軍，統領北軍；呂王、呂產統轄南軍。形成南北保衛呂氏的陣勢。同時將呂產升為

相國，並讓呂祿的女兒與新皇帝劉弘成婚，又封了一批侯爵給呂氏族。實際上，呂氏家族已經統攬了整個漢室的天下。

　　是年七月歲末，呂雉結束她野心勃勃的一生。呂太后死後，劉、呂鬥爭公開化了，周勃、陳平定計謀聯合劉襄、劉章，奪取南、北軍，一舉消滅了諸呂勢力，從劉邦的下一代中挑選劉恒繼承了皇帝，這就是漢文帝。由此，西漢的歷史開始邁向興盛時期，即進入「文景之治」的黃金時代。

14. 忠心事君者是替罪羔羊最佳人選

　　明成祖永樂年間，鎮守貴州的都督馬燁採用了一系列手段，企圖激怒當地土著造反，藉此興兵鎮壓，以一舉廢除當地的土司制度，代之以中央派任的官員。一次，他當眾把土司大頭目的妻子奢香剝光衣服鞭打，土著果然憤怒萬分，打算起兵。眼看一場流血戰爭要爆發，這時任土司頭目的劉夫人也是個「多智術」的女人，她馬上阻止了民眾的魯莽舉動，親自進京「上訪」。

　　永樂帝對這一切自然是洞若觀火的，即刻把受到辱打的奢香召到京城，問她：「我為妳除掉這個姓馬的，妳怎麼報答我？」奢香叩頭說：「我們保證世世不敢犯上作亂。」永樂笑笑說：「這是你們的本份，怎麼算是報答呢？」奢香萬般無奈，只得說：「我們貴州的東北部有一條通四川的小路，如果你為我報了仇，我就開通此路，供官府驛使往來。」這筆交易當場敲定，馬燁被召回斬首，貴州方面則為朝廷提供了一條驛路。永樂後來提及此事說：「我也知道馬燁對朝廷忠心不二，但如果我顧惜他，就無法安定這一方了。」

西漢文帝時，淮南王劉長因密謀勾結閩越、匈奴造反，被漢文帝召到長安後逮捕。經審，淮南王罪行確鑿，當處以棄市極刑。漢文帝接到案件審理結果後，為了顯示其統治的寬柔政策，同時，念劉長是自己同父異母的弟弟，就決定將劉長死罪改為削去王爵，發配到四川。漢文帝的本意只是想藉此教訓一下淮南王，讓他有足夠的思悔時間，如果劉長能在途中有悔過的表示，這樣，可以將劉長重新召回。所以，劉長雖是囚犯，但並沒有派真正的差役在後面押解，並且，還允許他攜帶後宮少女幾十人同行。但這些宮女們很快被劉長趕跑，他不願意這幫人跟他到「難於上青天」的蜀道上去受罪。

劉長是一個脾氣剛烈、野心勃勃的人，他為自己的造反計劃沒有能實現而恨恨不已。現在他已是階下囚、籠中鳥，任人宰割，同時他又覺得漢文帝不處死他而是把他發配到四川，實際上是在有意折磨他，比死還難受。所以，他憤恚絕食，死在車上。

原來，劉長所坐的絹車只是加了封印，沿途官員知道車中押的是皇帝的弟弟，也就不去開封，只是簡單地驗一下封印，就向下一站發送。當車子到達雍縣（今陝西鳳翔縣南）時，縣令大著膽子啟封驗看。這一看不打緊，縣令發現淮南王早已死在車上，嚇得急忙向上級機關彙報。至於劉長何時而死，則不得而知。

漢文帝聞知消息後，龍顏大怒，他害怕這一來，自己要擔上個謀殺親弟弟的罪名，這對他的統治將會造成極大妨礙。為了洗刷自己，漢文帝立即下令，將雍縣以前的沿途各縣級長官全部殺死棄市，罪名是因為他們不啟封送食問候，導致劉長餓死。這幫縣吏統統成了漢文帝的替罪羔羊。

儘管如此，這幫替罪羔羊也沒能減掉漢文帝殺害弟弟的

惡名，幾年後，在民間流傳著這樣一首歌謠：「一尺布，尚可縫；一斗粟，尚可舂，兄弟二人不相容。」

三國末年，曹魏政權已大權旁落，司馬氏已牢牢地控制政權。司馬懿死後，他的兒子司馬師接替了父親的職位。司馬師為人陰險狡詐，魏少帝曹芳對其行為強烈不滿，便找來心腹李半、張緝、夏侯玄等人商量，要他們幫助自己奪回司馬師的兵權。誰知風聲走漏，司馬師搶先下手，把幾個參預謀劃的人給殺了。正元元年（西元二五四年），司馬師又逼迫皇太后廢了曹芳，另立曹髦為帝。

一些地方官原本就痛恨司馬氏，當魏少帝被廢後，更是義憤填膺。正元二年（西元二五五年），鎮東將軍毌丘儉、揚州刺史文飲乘機率兵討伐司馬師。司馬師率兵前去抵禦，途中疾病發作，又派人火速進京，把留守在京城的司馬昭召來，把兵權交給了他。司馬師病死於許都。司馬昭率兵打敗了毌丘儉、文飲，這樣，司馬氏的軍權轉到了司馬昭手中。

司馬昭掌權後，在朝中飛揚跋扈，比司馬懿、司馬師更專橫，當時就有「司馬昭之心，路人皆知」的說法，他一心想代曹魏政權而立。

魏帝曹髦再也忍受不了司馬昭的專橫，決心不當空頭皇帝，要同司馬昭進行抗爭。一天，他召來尚書王經、侍中王沈、散騎常侍王業，憤憤地對他們說：「司馬昭篡奪帝位的野心已經無人不曉，我也不能坐以待斃！我希望你們能鼎力幫助我，誓死從司馬昭手中奪回政權！」

誰知王沈、王業早已不把曹髦這個傀儡皇帝放在眼裡，不但不幫忙，反而把消息通報給了司馬昭。司馬昭忙派親信賈充領兵做好準備。

曹髦見事已敗露，決心來個魚死網破，親自率領宮中的

禁衛軍和侍從太監等，前往攻打司馬昭相府。他手持寶劍，站在車上高聲喊道：「天子親征有罪之人，誰敢抵抗就殺了他全家！」

賈充率領軍隊狙擊曹髦，聽了曹髦的喊聲後，鑑於曹髦的「天子」空名，賈充還是暫停了下來。這時，成濟問賈充：「事情不妙，你看怎麼辦？」

賈充大聲喊到：「自古養兵千日，用兵一時。司馬公平時養著你們，正是為了對付現在這種局面。今天的事情怎麼辦，那還用問嗎？」

成濟聽罷，揮戈上馬，直衝過去。曹髦的「烏合之眾」給這突如其來的舉動嚇怔住了，一時不知所措。說時遲，那時快，成濟手持長矛猛向曹髦刺去。曹髦沒想到這小子果然真的下手，招架不及，矛頭已從前胸刺進，又從後背透出，跌下車來。可憐一代帝王，剎那間就魂歸西土了，整個宮廷軍隊頓時鳥獸散。

事發後，司馬昭不免有些害怕，他一面裝出悲痛欲絕的樣子，為曹髦料理後事；一面召集大臣們商議如何平息眾怨。尚書僕射陳泰提議：「現在，只有殺了賈充，才可稍慰天下人心。」

司馬昭沉吟半晌，覺得賈充是自己可靠的親信，日後還有大用，於是，讓陳泰處罰一個次一等的人。陳泰頂了一句：「只有處罰更高一等的人，沒有再次一等的人了。」最後，把成濟的兄弟作為大逆不道的首犯給誅滅九族，以此等「替罪羔羊」來平息民憤了。隨後，司馬昭另立年方十五的曹奐為魏帝，繼續進行竊國大盜的勾當。

唐高宗李治是一個性格懦弱的國君，武則天對此十分瞭解。在沒有得勢的時候，武則天對李治可以說是百依百順。

當形勢來了個一八〇度大轉變後，唐高宗事事都要受治於武則天。高宗對此十分不安，決心尋機會整治一下武則天。

不久，太監王伏勝告發宮中有人行「巫蠱之術」。高宗聽後，認為這是整治武則天的極好機會。高宗密召大臣商量，上官儀大膽提出：「皇上如不及早廢黜武后，日後諸事恐更加難辦！」高宗一聽，說道：「愛卿之言正合朕意。」即刻命上官儀起草詔令。

誰知消息很快走漏了出去，武則天立即到高宗面前撒嬌耍賴，又是哭又是鬧的，晚上又下足媚勁伺候高宗。李治在武后的軟硬兼施下，很快取消了原先的念頭，武后頓時破涕為笑，移雲轉晴。

性格懦弱的李治害怕武則天怨恨，便又討好她說：「我本來是沒有這個念頭的，都是上官儀出的餿主意。」

武則天不聽則已，一聽就怒火中燒，暗暗咬牙切齒，要找上官儀算帳。

從那一天起，武則天就開始唆使許敬宗誣告上官儀有謀逆罪行，這樣，不僅處罰了上官儀，還很快處置了一大批與上官儀關係密切的大臣。在這場「倒武」運動中，上官儀等成了道道地地的替罪羔羊。

唐玄宗時，武則天的女兒太平公主在朝廷中也十分有權勢，有一大批高級黨羽尾隨其後，對唐玄宗起著極大的制約作用。由於唐玄宗此時還羽毛未豐，一時也拿她沒辦法。

過了一段時期，唐玄宗的親信、宰相劉幽求同羽林軍頭目張煒密謀，要用羽林軍來誅殺這批政敵，謀劃已定，他們將整個行動向玄宗作了彙報，玄宗很快同意了他們的計劃。

誰知張煒沉不住氣，計劃剛剛定好，就得意忘形起來，過早地把消息洩漏了出去，引得滿朝文武大臣人心惶惶。

唐玄宗知道事情已經敗露，大為驚恐，叫苦不迭，想不

到張煒這幫人這麼不能成事。此事搞不好，會直接影響到他的帝王位置，因為太平公主很有可能利用這件事把他搞下去，於是，為了籠住人心，迷惑太平公主，唐玄宗反咬一口，揭發劉幽求等人離間骨肉，擾亂朝政，把劉幽求、張煒等人下了大獄。唐玄宗終於用這幾隻「替罪羔羊」為自己解脫了一場政治危機。

第九章

會包裝的人
常常穿新衣

依《厚黑學》之見，「吹牛」確實是一種本事。運用「吹牛」的方法多種多樣，千奇百怪，目的和效果也不盡相同。正所謂：「運用之妙，在乎一心！」求人辦事，首先就要敢於並善於「扯大旗，作虎皮」。這與「狐假虎威」相比，雖然都是靠更有威勢之第三者的壓力促成所求之事，但對後者來說，「狐」與「虎」確實存在著某種聯繫；而本策略最妙之處在於：求人者其實根本與這個第三者沒有任何聯繫，只是假借它的名頭唬人罷了！

1. 不經意地透露的資訊更有震撼力

如果你到處宣揚你與某大人物是「鐵哥兒們」、是「一個戰壕裡的戰友」，別人一定首先打個問號。這是人人都有的防禦心理。由於你本來就是「吹牛」，一旦所求之人有了懷疑，再想消除就難了。因此，「大旗作虎皮」的方法能否成功，取決於別人會不會相信你真的很有背景。

為了使所求者相信你的背景，上面所講採用「不經意」的方式使對方知道還不是最好的辦法。因為，那畢竟是你自己說出來的。如果能製造一個假象，讓對方自己通過判斷，得出結論，效果會更好。為此：

（一）「欲擒故縱」，無論內心多麼著急，表面上還要裝得若無其事，等於是「硬撐」下去。

有一次，一家日本公司——DG公司面臨破產的威脅，必須把公司的全部產品盡快賣出去。公司經理山本村不得不飛往美國，與急需DG之產品的某公司談判。不料美方已探明DG的底細，竭力壓價。山本只有兩種選擇：不賣，聽憑公司資金無法周轉而步入絕境；或者以低價賣掉，忍受元氣

大傷甚至一蹶不振的痛苦。此時，他施展出「厚黑絕學」，儘管內心十分痛苦，表面上卻照樣談笑風生。

（二）「故布疑陣」，使對方對你做出錯誤的判斷。

山本村對美方談判代表的各種要求似乎都沒有加以鄭重考慮，卻一遍又一遍地詢問祕書：「你再去看看飛往南韓的機票是否已經準備好了。如果已拿到機票，我們明天就走。那裡的生意可是一分鐘也耽擱不起的。」這是在虛張聲勢「故布疑陣」了。

就這樣，美方代表「堅信」自己的判斷：山本村對於同美方的這椿生意興趣不大，成不成他都無所謂。極有可能，他還會突然離開美國，前往南韓。

美方代表急忙撥直線電話報告總裁，詢問：怎麼辦？總裁馬上下令：「按正常價格，盡快談成這筆生意。」

結果，這家公司立即從崩潰的邊緣重新振作起來。

2. 黛安娜王妃的震撼效果

除了利用「故布疑陣」，使對手產生錯覺之外，還可以用「移花接木」之法，利用人們「眼見為實」和「先入為主」的思維定勢，達到使對方相信的目的。

第一、巧妙利用「耳聽為虛，眼見為實」的心理定勢。

倫敦一家曾經門可羅雀的珠寶店為了擺脫岌岌可危的困境，老闆決定採用移花接木之計，設法把他的珠寶店與王妃黛安娜聯繫起來。

一天傍晚，這家珠寶店突然張燈結綵，老闆衣冠楚楚地站在臺階上恭候佳賓。不一會兒，一輛高級轎車在門前戛然而止，只見黛安娜緩緩從小車裡走了出來。她嫣然一笑，親

切地向行人點頭致意。人們見此情景，蜂擁而上，爭先恐後地想一睹王妃的風采，久久不願離去。有的少年還大膽擠上前去，吻了她的手。路邊的警察急忙過來維持秩序，防止圍觀者影響王妃的正常活動。

老闆笑容可掬，感謝王妃光臨本店，隨即引王妃向櫃檯走去。售貨員拿出項鏈、鑽石、耳環、胸針等最貴重的首飾任其挑選。黛安娜面露喜色，愛不釋手，連聲稱好⋯⋯

早已預先安排的電視錄影機將此情景一一攝入鏡頭，第二天便在電視臺廣為播放。雖然自始至終沒有一句解說詞，更沒有誘導廣告，但珠寶店名、地址相當醒目。這家珠寶店立即轟動了整個倫敦。

那些好趕時髦的年輕人、那些「愛屋及烏」的黛安娜迷立即蜂擁而來，珠寶店門前立時車水馬龍，人們競相搶購戴安娜王妃所讚賞的首飾。老闆滿面春風，親臨櫃檯，應接不暇，僅幾天的營業額就超過開業以來的總營業額，而且生意一天更比一天好。

很顯然，老闆把珠寶店強行「嫁接」到黛安娜身上，藉此賺大錢的「移花接木」之計大獲成功。

第二、只做不說，提供想像空間，由對方自己去想像。

或許有人會問：並不是每家商店都會有王妃光臨的時機呀？在此，如果王妃主動光臨，那麼商店與王妃之間的關係是「自然」形成，而不是因「嫁接」得來，也就談不上使用「計謀」了。只有本無關係而變成了有關係的「嫁接」，才可稱得上是用計施謀。我們說這家珠寶店的老闆使用了移花接木之計，是因為還有下文⋯⋯。

珠寶店的生意越來越紅火，也成了街談巷議的重要新聞，於是震動了皇宮。皇家發言人不久鄭重聲明：「經查日程安排，王妃在那天決沒有去過珠寶店。」

　　人們都以為珠寶店的老闆要被起訴，上被告席了。然而那老闆卻鎮定自若。他承認從未有過王妃來過本店。那天盛情接待的女貴賓是他煞費苦心找來的。她的氣質、神態、舉止、身材都酷似黛安娜王妃，經美容師化妝，其髮式等等也都與黛安娜一模一樣。但她畢竟不是黛安娜。電視臺所播的帶子從頭到尾只有音樂，未置一詞，因此，珠寶店並未構成詐欺罪。人們想當然地誤認此「黛安娜」為彼黛安娜，那是他們自己的事。

　　人們自己把珠寶店「嫁接」到王妃身上，珠寶店則只知盡可能多地推銷珠寶——老闆的「嫁接」技法何等高明！他的說辭何等冠冕堂皇！

　　無獨有偶，而這招在兩千年前，漢桓帝時，宦官張讓權傾朝野。張讓有個奴僕為他管家。扶風郡的富人孟陀使盡錢財，結交這個奴僕。奴僕很感激孟陀，問他有什麼要求，願為他促成。孟陀說：「只希望你們一班人迎拜我一次。」

　　那時去求見張讓的公卿大夫很多，車馬每每填滿門前。孟陀有一天去謁見張讓，被堵住，前行不得。那個管家的奴僕遠遠看見，便率領家奴到路上迎拜，與他同乘一車進宅。賓客們非常驚訝，以為張讓很看重孟陀，於是爭著去賄賂他。很快孟陀便積聚了好幾萬錢財。

　　孟陀並沒有真正交結上張讓，但通過管家奴僕等人的迎拜，其造成的假象已達到了目的。眼見為實——此便是孟陀用心之所在。

3. 可口可樂的行銷術

求人就要說出求人的理由。當然可以說出真實的理由，但這不是「厚黑求人」的辦法。「沖」的要訣就是「吹」和「騙」。在求人的理由上作文章，「臉上貼黃金」就是把本來非常自私的目的說成是為了「全人類的幸福」。只有提到這樣的高度，才能使對方不能拒絕，甚至不敢拒絕。

二次大戰期間，由於伍道夫善於做美國國防部的「思想工作」，從而使因戰爭而陷入困境的可口可樂起死回生。

戰爭與飲料，似乎風馬牛不相及。但善於經營的伍道夫從一位正在菲律賓服役的同學那裡得到啟發。那位同學告訴他，在南洋那麼熱的地方，如果能喝到可口可樂，那真是舒服極了。伍道夫一聽，心想：如果前方都能喝到可口可樂，那不是可口可樂很好的出路嗎？而且當地的老百姓知道了可口可樂，不是間接做了廣告嗎？興奮的伍道夫立即找到美國國防部，將自己的想法和盤托出。不料五角大廈的官員根本不把這種想法當回事，甚至懷疑伍道夫是「癡人說夢」。

伍道夫並沒有因此退卻。他想盡辦法，讓國防部知道可口可樂對前方將士的重要。他組織了三人小組，寫出了一份關於可口可樂對前方將士的重要性及密切關係的宣傳資料；經他修改後，成了一份圖文並茂的精美小冊子：《最艱苦之戰鬥任務的完成與休息的重要性》。

內容特別強調：戰士在戰場上，必須盡可能獲得生活的調劑。一個完成任務的戰士在精疲力竭、口乾舌燥之際能喝上一瓶可口可樂，該多麼愜意。

知難而上的伍道夫為了把可口可樂推銷到前方，還特別

召開一次擴大的記者招待會，邀請了國會議員、戰士家屬和國防部官員。會上，他不斷強調：可口可樂是軍需品，可口可樂是為了對海外浴血奮鬥的兄弟表達誠摯的關懷，為贏得最後的勝利貢獻一份力量。他的話贏得了戰士家屬的支持。一位老婦人緊緊地抱著伍道夫說：「你的構想太偉大了！你的愛心一定能得到上帝的支持！」在輿論的支持，戰士家屬和國會議員的促請下，國防部的官員終於同意了他的想法。

不僅如此，五角大廈乾脆好人做到底，宣布不僅把可口可樂列為前方將士的必需品，還支持伍道夫在前方設廠，生產可口可樂，以供應戰士的需要。但是，戰時受炮火影響很大，設廠投資冒險性太大，所以這種龐大的投資也自然由國防部負責。

當供應前方可口可樂的消息傳出後，戰士們反應熱烈。雖然這樣一來，使國防部無形中增加了一大筆支出，但考慮到前線將士的渴望和士氣，國防部索性宣布：不論在世界上的任何一個角落，凡是有美國軍隊駐紮的地方，務必使每一個戰士都能以五美分的價格喝到一瓶可口可樂。

自此以後，可口可樂的銷路迅速發展到遠征軍中，它不但打開了軍隊的市場，也使得海外市場也隨之迅猛發展。特別是東南亞炎熱地帶，可口可樂更是成了人人羨慕的飲料。大戰結束後，可口可樂隨著美軍登陸日本，立即掀起可口可樂熱，使整個日本飲料界大為震驚。

4. 張作霖當官

往自己臉上貼金的機會不多。如前所述，「傻等」絕非「厚黑之士」之所為。你必須自己創造「貼金」的機會。一

旦機會出現，就須不顧一切地撲上去，緊緊抓住。

「東北王」張作霖就曾自導自演了一齣好戲，成功地為自己挖好了一條地道，巧妙地向自己所求之人表了忠心，結果官運亨通，扶搖直上。

張作霖野心勃勃，雖說已經是土匪大頭目，但他朝思暮想，要弄個官位幹幹。

奉天將軍增琪的姨太太從關內返回奉天，被張作霖手下幹將湯二虎探知，急忙報告張作霖。張作霖一拍大腿，說：「這真是把貨送到家門口了。」

湯二虎奉張作霖之命，在新立屯設下埋伏。當那隊人馬行至新立屯，立被湯二虎一聲吶喊，阻截下來，隨後把他們押到新立屯的一個大院裡。

增琪的姨太太和貼身侍者被安置在一座大房子裡，四周站滿了持槍的土匪。這時，張作霖已接到報告，便飛馬來到大院，故意提高聲音問湯二虎：「哪裡弄來的馬千。」

湯二虎也提高聲音說：「這是弟兄們在御路上做的一筆買賣，聽說是增琪將軍大人的家眷，剛押回來。」

張作霖假裝憤怒道：「混帳東西！我早就跟你們說過，咱們在這裡是保境安民，不要隨便攔行人。我們是萬不得已才走綠林這條黑道的，今後如有為國效力的機會，還得求增大人照應！你們今天卻做出這樣的蠢事，將來怎麼向增琪大人交待？你們今晚要好好款待他們，明天一早馬上給我將他們送回奉天去。」

在屋裡的增琪的姨太太聽得清清楚楚，當即傳話，說要與張作霖面談。張作霖立即先派人給她送去最好的鴉片，然後入內跪地拜謁。

姨太太很感激地對他說：「聽罷剛才你的一番話，相信你將來必有作為。今天只要你保證我平安到達奉天，我一定

向將軍保薦你為奉天地方效勞。」

張作霖聽後大喜，更是長跪不起。

翌晨，張作霖侍候姨太太吃好早點，然後親自帶領弟兄們護送她返歸奉天。

姨太太回到奉天，當即把途中遇險和張作霖願為朝廷效力的事向增琪講了一遍。增琪十分高興，立即奏請朝廷，把張作霖的部眾收編為巡防營。張作霖從此正式告別了「胡匪」、「馬賊」生活，成為真正的清廷管帶了。

5. 李渤利用「負負得正」的效應

一般說來，人性都是喜直厚而惡機巧的。厚黑之人為了達到自己的目的，沒有機巧權變也絕對不行；尤其是當他所處的環境不如人意時，就更要耍弄機巧權變，而且不能為人所厭惡。所以，厚黑之士求人時，都非常善於「沽名釣譽」。這一招屢試不爽，求財得財，求官得官。

唐初重臣李渤本是李密的部下，後隨故主投到李淵父子麾下。此時天下大勢已趨明朗，李渤瞭解只有取得李淵父子的絕對信任才有前途，於是他把「東至於海，南至於江，西至汝州，北至魏郡」的所據郡縣土地人口圖親自送到關中，當著李淵的面獻給李密，說既然李密已決心投降，那我所據有的土地、人口就應隨主人歸降，由主人獻出。若自獻，就是自為己功，以邀富貴，屬「利主之敗」的不道德行為。

李淵在一旁聽了，十分感慨，認為李渤能如此盡忠故主，必是一個忠臣。李渤歸唐後，很快得到李淵的重用。但李密降唐後又反唐，事未成而「伏誅」。按理說，一般人到了這個時候，避嫌猶恐過晚。

李渤卻公然上書，奏請由他去收葬李密。唯其「公然」，才更添他的「高風亮節」。假如偷偷摸摸，則可能會帶來反效果。「服縞素，與舊僚使將土葬密於黎山之南。墳高七仞。釋服散。」這純粹是做給活人看的。

表面看，這似乎有礙於唐天子的面子，是李渤的一種愚忠，實際上他早已料到這一舉動將收到以前獻土地、人口同樣的神效。果然「朝野義士」公推他是仁至義盡的君子。從此李渤更得朝廷推重，恩及三世。

李渤取的是一種「負負得正」的心理效應，迎合了人們一般不信任直接對己的甜言密語而相信一個人與他人相處時表現出來的品質，即側面觀察的結果，尤其是迎合了人們普遍喜愛那種脫離常人最易表現的忘恩負義、趨吉避凶、奸詐易變的人性弱點而表現出來的具有大丈夫氣概的認同心理，看似直中之直，實則大有深意。

6. 劉禪裝傻解除對手的戒心

往自己臉上貼金的關鍵是要知道所求之人喜歡什麼樣的人，然後，按照他喜歡的標準包裝自己。若對方對你充滿戒心，你求他辦事是最難辦成的。但是，「厚顏黑心」的人會這樣想：對我有戒心的人，最希望的就是我沒有任何野心。所以「投其所好」，就要「裝傻充愣」，表現出我不僅沒有野心，即使有一小點野心，也不可能對他構成威脅。這樣，求人的目的就有可能達到。

劉備建立的蜀漢王朝只統治了四十二年，就被魏國滅掉了。後主劉禪做了俘虜，他的一家和蜀國的一些大臣都被東遷洛陽。劉禪受封為安樂公。當時，魏國雖是由曹操的

後代做皇帝，其實大權早已落在西晉的開創者司馬昭父子兄弟手裡。按說，當時的晉王司馬昭也應該是日理萬機了。有一天，他卻抽出時間，和劉禪這個亡國之君聚宴，並特地替他安排上演蜀地的音樂。在座的其他人都表現出很感傷的樣子，劉禪卻顯得很高興，有說有笑。司馬昭對他的心腹賈充說，「做人不動情感，竟然能夠達到這種地步？像這樣的人，即使諸葛亮活著，也不能保蜀國長治久安，何況才能遠不及諸葛亮的姜維呢？」賈充說：「不是這樣，您怎麼能夠吞併蜀國。」

　　另一天，司馬昭又來試探劉禪：「想念蜀國嗎？」劉禪說：「在這裡很快樂，不想念蜀國。」跟隨劉禪來到洛陽的前蜀國祕書令裕正聽說了這事兒，連忙求見劉禪，說：了如果以後晉王（指司馬昭）還這麼問你，你應該流著眼淚回答：『父母親的墳墓都遠在蜀地，一想起這事兒，心裡就難過，沒有哪一天不思念蜀國。』然後你就閉上眼睛，做出深深思念的表情。」

　　不久，司馬昭又問劉禪想不想蜀國，劉禪就照著裕正說的那樣對答，然後閉上眼睛。司馬昭說：「怎麼竟像是裕正說的話呢？」

　　劉禪驚奇地睜開雙眼，望著司馬昭說：「正如您所說。」

　　周圍的人一聽都大笑起來。

　　就這樣，劉禪活到了西元二七一年，在洛陽去世。

　　據說，南唐後主李煜亡國之後被俘到宋京，宋太宗派人監視他，發現他寫了好些懷念故國的詞，又後悔不該殺了替他保江山的大將。太宗覺得李煜「賊心不死」，就用毒藥把他毒死了。由此看來，劉禪在司馬昭一再跟他提起故國時，

表現得那麼無情又毫無城府的樣子，說不定倒是他為了保全身家性命的一種韜晦與心機呢！

7. 戰國時代的「無敵自我推銷術」

我們這個民族是個內向民族，在這個民族中，一般說來，人們都不善於自我推薦。一提到別人，可以滔滔不絕，把別人的優點或缺點分析得頭頭是道。一講到自己，特別是提到自己的優點，不是難以啟齒，就是藉著講自己的缺點，轉彎抹角地講出自己的成績。以為若不這樣做，就不能表現出自己的謙虛。這就成了我們求人辦事的最大障礙，也與「臉上貼黃金」的厚黑求人術背道而馳。

按照《厚黑學》的觀點，在社會上生活的人，誰都想滿足自我的需要，希望別人能承認、尊重、賞識自己的知識和才能。為了達到求人辦事的目的，每個人都不斷想方設法，在他人面前自我表現或推銷，以使對方從心理上接受自己，為求人成功開道。

「自我推銷」是一種藝術。戰國時代，古人就以他們的智慧和經驗，創造出「無敵的自我推銷術」。這種推銷術方法很多，模式不一。說客們寄食於各國的權貴之門，穿梭於權貴之間，抓住一切機會表現、推銷自己。比如張儀是「連橫」策略的創始人之一，他由魏國一名不起眼的說客，一躍成為秦、魏的宰相，以滔滔辯才，登上萬眾矚目的政治舞臺，執戰國政局之牛耳，可謂真大丈夫。連司馬遷也不得不承認，他是一位「傾危之士」（十分危險的人）。其實他還是一位「厚黑之士」。像張儀這種完全靠自己的游說謀得顯赫地位和財富的人，在戰國時為數不少。

　　公元前六八〇年，齊桓公奉周天子的命令，統率陳、曹、齊三國兵馬討伐宋國。桓公命管仲為前部先行。管仲一行人到太行山腳下，遇到一個身穿短衣短褲，頭戴破草帽，赤著雙腳的放牛人。此人拍牛角而高歌。管仲觀此人雖衣衫襤褸，但相貌不凡，於是派人以酒肉慰勞，並把他喚到跟前攀談。攀談中，得知此人名叫甯戚，衛國人。管仲問其所學，放牛人應對如流。管仲歎道：「豪傑埋沒於此，如不引薦，他何時才能顯露才華？」遂修書一封，讓甯戚轉呈桓公。

　　三天後，桓公的車仗到達。甯戚又拍著牛角唱道：「南山燦，白石爛，中有鮮魚長尺半。生不逢堯與舜禪，短褐單衣至骨幹。從昏飯牛至夜半，長夜漫漫何時旦。」桓公聽了，很驚訝，間道：「你這個放牛人，怎麼敢毀謗朝政？」甯戚說：「小人怎敢毀謗朝政。我聽說堯舜之時，正百官而諸侯服，去四凶而天下安，不言而信，不怒而威。而今北杏開會，宋國君臣半夜逃跑；柯地會盟，曹沫又來行刺。現在您假天子之命，以令諸侯，欺侮弱小的國家。如此以往，何時天下才得太平。」

　　桓公聽了勃然大怒，大聲喝道：「匹夫出言不遜！」喝令推出斬首。

　　甯戚面不改色，仰天歎曰：「梁王殺了關龍逢，紂王殺了比干。今天您殺了我，我就是與關龍逢、比干齊名的第三條好漢了。」

　　桓公見甯戚膽識過人，怒氣頓消，命人為他鬆綁。這時甯戚才將管仲留下的書信交給桓公。桓公大喜道：「既有仲父書信，為什麼不早呈寡人？」甯戚答曰：「我聽說賢德的君主擇人而用，賢良的臣子亦擇主而仕。您如果不喜歡直言敢諫而喜歡逢迎，那麼我寧死也不會交出管相國的書信。」

桓公當晚在蠟燭光下，拜甯戚為大夫，讓他和管仲同參國政。後來甯戚為桓公遊說宋國，宋國不戰而降，加入盟約。

從戰國時期的說客身上，我們可以得到啟示：求人者可能很多，競爭也可能異常激烈，因此，想使所求之人接納自己，重用自己，或為自己辦事，必須使出全部招數，竭盡全力遊說。在辯論方面，必須顯出創意，而且具有鮮明的印象。想讓所求之人因感動而接納，需要相當奇妙的機智。如果言辭不夠動聽，甚至技巧笨拙，不但自己推銷不出去，話語不被接受，反會給自己引來禍害。正因如此，古時的說客們不得不殫精竭慮，想出最適宜的方法推銷自己，拿出治理亂世的睿智，提出充滿處世智慧的說辭以打動君主。如此種種，對於今天想要求人者，有著巨大的借鑒作用。

例如，漢武帝劉徹即位後，熱衷於召集天下的賢能之士。告示貼出沒幾天，便有近千人上書自薦。這些自薦者使用的平庸方式無法引起武帝的注意。直至看到東方朔的自薦書，情況才大為改觀。

當時還沒有發明紙張，推薦書都抄寫在竹簡上。令人震驚的是：東方朔的上書長達三千多片竹簡。漢武帝讀著東方朔的上書，遇到中間停頓休息時，便在其間作記，再讀下去。這樣花了將近兩個月，才將竹簡讀完。

事實上，三千張竹簡，最多不用十天便可看完，為何武帝竟看了兩個月！正因為東方朔的上書內容過於精采，武帝覺得，一次讀完未免可惜，寧願分段逐次看完，方覺過癮。《漢書》記載了東方朔上書中的一段：

「臣朔少失父母，為兄嫂所養。臣十三而學文史之用；十五學劍；十六學詩書；十九諳孫武兵法……所讀共二十二萬言。臣勇若孟賁，捷似慶忌，廉如鮑叔，信如尾生。如

是，則足以為天子之臣矣！」

由此可以看出東方朔臉皮真是夠厚了，竟敢於如此吹噓自己，不愧為大師級人物。

武帝讀完，說了一句：「真是有趣得很！」隨即下令召東方朔進宮。他的自薦戰術無疑獲得了最後的成功。

日常生活中，自我介紹是求人的起點。然而，如何通過自我介紹，表現出自己的價值和分量，如何溝通與他人的感情，使對方承認並接受，看來是一門並不簡單的學問。

東方朔從近千人中脫穎而出，固然因為他文采出眾，但更重要的是他思維敏捷，懂得使用技高一籌的自我介紹法，所以一舉獲得了成功。

齊國的大臣貂勃在未發跡以前，只是一個很普通的官吏。那時大臣田單因屢立戰功，被齊王封為安平君，齊國的人民對他十分崇敬。貂勃好像不知道這一點似的，常常在眾人面前詆譭田單：「安平君是個小人。」

田單得知後，就設下酒宴，派人請來貂勃，說：「我怎麼得罪先生了，竟然常常在眾人面前被您誇獎？」

「盜跖的狗對堯狂吠，牠並非認為盜跖高貴、堯卑賤，狗本來就會對非其主人的人狂叫。如今，假如公孫先生有德，而徐先生無德，公孫先生和徐先生打起來，徐先生的狗必將撲上去咬公孫先生的腿肚子。如果讓這狗離開無德之人而成為有德之人的狗，那就不只會咬人家的腿肚子了！」

「先生的意思我明白了。」

次日，田單就把貂勃當作自己的心腹，推薦給齊襄王。於是貂勃靠田單而起了家。

後來，有人在齊襄王面前詆譭田單。貂勃竭力為他辯護，並通過他的善辯，使得齊襄王下令殺了詆譭之人，重新

恢復了對田單的信任。做出與眾不同、富於創意的舉動，引起別人的困惑與好奇，使之不能無視你的存在。這樣做，即使不能像貂勃那樣，立即得到重用，也會為將來的嶄露頭角奠定基礎。

無獨有偶，齊國有個叫馮諼的人，貧困得不能養活自己。然而，他是一個足智多謀的人。他托人把自己推薦給門下食客有三千的孟嘗君，說要寄居孟門下討一口飯吃。

孟嘗君問：「客人有什麼愛好？」

馮諼不是那種善於表白自己的人，他為了考察孟嘗君的為人與肚量，就說：「我沒什麼愛好。」

「客人能幹什麼？」

「我沒什麼才能。」

「好吧！」孟嘗君笑了笑，同意接納他。左右的人以為孟嘗君很輕視馮諼，就把粗劣的飯菜送給他吃。

過了幾天，馮諼靠在柱子上，敲著自己的寶劍，唱道：「長長的寶劍啊，咱們回去吧！吃飯時沒有魚。」

左右的人把這事告訴孟嘗君。孟嘗君說：「給他魚吃，和中等門客同等對待。」

過了幾天，馮諼又敲著他的劍唱道：「長長的寶劍啊，回去吧！出門時沒有車。」

左右的人都恥笑他，又把這事告訴孟嘗君。孟嘗君說：「給他備車，和門下有車的客人一樣對待。」

於是，馮諼乘著車，高舉著寶劍，去拜訪他的朋友說：「孟嘗君能把我當客人對待。」

但又過了幾天，他再次敲著寶劍唱道：「長長的寶劍啊，咱們回去吧！沒有東西養家。」

左右的人都非常厭惡他，認為他貪心不足。

　　孟嘗君透過別人問道：「馮先生有親人嗎？」答曰：「有位老母親。」於是孟嘗君派人供給她衣食費用，不讓她缺少什麼。

　　從此之後，馮諼對孟嘗君十分感激，而孟嘗君也對他產生了深刻的印象。

　　後來，孟嘗君貼出一張告示，問門下客人：「誰熟悉會計，能為我到薛地收債？」

　　馮諼簽名說：「我能。」

　　左右告訴孟嘗君，簽名的是那個彈著寶劍唱歌的人。孟嘗君馬上想起來，認為馮諼可能真有含而不露的才能呢，就答應了他。

　　馮諼到了薛地，把所有的契約都燒掉了，並說：這是孟嘗君的意思。於是薛地的人民都對孟嘗君萬分感激。

　　孟嘗君卻十分不快。馮諼就對他說：「我這是用債券替您買來仁義。用您之有餘，收買您之不足，何樂而不為？」

　　過了一年，新王即位，以「寡人不敢把先王的大臣當臣子」為由，把孟嘗君放回自己的封地薛城去。在他離薛百里時，百姓已扶老攜幼，在路上迎候。孟嘗君回頭對馮諼說：「先生為我買的仁義，竟在今日看到了。」

　　從此，孟嘗君把馮諼視為心腹。馮諼其後又為他營就三窟，他便高枕無憂了。

　　所以，在「厚黑之士」看來，想求人成功，從眾多求人者當中脫穎而出，必須讓別人注意到自己，用自己的言行影響別人，懂得危言才能聳聽、特殊才能脫穎的道理。

　　想擺脫地位低下，不受人重視的現狀，別人的提拔、推薦與自己的資歷和聲望都是至關重要的條件。可是，設若這一切你都不具備，就需要靠你自己的努力，在關鍵時刻奮力

一躍，一蹴而就，取得成功。

公元前二五八年，秦將白起兵圍邯鄲。趙孝成王讓其叔平原君向南方大國楚求救。

平原君想帶家中二十個文武雙全的食客同往，但只找到十九人，其餘的都不理想。這時，食客毛遂自薦。平原君看不中他，說：「有才能的人活在世上，好比錐子放在口袋裡，錐尖立刻露出來。如今先生在我門下已經三年，我身邊的人對您沒什麼稱道，我也沒聽說過什麼，這表明先生沒有什麼能耐。您還是留在這裡吧！」

「我是今天才請求擱在口袋裡。」毛遂道：「如果我早先就能擱進去，就會連錐把都完全突出來，豈只露出一個錐尖就算了！」

平原君暗自稱奇，當下應允。而那十九個門客卻對他投去嘲笑的目光。

到了楚國，平原君同楚王談論聯合抗秦的利害關係，從清早談到中午，還是沒有把楚國出兵救趙的事確定下來。

毛遂按劍登上大殿，對平原君說：「聯合抗秦的利害，兩句話就可以決定了。今天從早到午也下不了決斷，這是怎麼搞的？」

楚王怒斥：「還不下去！我只跟你主人說話，你算是什麼東西！」

毛遂按劍走向前來：「大王之所以敢斥責我，只是仗著楚國人多。現在十步之內，大王就不能有所倚仗了，您的生命已操在我的手上！我的主人在面前，你呵斥什麼？再者，我毛遂聽說商湯憑藉七十里地，最終統治天下，周文王依靠百里之地臣服諸侯，難道是因為他們士兵眾多嗎？那是因為他們能夠根據形勢，制定方略，並且使自己聲名遠揚。如今楚地五千里，強兵百萬，這是稱霸稱王的資本；憑著楚國的

強大，天下無敵。白起，只不過是個小小的奴才罷了，率領幾萬兵眾，頭一仗就拿下楚的郢城，第二仗燒了夷陵，第三仗就凌辱了大王的先人。這種百世的仇怨，連我們趙國都覺得恥辱，難道大王竟無羞惡之心嗎？聯合抗秦的，首先應是楚國，而不是趙國！」

聽了毛遂的慷慨陳詞，楚王羞憤交加：「是是，真像先生說的那樣！我鄭重地以整個國家聽從趙王的命令。」

毛遂緊接著問道：「聯合抗秦定了嗎？」

「定了！」

隨即，毛遂要楚王的侍臣奉上雞、馬、狗的血來，楚王與平原君遂歃血為盟。

最後，趙國在楚、魏兩國救援下，擊敗了秦軍。平原君回到趙國，感慨地說：「我趙勝再也不敢說自己善於觀察天下的士人了。」自此之後，毛遂被奉為上等門客。

《戰國策・韓策》裡記載了一個小故事：

安邑的御史死了，他的副手想得到這個職位，又惟恐不能升任。俞地（安邑的地名）有個人替他奔走，對安邑令說：「聽說公孫級托人向魏王請求御史的職位。可是魏王說，那裡不是有個副手嗎？我難以改變他們的規定。」安邑令立即讓副手升任御史。

當我們推銷自己時，難免會遇到種種事先不能瞭解的情況：上司為人如何？他喜歡什麼？討厭什麼？另外，那位面對推銷的上司也難免心生疑竇：「這個人究竟怎麼樣？他的才能如何？是否誠實可靠？」這時，如果有一位作為中間人的「第三者」互通情報，溝通消息，雙方間的障礙就很容易消除。有一位上司信賴的「第三者」能夠替你在他面前美言力薦，那你的推銷就成功一半了。

蘇代替燕國遊說齊國，未見到齊威王之前，先對淳于充說：「有個賣駿馬的人，接連三天早晨站在市場上，卻無人問津。他就去見伯樂說：我有匹駿馬想賣掉，接連三天早晨站在市場上，沒有哪個跟我說一句話。希望先生能繞著馬細看一下，離開時回頭再瞅一眼，我就獻給您一天的費用。伯樂答應了。第二天，他繞著馬仔細看，離開時又回頭瞅了一眼。結果這一天馬價竟漲了十倍。現在我想把『駿馬』送給齊王看，可是沒有替我前後奔走的人，先生有意做我的伯樂嗎？請讓我獻上兩千四百兩金幣，作為薦舉的酬金。」淳于充愉快地答應了他的請求，入宮勸說齊王。齊王非常高興地接見了他。

8. 蘇秦的口才

為了掩蓋真實的求人目的，除了「遠利誘惑」之外，還可以給對方描繪一個如果不迅速採取措施，可能會帶來可怕之後果，直接危害到其自身利益，甚至身家性命的前景。這與「遠利誘惑」同樣有效。

蘇秦遊說燕文公獲得初步成功後，又來到趙國。這時奉陽君已經去世，蘇秦便趁機勸說趙肅侯：

「當今天下，在位的卿相、人臣，以及一般有知識的平民，都推崇您是一個能行仁義的賢君，很久以來，大家都很希望能在您跟前效力，接受您的教導。雖然這樣，卻因奉陽君忌諱您，使您無法執掌國事。所以一般賓客、遊士，沒有誰敢前來盡心。現在奉陽君已經死了，您從今以後又可與士民親近。因此，臣下才敢向您盡忠。為大王著想，沒有比使人民安寧、國家太平無事更重要的了。安民的方法在於慎

選外交途徑。外交途徑妥當，人民就能安定。外交途徑不妥
當，人民必將終生危疑。現在，請讓我分析一下趙國外患的
情形：假如趙國與齊、秦兩面為敵，人民勢必無法安定；趙
國倚秦攻齊或倚齊攻秦，人民還是都無法安定。

　「您若能聽我的建議，必可使燕國獻上盛產毛氈、皮貨
及狗馬牲畜的土地；齊國必獻上盛產魚鹽的海域；楚國必獻
上盛產橘柚的田園；韓、魏都會獻上一部分封地作為您的湯
沐之邑。而您那些尊貴的親戚及父兄都可以封侯。說起讓他
國割地奉獻，獲取極大的利益這種好處，是五霸拼著軍隊被
消滅、將領被俘虜也要追求的；使自己的親戚都能封候這種
好處，更是商湯、周武王去拼死征戰的原因。現在您只要安
坐不動，便能兩種好處都得到，這就是我最替您期待的事。

　「假如大王與秦國相交，秦國必然利用這種優勢去削弱
韓、魏；與齊國相交，齊國必然利用這種優勢去削弱楚、
魏。魏國一旦衰弱，就必定將河外之地割讓。韓國一旦衰
弱，就必定將宜陽奉獻出來。宜陽送給秦國，通往上郡的道
路便斷絕了。河外割讓給秦國，往上郡的道路也同樣不能暢
通。如果楚國衰弱，趙國便沒有了外援。這三種策略，不能
不詳細考慮清楚。假如秦軍攻下軌道，韓國的南陽便危險
了；再進而劫取韓國，包圍周都，趙國便受到威脅。假如秦
國據有衛地，進而取得鄭城，齊國若無法抵抗，必定屈服。
秦國既已取得山東，就必然舉兵攻向趙國。秦軍一旦渡過大
河，越過漳水，佔據番吾，不日便攻到邯鄲城下。這是我最
替您憂慮的事。

　「當今山東諸國，沒有比趙國更強大的。趙國地方二千
餘里，軍隊幾十萬，戰車一千多輛，坐騎一萬多匹，存糧足
夠支用十年。趙的西面有常山，南面有黃河、漳河，東面有
清河，北面鄰接燕國。燕本是弱國，沒什麼值得懼怕的。在

諸侯中，秦國最畏懼的就是趙國。現在秦國不敢舉兵攻打趙國，為什麼？就是怕韓、魏從後面圖謀它啊！既然這樣，那麼韓、魏就是趙國南邊的屏障。秦國要是攻打韓、魏，沒有名山大川阻擋，可以漸漸蠶食，直到佔有他們的國都為止。韓、魏不能抵擋，必然向秦國臣服。秦國沒有韓、魏的阻隔，災禍就臨到趙國了。這又是我為您感到憂慮的地方。

「我聽說，堯地不足三百畝，舜更無寸土，而能擁有天下；大禹部眾不到一百，卻能在諸侯間稱王；商湯、周武王的戰士不超過三千人，戰車不超過三百輛，卻能立為天子。他們實在很懂得平治天下的道理啊！所以，賢明的君主，對外必能預測敵人的強弱，對內必能估計自己戰士的好壞。不必等到雙方的軍隊相抗擊，勝敗存亡的謀略已在心中形成。怎麼可以被眾人的言論所掩蔽，糊裡糊塗地決定事情呢？

「我按照地圖，衡量現在的情勢：各諸侯國的土地合起來，有秦國的五倍大；兵卒加起來，有秦國的十倍多。假如六國聯合，盡所有力量向西攻秦，秦國就非敗不可。現在大家卻不這樣做，反而西奉秦國，做秦的臣屬。攻破別人與被人攻破，使別人稱臣和向別人稱臣，怎能同日而語！

「說起那些主張聯合六國奉秦的人，他們都希望分割各國土地，同秦國講和。假如秦國吞併天下成功，他們便可得到很大的封賞，將樓臺亭榭築得高高的，宮室建得很美麗，欣賞竽瑟之樂。既可擁有樓閣宮闕、漂亮的車子，又可擁有許多美女。一旦秦禍臨頭，主張連橫者卻不與諸侯共憂患。所以這些主張連橫侍秦的人，日夜都在進行著以秦國的權威威懾各諸侯，求取割地。希望大王能仔細考慮！

「我聽說：賢明的君主能決疑去讒，屏阻小人散播流言的途徑，封塞亂臣結黨營私的門路，所以我才敢在您面前，抱著忠誠之心，陳述種種使國君尊貴、土地增產、軍

隊強大的計策。我私下為大王所籌劃的計策，最好是將韓、
魏、齊、楚、燕、趙聯合為一，合縱抗秦。天下各國的將相
應當在洹水聚會，交換質子，殺白馬，結盟誓。彼此約定：
若秦國攻楚，齊、魏便各派出精良的軍隊助戰；韓國負責斷
絕秦國運糧的道路；趙國渡過洪河、漳河，從西南邊援助；
燕國則固守常山北面。若秦國攻打韓、魏二國，楚國可以
斷絕秦的後路；齊國則派出精兵幫助；趙國渡黃河、漳河出
援；燕國固守雲中城一帶。若秦國攻齊，楚國可以斷絕秦國
的後路；韓國守住城皋；魏國堵住河內的道路；趙國渡過漳
河、博關相援；燕國派出精兵助戰。若秦國攻燕，則趙國守
住常山；楚國出兵攻武關；齊國從滄州渡河，到溫州援助；
韓、魏都出精兵助戰。若秦國攻趙，韓國便出兵宜陽，楚國
出兵武關，魏國出兵河外，齊國渡過清河，燕國也派精兵助
戰。假如諸侯中有哪個國家不依約定，便用其他五國的軍隊
討伐他。一旦六國真能南北聯合，共同抗秦，秦國的軍隊必
不敢出函谷關，侵害山東各國。能這樣做，您的霸業便可成
功。」

　　趙王聽了蘇秦的一番議論，回答說：「寡人年少，繼位
的時間很短，從未曾有人告訴我治理國家的長遠之計。如今
您有意使天下安生，各國安定，寡人敬重地聽從您！」

　　於是趙王送給蘇秦一百輛裝飾得很漂亮的車子，一百斤
黃金，一百雙白璧，一千束錦繡，用來邀約其他諸侯加盟。

　　蘇秦這一長篇說詞之所以獲得成功，因為表面上他完全
站在對方的立場考慮問題，並為對方描述了一種可怕的前
景——亡國滅族。可是實際上，蘇秦與戰國時期的其他說客
沒有什麼區別，他只是在秦王面前沒有得到重用，才到六國
這裡撈好處！

9. 列寧與石油大王哈默

　　用「遠利誘惑」能取得非常好的求人效果。但這裡有一個問題：如何打消對方可能存在的疑慮？你說得天花亂墜，對方若認為它不著邊際，對這「美麗的前景」存有重重顧慮，你的求人仍然無法成功。這時，除了抱著一種謙恭節制的態度，使對方不致產生逆反心理之外，主要是應當採用「層層剝筍」式的策略。

　　人的思想極複雜，對某一事物不理解、想不通，往往疑慮重重，非一點即通，而需要像剝筍一樣，把握脈絡，層層遞進，窮追不捨，把理說透。這就是層層剝筍之法。

　　列寧就曾用此法說服美國西方石油公司董事長兼總經理哈默在蘇聯大規模投資。

　　哈默於一八九八年生於美國紐約市，十八歲即接管父親的製藥廠，當上了老闆。由於管理有方，製藥廠買賣興隆，收入大增。幾年後，二十二歲的哈默就成了百萬富翁。一九二一年，他聽說蘇聯實行新經濟政策，鼓勵吸收外資，就打算去做筆買賣。他想，在蘇聯，目前最需要的是消除饑荒，得到糧食。這時美國糧食正值大豐收，一美元可買三五・二四斤糧食，因生產過剩，農民寧可把糧食燒掉，也不願低價送往市場出售；而蘇聯有的是美國需要的毛皮、白金、綠寶石。如果讓雙方交換，豈不是大妙？哈默打定主意，來到蘇聯。

　　哈默到達莫斯科，第二天早晨就被請到列寧的辦公室。列寧和他做了親切的交談。糧食問題談完，列寧對他說，希望他在蘇聯投資經營企業。哈默聽了，默默不語。為什麼

呢？因為西方對蘇聯的新經濟政策沒有信心；到蘇聯經商，投資企業，被稱作是「到月球探險」。

哈默雖然做了勇敢的「探險」者，同蘇聯做了一筆糧食生意，但對在蘇聯投資一事不能不心存疑慮。

列寧看透了哈默的心事。他告訴哈默：「新經濟政策要求重新發展我們的經濟潛能。我們希望建立一種給予外國人工商業承租權的制度，以加速我們的經濟發展。」經過一番交談，哈默弄清了蘇聯吸引外資的互利原則，很想幹一番。

但說著說著，又動搖起來，想打退堂鼓。為什麼？因為他聽說蘇維埃政府機構重疊，人浮於事，手續繁多，尤其是機關人員辦事拖拉的作風，令人吃不消。列寧立即安慰他：「官僚主義是我們最大的禍害之一。我打算指定一兩個人組成特別委員會，全權處理這件事，他們會向您提供你所需要的幫助。」

除此之外，哈默又擔心在蘇聯投資，蘇聯只顧發展自己的經濟，不注意保證外商的利益，外商得不到什麼實惠。列寧馬上清楚地回應：「我明白，我們必須確定一些條件，保證承租人有利可圖。商人不是慈善家，除非覺得可以賺錢，不會在蘇聯投資。」

就這樣，列寧對哈默的一連串疑慮，像剝筍一樣，逐層廓清，並且斬釘截鐵，乾脆利落，毫不含糊，把政策交待得明明白白，使他心中一塊石頭落了地。

沒過多久，哈默就成了第一個在蘇聯開辦企業的美國人。而且還對當時美國與蘇聯的外交做出了很大的貢獻，列寧還叫他「哈默同志」呢！

10. 無中生有，人為製造的「奇貨」

　　求人時，你想讓對方答應你的請求，你得有吸引他的地方，以作為交換條件。你手中的「王牌」一定要是對方沒有的東西。假如你並沒有這種「可居」的「奇貨」，就要運用「無中生有」的辦法來製造。

　　針對對方的興趣所在，製造「奇貨」並進行包裝、宣傳和誇大，而產生效應。

　　日本的伊那鎮地處荒僻一角，風景平淡無奇。當地政府希望把它變成「奇貨」，成為風水寶地，人所嚮往的旅遊勝地。最終目的便是求人到這個荒僻的地方旅遊。他們怎麼做呢？他們派了一隊人馬，四出瞭解民風民俗。經過幾個月的折騰，好不容易搜集到一個民間故事——古代一位俠客勘太郎的神奇經歷。儘管這是子虛烏有的神話，但主管部門不管那麼多，由這一點開始，做了大量工作。

　　過不多久，伊那火車站廣場上奇蹟般樹起了一座勘太郎的銅像；書店裡突然冒出許多描寫勘太郎鋤強助弱、俠骨仁心之神奇傳說的圖書；旅遊品商店裡，勘太郎的木雕、勘太郎腰帶、勘太郎兵器等新型玩藝層出不窮；民間也開始到處傳播讚頌勘太郎的歌曲……勘太郎一下子成了家喻戶曉的大英雄。順理成章地，勘太郎的「誕生地伊那鎮」成了英雄聖地，成了名聞遐邇的觀光勝地。

　　無中生有，點石成金，伊那鎮這個平淡無奇的地方就成了財源滾滾的風水寶地，成為當地政府可居的「奇貨」。

　　加工一個真的「奇貨」，也就是製造機會，藉此抬高自

己的身價。

王君廓本是個盜賊頭子，降唐之後，憑著超絕的武藝和勇猛作戰，立下不少戰功。然而，真要謀取大官之位，更需要的是政治資本。王君廓的戰功只換來一個不起眼的小官——右領軍。他不滿現職，希望能在政治上找一樣「奇貨」，換一個大位。但這「奇貨」到哪兒去找呢？

機會來了。唐高祖有個從弟叫李瑗，無謀無斷，不但無功可述，還為李唐家族鬧過不少笑話。高祖因顧念本支，不忍加罪，僅僅把他的官位一貶再貶。

這時，高祖調任李瑗為幽州都督。因為怕李瑗的才智不能勝任，特地命右領軍將軍王君廓同行輔政。李瑗見王君廓武功過人，心計也多，便把他視作心腹，許嫁女兒，聯成至親。一有行動，便找他商量。

王君廓卻自有打算。他想：現成的「奇貨」難得，何不無中生有，造他一個？無勇無謀卻手握兵權的李瑗，稍稍加工，其腦袋不就是政治市場上絕妙的「奇貨」嗎？於是，他開始精心加工他的「奇貨」了。

李世民發動「玄武門事變」，殺了親兄弟太子李建成、齊王李元吉，自己坐上了太子之位。不少皇親國戚對此事不敢議論，私下卻各有看法。對於李世民做了太子之後，還對故太子、齊王家採取「斬草除根」的做法，大家更是認為太過殘忍。李世民對此，當然也心裡有數。

王君廓為撈政治資本，對這一政治情形看得清清楚楚。於是，當李瑗來問他：「現在該不該應詔進京？」他便煞有介事地獻計道：「事情的發展，我們無法預料。大王奉命守邊，擁兵十萬，難道朝廷來了個小小使臣，你便只能跟在他屁股後面乖乖進京嗎？要知道，故太子、齊王可是皇上的親子，卻遭到如此慘禍！大王你隨隨便便就到京城去，能有自

我保全的把握嗎？」

李瑗一聽，心裡頓時「明朗」了，他奮然道：「你的確是在為我的性命著想，我的意圖堅定不移了。」

於是，李瑗糊裡糊塗地把朝廷來使拘禁起來，開始徵兵發難，並召請北燕州刺史王詵為軍事參謀。

兵曹參軍王利涉見狀，趕忙進言：「大王不聽朝廷詔令，擅自發動大軍，明明是想造反。如果所屬各刺史不肯聽從大王之令，跟隨起兵，那大王如何成功？」

李瑗一聽，覺得也對，但又不知該怎麼辦。

王利涉獻計道：「山東豪傑大多屬竇建德舊部，現在都被削職成庶民。大王如果發榜昭示，答應讓他們統統官復原職，他們便沒有不願為大王效力的道理。另外，再派人連結突厥，由太原向南逼進，大王自率兵馬一舉入關，兩頭齊進，過不了十天半月，中原便是大王的領地了。」

李瑗得計大喜，並非常「及時」地轉告心腹副手王君廓。

王君廓清楚，此計若得以實施，唐朝雖不一定即刻滅亡，但也的確要碰到一場大麻煩；自己弄得不好，偷雞不成蝕把米。他趕忙對李瑗說：「王利涉的話實在迂腐得很。大王也不想想，拘禁了朝使，朝廷哪有不發兵前來征討之理？大王哪有時間去北聯突厥、東募豪傑呀？如今之計，必須乘朝廷大軍未來之際，立即起兵攻擊。只有攻其不備，方有必勝的把握呀！」

李瑗一聽，覺得這才是真正的道理，便說：「我已把性命都託付給你了，內外各軍也都由你調度吧。」

王君廓迫不及待地索取了印信，馬上出去行動了。

王利涉得此消息，趕忙去勸李瑗收回兵權。可就在這時，王君廓早已調動軍馬，誘殺了軍事參謀王詵。李瑗驚惶

失措。接著，王君廓又採取了一系列行動：放出朝廷使臣；暗示民眾，說李瑗要造反；率大軍捉拿李瑗……李瑗幾乎嚇昏過去，回頭求救於王利涉。王利涉見大勢已去，早跑了個無影無蹤。

李瑗無計可施，帶了一些人馬，出去見王君廓，希望能用言語使王君廓回心轉意。沒想到，王君廓與他一照面，便把他抓起來；接著又不容分說，把他解送朝廷。

詔旨很快下來：李瑗廢為庶人，王君廓代盧江王李瑗的老位子——幽州都督。

11. 羊披狼皮，冒險嚇阻對手

利用「無中生有」的辦法，還有一個重要作用：阻止對手進行有害於己方的行動；使對方礙於己方的「實力」，不得不重新考慮他的行動方案。

明英宗正統十三年，吳官童出使瓦剌時，被扣押為奴。第二年，英宗在「土木之變」中被俘，正被瓦剌扣押的吳官童主動要求做了英宗的隨從。從瓦剌回國，因為朝廷內部的權力鬥爭，吳官童又被打入大獄。

景泰元年，瓦剌再次大舉進犯中原，包圍北京城。大將石亨為景宗出主意說：「應當把吳官潼放出來，讓他退兵。」

正急得團團轉的景宗一聽有人能退兵，馬上下詔放吳官童出獄，並親自為其去掉刑具，問道：「你能讓也先（瓦剌首領）的部隊退兵嗎？如果能成功，我封你為侯。」

對瓦剌人十分瞭解的吳官童當即一口答應：「可以！」景宗大喜，立即賜予新衣，把他送至石亨營中。

石亨一見吳官童，顯得十分高興地說：「吳先生一來，我就放心了。」

吳官童趕著幾頭驢，頭戴一頂破草帽，手裡拿著一塊肉，闖入瓦剌人的包圍圈。

瓦剌兵抓住他，送至頭領面前。

吳官童裝得十分委屈的樣子，不慌不忙地用當地的番語說：「我是西村人，我娘有病，我進城買肉給她老人家吃，你們抓我幹什麼？」

然後，他又故作神祕地說：「你們怎麼還在這裡？我聽說朝廷已傳旨召四方兵馬前來京城，馬上就要潛入你們的領地，去剿你們的老巢。」停了停，他又說：「若不是與你們有同鄉之情，我才不會冒著殺頭的危險告訴你們呢！」

正在這時，石亨乘機用火器向也先的部隊猛轟。瓦剌軍將領一見，以為朝廷下一步確實有「大動作」，頓生退兵之意。也先終於撤兵，北京遂解圍。

可見，在求人的過程中，有時不妨利用對手不知底細的情況，來個「腦筋急轉彎」，做一隻披著「狼皮」的羊，興許會收到奇效。只是，此招務必慎重。不然，很可能「賠了夫人又折兵」。

12. 讓對方只看到你最強大的一面

正如前面所言，如果你一無所有，可以「無中生有」；如果你並不是一無所有，就可以「以小充大」，也就是在求人時，把所有的「資本」集中在一個點上，讓對方「管中窺豹──只見一斑」，從你某一點上的強大，對你的整體實力產生錯誤的評詁。這也是「打腫臉充胖子」的常見手法。

　　這種手法常被想做成某件事，自身力量又不夠的人運用。而且，若運用得當，確實能夠「瞞天過海」。

　　七十多年前，日本神戶新開了一家經營煤炭的福松商會，經理是少年得志的松永左衛門。開張不久，來了一個當時神戶最出名的西村豪華飯店的侍者，交給松永一封信，上書「松永殿下敬啟」，下款「山下龜三郎拜」，內稱：「鄙人是橫濱的煤炭商，承蒙福澤桃介（松永之父的老友，借了鉅資給松永作商會的開辦費）先生的部屬秋原介紹，欣聞您在神戶經營煤炭，請多關照。為表敬意，今晚鄙人在西村飯店聊備薄宴，恭候大駕，不勝榮幸。」

　　當晚，松永一踏進西村飯店，就受到熱情款待。山下龜三郎必恭必敬，使得他不免飄飄然。

　　酒宴進行中，山下提出請求：「安治有一家相當大的煤炭零售店，信譽很好，老闆阿部君是我的老顧客。如果松永先生信任我，願意讓我效勞，透過我，將貴商會的煤炭賣給阿部，他一定樂於接受。貴商會肯定會從中得利。我呢，只要一點佣金就行了。不知先生意下如何？」

　　松永一聽，心裡馬上盤算起來。沒等他開口，山下就把女招待叫來，請她幫忙買些神戶的特產瓦形煎餅來。並當著松永的面，從懷裡掏出一大疊大面額鈔票，隨手交給女招待，並另外多抽出一張作為小費。

　　松永看著那一大疊鈔票，暗暗吃驚。眼前的一切使他眼花撩亂。稍一鎮定，他對山下說：「山下先生，可以考慮接受你的請求。」

　　稍作談判之後，松永便與山下簽了合同。

　　豐盛的晚宴後，松永一離開，山下便馬上趕到車站，搭上末班車回橫濱去了。西村飯店這樣高的消費，哪是山下所能承受？

那一大疊鈔票，其實是他以橫濱那不景氣的煤炭店作抵押，臨時向銀行借來的；介紹信則是在瞭解了福澤、秋源與松永的關係後，藉口向福松商會購買煤炭，請秋原寫的。然後，他利用豪華氣派的西村飯店作舞臺，成功地演了一齣「大亨」採購戲碼。

其後，山下一文不花，從福松商會得到煤炭，再轉賣到中部地區，大獲其利。

業務介紹信、飯店裡設宴談生意、給招待員小費，這些都是日本商界中司空見慣的。注意：山下就是利用這些極為平常的小事，顯示自己擁有雄厚的實力，隱藏自己沒有資金做煤炭生意的事實，從而達到自己的目的。而年輕的松永被山下誠懇恭敬、熱情招待和慷慨大方的舉措所迷惑，當然也就相信了他。

13. 讓對方中計，糊裡糊塗被牽著走

利用「以小充大」這種「腫臉充胖子」的厚黑求人術，還有一個重要作用：「疲敵誤敵」，使強大的對手中計，而迷失方向，忘卻關鍵，糊裡糊塗中被你牽著鼻子走。

一九三六年，四川發生旱災，糧食緊張。各大糧商乘機囤積居奇，重慶糧價頓時一漲沖天。當時漢口糧價依舊平穩。但由漢口運糧至重慶出售，不但難以獲利，弄得不好，還會虧掉血本。「麵粉大王」鮮伯良經營的重慶麵粉公司因晚走一步，無法買進常價原料，眼看著要斷送一年的大好生意，著急萬分。

為解重慶之危，經過一番辛苦籌謀，他帶了三千袋麵粉，親自從漢口趕往重慶。

　　抵達重慶之後，第二天他便依常規，走訪各大糧商。糧商見麵粉大王親臨，當然喜出望外，熱情備至。在每一家糧商的客廳裡，當他與糧商談興正濃時，總會匆匆跑來他的高級助理，遞給他一紙合約，在耳邊神祕地細語一番。他則正色厲聲道：「用不著如此神祕！」接著便把助理的話告訴對方，說是剛剛獲悉與漢口某糧店達成協定，從那裡購得數萬包糧食，於某日即可抵達重慶。

　　就這樣，鮮伯良在輕描淡寫中，把重慶的頭號特大新聞一字一句地灌進每個大糧商的耳朵裡：麵粉大王將從漢口源源不斷運糧來幫助重慶度過乾旱之年。

　　對糧商來說，這無疑是平地驚雷。

　　接著，鮮伯良開始將從漢口帶來的三千袋麵粉低價出售。糧商們這一下更急了，爭先恐後放棄了囤積的美夢，只好競相減價拋售出去。

　　不多時，重慶復興麵粉公司的倉庫裡堆滿了低價糧食。等到糧商們突然發覺自己手頭已無糧食，而漢口並未向重慶運糧時，便趕緊親自趕往漢口。沒料到，此時漢口的糧價竟比自己剛剛拋售的重慶糧價高了許多。待他們再次趕回重慶，卻又發現，重慶麵粉公司已經開始高價售糧了，因為對手手中已經沒有子彈（商品）了。

14. 諸葛亮設計周瑜

　　要「惡人先告狀」，必須首先編造謊言，中傷對手。這時有一種有效的辦法：從對手無意的言行中，「牽強附會」得出對所求之人不利的結論，激怒他，使他站在你的戰線上，去對付你的對手。這樣，你的對手連解釋的機會都沒

有，而你求人的目的也達到了。

東漢建安十三年十月，曹操率八十萬大軍由江陵順水而下，駐守赤壁，擺出渡江南下攻打東吳孫權的態勢。東吳百官中有主戰的，有主和的，弄得國君孫權也舉棋不定，急召都督周瑜回朝問計。就在東吳為是戰是和，議論紛紛之際，諸葛亮為了鞏固孫權和劉備共同抗曹的聯盟關係，專程出訪東吳。來到東吳之後，孔明看出，若能說服周瑜決心抗曹，既可平息文武大臣嘈雜的議論，又可堅定孫權聯盟抗曹的決心，是他應當掌握的重點。此時孫權、周瑜雖有心抗曹，在諸葛亮面前卻故顯深沈，不露痕跡。談及抗曹之事，周瑜總是以言語搪塞。足智多謀的諸葛亮便針對周瑜氣量狹小及凡人對愛情大多自私的特性，故意曲解曹植《銅雀台賦》中的兩句話，說曹操在打他美女老婆小喬的主意，激起周瑜對曹操的滿腔怒火。

一天晚上，魯肅引諸葛亮會見周瑜。魯肅問周瑜：「曹兵南侵，是戰是和，將軍意欲如何？」周瑜說：「操挾天子以令諸侯，難以抗命。而且他兵力強大，不可輕。戰則必敗，和則易安。吾意以和為上策。」魯肅大驚：「將軍！江東三世基業，豈可一朝白白送給他人？」周瑜說：「江東六郡，千百萬生命財產如遭到戰禍之毀，大家都會責備我的。因此，我決心講和。」

聽了東吳文武兩大臣一段對話，諸葛亮覺得，周瑜若非抗曹的決心未定，便是有意試探。此時如果不另闢蹊徑，只是講一通吳蜀聯合抗曹的意義，或是誇耀周瑜蓋世英雄，東吳地形險要，戰則必勝的道理，肯定難以奏效。於是，他巧用周瑜執意求和的「機緣」，編出一段故事。

諸葛亮說：「我有一條妙計。只需差一名特使，駕一葉扁舟，送兩個人過江，曹操得此二人，百萬大軍必然捲旗而

撤。」周瑜急問是哪兩個人。諸葛亮說：「曹操是好色之徒，打聽到江東有大喬、小喬二美賽若仙姝，曾發誓說：我有兩個志向。一是掃平四海，創立帝業，流芳百世；二是得江東二喬，以娛晚年。他領兵百萬，進逼江南，其實就是為喬家二姝而來。將軍何不找到喬公，花上千兩黃金買那兩個女子，差人送給曹操？江東失此兩女，就像大樹飄落兩片黃葉，大海減少兩滴水珠，絲毫無損大局；而曹操得此兩女，必然心滿意足，歡歡喜喜班師回朝。」

周瑜說道：「曹操想得二喬，有什麼證據？」諸葛亮回答：「有詩為證。曹操之子曹植以能文稱。曹操在漳河岸上建了一座銅雀台，雕梁畫棟，十分壯麗，挑選許多美女安置其中；又令曹植作了一篇《銅雀台賦》，指明他若為天子，立誓要娶『二喬』。」周瑜又問：「那篇賦是怎麼寫的？」諸葛亮說：「我十分喜愛賦中文筆華麗，曾偷偷地背熟了。賦中云：『從明后以嬉遊兮，登層台以娛情……臨漳水之長流兮，望園果之滋榮。立雙台於左右兮，有玉龍與金鳳。攬『二喬』於東南兮，樂朝夕之與共……』

周瑜聽罷，勃然大怒，站起來指著北方大罵：「曹賊欺我太甚！」諸葛亮表面上急忙阻止，其實是火上澆油：「都督忘了，古時候單于多次犯邊，漢天子許配公主和親！你又何必惜民間兩女子？」周瑜說：「你有所不知。大喬是孫策將軍夫人，小喬就是我的愛妻！」諸葛亮佯作失言，請罪道：「是我胡說八道，該死該死！」周瑜怒道：「我與曹賊誓不兩立！」諸葛亮卻又故作姿態，勸道：「都督不可意氣用事，須三思而後行！」周瑜說：「承蒙伯符重付，豈有屈服於曹操之理？我早有北伐之心，就是刀劍架在脖子上，也不會變卦。勞駕先生助我一臂之力，同心合力，共破曹操。」於是孫、劉的抗曹聯盟得到鞏固，贏得了赤壁之戰的

重大勝利。

　　諸葛亮遊說周瑜為什麼會成功？因為：第一，「喬」姓古字作「橋」，把原賦中兩條橋簡稱「二喬」，曲解為大喬和小喬，十分容易收到他有意的「牽強」，周瑜無意中「附會」的效果。第二，他十分瞭解人對愛情的極端自私性，奪妻之恨往往勝於滅國之恥。他看準機會，編造這一段謊言刺激周瑜，果然產生了巨大的效果。

15. 驪姬的陰謀

　　大多數人有兩大弱點：對愛的佔有慾和對權力的迷戀。在自己專寵的東西遭到侵害時，人常會失去理智，思考不周，結果通常不堪設想。你的對手若未犯錯，你可以有理有節，步步為營，設下圈套，嫁禍於人，使其有意無意地侵犯到你所求之人的利益。

　　春秋時期，晉獻公征服驪戎。驪戎獻出二女，年紀大的叫驪姬，小的叫少姬。驪姬長得非常漂亮，多機智，把獻公迷住了，兩人日夜形影不離。不出一年，驪姬就生下一子，起名奚齊。

　　獻公因受惑於驪姬，愛妻及子，想立奚齊為太子，把此意對驪姬說了。她心裡很高興，又想到獻公已立申生為太子，而且太子與另外兩個兄弟重耳、夷吾極為友愛。今一旦無故更立，恐群臣不服。不僅自己的兒子當不成太子，說不定還會遭到不測之禍。因此，她跪在獻公面前哭起來：「太子申生並無大過，據說諸侯沒有一人說他的壞話，若是為了我母子而將他廢了，人家必說我迷惑你。我寧可死了，也不負這個罪名！」

　　驪姬表面上做得光明磊落，暗地裡卻日夜想著如何陷害申生等兄弟，奪取儲位。

　　不久，驪姬便對獻公說：「申生是我很心愛的兒子，他在曲沃幾年了，我挺惦念他，還是把他叫回來吧！」

　　獻公以為驪姬是真心，便派人到曲沃叫太子立即回來。

　　申生是個知書達禮的孝子，他回來拜見過父親，又入宮參見驪姬。驪姬設宴招待，言談甚歡。第二天，申生入宮叩謝，驪姬又留他吃了飯。沒想到，當晚她便跑到獻公面前，哭哭啼啼地編起謊話來。

　　「怎麼了，是誰侮辱了我的美人兒？」

　　「就是你的好兒子！」

　　「申生！他怎麼啦？」

　　「不是他，能是誰？」她哭聲更大了：「我一片好心叫他回來見見面，留他吃一頓飯，沒想到他喝了幾杯酒就調戲起我來，還說：『父王老了，你還年輕！』我當時很生氣，本想教訓他一頓。可他嘻皮笑臉地說：『這是我家祖傳的先例了。我祖父去世之後，父王就接收了他的小老婆。現在父王老了，不久就要歸天，按照常理，你不歸我又能歸誰？』說著還想把我摟住親嘴。幸虧我躲得快，不然……我不想做人了！」說罷，撲到獻公懷裡亂捶亂打，撒起野來。

　　「豈有此理，這混蛋的畜生竟如此無賴！」獻公聽了怒氣不打一處來。

　　「唉！他還說明天約我去花園呢！如果你不相信，去跟蹤一下就明白了。」

　　第二天，驪姬又召申生入宮，帶他去花園看花。她打扮得格外漂亮，全身香噴噴，把香糖沾滿頭髮，一路上引來許多蜜蜂、蝴蝶，在她的頭上飛繞。她叫申生過來幫她趕散那些狂蜂浪蝶。申生從命，在她後面手揮袖舞。

此情此景，獻公在樓上看得清清楚楚。他怒不可遏，立即叫人綁起申生，推出斬首，嚇得申生滿頭冷汗，莫名其妙。

驪姬又跪在獻公面前說：「你明白真相就行，切不可處決他！他是我叫回來見面的，若殺了他，群臣定會說是我下的毒手。何況這是家事，家醜不可外揚，傳出去多不好聽。請您饒他這一回吧！」

獻公無奈，下令：「趕這畜生回曲沃去！」還派人跟蹤偵察他的所作所為。

沒過多久，獻公出城打獵去了。驪姬派人對申生說：「我做了一個夢，你媽媽齊姜向我哭訴，說她正在地府裡挨凍受餓，十分淒涼。你做兒子的應該去祭她一番。」

申生是位孝子，自然聽話。齊姜的祠在曲沃，他前去拜祭，並且照例把胙肉和禮酒送給父王，以盡人子之禮。獻公打獵還未回來，這些胙肉和禮酒留在宮中。

過了六天，獻公才回來。驪姬在酒肉裡加了毒藥，送給獻公，告訴他：「我曾夢到齊姜在地府受苦，要申生致祭。現在申生把胙肉、禮酒送來了，給你嘗嘗！」

獻公拿起酒要喝，驪姬卻說：「酒肉是外來的，不可大意，試一試才可！」

「嗯，」獻公於是順手把酒潑在地上，地上「滋」的一聲，頓時冒起一股白煙。

「咦！怎麼回事？」驪姬佯言不信，又割了一塊肉給狗吃。狗吃了，連叫聲都沒有，就四腳朝天死了。

「天啊——」驪姬呼叫起來：「誰料太子這麼狠心，竟要毒殺父親！國君的位置早晚是要傳給他的，多等一兩年都不行了！」說著說著，跪在獻公面前，淚流滿面，嗚咽著說：「太子此舉，無非是針對我和奚齊。請把這些酒肉賜給

我吧！我寧可替你去死。」說完，一把搶過酒來，做勢欲入口。獻公立即把酒搶過來，憤然摔落在地。

　　獻公即刻升殿，召集群臣，大數申生罪狀。然後派大軍，威風凜凜地殺奔曲沃。申生聞訊，不聽群臣勸諫，既不擁兵抗拒，也不逃往外國，吊頸而死。接著，驪姬又故伎重施，加禍於重耳、夷吾，逼他們逃往他方。

國家圖書館出版品預行編目資料

一看就懂的厚黑學大智慧 / 康文翰 著，-- 初版 --
；－新北市：新BOOK HOUSE，2019.01
　　面；　公分
　　ISBN　978-986-96787-8-0　（平裝）
1. 應用心理學　2. 成功法

177　　　　　　　　　　　　　　107018282

一看就懂的厚黑學大智慧

康文翰　著

新
BOOK
〔出版者〕HOUSE

電話：(02) 8666-5711

傳真：(02) 8666-5833

E-mail：service@xcsbook.com.tw

〔總經銷〕聯合發行股份有限公司

新北市新店區寶橋路235巷6弄6號2樓

電話：(02) 2917-8022

傳真：(02) 2915-6275

印前作業　東豪印刷事業有限公司

修訂一版　2019年01月